2024年

国家统一法律职业资格考试

十年主观题

分类阅评与试卷分析

法律考试中心／组编

张博／主编

法律出版社

—— 北京 ——

图书在版编目(CIP)数据

2024年国家统一法律职业资格考试十年主观题分类阅评与试卷分析 / 法律考试中心组编；张博主编. -- 北京：法律出版社，2023
ISBN 978-7-5197-8592-5

Ⅰ. ①2… Ⅱ. ①法… ②张… Ⅲ. ①法律-中国-资格考试-自学参考资料 Ⅳ. ①D920.4

中国国家版本馆CIP数据核字(2023)第228535号

2024年国家统一法律职业资格考试十年主观题分类阅评与试卷分析
2024 NIAN GUOJIA TONGYI FALÜ ZHIYE ZIGE KAOSHI SHINIAN ZHUGUANTI FENLEI YUEPING YU SHIJUAN FENXI

法律考试中心 组编
张 博 主编

策划编辑 徐 菲
责任编辑 徐 菲
装帧设计 李 瞻

出版发行 法律出版社
编辑统筹 法律考试·职业教育出版分社
责任校对 王晓萍
责任印制 胡晓雅
经　　销 新华书店

开本 787毫米×1092毫米 1/16
印张 20.25 **字数** 486千
版本 2023年12月第1版
印次 2023年12月第1次印刷
印刷 固安华明印业有限公司

地址:北京市丰台区莲花池西里7号(100073)
网址:www.lawpress.com.cn
投稿邮箱:info@lawpress.com.cn
举报盗版邮箱:jbwq@lawpress.com.cn

销售电话:010-83938349
客服电话:010-83938350
咨询电话:010-63939796

书号:ISBN 978-7-5197-8592-5
定价:86.00元

凡购买本社图书,如有印装错误,我社负责退换。电话:010-83938349

本书福利包

一、内容说明

1.【编写说明】本书严格按照法考大纲的要求，依据最新法律法规编写（涵盖2023年9月1日修正的《行政复议法》《民事诉讼法》等）。本书优选十年全国卷真题（另收录了2021年全国延考卷，这套卷子针对的是全国而非单独省份，因此仍具有很大的参考价值），删掉了部分已无参考价值的题目，为考生减负。

2.【主观题阅卷规则】本书按照法考"阅卷规则"改写的答案参考，有的使用"依据《××法》第××条"的措辞，有的使用"依据某某法及相关规定"，有的则是法条与案件事实相结合。记住：法考时代没有标准答案或统一答案，但并非脱离法律随意乱写也给分。本书展示的答案参考有多种，考生朋友们选择适合自己的模式练习即可。

编者想告诉大家，作答时写法很多，并不是必须和答案完全一样才得分，重点在于法律人思维的运用。不要迷信线上电子阅卷系统，主观题试卷都是人工批阅。只要你的答案具备法律人思维、内容表述清晰明了，就可以得高分，甚至满分。

3.【体例明晰】全书内容分为九编，涵盖论述题、各学科案例分析题、文书题三大题型，揭秘法考主观题考试阅卷规则，每一道题都是按照官方阅卷标准编写的答案，供考生朋友自我测评时参考。附则中还收录了刑法常考的观点展示内容，真题自测卷等，力求体例清晰、精简实用。

二、见面礼：免费增值服务"四重奏"

见字如面，凡购买本书的考生朋友，添加作者微信均可获得【电子版复习资料】，包括以下四个部分内容。

☞ **一重奏　主观题方法论：**了解主观题提分技巧，掌握主观题阅卷规则，学会运用主观题思维答题。

☞ **二重奏　延考自测卷及解析：**做完全国卷的试题，可以做高质量的模拟题，当然首选是2021年延考（黑龙江）和2020年延考（新疆）的试卷，这两套试卷由于不是全国卷，本书没有收录。但其中试题涉及的考点还是有一定参考性的，无论是题目分数还是数量都和全国卷一致。

☞ **三重奏　必备大前提汇总：**每个学科汇总主观题最常考的"大前提"150个，用"法言法语"来转述法条比查阅法条效果要好得多。

☞ **四重奏　考前预测直播课：**考前总动员，终极预测直播课，重点讲答题技巧和方法及必备考点让你快速提升应试能力。

三、答疑解惑

相遇是缘,希望本书能够帮你高分通过法考主观题考试,编者会不定期更新关于法考的最新政策解读及福利,请笑纳上述"见面礼",感谢张雨泽老师为本书付出的努力。涉及本书的疑惑点,可以随时交流,编者希望能成为各位考生的良师益友。

抖音/微博:法考张博

个人微信:512588867(添加请备注"主观真题")

张博

2023年12月

本书法律法规简称表

全 称	简 称
《最高人民法院关于适用〈中华人民共和国公司法〉若干问题的规定(二)》	《公司法解释(二)》
《最高人民法院关于适用〈中华人民共和国公司法〉若干问题的规定(三)》	《公司法解释(三)》
《最高人民法院关于适用〈中华人民共和国公司法〉若干问题的规定(四)》	《公司法解释(四)》
《最高人民法院关于人民法院民事执行中查封、扣押、冻结财产的规定》	《查封、扣押、冻结财产规定》
《全国法院民商事审判工作会议纪要》	《九民纪要》
《最高人民法院关于适用〈中华人民共和国民法典〉有关担保制度的解释》	《民法典担保制度解释》
《最高人民法院关于审理买卖合同纠纷案件适用法律问题的解释》	《买卖合同解释》
《最高人民法院关于适用〈中华人民共和国民事诉讼法〉的解释》	《民诉法解释》
《最高人民法院关于适用〈中华人民共和国行政诉讼法〉的解释》	《行政诉讼法解释》
《人民检察院刑事诉讼规则》	《高检规则》
《公安机关办理刑事案件程序规定》	《公安部规定》
《最高人民检察院联合最高人民法院、公安部、国家安全部、司法部关于适用认罪认罚从宽制度的指导意见》	《关于适用认罪认罚从宽制度的指导意见》
《最高人民法院关于适用〈中华人民共和国刑事诉讼法〉的解释》	《刑诉法解释》
《最高人民法院关于审理民间借贷案件适用法律若干问题的规定》	《民间借贷规定》

目　　录

第一编　论　述　题

第二编　刑　　法

第三编　刑事诉讼法

第四编 民 法

第五编 民事诉讼法与仲裁制度

第六编　行政法与行政诉讼法

第七编　商　　法

第八编 文书题

第九编 附录

第一编

论述题

2018—2020年论述题考查的内容是中国特色社会主义法治理论，2018年、2019年分值均为38分，2020年分值为32分。根据《2021年国家统一法律职业资格考试公告》，"中国特色社会主义法治理论"科目调整为"习近平法治思想"科目。因此，自2021年起主观题考试的论述题均结合"习近平法治思想"进行命题，分值为35分。

论述题的命题形式一般是"两三段材料+一个问题+一个要求"，2023年的论述题出现了两个问题，增加了一定的难度，考生在准备时一定要注意论述题的答题结构，平时注意对这部分内容的素材积累。本书收录了2021年后的法考真题（含2021年全国延考卷，不包括单省的延考卷），司考真题（2013—2017年）参考价值不是特别大。2018年后的主观题更侧重于将时政结合论述材料进行命题，不会再考查大纲删除或修改前的内容。

法考是选拔合格法律职业人才的国家考试制度，因此时政问题一定要有法律人的立场。本编精选的历年考题都有练习的价值，通过分类讲解与阅卷评析，让考生知道"怎么答"才能得高分。

第一章　论述题命题规律

历史地看，从2018年到2022年这5年论述题考查的形式都是"两三段材料+一个问题+一个要求"，2023年论述题材料和要求部分没有变化，但是问题变成了两个。

1."两三段材料"：一般节选习近平总书记的重要论述或讲话以及党和国家的重要文件，本书列明2023年法考大纲中该学科的参考文献，供大家参考学习。

2023年法考大纲中习近平法治思想学科考查的参考文献。《论坚持全面依法治国》，中央文献出版社2020年版；《高举中国特色社会主义伟大旗帜　为全面建设社会主义现代化国家而团结奋斗——在中国共产党第二十次全国代表大会上的报告（2022年10月16日）》，人民出版社2022年版；《坚定不移走中国特色社会主义法治道路　为全面建设社会主义现代化国家提供有力法治保障》，载《求是》2021年第5期；《坚持走中国特色社会主义法治道路　更好推进中国特色社会主义法治体系建设》，载《求是》2022年第4期；《谱写新时代中国宪法实践新篇章——纪念现行宪法公布施行40周年》，载《人民日报》2022年12月20日；《中共中央关于全面推进依法治国若干重大问题的决定》（2014年10月23日中国共产党第十八届中央委员会第四次全体会议通过），人民出版社2014年版；党的十九大报告有关法治的论述；《中共中央关于坚持和完善中国特色社会主义制度 推进国家治理体系和治理能力现代化若干重大问题的决定》(2019年10月31日中国共产党第十九届中央委员会第四次全体会议通过),人民出版社2019年版;《中共中央关于党的百年奋斗重大成就和历史经验的决议》(2021年11月11日中国共产党第十九届中央委员会第六次全体会议通过),人民出版社2021年版;中共中央宣传部、中央全面依法治国委员会办公室编:《习近平法治思想学习纲要》,人民出版社、学习出版社2021年版;《习近平法治思想概论》编写组编:《习近平法治思想概论》,高等教育出版社2021年版;《法治中国建设规划(2020—2025年)》,中国法制出版社2021年版;《法治社会建设实施纲要(2020—2025年)》,人民出版社2020年版;《法治政府建设实施纲要(2021—2025年)》,人民出版社2021年版;《中共中央办公厅、国务院办公厅关于加强新时代法学教育和法学理论研究的意见》(2023年2月26日)。

2."一个问题":通常的表达方式为"请根据材料,结合A,谈谈B",重心在于B这一部分。A和B都是常规的考点,重点考查考生对知识、理论融会贯通的能力,增加论述的难度。2023年虽然有两个问题,但是问题仍旧是"根据材料,结合A,谈谈(论述)B"的模式。关于习近平法治思想学科,《国家统一法律职业资格考试辅导用书》中的内容足够复习备考,建议大家把框架性知识点一字不差地掌握,需要理解的内容可以用自己的语言表述清楚,例如:

(1)2023年的问题:

问题一:请根据以上材料,结合宪法中关于基本制度和基本人民权利义务的规定,论述宪法是如何保障中国式现代化的?

问题二:请根据以上材料,结合习近平法治思想,论述依法治国和依宪治国。

(2)2022年的问题:请根据以上材料,结合你对习近平法治思想的学习理解,谈谈党的十八大以来改革重构司法权力配置和运行机制的重大成就和意义。

(3)2021年的问题:根据上述材料,结合习近平法治思想的核心要义,谈谈你对当前和下一个阶段推进全面依法治国重点抓住的"十一个坚持"的认识。

(4)2021年(延考卷)的问题:请根据以上材料,结合你对习近平法治思想关于坚持以人民为中心的认识,谈谈对新时代全面依法治国的根本立场和实现途径的理解。

3."一个要求":一般是观点、表述、字数等内容,防止考生抄原文;需特别注意的一点是有字数要求,字数太少肯定无法得到高分,考虑到标点符号一般写到750~800字为宜(提示:考试时计算机界面会显示字符数量)。具体表述如:

(1)无观点或论述、照搬材料原文的不得分;

(2)观点正确,表达完整、准确;

(3)总字数不少于600字。

项目	要求	内容
1.语言	务必"书面"	不准说"自己的话",即所有的语言、语句均来源于背诵,只不过需要结合"问题"加以裁剪、调整
2.语句	务必"通顺"	(1)题目中的关键词之间的关系,不要求"说透彻",而是要"说通顺"。 (2)写作思路不能"太跳跃",前一个主题与后一个主题之间要有过渡

续表

项目	要求	内容
3. 结构	务必“清爽”	(1)整体结构上:总—分—总;段内结构上:总—分—材。 (2)一段一般只用一个“原理”,展开的部分仅是解释或细化。 (3)“清爽”不意味着“单句罗列”,单句后最好有后缀
4. 字数	务必“精练”	按照阅卷规则要求论述清楚即可,字数在750—800字为宜

表1 近六年论述题分数及占卷面比重情况

年份	2023	2022	2021	2020	2019	2018
分值/分	35	35	35	32	38	38
占卷面比重/%	19.4	19.4	19.4	17.8	21.1	21.1

第二章 论述题历年考点

说明:由于论述题可以选择的角度不唯一,即便是同一年的题目也可以从多个角度去选择知识点回答,故本部分只放了每年的问法,没有列明涉及的知识点。具体的知识点请看对应的题目及阅评部分。

年份	考查方式
2023	问题一:请根据以上材料,结合宪法中关于基本制度和基本人民权利义务的规定,论述宪法是如何保障中国式现代化的? 问题二:请根据以上材料,结合习近平法治思想,论述依法治国和依宪治国
2022	请根据以上材料,结合你对习近平法治思想的学习理解,谈谈党的十八大以来改革重构司法权力配置和运行机制的重大成就和意义
2021	根据上述材料,结合习近平法治思想的核心要义,谈谈你对当前和下一个阶段推进全面依法治国重点抓住的“十一个坚持”的认识
2021 (延考)	请根据以上材料,结合你对习近平法治思想关于坚持以人民为中心的认识,谈谈对新时代全面依法治国的根本立场和实现途径的理解

第三章 法考真题汇总

一、2023年第一题(35分)

材料一:

中国式现代化,是中国共产党领导的社会主义现代化,既有各国现代化的共同特征,更有基于自己国情的中国特色。

——中国式现代化是人口规模巨大的现代化。我国十四亿多人口整体迈进现代化社会，规模超过现有发达国家人口的总和，艰巨性和复杂性前所未有，发展途径和推进方式也必然具有自己的特点……坚持稳中求进、循序渐进、持续推进。

——中国式现代化是全体人民共同富裕的现代化……我们坚持把实现人民对美好生活的向往作为现代化建设的出发点和落脚点，着力维护和促进社会公平正义，着力促进全体人民共同富裕，坚决防止两极分化。

——中国式现代化是物质文明和精神文明相协调的现代化。物质富足、精神富有是社会主义现代化的根本要求。物质贫困不是社会主义，精神贫乏也不是社会主义。我们不断厚植现代化的物质基础，不断夯实人民幸福生活的物质条件，同时大力发展社会主义先进文化，加强理想信念教育，传承中华文明，促进物的全面丰富和人的全面发展。

——中国式现代化是人与自然和谐共生的现代化。人与自然是生命共同体，无止境地向自然索取甚至破坏自然必然会遭到大自然的报复。我们坚持可持续发展，坚持节约优先、保护优先、自然恢复为主的方针，像保护眼睛一样保护自然和生态环境，坚定不移走生产发展、生活富裕、生态良好的文明发展道路，实现中华民族永续发展。

——中国式现代化是走和平发展道路的现代化。我国不走一些国家通过战争、殖民、掠夺等方式实现现代化的老路……我们坚定站在历史正确的一边、站在人类文明进步的一边，高举和平、发展、合作、共赢旗帜，在坚定维护世界和平与发展中谋求自身发展，又以自身发展更好维护世界和平与发展。

——《高举中国特色社会主义伟大旗帜　为全面建设社会主义现代化国家而团结奋斗——在中国共产党第二十次全国代表大会上的报告(2022年10月16日)》(节选)

材料二：

推进合宪性审查工作，对一切违反宪法法律的法规、规范性文件必须坚决予以纠正和撤销……坚持依宪治国、依宪执政，就必须坚持宪法确定的中国共产党领导地位不动摇，坚持宪法确定的人民民主专政的国体和人民代表大会制度的政体不动摇。

——《从全局和战略高度推进全面依法治国》(节选)

问题一：请根据以上材料，结合宪法中关于基本制度和基本人民权利义务的规定，论述宪法是如何保障中国式现代化的？

问题二：请根据以上材料，结合习近平法治思想，论述依法治国和依宪治国。

答题要求：

1. 无观点或论述、照搬材料原文的不得分；
2. 观点正确，表述完整、准确；
3. 总字数不少于600字。

试题分析

1. 整体思路：本题和2022年、2021年第一题分值一样，均为35分，写作时间应控制在40～45

分钟。虽然2023年有两个问题,但是通过阅读不难发现考眼在"习近平法治思想""依法治国和依宪治国""人民权利义务""中国式现代化"上。有的同学对以上四个部分内容进行重点论述时,虽然把两个问题写在了一个答题框里,但是阅卷老师仍旧是根据考生回答的内容正常给分的。

2. 解题技巧:从"问题"入手,并圈出问题中的关键词:依法治国和依宪治国、人民权利义务、中国式现代化等。通过材料的阅读我们发现材料一中重点介绍了中国式现代化,通过对中国式现代化的介绍我们结合关键词可以写的点为"中国共产党领导""以人民为中心"。材料二中重点强调"中国共产党领导""坚持依法治国和依宪治国"。

3. 结合论述题"四要素"(明确观点、阐释理论、结合材料、给出结论)的逻辑思维,进行答题即可。

4. 切忌没有自己观点,上来就"喊口号"。可以引用重要讲话原句,比如"中国式现代化,是中国共产党领导的社会主义现代化,既有各国现代化的共同特征,更有基于自己国情的中国特色",而不是照搬材料原文。

答案参考

问题一:请根据以上材料,结合宪法中关于基本制度和基本人民权利义务的规定,论述宪法是如何保障中国式现代化的?

【明确观点】中国式现代化,是中国共产党领导的社会主义现代化,既有各国现代化的共同特征,更有基于自己国情的中国特色。实现中国式现代化必须坚持党的领导,坚持以人民为中心,全面依照宪法和法律来保障中国式现代化的实现。

【阐释理论+结合材料】实现中国式现代化,必须坚持全面依法治国,通过宪法来保障中国式现代化的实现。这是习近平法治思想核心要义的重要组成部分。具体包括以下几点:

1. 从立法环节来看,要坚持科学立法,"法律是治国重器,良法是善治前提",要完善以宪法为核心的中国特色社会主义法律体系,坚持科学立法和民主立法,加强中国式现代化等重点领域立法。正如材料二中所言对一切违宪的法规、规范性文件必须坚决予以纠正和撤销。

2. 宪法是规定公民权利、规范国家权限的根本法。宪法在我国法律体系中具有最高效力,规定了我国的根本国家制度、国家机构组成、公民基本权利和义务,宪法的制定和修改程序比其他法律要严格。要完善以宪法为核心的中国特色社会主义法律体系,充实中国式法治现代化的规范依据。正如材料一中所言中国式现代化是全体人民共同富裕的现代化,必须保障以人民为中心,通过最高效力的宪法来保障人民的权利。

【给出结论】综上,在党的领导下,通过宪法来保障中国式现代化的实现,要从立法、司法、执法、守法等各个环节发力,全心全意为人民服务。只有这样,才能实现人民共同富裕,促进人与自然和谐共生,推动构建人类命运共同体,创新人类文明新形态,才能保证中国特色社会主义法治事业不断走向新的胜利,才能为实现中华民族伟大复兴的中国梦提供有力保障。

问题二:请根据以上材料,结合习近平法治思想,论述依法治国和依宪治国。

【明确观点】习近平法治思想是全面依法治国的根本遵循和行动指南。全面实现依法治国和依宪治国的总目标,必须要贯彻好习近平法治思想的核心要义。在习近平法治思想指引下,党领导人民推进全面依法治国和依宪治国,坚定不移走中国特色社会主义法治道路。

【阐释理论 + 结合材料】坚持依法治国首先要坚持依宪治国,坚持依法执政首先要坚持依宪执政。坚持依宪治国、依宪执政,正如材料中所述要坚持宪法确定的中国共产党领导地位不动摇,坚持宪法确定的人民民主专政的国体和人民代表大会制度的政体不动摇。我国宪法确认了中国共产党的执政地位,确认了党在国家政权结构中总揽全局、协调各方的领导核心地位。

【阐释理论 + 结合材料】宪法是治国理政的总章程。宪法是国家的根本大法,是治国安邦的总章程,具有最高的法律地位、法律权威、法律效力。依宪治国、依宪执政是建设社会主义法治国家的首要任务。正如材料二中所述要全面贯彻实施宪法、推进合宪性审查。切实维护宪法尊严和权威,是维护国家法制统一、尊严权威的前提,也是维护最广大人民根本利益、确保国家长治久安的重要保障。

【给出结论】一切伟大的实践都需要科学理论的正确指引,全面实现依法治国和依宪治国必须要以习近平法治思想为指导思想。坚持中国共产党统一领导,在法治轨道上推进国家治理体系和治理能力现代化。党带头维护宪法尊严和权威,切实学习和领会习近平法治思想及其核心要义。实践证明,习近平法治思想是引领法治中国建设实现高质量发展的思想旗帜。

【提示】2023 年的论述题有两个问题,答案内容不唯一,答题可以从多个角度切入。

二、2022 年第一题(35 分)

材料一:

改革开放以后,党坚持依法治国,不断推进社会主义法治建设……党领导深化以司法责任制为重点的司法体制改革,推进政法领域全面深化改革,加强对执法司法活动的监督制约,开展政法队伍教育整顿,依法纠正冤错案件,严厉惩治执法司法腐败,确保执法司法公正廉洁高效权威。

——《中共中央关于党的百年奋斗重大成就和历史经验的决议》(节选)

材料二:

当前,法治领域存在的一些突出矛盾和问题,原因在于改革还没有完全到位。要围绕让人民群众在每一项法律制度、每一个执法决定、每一宗司法案件中都感受到公平正义这个目标,深化司法体制综合配套改革,加快建设公正高效权威的社会主义司法制度。

——《全面推进中国特色社会主义法治体系建设》(节选)

材料三:

习近平总书记指出,权力是一把“双刃剑”,在法治轨道上行使可以造福人民,在法律之外行使则必然祸害国家和人民。执法司法权力专业性强、自由裁量度大、受干扰诱惑多,权力的多重属性表现尤为明显。

——《深化执法司法权力运行机制改革,归根结底就是要规范用权》(节选)

问题:

请根据以上材料,结合你对习近平法治思想的学习理解,谈谈党的十八大以来改革重构司法权力配置和运行机制的重大成就和意义。

答题要求：

1. 无观点或论述、照搬材料原文的不得分；

2. 观点正确，表述完整、准确；

3. 总字数不少于600字。

试题分析

1. 整体思路：本题和2021年第一题分值一样，均为35分，写作时间应控制在40~45分钟。

2. 解题技巧：从“问题”入手，并圈出问题中的关键词：习近平法治思想的指导地位、改革重构司法权力配置和运行机制的重大成就和意义，材料一中的题眼是“党坚持依法治国……党领导……监督制约”，材料二和材料三的题眼是“努力让人民群众在每一个司法案件中都感受到公平正义”。要围绕坚持党的领导，党领导立法、保证执法、支持司法、带头守法，坚持以人民为中心，牢牢把握社会公平正义的价值追求，建设中国特色社会主义法治体系展开论述，最后再强调一下在党的领导下司法机关的独立性明显增强，司法权威及公正性进一步提升，司法廉洁性进一步提高。

3. 结合论述题“四要素”（明确观点、阐释理论、结合材料、给出结论）的逻辑思维，进行答题即可。

4. 切忌没有自己观点，上来就“喊口号”，可以引用领导人的重要讲话原句，比如“努力让人民群众在每一个司法案件中都感受到公平正义”。

答案参考

【明确观点】改革重构司法权力配置和运行机制必须以习近平法治思想为指导思想，习近平法治思想是习近平新时代中国特色社会主义思想的重要组成部分。必须坚持以习近平同志为核心的党中央权威和集中统一领导，这是全面深化改革的根本保证，坚持党领导立法、保证执法、支持司法、带头守法，这样才能确保改革重构司法权力配置和运行机制能够取得重大成就。

【阐释理论+结合材料】改革重构司法权力配置和运行机制要坚持党的领导。党的十八大以来，习近平总书记对深化执法司法权力运行机制改革作出一系列重要指示，为进一步规范用权、提升执法司法质效和公信力提供了根本遵循。正如材料一所述，党领导深化以司法责任制为重点的司法体制改革，开展政法队伍教育整顿等取得了重大成绩。

【阐释理论+结合材料】改革重构司法权力配置和运行机制要以人民为中心，正如习近平总书记所说，要“努力让人民群众在每一个司法案件中都感受到公平正义”。法治是国家治理体系和治理能力的重要依托，立法、执法、司法、守法是依法治国的基本环节，要用法治保障人民安居乐业。正如材料二所述，“要围绕让人民群众在每一项法律制度、每一个执法决定、每一宗司法案件中都感受到公平正义这个目标”。

【阐释理论+结合材料】司法体制改革要坚持党领导立法、保证执法、支持司法、带头守法，确保司法机关依法办案，发挥司法的权威性、公正性，构建开放、动态、透明、便民的阳光司法机制,确保司法公开、透明。“阳光是最好的防腐剂”,正如材料三所述权力是一把“双刃剑”,权力的多重属性决定其需要在法治轨道上行使。

【给出结论】综上所述,改革重构司法权力配置和运行机制利国利民,我们必须要坚持党的领导,坚持以人民为中心,牢牢把握社会主义公平正义的价值追求,从立法、执法、司法、守法等各环节发力,在思想上和行为上同党中央保持一致。只有这样,司法机关的依法独立性才能明显增强,司法权威及公正性才能进一步提升,司法廉洁性才能进一步提高。

三、2021年第一题(35分)

材料一:

推进全面依法治国是国家治理的一场深刻变革,必须以科学理论为指导,加强理论思维……不断从理论和实践的结合上取得新成果,总结好、运用好党关于新时代加强法治建设的思想理论成果,更好指导全面依法治国各项工作。

——《以科学理论为指导,为全面建设社会主义现代化国家提供有力法治保障》(节选)

材料二:

党的十八大以来,党中央对全面依法治国作出一系列重大决策、提出一系列重大举措……我们提出一系列全面依法治国新理念新思想新战略,明确了全面依法治国的指导思想、发展道路、工作布局、重点任务……这些新理念新思想新战略,是马克思主义法治思想中国化的最新成果,是全面依法治国的根本遵循,必须长期坚持、不断丰富发展。

——《加强党对全面依法治国的领导》(节选)

材料三:

立足我国国情和实际,加强对社会主义法治建设的理论研究,尽快构建体现我国社会主义性质,具有鲜明中国特色、实践特色、时代特色的法治理论体系和话语体系。坚持和发展我国法律制度建设的显著优势,深入研究和总结我国法律制度体系建设的成功经验,推进中国特色社会主义法治体系创新发展。

——《法治中国建设规划(2020—2025年)》(节选)

问题:

根据上述材料,结合习近平法治思想的核心要义,谈谈你对当前和下一个阶段推进全面依法治国重点抓住的“十一个坚持”的认识。

答题要求:

1. 无观点或论述、照搬材料原文的不得分;

2. 观点正确,表述完整、准确;

3. 总字数不少于600字。

试题分析

1. 整体思路:2021年的论述题分值是35分,写作时间应控制在40~45分钟。

2. 解题技巧:从“问题”入手,并圈出问题中的关键词。通过问题,找出关键词“习近平法治思想的核心要义——坚持党的领导”“十一个坚持”。材料一中的题眼是“必须以科学理论为指导,加强理论思维……”,这一句话点明了理论思想。材料二和材料三点明了在理论思想之下所作的规划发展。给大家两个答案作参考,大家根据自己掌握知识点的情况选择一个仔细研究即可。

3. 问题是结合 A 谈谈 B,重心在于 B 这一部分。按照论述题“四要素”的思维逻辑进行答题即可。

4. 注意:答题过程中切忌没有自己的观点,上来就写总目标、重要意义之类教材上的原话,构成模板和雷同卷。

5. 实际考试中,有的考生把“十一个坚持”都写上了,文字超过了 1600 字,这种做法不可取。建议考生学会取舍,只要能写出两组【阐释理论 + 结合材料】就可以及格,如果能够写三个以上并论述得当即可得高分。

答案参考 1

【明确观点】 党的领导是建设中国特色社会主义法治体系的根本保障。建设中国特色社会主义法治体系必然要以习近平法治思想为指导思想,坚持党中央权威和集中统一领导。以人民的根本利益为出发点,坚持党领导立法,保证执法、支持司法、带头守法。为建设中国特色社会主义法治体系提供全方位的保障。

【阐释理论 + 结合材料】 在推进全面依法治国过程中必须以习近平法治思想为指导思想,坚持党的领导,健全党领导全面依法治国的制度和工作机制。正如材料一中所述,要“以科学理论为指导……运用好党关于新时代加强法治建设的思想理论成果”,加强对理论思维的学习。

【阐释理论 + 结合材料】 建设中国特色社会主义法治体系,必须坚持党的集中统一领导,实现党领导立法、保证执法、支持司法、带头守法,健全党领导全面依法治国的制度和工作机制,通过法定程序使党的主张成为国家意志,形成法律,通过法律保障党的政策有效实施,确保全面依法治国正确方向。正如材料二和材料三中所言,党的十八大以来,党中央作出的一系列重大决策为全面依法治国提供了根本保障。立足国情和实际,要以人民为中心,坚持和发展我国法律制度建设的显著优势。

【给出结论】 综上所述,要在党的领导下,坚定不移地走中国特色社会主义法治道路。从立法、执法、司法、守法、法律监督等各个环节发力,全心全意为人民服务。不论在什么工作岗位上,我们都要在思想上、行为上同党中央保持高度一致。只有这样,才能保证中国特色社会主义法治事业不断走向新的胜利,才能为实现“两个一百年”奋斗目标、实现中华民族伟大复兴的中国梦提供有力保障。

答案参考 2

【明确观点】 思想是行动的先导,理论是实践的指南。习近平法治思想是指导新时代全面依法治国的纲领，是我国社会主义法治建设进程中具有重大现实意义和深远影响的大事。我们必须坚持党中央集中统一领导，以人民为中心，坚定不移地走中国特色社会主义法治道路。

【阐释理论+结合材料】 习近平法治思想内涵丰富、论述深刻、逻辑严密、系统完备。习近平总书记总结概括的"十一个坚持"既是重大工作部署，又是重大战略思想，我们必须深入学习领会，抓好贯彻落实。当前和今后一个时期推进全面依法治国必须以习近平法治思想为指导思想，诚如材料一中所述，必须以科学理论为指导，加强理论思维，更好地指导全面依法治国各项工作。

【阐释理论+结合材料】 推进全面依法治国，应重点抓住和落实"十一个坚持"的各项内容。一切伟大的实践，都需要科学理论的正确指引，要坚持习近平法治思想在全面依法治国中的指导地位，把习近平法治思想贯彻落实到全面依法治国各个方面和全过程。正如材料二、材料三中所言，新理念新思想新战略是全面依法治国的根本遵循，要立足我国国情和实际，深入研究和总结成功经验，推进中国特色社会主义法治体系创新发展。

【给出结论】 综上所述，我们要紧密地团结在以习近平同志为核心的党中央周围，增强"四个意识"、坚定"四个自信"、做到"两个维护"，坚持习近平法治思想，深入推进全面依法治国，不断开创新时代法治中国建设新局面，为全面建设社会主义现代化国家、实现中华民族伟大复兴的中国梦而不懈努力奋斗。

四、2021年(延考)第一题(35分)

材料一：

新的征程上，我们必须紧紧依靠人民创造历史，坚持全心全意为人民服务的根本宗旨，站稳人民立场，贯彻党的群众路线，尊重人民首创精神，践行以人民为中心的发展思想，发展全过程人民民主，维护社会公平正义，着力解决发展不平衡不充分问题和人民群众急难愁盼问题，推动人的全面发展、全体人民共同富裕取得更为明显的实质性进展！

——《在庆祝中国共产党成立100周年大会上的讲话》(节选)

材料二：

法治建设要为了人民、依靠人民、造福人民、保护人民。必须牢牢把握社会公平正义这一法治价值追求，努力让人民群众在每一项法律制度、每一个执法决定、每一宗司法案件中都感受到公平正义。要把体现人民利益、反映人民愿望、维护人民权益、增进人民福祉落实到依法治国全过程，保证人民在党的领导下通过各种途径和形式管理国家事务，管理经济和文化事业，管理社会事务。

——《加强党对全面依法治国的领导》(节选)

问题：

请根据以上材料，结合你对习近平法治思想关于坚持以人民为中心的认识，谈谈对新时代全面依法治国的根本立场和实现途径的理解。

答题要求：

1. 无观点或论述、照搬材料原文不得分；
2. 观点正确，表达完整、准确；
3. 总字数不少于600字。

试题分析

1. 整体思路:2021 年延考卷的论述题分值是 35 分,写作时间应控制在 40 ~ 45 分钟。

2. 解题技巧:从“问题”入手,并圈出问题中的关键词。通过问题,找出关键词“习近平法治思想”“以人民为中心”“全面依法治国的根本立场和实现途径”。材料一和材料二点明了法治建设要以人民为中心,法治建设要为了人民。给大家两个答案作参考,大家根据自己掌握知识点的情况选择一个仔细研究即可。

3. 切忌没有自己的观点,上来就写总目标、重要意义,构成模板和雷同卷。

答案参考

【明确观点】习近平法治思想是指导我们推进全面依法治国的指导思想,实现全面依法治国必须坚持以人民为中心,这是习近平法治思想的核心要义之一,也是新时代全面依法治国的根本立场。全面依法治国最广泛、最深厚的基础就是人民,推进全面依法治国的根本就是依法保障人民权益。

【阐释理论 + 结合材料】新时代全面依法治国的根本立场就是要坚持以人民为中心,坚持人民在依法治国过程中的主体地位。正如习近平总书记在材料中深刻指出的一样,我们必须站稳人民立场,贯彻党的群众路线,发展全过程人民民主,坚持法治建设要为了人民、依靠人民、造福人民、保护人民,把体现人民利益、反映人民愿望、维护人民权益、增进人民福祉落实到依法治国全过程。

【阐释理论 + 结合材料】坚持以人民为中心推进依法行政体制改革,建设法治政府、人民政府。坚持以人民为中心完善司法体制,加强司法人权保障,提高司法公信力。坚持以人民为中心推进全民守法工作,加强普法教育宣传,构建法治社会。正如材料中所言,要牢牢把握社会公平正义这一法治价值追求。坚持以人民为中心完善法律监督制度,打造严密的法律监督体系。

【阐释理论 + 结合材料】新时代全面依法治国工作中坚持以人民为中心是一项基本原则和立场,贯穿我们法治工作的全过程。从全面依法治国的工作全局来看,要坚持中国共产党领导,党的领导是人民当家作主和依法治国的根本保证,人民当家作主是中国特色社会主义法治的本质特征。我们要在依法治国的各个环节发力,科学立法、严格执法、公正司法、全民守法,正如材料中所述,要发展全过程人民民主,维护社会公平正义。

【给出结论】依法治国是党领导人民治理国家的基本方式,从全面依法治国工作推进的具体环节来看,我们要以习近平法治思想为指导思想,以人民为中心开展有针对性的法治具体工作,即坚持以人民为中心,推进科学立法、民主立法,完善中国特色社会主义法律体系。

阅评 本题作为 2021 年延考卷题目,分数没有变化。可以选择“以人民为中心”“党的领导”“依法治国”等角度展开论述,要按照“四要素”的要求来写。答案参考字数适中,认真的同学不难发现这个答案和 2021 年全国卷的【答案参考 2】有异曲同工之处。不论考试的问题如何变化,都要从题干中找出自己擅长的知识点,来论证自己的观点,不论材料如何变化,只要能读懂题目,结合材料按照“法律人思维 + 四要素”来写,就一定能够得高分。

第二编

刑　法

第一章　刑法命题规律

1. 运用法律人思维解决司法实务问题，尤其是对《刑法》分则重点罪名的考查。《刑法》分则部分主要集中在侵犯公民人身权利、民主权利罪，侵犯财产罪两章，其中诈骗罪（2022年考查），抢劫罪（2021年考查），盗窃罪（2023年、2022年、2020年均考查），侵占罪（2023年考查），敲诈勒索罪（2020年、2021年均考查），绑架罪、非法拘禁罪（2021年考查），故意杀人罪、故意伤害罪（2022年考查）等出现频率较高，考生要重点把握。另外，贪污贿赂罪（2019年、2023年考查斡旋受贿，2023年还考查了行贿罪与徇私枉法的定性问题）、职务犯罪也时有考查。

2. 共犯理论每年必考。《刑法》总则考查内容主要集中在犯罪形态（犯罪预备、未遂与中止）、犯罪阻却事由、想象竞合、结果加重犯（一罪与数罪）、共同犯罪（主犯、从犯、胁从犯、刑事责任承担）、自首与坦白（2023年）、立功（2023年）等考点上。2021年考查了未遂与中止的判断，2022年考查了犯罪形态问题、共同犯罪等知识点。尤其共同犯罪这个考点百考不厌，年年都有。在备考的过程中，大家一定要注意对共犯理论及相关问题的学习。

3. 观点展示类问题要重视。观点展示类的问题每年都会出现在刑法题目中，就某个知识点问有几种争议观点，问你赞同哪一种观点，并说明理由，2022年还问到了"这种观点的理由与不足是什么"，2023年要求考生至少回答三种观点。这样的题目，重点考查考生的刑法理论功底，考生一定要掌握刑法的规范性思维，才能从容回答。

本书特意针对刑法可以考查观点展示的知识点进行了全面的整理总结，以供大家学习参考。

【提示】

1. 刑法题目一般是以人物为主线，按照人物实施犯罪行为的时间顺序，分别确定各个行为人的刑事责任。所以在回答问题的时候，要先简洁定性，然后再给出定性的依据。

2. 笼统式问答和一问一答式类型的题目，在法考改革后都注重对法律人思维及观点展示的考查。所以在回答问题的时候，要尽量全面。按照是否构成共同犯罪，符合哪一个罪的构成要件，是否存在犯罪阻却事由，犯罪形态，一罪还是数罪，是否具有法定的量刑情节等回答问题。

3. 观点展示类的题目，至少回答两种观点，分别说明理由，然后要把你认为符合实务的观点

(通说观点)重申一下。2022 年的刑法题目,还重点问了“这种观点的理由与不足是什么”那就不仅要求考生回答理由,还要说一下不足是什么,只回答理由不说不足会丢分。还有就是历年真题考过的比如“夫妻关系存续期间,妻子要自杀,丈夫是否具有救助义务?”“抢劫财产性利益与侵占罪的问题”“死者身上或者身边的财物是否归其占有?”等也要重视。

4. 预计 2024 年观点展示的命题将更为灵活。2022 年、2021 年的刑法题目都是考查观点展示,并且直接告诉结论,让你写出多种理由,这种考法很新颖。单纯的背诵观点、展示结论已经不足以应对法考刑法题目,比如“认定刘某构成敲诈勒索罪的理由有哪些?”结论已经告知,但是至少写出两个理由就比较难了,很多考生只写了一个理由。

表 2 近十年刑法分值及占卷面比重情况

年份	2023	2022	2021	2020	2019	2018	2017	2016	2015	2014
分值/分	31	31	31	34	36	30	22	22	23	22
占卷面比重/%	17.2	17.2	17.2	18.9	20	16.7	14.7	14.7	15.3	14.7

第二章 刑法历年考点

年份	考点名称	知识点内容
2023	1. 想象竞合	一个行为触犯数罪名,属于想象竞合,择一重罪论处
	2. 牵连犯	牵连犯是指犯罪的手段行为或者结果行为与目的行为或者原因行为分别触犯不同罪名的情况。通常,被牵连的罪名与目的犯罪的罪名之间,存在手段与目的或者原因与结果的相互关系,择一重罪论处
	3. 自首、立功、坦白	自动投案,如实供述自己的犯罪行为成立自首。被采取强制措施以后,如实供述的行为成立坦白。揭发“他人”犯罪行为并查证属实的成立立功
	4. 行贿罪与受贿罪,受贿罪与徇私枉法罪	(1)斡旋受贿是指国家工作人员利用本人职权或者地位形成的便利条件,通过其他国家工作人员职务上的行为,为请托人谋取不正当利益,索取请托人财物或者收受请托人财物的行为 (2)司法工作人员对明知是有罪的人而故意包庇不使他受追诉的行为成立徇私枉法罪
	5. 盗窃罪、诈骗罪、侵占罪	盗窃公私财物数额较大的行为或者多次盗窃、入户盗窃、携带凶器盗窃、扒窃的行为成立盗窃罪。以非法占有为目的,虚构事实、隐瞒真相使对方基于错误认识处分财物的行为成立诈骗罪。以非法占有为目的,变占有为所有的行为成立侵占罪
	6. 洗钱罪、帮助信息网络犯罪活动罪	(1)为掩饰、隐瞒毒品犯罪、黑社会性质的组织犯罪、恐怖活动犯罪、走私犯罪、贪污贿赂犯罪、破坏金融管理秩序犯罪、金融诈骗犯罪的所得及其产生的收益的来源和性质的行为成立洗钱罪 (2)明知他人可能将银行卡用于犯罪而向其提供银行卡,主观上有帮助他人犯罪的故意,客观上有提供银行卡的行为,成立帮助信息网络犯罪活动罪

续表

年份	考点名称	知识点内容
2022	1. 牵连犯	牵连犯是指犯罪的手段行为或者结果行为与目的行为或者原因行为分别触犯不同罪名的情况。通常,被牵连的罪名与目的犯罪的罪名之间,存在手段与目的或者原因与结果的相互关系,择一重罪论处
	2. 保险诈骗罪与贷款诈骗罪	(1)保险诈骗罪侵犯的客体是国家的保险制度和保险人的财产所有权 (2)贷款诈骗罪是以非法占有为目的,诈骗银行或者其他金融机构的贷款
	3. 未遂与既遂	已经着手实行犯罪,由于犯罪分子意志以外的原因未能得逞的,是犯罪未遂;实施完成的是犯罪既遂
	4. 非法侵入住宅罪	该罪保护的法益是: (1)住宅的安宁,即非法侵入住宅影响公民的人身安全和生活宁静 (2)住宅权,即是否允许他人进入的自由权利
	5. 信用卡诈骗罪与盗窃罪	(1)信用卡诈骗罪:"冒用他人信用卡"包括以下情形:①拾得他人信用卡并使用的;②骗取他人信用卡并使用的;③窃取、收买、骗取或者以其他非法方式获取他人信用卡信息资料,并通过互联网、通讯终端等使用的;④其他冒用他人信用卡的情形 (2)盗窃罪:违背他人意志转移财产性利益的行为
	6. 非法拘禁罪与故意伤害罪	(1)非法拘禁他人,使用暴力致人伤残、死亡的,以故意伤害罪、故意杀人罪论处 (2)在非法拘禁行为以外使用暴力,过失导致被害人重伤的,才能认定为故意伤害罪
2021	1. 共同犯罪	(1)承继的共犯是指先行为人已经实施了一部分犯罪行为,在其实行行为尚未全部实行终了的时候,后行为人明知这一犯罪事实而参与进来的行为 (2)教唆犯、帮助犯为正犯实施帮助的行为成立帮助犯
	2. 未遂与中止	能达目的而不欲属于犯罪中止,欲达目的而不能属于犯罪未遂
	3. 敲诈勒索罪与侵占罪	(1)以非法占有为目的,威胁恐吓他人,索取财物的行为成立敲诈勒索罪 (2)以非法占有为目的,占有遗忘物的行为成立侵占罪
	4. 盗窃罪与转化型抢劫罪	(1)入户盗窃的行为成立盗窃罪 (2)犯盗窃罪后,为窝藏赃物、抗拒抓捕或者毁灭证据当场使用暴力或者以暴力相威胁的,转化为抢劫罪
	5. 非法拘禁罪与故意伤害罪	(1)故意非法拘禁他人,非法剥夺他人人身自由的行为成立非法拘禁罪 (2)在非法拘禁过程中,使用暴力致人伤残的,以故意伤害罪定罪处罚
2021(延考)	1. 共同犯罪	两人以上共同故意犯罪的是共同犯罪
	2. 盗窃罪与抢劫罪的区别	两个罪均是以非法占有为目的,但是抢劫要求以暴力、胁迫或者其他方式达到足以压制被害人反抗的程度。而盗窃罪则不能有"压制反抗、强制取财"的行为,窃取财物数额较大即可构成盗窃罪
	3. 信用卡诈骗罪	信用卡诈骗罪的行为模型是"使用虚假骗领卡、恶意作废冒用他"只要有行为之一就构成犯罪,另外就是对"信用卡"的扩大解释
	4. 法条竞合	法条竞合指一个犯罪行为同时触犯数个具有包容关系的具体犯罪条文,依法只适用其中一个法条定罪量刑的情况
	5. 观点展示	就财产利益是否为财产型犯罪的对象进行观点展示

续表

年份	考点名称	知识点内容
2020	1. 共同犯罪	(1)两人以上共同故意犯罪的是共同犯罪 (2)共犯过剩(实行过限)
	2. 疑罪从无	题目中出现"无法查明是谁造成"的时候,故意犯罪定未遂,过失犯罪定无罪
	3. 认识错误	打击错误,行为人对实际侵害对象及实害结果持过失心理或者意外事件。可以根据具体符合说和法定符合说写观点展示
	4. 正当防卫	偶然防卫与假想防卫的区别:偶然防卫客观上制止了不法侵害,主观上没有认识到这一点;假想防卫,客观上不存在不法侵害,主观上以为在制止不法侵害
	5. 立功	揭发犯罪型、协助抓捕型、提供线索型,能够准确判断是否成立立功,成立立功可以从轻或者减轻处罚
	6. 敲诈勒索罪、诈骗罪	以非法占有为目的,实施恐吓行为,对方基于恐吓行为产生恐惧心理交付财物的行为成立敲诈勒索罪;虚构事实、隐瞒真相,使被害人基于错误认识处分财物的行为成立诈骗罪
	7. 受贿罪、行贿罪	(1)国家工作人员利用职务上的便利,索取他人财物的行为成立受贿罪 (2)为谋取不正当利益,给予国家工作人员以财物的行为是行贿罪
	8. 滥伐林木罪	违反《森林法》的规定,滥伐森林或者其他林木,数量较大的行为成立滥伐林木罪
2019	1. 共同犯罪、抢劫罪	两人以上共同故意犯罪的构成共同犯罪;以暴力、胁迫或者其他方法抢劫公私财物的行为成立抢劫罪。在抢劫过程中致人重伤、死亡的,属于抢劫罪的结果加重犯,处10年以上有期徒刑、无期徒刑或者死刑,并处罚金或者没收财产
	2. 事前的故意	依据我国刑法理论,犯罪故意的第一行为未导致实害结果,之后缺乏犯罪故意的第二行为才导致了实害结果的情形属于事前的故意
	3. 骗取贷款罪、合同诈骗罪、贷款诈骗罪	(1)以欺骗手段取得银行或者其他金融机构贷款的行为构成骗取贷款罪,本罪不能具有非法占有的目的 (2)以非法占有为目的,在签订、履行合同过程中,骗取对方当事人财物,数额较大的行为构成合同诈骗罪 (3)以非法占有为目的,诈骗银行或者其他金融机构贷款,数额较大的行为成立贷款诈骗罪
	4. 盗窃罪	盗窃公私财物数额较大的行为或者多次盗窃、入户盗窃、携带凶器盗窃、扒窃的行为成立盗窃罪
	5. 自首、立功	被采取强制措施的犯罪嫌疑人如实供述司法机关还未掌握的本人其他罪行的,以自首论。犯罪分子揭发他人犯罪行为,查证属实的,属于立功
	6. 行贿、斡旋受贿	(1)行贿罪是指为谋取不正当利益,给予国家工作人员以财物的行为 (2)国家工作人员利用本人职权或者地位形成的便利条件,通过其他国家工作人员职务上的行为,为请托人谋取不正当利益,索取请托人财物或者收受请托人财物的,以受贿罪论处
	7. 盗窃罪、信用卡诈骗罪	(1)盗窃信用卡并使用的,依照盗窃罪定罪处罚 (2)冒用他人信用卡的行为成立信用卡诈骗罪
	8. 故意杀人罪、故意伤害罪	(1)故意非法剥夺他人生命的行为构成故意杀人罪 (2)故意伤害他人身体的行为构成故意伤害罪
	9. 敲诈勒索罪	敲诈勒索公私财物,数额较大或者多次敲诈勒索的行为成立敲诈勒索罪,由于意志之外的原因未得逞的,构成犯罪未遂
	10. 诉讼时效	追诉时效最长为20年,如果20年以后认为必须追诉,须报请最高人民检察院核准

续表

年份	考点名称	知识点内容
2018	1. 盗窃罪	盗窃公私财物数额较大的行为或者多次盗窃、入户盗窃、携带凶器盗窃、扒窃的行为成立盗窃罪
	2. 诈骗罪	以非法占有为目的,虚构事实、隐瞒真相使对方基于错误认识处分财物的行为成立诈骗罪
	3. 防卫过当	正当防卫明显超过必要限度造成重大损害的,应当负刑事责任,但是应当减轻或者免除处罚
	4. 非法拘禁罪	非法拘禁他人或者以其他方法非法剥夺他人人身自由的属于非法拘禁罪
	5. 故意伤害罪	故意伤害他人身体的,成立故意伤害罪
	6. 共同犯罪	两人以上共同故意犯罪的属于共同犯罪,对于共同犯罪处罚适用"部分实行、全部责任"
	7. 数罪并罚	数罪并罚是指对犯两个以上罪行的犯人,就所犯各罪分别定罪量刑后,按一定原则判决宣告执行的刑罚
2017	1. 绑架罪	以勒索财物为目的绑架他人的,或者绑架他人作为人质的,构成绑架罪
	2. 非法拘禁罪	(1)客观上控制人质,但主观上没有勒索财物的目的,构成非法拘禁罪而非绑架罪 (2)非法拘禁他人后,使用暴力致人死亡的,构成故意杀人罪
	3. 共同犯罪	根据部分犯罪共同说的观点,构成共同犯罪只要求共犯人的犯罪行为与故意部分相同。据此,绑架罪与非法拘禁罪的行为人在非法拘禁罪范围内构成共同犯罪
	4. 诈骗罪和敲诈勒索罪	向被害人发出的是虚假的、能够引起恐慌担忧的信息,同时具有虚假性和要挟性质,构成诈骗罪与敲诈勒索罪的想象竞合犯,从一重罪处罚
2016	1. 侵占罪	将代为保管的他人财物(委托物)非法占为己有,数额较大,拒不退还的,成立侵占罪
	2. 为侵占财产而杀人的定性	对于侵占他人财物后为了占为己有而杀害财物主人的行为,有两种处理意见: 观点一:成立侵占罪与故意杀人罪,数罪并罚。 观点二:成立抢劫罪一罪,因为财产性利益(主人的返还请求权)可以成为抢劫罪的对象
	3. 对事前故意的不同处理意见	观点一:成立故意杀人既遂一罪。理由是:前行为与死亡结果之间的因果关系并未中断,前行为与后行为具有一体性,故意不需要存在于实行行为的全过程。 观点二:将前行为认定为故意杀人未遂,将后行为认定为过失致人死亡,对二者实行数罪并罚或者按想象竞合处理。理由是:毕竟是后行为导致的死亡,但行为人对后行为只有过失
	4. 间接正犯	利用他人过失致人死亡的行为,具有支配力,成立故意杀人罪的间接正犯
	5. 帮助犯(从犯)	为他人故意杀人提供帮助的,成立故意杀人罪的帮助犯(从犯)
	6. 敲诈勒索罪	利用合法行为使他人产生恐惧心理,并基于恐惧心理处分财物的也属于敲诈勒索
	7. 数额巨大与数额特别巨大	观点一:数额巨大与特别巨大属于加重构成要件,存在犯罪形态,有既遂、未遂之分。 观点二:数额巨大与特别巨大属于单纯的量刑因素或量刑规则,不存在犯罪形态
	8. 诈骗罪	客观上有诈骗行为,但主观上没有诈骗故意(非法占有目的),不成立诈骗罪

续表

年份	考点名称	知识点内容
2015	1. 结果提前发生的处理	将被害人掐昏,然后扔入湖中溺死如何处理: 观点一:掐脖子本身有致人死亡的紧迫危险,能够认定掐脖子时就已经实施杀人行为,故意存在于着手实行时即可,故行为人应承担故意杀人既遂的刑事责任。 观点二:掐脖子时只是想致被害人昏迷,没有认识到掐脖子的行为会导致死亡,即缺乏既遂的故意,因而不能对故意杀人既遂负责,只能认定为故意杀人未遂与过失致人死亡的想象竞合
	2. 死者能否占有财产	观点一:肯定说。死者继续占有生前的财物,取走死者随身财物构成盗窃罪。 观点二:否定说。死者并不占有自己生前的财物,取走死者随身财物构成侵占罪
	3. 信用卡诈骗罪	(1)利用拾得的他人信用卡取款的,属于冒用他人信用卡,成立信用卡诈骗罪 (2)盗窃他人信用卡并使用的,成立盗窃罪
	4. 共犯的中止与脱离	(1)共犯的中止:共犯的中止行为未能有效地防止结果发生,不能成立犯罪中止 (2)共犯的脱离:必须消除与其他共犯人之间的物理和心理上的因果关系,成功的脱离以犯罪中止论
	5. 掩饰、隐瞒犯罪所得罪	明知是犯罪所得而予以窝藏、转移、收购、代为销售或者以其他方法掩饰、隐瞒的,构成掩饰、隐瞒犯罪所得罪
2014	1. 贪污罪	国家工作人员利用职务上的便利,侵吞、窃取、骗取或者以其他手段非法占有公共财物的,是贪污罪。贪污罪既遂的标准是实际占有公共财物,即取得公共财物。如果将账目做平,但未转移公共财物的,构成贪污罪未遂
	2. 行贿罪	为谋取不正当利益,给予国家工作人员以财物的,是行贿罪。国家工作人员未出资,却给予其公司的股份并给其分红的行为,构成行贿罪
	3. 受贿罪	(1)国家工作人员利用职务上的便利为请托人谋取利益,收受请托人提供的干股的,以受贿罪论处 (2)进行了股权转让登记,或者有关证据证明股份发生了实际转让的,受贿数额按转让行为发生时股份价值计算,所分红利按受贿孳息处理 (3)股份未实际转让,以股份分红名义获取利益的,实际获利数额应当认定为受贿数额
	4. 为亲友非法牟利罪	国有公司、企业、事业单位的工作人员,利用职务便利,实施下列行为之一,使国家利益遭受重大损失的,构成本罪: (1)将本单位的盈利业务交由自己的亲友进行经营的 (2)以明显高于市场的价格向自己的亲友经营管理的单位采购商品或者以明显低于市场的价格向自己的亲友经营管理的单位销售商品的 (3)向自己的亲友经营管理的单位采购不合格商品的
	5. 掩饰、隐瞒犯罪所得、犯罪所得收益罪	明知是犯罪所得及其产生的收益而予以窝藏、转移、收购、代为销售或者以其他方法掩饰、隐瞒的行为
	6. 挪用资金罪	不是为了个人使用,也不是为了谋取个人利益,不能认定为挪用资金罪
	7. 自首	犯罪以后自动投案,如实供述自己的罪行的,是自首。对于自首的犯罪分子,可以从轻或者减轻处罚。其中,犯罪较轻的,可以免除处罚
	8. 立功	犯罪分子揭发他人犯罪行为,查证属实的,构成立功,可以从轻或者减轻处罚

第三章　一问一答式题目

一、2023年第二题(31分)

案情：

迟某向陈某谎称自己被银行列入黑名单，无法申请银行卡，遂向陈某买银行卡。陈某明知迟某可能是利用该银行卡进行电信网络诈骗，但仍然将银行卡卖给迟某，后迟某果然利用该银行卡进行电信网络诈骗犯罪。(事实一)

陈某通过手机银行短信得知多人向该银行卡汇入资金共30万元，陈某向银行工作人员谎称自己银行卡丢失，重新补办该银行卡并将30万元现金取出。事发后，陈某被公安机关采取强制措施，并移交检察机关。(事实二)

陈某被采取强制措施后，陈某的母亲洪某向财政局局长吕某请托，希望吕某找人对陈某从宽处理，并答应事成后给予100万元的报酬。吕某向公安局局长覃某请托，覃某心想吕某肯定收受了陈某亲属的贿赂或者准备接受贿赂，于是以陈某不清楚事实为由，对陈某解除强制措施。陈某被解除强制措施后，洪某交给吕某存有100万元的银行卡。3个月以来，吕某使用该银行卡消费了40万元，担心长期使用洪某名下的银行卡会引起怀疑，遂将该银行卡还给洪某。洪某觉得吕某在此事上帮了大忙，报酬不能太少，于是将剩下的60万元现金取出，又送给吕某，吕某收下。(事实三)

1年后，覃某被人举报，检察机关对覃某依法采取强制措施。覃某向检察机关交代了受吕某请托将陈某释放的事实。虽然覃某没有证据证明吕某收受了洪某贿赂，但是为了获得立功表现，仍向检察机关举报吕某受贿，检察机关询问覃某是否有证据，并告知如果没有证据证明吕某受贿将成立诬告陷害罪。覃某表示如果吕某没有收受贿赂，自己愿意承担诬告陷害罪的刑事责任。后检察机关将线索移交给监察机关，监察机关在立案前，电话通知吕某到指定地点问话。吕某到达指定地点后如实供述收受洪某贿赂，但辩称只受贿100万元。(事实四)

【问题】

1. 事实一中，关于陈某的行为定性，在刑法理论中有几种观点(至少写出三种)？你的观点和理由是？(9分)

2. 事实二中，关于陈某的行为定性，在刑法理论中有几种观点(至少写出三种)？你的观点和理由是？(9分)

3. 事实三中，洪某、吕某和覃某的行为各犯何罪？各自的犯罪数额是多少？(7分)

4. 事实四中，如何认定吕某和覃某的量刑情节？(6分)

答案阅评参考

1. 事实一中，关于陈某的行为定性，在刑法理论中有几种观点(至少写出三种)？你的观点和理由是？(9分)

【答案参考】

关于陈某明知迟某可能利用自己的银行卡实施电信诈骗犯罪，依然出售银行卡给迟某的行

为定性,可能存在如下观点:

(1)构成帮助信息网络犯罪活动罪。刑法规定,明知他人利用信息网络实施犯罪,为其犯罪提供互联网接入、服务器托管、网络存储、通讯传输等技术支持,或者提供广告推广、支付结算等帮助的行为,成立帮助信息网络犯罪活动罪。本案中,陈某没有事先参与迟某的诈骗犯罪活动。只怀疑迟某会利用银行卡违法犯罪。因此,陈某的行为仅成立帮助信息网络犯罪活动罪。

(2)构成帮助信息网络犯罪活动罪与诈骗罪的想象竞合,应当择一重罪处罚。刑法规定,一个行为触犯数罪名,属于想象竞合,择一重罪论处。本案中,陈某主观上具有犯罪故意,既包括确定的故意,也包括未必的、不确定的故意。陈某明知他人可能将银行卡用于犯罪而向其提供银行卡,主观上有帮助他人犯罪的故意,客观上有提供银行卡的行为,成立帮助信息网络犯罪活动罪。陈某的"帮助"行为在客观上对他人的电信网络诈骗起到了帮助作用,陈某对此主观上也有认知,应成立诈骗罪的帮助犯。两罪系想象竞合,应当择一重罪处罚。

(3)构成洗钱罪。刑法规定为掩饰、隐瞒毒品犯罪、黑社会性质的组织犯罪、恐怖活动犯罪、走私犯罪、贪污贿赂犯罪、破坏金融管理秩序犯罪、金融诈骗犯罪的所得及其产生的收益的来源和性质的行为成立洗钱罪。本案中,如果认定迟某的电信诈骗行为属于金融诈骗,那么陈某提供银行卡的行为构成洗钱罪。

我赞同第一种观点,仅成立帮助信息网络犯罪活动罪。对于明知他人实施电信诈骗行为而提供帮助的行为刑法已经独立定罪,即帮助信息网络犯罪活动罪。

【提示】这个答案不唯一,有的考生回答陈某行为构成诈骗罪。理由:刑法规定,为正犯实施犯罪提供帮助的行为成立帮助犯。本案中,陈某明知他人可能将银行卡用于犯罪而向其提供银行卡的行为,依法成立诈骗罪的帮助犯。还有的考生回答陈某的行为不构成犯罪,属于中立的帮助行为。理由:成立帮助犯要求具有确定的故意,即迟某确定要实施犯罪,陈某明知仍旧实施帮助行为,实际上,陈某仅仅是明知迟某可能利用该银行卡实施电信诈骗犯罪,而非确信迟某必然实施电信诈骗犯罪。因此,陈某仅具有不确定的犯罪故意,不成立可罚的帮助犯。类似问题只要回答出三种观点即可,言之有理即可得分。

知识点 想象竞合、帮助犯、帮助信息网络犯罪活动罪、洗钱罪

涉及法条 《刑法》第 287 条之二、第 191 条

2. 事实二中,关于陈某的行为定性,在刑法理论中有几种观点(至少写出三种)?你的观点和理由是?(9 分)

【答案参考】

关于陈某谎称银行卡丢失后,挂失银行卡将 30 万元现金取出的行为如何定性,存在以下不同观点:

(1)构成侵占罪。理由:刑法规定,以非法占有为目的,变占有为所有的行为成立侵占罪。本案中,银行卡内的存款在法律上仍属于原主人(卡的名义人)占有,原卡主人(陈某)以非法占有为目的,将自己占有的卡内存款据为已有,构成侵占罪。

(2)构成盗窃罪。理由:这种观点认为,用于存款的银行卡及密码均在买卡者(迟某)的手

中,买卡者对该存款处于事实上的支配状态,对该笔存款具有占有权、控制权。陈某以非法占有为目的,在迟某不知情的情况下,以挂失补卡的方式转移了存款的占有,属于秘密窃取行为,构成盗窃罪。

(3)构成诈骗罪。理由:陈某卖出银行卡后,银行卡内的存款由购买者(迟某)占有。银行工作人员具有处分本行银行卡债权的权限,原卡主人(陈某)采取挂失补办的行为欺骗了银行工作人员,使其陷入认识错误处分了买卡者迟某的债权(迟某对银行的取款权),因此陈某构成诈骗罪,属于三角诈骗的情形。

我赞同观点一,成立侵占罪。理由:由于我国对银行卡实行实名制,必须由本人携带身份证才能申领,银行卡内资金交易的权利、义务由持证申领人享有和承担。本案中,陈某虽然是法律上的持卡人,但申请挂失的行为,属于侵吞本人占有的他人财物。

【提示】这个答案不唯一,有的考生回答不成立犯罪,还有的考生回答成立信用卡诈骗罪。只要理由言之有理即可得分。

知识点 盗窃罪、诈骗罪、侵占罪

涉及法条《刑法》第264条、第266条、第270条

3. 事实三中,洪某、吕某和覃某的行为各犯何罪?各自的犯罪数额是多少?(7分)

【答案参考】

(1)洪某:构成行贿罪,数额100万元。刑法规定为了谋取不正当利益,给予国家工作人员财物的行为成立行贿罪。本案中,洪某的行贿对象是国家机关工作人员吕某,利用吕某的职务便利。

(2)吕某:构成受贿罪,属于斡旋受贿,数额100万元。斡旋受贿是指国家工作人员利用本人职权或者地位形成的便利条件,通过其他国家工作人员职务上的行为,为请托人谋取不正当利益,索取请托人财物或者收受请托人财物的行为。在本案中,吕某身为财政局局长,通过覃某为洪某谋取不正当利益,成立受贿罪(斡旋受贿)。事后使用和归还均不影响犯罪数额的认定。第二次60万元和前面的100万元是同一财产利益,不能重复评价。因此,受贿的数额是100万元。

(3)覃某:构成徇私枉法罪。刑法规定,司法工作人员对明知是有罪的人而故意包庇不使他受追诉的行为成立徇私枉法罪。本案中,覃某身为公安局局长,属于司法工作人员。并且覃某为了包庇陈某,故意以陈某不清楚事实为由作无罪处理并解除强制措施。因此,覃某的行为成立徇私枉法罪。

知识点 行贿罪、斡旋受贿、徇私枉法罪

涉及法条《刑法》第388条、第389条、第399条

4. 事实四中,如何认定吕某和覃某的量刑情节?(6分)

【答案参考】

吕某:自首。刑法规定,自动投案,如实供述自己的犯罪行为成立自首。本案中,立案前电话

通知谈话可以认定为吕某并未被采取强制措施,自动投案,如实交代的可以认定为自首,自我辩解不影响自首认定。对吕某可以从轻或减轻处罚。如犯罪较轻,可以免除处罚。

覃某:(1)坦白。刑法规定,被采取强制措施以后,如实供述的行为成立坦白,覃某被采取强制措施后如实交代,可以从轻处罚。(2)立功。刑法规定,揭发"他人"犯罪行为并查证属实的成立立功。本案中覃某检举吕某犯罪事实,并查证属实,可以从轻或减轻处罚。

知识点 自首、坦白、立功

涉及法条 《刑法》第67条、第68条

二、2022年第二题(31分)

案情:

王某与郑某成立了一家公司,但经营不善,一直亏损。某日,二人合谋骗取银行贷款,王某让郑某伪造各种贷款材料,郑某伪造了部分材料,同时欺骗保险公司的工作人员,让保险公司对其贷款提供保险,保险公司未能识破骗局而同意。王某与郑某从银行取得600万元贷款后逃匿。贷款到期后银行向保险公司追偿,保险公司就银行贷款本息进行了赔付。事后查明王某对郑某欺骗保险公司的事情完全不知情。(事实一)

王某与郑某逃往外地后,侵入陈某所有的长期无人居住的住宅内,在该住宅生活多日。(事实二)

某日,王某趁郑某熟睡时打开郑某的手机支付宝,发现支付宝余额有3000元,而且支付宝绑定了一张银行卡。王某将郑某银行卡中的2万元转入郑某的支付宝余额,然后从支付宝余额中将2万元转入自己的支付宝,并删除了郑某手机上的相关短信等信息。(事实三)

次日,郑某发现银行卡里少了2万元,就问王某,王某矢口否认。郑某将王某反锁在一个房间内近50个小时,不让王某吃喝。待王某无力反抗后,郑某逼迫王某承认未果,遂将王某从二楼推下,致使王某重伤,郑某随后逃走。(事实四)

【问题】

1. 就事实一中郑某行为的认定,主要有两种观点:第一种观点认为,郑某仅对保险公司成立保险诈骗罪;第二种观点认为,郑某既对银行成立贷款诈骗罪,也对保险公司成立保险诈骗罪,二者为牵连犯,应当从一重罪处罚。请说明这两种观点的理由与不足(如果认为有),你持什么观点(可以是两种观点之外的观点)?理由是什么?(9分)

2. 就事实一中王某行为的定性(包括犯罪形态),可能存在哪些观点,各种观点的理由是什么?(6分)

3. 关于事实二,王某与郑某的行为是否构成非法侵入住宅罪?理由分别是什么?(4分)

4. 就事实三的认定,主要存在两种观点:第一种观点认为,王某的行为构成盗窃罪;第二种观点认为,王某的行为构成信用卡诈骗罪。请说明两种观点的理由与不足(如果认为有),你持什么观点(可以是两种观点之外的观点)?理由是什么?(8分)

5. 就事实四的认定，一种观点认为，对郑某的行为只能认定为故意伤害(重伤)罪。请问这种观点的理由与不足是什么？(4分)

答案阅评参考

1. 就事实一中郑某行为的认定，主要有两种观点：第一种观点认为，郑某仅对保险公司成立保险诈骗罪；第二种观点认为，郑某既对银行成立贷款诈骗罪，也对保险公司成立保险诈骗罪，二者为牵连犯，应当从一重罪处罚。请说明这两种观点的理由与不足(如果认为有)，你持什么观点(可以是两种观点之外的观点)？理由是什么？(9分)

【答案参考】

(1)本题的争议点在于银行是否有财产损失，进而确定郑某的行为是否可以认定为贷款诈骗罪，先说一下两种观点的理由与不足：

第一种观点认为郑某只成立保险诈骗罪。理由是银行最终找保险公司赔偿了贷款本息，银行不存在财产损失，故郑某的行为不再认定为贷款诈骗罪，只对保险公司成立保险诈骗罪。

第二种观点认为郑某成立保险诈骗罪和贷款诈骗罪的牵连犯。理由是银行是存在财产损失的，因为即使银行找保险公司赔偿了贷款本息，那也只是挽回损失的手段。郑某的保险诈骗行为是贷款诈骗的手段行为，两行为具有手段和目的的关联性，属于牵连犯，择一重罪论处。

(2)我赞同成立保险诈骗罪和贷款诈骗罪的牵连犯的观点。因为如果只评价为保险诈骗罪，则遗漏对郑某对贷款银行的欺骗行为的评价。依据罪刑法定原则和罪数，第二种观点更符合刑法立法目的，也更利于司法实务依法办案。

【提示】这个答案不唯一，也可以在第一问中回答一下“不足”，比如第一个观点对案件事实的评价不完整、不全面，因为郑某以虚假担保骗取银行贷款，一旦获得贷款就已经既遂，即使之后银行得以追偿，也不影响郑某犯罪既遂的认定，因此遗漏了贷款诈骗罪的行为。第二问也可以回答“我认为郑某构成贷款诈骗罪和保险诈骗罪，但是因为被害人只存在一个财产损失，故属于包括的一罪，从一重罪论处”。

知识点 牵连犯、贷款诈骗罪、保险诈骗罪

涉及法条 《刑法》第193条、第198条

2. 就事实一中王某行为的定性(包括犯罪形态)，可能存在哪些观点，各种观点的理由是什么？(6分)

【答案参考】

存在两种观点：

观点一：保险诈骗罪。理由：王某与郑某的共同故意是实施贷款诈骗罪，郑某实施的保险诈骗行为是为了成功实施贷款诈骗的一种手段，这种手段没有超出实施贷款诈骗的总目标和范围，因此，王某对郑某的保险诈骗罪也应当承担责任，应评价为犯罪既遂。

【提示】这种观点比较好理解，不用回答牵连犯，但也存在一定的不足，毕竟王某对郑某

的保险诈骗行为不知情,而这种观点把保险诈骗的故意评价为没有超出贷款诈骗的总目标。

有的同学认为成立保险诈骗罪(未遂)。理由:王某与郑某共谋实施贷款诈骗行为,但实际上银行没有遭受经济损失,两人的获利是由于郑某的保险诈骗行为,郑某成立保险诈骗罪,不成立贷款诈骗罪。事后查明王某对郑某欺骗保险公司的事情完全不知情,对事实存疑,根据存疑有利于被告人原则,王某对保险诈骗罪只承担未遂的形态。

观点二:贷款诈骗罪。理由:贷款诈骗罪是以非法占有为目的,诈骗银行或者其他金融机构贷款数额较大的行为。结合本题,如果认定郑某成立贷款诈骗罪,那么王某属于贷款诈骗罪的共犯,犯罪形态为既遂。至于银行事后追偿的事实,不影响王某行为性质的认定。

【提示】观点二的理由不唯一,有的同学回答成立贷款诈骗罪既遂。理由:王某对郑某实施保险诈骗罪并不知情,郑某实施保险诈骗罪属于实行过限,超出了共同故意的范围。

还有的同学认为成立贷款诈骗罪(未遂)。理由:银行通过事后追偿的方式收回了贷款本息,不存在财产损失。王某以为自己骗到了银行的贷款,但实际上是获得了保险公司的赔偿款,由于王某属于因意志以外的原因未骗到银行的贷款,故成立贷款诈骗罪的未遂形态。

知识点 犯罪形态、共同犯罪

涉及法条 《刑法》第 23 条、第 25 条

3. 关于事实二,王某与郑某的行为是否构成非法侵入住宅罪?理由分别是什么?(4 分)

【答案参考】

(1)不构成非法侵入住宅罪。理由:如果认为非法侵入住宅罪的保护法益是住宅的安宁,即非法侵入住宅影响公民的人身安全和生活宁静,那么二人的行为不构成非法侵入住宅,因为陈某长期不居住该房屋,侵入行为不会侵犯住宅的安宁。

(2)构成非法侵入住宅罪。理由:根据《刑法》及相关规定,非法侵入住宅罪是指违背住宅内成员的意愿或无法律依据,进入公民住宅,或进入公民住宅后经要求退出而拒不退出的行为。我认为本罪保护的法益是住宅权,即是否允许他人进入住宅的权利,而陈某并未允许王某和郑某进入该住宅,因此二人成立非法侵入住宅罪。

知识点 非法侵入住宅罪

涉及法条 《刑法》第 245 条

4. 就事实三的认定,主要存在两种观点:第一种观点认为,王某的行为构成盗窃罪;第二种观点认为,王某的行为构成信用卡诈骗罪。请说明两种观点的理由与不足(如果认为有),你持什么观点(可以是两种观点之外的观点)?理由是什么?(8 分)

【答案参考】

第一种观点认为王某构成盗窃罪。理由:刑法规定,盗窃罪是指盗窃公私财物数额较大的行为。本题中从郑某的银行卡转钱到郑某支付宝余额的行为并未给郑某造成财产损失,真正造成财产损失的是从郑某支付宝余额转出资金到王某自己账户的行为。王某的行为系违背郑某意志

转移财产,构成盗窃罪。

第二种观点认为王某构成信用卡诈骗罪。理由:刑法规定,信用卡诈骗罪包括冒用他人信用卡,进行信用卡诈骗活动,数额较大的行为。本题中王某的行为属于"冒用他人信用卡信息资料"的情形,从整体上看,王某是从郑某的银行卡中转出资金,属于冒用郑某信用卡的行为。

第二种观点的不足:王某从郑某的银行卡转钱到郑某支付宝的行为并未给郑某造成财产损失,真正导致郑某遭受财产损失的是从支付宝转出资金的行为,而这一行为并未使用郑某的信用卡信息资料(账号+密码),不能因为钱来自银行卡就认定为信用卡诈骗罪。

解题思路

对于前两个问题,按照如上答案回答即可得分。第二种观点也可以不说不足,因为银行卡绑定支付宝/微信等平台后,转入资金是不需要输入密码的,但会有银行的短信提醒。利用已经设置好的"账号+密码+人脸识别"将银行卡中的钱转出也符合"冒用他人信用卡"。而"你持什么观点(可以是两种观点之外的观点)?理由是什么?"这个问题,具有开放性,以下两个答案供大家参考,考生回答出下列答案中的一种就可以得分。

答案参考一:我赞同第一种观点。理由:在实务中,认定为《刑法》第264条规定的"盗窃公私财物,数额较大"的构成标准比较好操作。取证也比较简单,只要是违背郑某意志转移财产,造成郑某财产损失就可以定罪。

答案参考二:我认为构成信用卡诈骗罪(数额17,000元)和盗窃罪(数额3000元),数罪并罚。理由:郑某的支付宝余额中原有3000元,王某将已经绑定的银行卡中的2万元转入支付宝余额属于"冒用他人信用卡"的信用卡诈骗罪。如果认定王某转入自己支付宝的2万元是郑某支付宝余额原有的3000元和新转入的2万元中的17,000元,则王某的行为侵犯两个法益,构成两个罪,应数罪并罚。

知识点 信用卡诈骗罪、盗窃罪

涉及法条 《刑法》第196条、第264条

5. 就事实四的认定,一种观点认为,对郑某的行为只能认定为故意伤害(重伤)罪。请问这种观点的理由与不足是什么?(4分)

【答案参考】

依据《刑法》第238条的规定,非法拘禁他人,使用暴力致人伤残、死亡的,以故意伤害罪、故意杀人罪论处。结合本题认定郑某对王某只构成故意伤害(重伤)罪,也有理由支撑,但具有不足。

理由(合理):将《刑法》第238条规定当作注意规定,即在非法拘禁行为之外故意实施伤害行为的,本来就应认定为故意伤害罪,亦即将非法拘禁和故意伤害认定为故意伤害罪一罪。

不足之处:

(1)《刑法》第238条规定属于法律拟制规定,只有在非法拘禁行为以外使用暴力,过失导致被害人重伤的,才能认定为故意伤害罪,但是本案中郑某具有伤害的故意,不能适用该条款的规

定，只能认定为非法拘禁罪和故意伤害（重伤）罪两罪，数罪并罚。

（2）如果认定为故意伤害罪一罪，实际上是将非法拘禁和故意伤害两个罪名认定为一罪。换言之，这种观点在罪名上认定为注意规定，但实际上在罪数上认定为法律拟制（结合犯），这样做无法做到罪刑相适应，即故意伤害的行为本就成立故意伤害罪，将非法拘禁和故意伤害认定为故意伤害罪一罪，但是法定刑并未提高，既无法做到罪刑相适应，也不利于预防犯罪。

解题思路

关于不足之处此处提供了两个，考生在回答的时候，能答出一种即可得满分。2021 年的刑法题目第三问“有观点认为刘某和赵某仅成立故意伤害罪，你反对还是赞同这个观点，说明理由”也考查的这个知识点，由于是作解析参考，故把阅卷给分的标准答案都进行了列举，供大家学习掌握。

知识点 非法拘禁罪、故意伤害罪

涉及法条 《刑法》第 238 条、第 234 条

三、2021 年第二题（31 分）

案情：

2017 年，赵某敲诈勒索周某，称如果不给钱便将通过网络传播其隐私照片。周某害怕，就按照赵某的指示，将 10 万元现金放到指定的垃圾桶旁边。赵某将该事情真相告诉了刘某，让刘某去垃圾桶旁边取钱，刘某取到后与赵某平分，每人得 5 万元。（事实一）

2018 年，赵某前往王某家盗窃，偷得一台笔记本电脑。在下楼离开时，遇到了李某。赵某误以为李某是回家的王某，为了窝藏赃物，将李某打成轻伤。事实上，李某只是来楼里贴小广告的，对赵某盗窃的事实并不知情。（事实二）

2019 年，杨某欠刘某债务到期没有偿还，刘某提议拘禁杨某索取债务，赵某遂将杨某拘禁。二人将杨某拘禁后，杨某说：“你们把我绑起来我没办法还钱，就算你们把我放了我也没钱还。”两天后，赵某出主意说把杨某的大拇指砍下来，刘某同意，后来二人将杨某的大拇指砍下（重伤）。（事实三）

2020 年，赵某的妻子万某发现赵某行为后劝其自首，否则就与赵某离婚并带走两个孩子。赵某不从，恼羞成怒想要杀死万某。正在拿皮带勒万某脖子的时候。万某叫喊，听到呼喊的两个孩子跑过来（一个 3 岁，另一个 5 岁），赵某觉得在两个孩子的面前杀死妻子影响不好，于是停止行凶，仅造成万某轻伤。（事实四）

【问题】

1. 事实一中，认定刘某构成敲诈勒索罪的理由有哪些？认定刘某构成侵占罪的理由有哪些？（10 分）

2. 事实二中，有观点认为赵某成立事后转化的抢劫，理由有哪些？有观点认定赵某成立盗窃

罪和故意伤害罪,理由有哪些?(10分)

3. 事实三中,有观点认为刘某和赵某仅成立故意伤害罪,你反对还是赞同这个观点,说明理由。(6分)

4. 事实四中,赵某是故意杀人罪的犯罪中止还是犯罪未遂?请说明理由。(5分)

答案阅评参考

1. 事实一中,认定刘某构成敲诈勒索罪的理由有哪些?认定刘某构成侵占罪的理由有哪些?(10分)

【答案参考】

(1)认定刘某构成敲诈勒索罪,属于共同犯罪。

理由一:刑法规定,敲诈勒索公私财物,数额较大或者多次敲诈勒索的,成立敲诈勒索罪。事实一中,在赵某所犯的敲诈勒索罪既遂前,刘某知道真相,中途加入去取10万元,主观上具有共同的故意,属于承继的共犯。依据《刑法》第25条的规定,构成敲诈勒索罪的共犯。

理由二:刑法规定,为正犯实施帮助的行为成立帮助犯。事实一中赵某威胁周某给钱的行为符合《刑法》第274条的规定,依法成立敲诈勒索罪。刘某事中加入,为赵某取财提供帮助,依法成立敲诈勒索罪的帮助犯。

(2)认定刘某构成侵占罪,赵某的敲诈勒索罪已经既遂。

理由一:敲诈勒索罪既遂的标准是被害人丧失对财物的占有,事实一中,周某已经将10万元放到了指定地点,对财物丧失了占有。该财物属于脱离他人占有的遗忘物,刘某非法占有遗忘物,依据《刑法》第270条的规定,成立侵占罪。

理由二:刑法规定,教唆他人犯罪的,成立教唆犯。事实一中赵某教唆刘某非法占有脱离他人占有的遗忘物,属于侵占罪的教唆犯,由于赵某教唆行为属于敲诈勒索罪既遂后不可罚事后行为,但刘某依法成立侵占罪。

理由三:刘某从垃圾桶旁边拿到现金,交给赵某进行平分,属于将周某所有、自己现实占有的现金变成自己和赵某所有,构成侵占罪。刘某取现金的行为同时构成掩饰、隐瞒犯罪所得罪,与侵占罪想象竞合,择一重罪论处。(注意:这个理由在刑法理论上称之为"后续侵占行为",本题写出两个即可得分。)

知识点 共同犯罪、侵占罪、敲诈勒索罪

涉及法条 《刑法》第25条、第270条、第274条

2. 事实二中,有观点认为赵某成立事后转化的抢劫,理由有哪些?有观点认定赵某成立盗窃罪和故意伤害罪,理由有哪些?(10分)

【答案参考】

(1)赵某成立事后转化的抢劫的理由有二:

理由一:刑法规定,犯盗窃罪,为了窝藏赃物、抗拒抓捕或者毁灭罪证而当场使用暴力或者以

暴力相威胁的,转化为抢劫罪。事实二中赵某误以为李某是失主王某而实施暴力,虽对象错误但不影响认定赵某的行为成立事后转化的抢劫,赵某依法成立抢劫罪(转化型抢劫)。

理由二:刑法规定的转化型抢劫罪,只要是为了窝藏赃物而实施暴力即可。事实二中赵某故意伤害李某致其轻伤,符合《刑法》第234条“故意伤害他人身体”的规定,赵某成立故意伤害罪,与抢劫罪属于法条竞合,仅定抢劫罪一罪即可。

(2)赵某成立盗窃罪和故意伤害罪的理由有二:

理由一:刑法规定,犯盗窃罪,为了窝藏赃物、抗拒抓捕或者毁灭罪证而当场使用暴力或者以暴力相威胁的,转化为抢劫罪。其中使用暴力必须针对原占有人和抓捕人。事实二中,李某不知道赵某盗窃,赵某盗窃结束后,基于错误认识将李某打成轻伤,不符合转化型抢劫罪的规定,依法成立盗窃罪与故意伤害罪,数罪并罚。

理由二:赵某侵入王某家盗窃电脑,符合刑法关于“入户盗窃”成立盗窃罪的规定,依法成立盗窃罪。盗窃罪既遂以后,赵某故意伤害李某致其轻伤的行为符合刑法关于故意伤害罪的规定,依法成立故意伤害罪。对赵某依法应数罪并罚。

知识点 盗窃罪、抢劫罪、故意伤害罪

涉及法条 《刑法》第234条、第264条、第269条

3. 事实三中,有观点认为刘某和赵某仅成立故意伤害罪,你反对还是赞同这个观点,说明理由。(6分)

【答案参考】

我赞同刘某和赵某成立故意伤害罪。

理由:《刑法》第238条第2款规定,在非法拘禁过程中,使用暴力致人伤残的,以故意伤害罪定罪处罚。这一条属于法律拟制规定,此处的伤残只需要在客观上达到即可。事实三中刘某和赵某共同将杨某控制,砍掉其大拇指的行为发生在拘禁过程中,虽然拘禁和伤害是两个行为,但法律拟制规定为故意伤害罪一罪即可。

解题思路

回答反对也可以得分,本题的答案不唯一,反对的答案参考:

我反对刘某和赵某成立故意伤害罪,应定非法拘禁罪与故意伤害罪,数罪并罚。

理由:刘某、赵某为了索取债务而拘禁杨某,属于刑法规定的“索债型”非法拘禁,《刑法》第238条第2款的规定应认定为法律注意规定,不改变定罪的基本原则。在拘禁过程中,另起犯意,将杨某的大拇指砍下致其重伤的行为,应以非法拘禁罪和故意伤害罪(重伤)数罪并罚。

这个考点在2022年的刑法考题中也进行了考查,2017年也进行了命题。法考主观题遵循“变化的是案情,不变的是考点”的规律,对其核心考点一定要反复学习,掌握主观题出题的深度。

知识点 共同犯罪、非法拘禁罪、故意伤害罪

涉及法条 《刑法》第25条、第234条、第238条

4. 事实四中,赵某是故意杀人罪的犯罪中止还是犯罪未遂?请说明理由。(5分)

【答案参考】

犯罪中止。

理由:《刑法》第24条规定,在犯罪过程中,自动放弃犯罪或者自动有效防止犯罪结果发生的,是犯罪中止。事实四中,赵某见到两个孩子,主观上想着当着孩子面杀害妻子不合适,属于"能达目的而不欲",是主观上自动放弃杀人,属于犯罪中止。

解题思路

本题没有要求观点展示,回答通说(主观说)观点即可,即依据行为人本人的主观认识,本题中孩子出现在身边并非很大的障碍,在"能"继续犯罪的情况下"主动"放弃犯罪,属于犯罪中止。不用再列举客观说认定"未遂"的答案。

知识点 犯罪未遂、犯罪中止

涉及法条 《刑法》第23条、第24条

四、2021年(延考)第二题(31分)

案情:

赵某进入李某的屋子行窃,李某家中只有一个5岁小孩,小孩说"你在我家干什么",赵某对小孩说"我的大拳头会让你的小脑袋难受哦",小孩害怕故不作声,赵某拿走了李某家价值2万元的财物,其中包含李某的一部手机。(事实一)

赵某试出李某的手机密码,打开支付宝,发现支付宝账户里没有钱。(1)于是绑定了李某的银行卡,并从该银行卡中转入李某的支付宝账户3万元;(2)赵某来到商场购物,用支付宝账户支付了3万元。(事实二)

赵某怕警察发现逃到外省,借了王某10万元开小商店。与孙某一同将20元的白酒冒充3000元高档白酒销售,获利60万元,但赵某觉得孙某出力少,只分给孙某5万元。(事实三)

王某让赵某归还10万元本息,否则就告发赵某销售伪劣产品罪,赵某很气愤,同时为了免于归还10万元债务,当晚去王某家中杀了王某。(事实四)

【问题】

1. 事实一中,有观点认为赵某的行为构成盗窃罪,理由是什么?有观点认为赵某的行为构成抢劫罪,理由是什么?(10分)

2. 事实二中,有观点认为赵某的行为构成信用卡诈骗罪,理由是什么?有观点认为赵某的行为构成盗窃罪,理由是什么?(10 分)

3. 事实三中,有观点认为赵某和孙某构成销售伪劣产品罪,你是赞成还是反对,理由是什么?(6 分)

4. 事实四中赵某的行为应该怎么定性?(5 分)

答案阅评参考

1. 事实一中,有观点认为赵某的行为构成盗窃罪,理由是什么?有观点认为赵某的行为构成抢劫罪,理由是什么?(10 分)

【答案参考】

(1)赵某构成盗窃罪,为入户盗窃。

5 岁孩子年龄太小,对财物没有占有、处分权,难以对财物形成占有支配状态。因此,赵某恐吓 5 岁孩子的行为与其取得财物之间没有因果关系,赵某的行为不属于"压制反抗、强行取财",不成立抢劫罪。此时家中财物仍为李某占有,赵某将李某占有的财物转移为自己占有,成立盗窃罪,为入户盗窃。

(2)赵某构成抢劫罪,为入户抢劫。

5 岁孩子具有一定的看管财物的能力,赵某以实施暴力相威胁的行为达到了足以压制被害人反抗的程度,符合抢劫罪的构成要件,为入户抢劫。

知识点 盗窃罪、抢劫罪

涉及法条 《刑法》第 263 条、第 264 条

2. 事实二中,有观点认为赵某的行为构成信用卡诈骗罪,理由是什么?有观点认为赵某的行为构成盗窃罪,理由是什么?(10 分)

【答案参考】

(1)第一种观点认为,赵某的行为构成信用卡诈骗罪。

理由是:赵某利用李某手机号码与支付宝账户、银行卡的绑定关系,将李某银行卡上的 3 万元转移到李某支付宝账户,并在商场通过支付宝付款消费,属于冒用他人信用卡的行为,构成信用卡诈骗罪。

(2)第二种观点认为,赵某的行为构成盗窃罪。

理由是:首先,赵某虽然使用了李某的信用卡,但是,只是将被害人李某银行卡里的"钱"变成李某支付宝账户里的"钱",即被害人的财产状况实际上并没有发生变化。因此,赵某将李某银行卡里的 3 万元转到李某的支付宝账户里的行为不构成犯罪。

其次,赵某使用李某的支付宝在商场消费 3 万元,属于违反他人意志转移李某支付宝账户财产的行为,并没有冒用他人信用卡,故应认定为盗窃罪。

知识点 信用卡诈骗罪、盗窃罪

涉及法条 《刑法》第196条、第264条

3. 事实三中,有观点认为赵某和孙某构成销售伪劣产品罪,你是赞成还是反对,理由是什么?(6分)

【答案参考】

我赞同。法条竞合应坚持特别法优先,赵某与孙某的行为构成销售伪劣产品罪。

理由是:赵某和孙某以20元的低档白酒冒充3000元的高档白酒进行销售,是以次充好的行为,即以低档产品冒充高档产品进行销售,符合销售伪劣产品罪的规定情形。

此观点认为销售伪劣产品行为是商品销售领域的诈骗行为,应坚持法条竞合特别法优先,认定为销售伪劣产品罪。

4. 事实四中赵某的行为应该怎么定性?(5分)

【答案参考】

赵某欠王某10万元,二人是债权债务关系。赵某使用暴力(杀人)的目的在于消灭该债权债务关系(财产性利益)。对于赵某的行为,存在故意杀人罪与抢劫罪两种不同的观点,两种观点的对立在于抢劫罪的对象是否包括财产性利益。

观点一:财产性利益不能成为抢劫罪的对象,赵某的行为构成故意杀人罪。即便赵某将王某杀害,二人之间的债权债务关系依然存在,没有侵犯被害人的财产权,仅侵犯了生命权。

观点二:财产性利益可以成为抢劫罪的对象,赵某的行为构成抢劫罪。赵某为了逃避债务而潜入王某家中杀害债权人王某,消灭了该债权债务关系(财产性利益),侵犯了财产权,其行为属于入户抢劫,成立抢劫致人死亡罪。

知识点 对于抢劫过程中伤害/故意杀人的观点展示

五、2018年第二题(30分)

案情:

王某作为组织者,组织了某黑社会性质组织,刘某、林某、丁某积极参加。某日,王某、刘某在某酒店就餐,消费3000元。在王某结账时,收银员吴某偷偷调整了POS机上的数额,故意将3000元餐费改成30,000元,交给王某结账。王某果然没有注意,输入密码支付了30,000元。(事实一)

王某离开前发现多付了钱,与刘某去找吴某还钱,吴某拒不返还。王某、刘某恼羞成怒,准备劫持吴某让其还钱。在捆绑吴某过程中,不慎将吴某摔成重伤,因为担心酒店其他人员报警,故放弃挟持,离开酒店。(事实二)

王某和刘某下楼往外走的时候,在门口被武某等4名保安拦截。王某遂让刘某打电话叫人过来帮忙。刘某给林某、丁某打电话,并私下叫二人带枪过来,林某二人将枪支藏在衣服里,来到

酒店门口护送王某上了私家车,武某等人见状遂让四人离开。王某上车时气不过,让刘某“好好教训这个保安”后开车离开。刘某随即让林某、丁某二人开枪,武某中弹身亡。事后查明,其中一人朝武某腿部开枪,未击中腿部,另一人朝武某腹部开枪,但无法查明谁朝腿部开枪、谁朝腹部开枪。只有一颗子弹击中武某腹部,导致其死亡,但无法查明击中腹部的子弹是谁射击的。(事实三)

【问题】

1. 事实一中,对吴某的行为定性存在不同见解,你是如何认定的,须说明理由。(10 分)

2. 事实二中,王某、刘某对吴某构成何罪?须说明理由。(10 分)

3. 在事实三中,王某、刘某、林某、丁某对武某的死亡构成何罪?其中对王某的行为有几种处理意见?均须说明理由。(10 分)

答案阅评参考

1. 事实一中,对吴某的行为定性存在不同见解,你是如何认定的,须说明理由。(10 分)

【答案参考】

关于吴某的行为,有两种见解:

(1)吴某构成诈骗罪,既遂数额为 27,000 元。王某被吴某欺骗,以为自己消费了 30,000 元,便支付了 30,000 元,事后才知道自己仅消费了 3000 元。吴某的行为完全符合诈骗罪的构成要件,诈骗金额为 27,000 元。

(2)吴某构成盗窃罪。王某知道自己消费了 3000 元,在支付 3000 元时,没有注意到刷卡机显示的金额是 30,000 元。对于多支付的 27,000 元王某没有处分意识,吴某的行为符合刑法关于盗窃罪的构成要件规定,依法成立盗窃罪。

我赞同第二种见解。王某处分资金时,需要意识到所处分资金的存在,即要认识到处分多少资金。事实一中王某对多支付的 27,000 元没有处分意识,吴某刷走 30,000 元符合我国刑法关于盗窃罪的构成要件规定。

知识点 盗窃罪、诈骗罪

涉及法条《刑法》第 264 条、第 266 条

2. 事实二中,王某、刘某对吴某构成何罪?须说明理由。(10 分)

【答案参考】

事实二中王某、刘某对吴某的行为成立非法拘禁罪(未遂),属于防卫过当,应当减轻或者免除处罚。

依据我国《刑法》及相关规定,防卫行为明显超过必要限度造成重大损害的应当负刑事责任,对于防卫过当行为应当减轻或者免除处罚。采取拘押、禁闭或者其他强制方法,非法剥夺他人人身自由的成立非法拘禁罪。事实二中,王某、刘某的行为属于制止不法侵害,属于防卫行为,但王某、刘某采取劫持手段剥夺他人人身自由则属于防卫过当,成立非法拘禁罪,由于未能控制

吴某,成立非法拘禁罪(未遂)。

解题思路

本题考查的是《刑法》第238条第3款规定,为索取债务非法扣押、拘禁他人的行为,也要按照非法拘禁罪处罚。2021年和2022年均考查的是《刑法》第238条第2款规定,这个法条是核心考点,务必要重点掌握。

为索取债务非法扣押、拘禁他人,是指为了胁迫他人履行合法的债务,而将他人非法扣留,剥夺其人身自由的行为。这种行为虽然在特征上与一般的非法拘禁不同,其目的不在于剥夺他人的人身自由,而是以剥夺他人人身自由为手段来胁迫他人履行债务,但客观上已经造成对被害人人身自由的侵害,也应当按照非法拘禁罪处理。如果国家机关工作人员利用职权,为索取债务非法扣押、拘禁他人,则应当从重处罚。

知识点 防卫过当、非法拘禁罪

涉及法条 《刑法》第20条、第238条

3. 在事实三中,王某、刘某、林某、丁某对武某的死亡构成何罪?其中对王某的行为有几种处理意见?均须说明理由。(10分)

【答案参考】

(1)王某、刘某、林某、丁某对武某的死亡构成故意伤害罪(未遂)致人死亡。

我国《刑法》及相关司法解释规定,两人以上共同故意犯罪的属于共同犯罪,对于共同犯罪处罚适用"部分实行,全部责任"。本案中,王某指使刘某"教训"武某,刘某指使林某、丁某开枪,王某作为教唆犯的"教唆者",应以教唆犯论处。王某在共同犯罪中起主要作用,应以主犯论处,基于共犯从属性,刘某、林某、丁某三人对死亡结果均应负责,但由于林某、丁某二人构成的是故意伤害罪,而非故意杀人罪,因此四人均以故意伤害罪(未遂)致人死亡论处。

知识点 共同犯罪、故意伤害罪

涉及法条 《刑法》第25条、第234条

【分析思路】

①事后查明,丁某、林某其中一人朝武某腿部开枪,另一人朝武某腹部开枪,在无法查明的情况下,属于对事实存疑。对事实存疑就要有利于被告人,如何有利?都射腿有利,即认定丁某和林某都实施了故意伤害罪的事实,都朝武某腿部开枪,但是均未击中。未击中就定故意伤害罪(未遂)。

②事后查明,只有一颗子弹击中了武某的腹部,导致其死亡,但无法查明是谁射出的子弹。由于二人在开枪时,客观上具有相互协作的关系,在主观上有意思联络,二人依法成立共同犯罪。基于"部分实行,全部责任"的原理,二人都对武某死亡结果负责。由于二人构成的是故意伤害

罪而非故意杀人罪，因此在主观上对死亡结果持过失心态。此处又考查了结果加重犯的考点，最终两人定故意伤害罪（未遂），但需承担致人死亡的刑事责任。

（2）王某依法成立组织黑社会性质组织罪、非法拘禁罪（未遂）致人重伤、故意伤害罪（未遂致人死亡），数罪并罚。针对王某是否对林某、丁某中的一人朝武某腹部开枪致其死亡的结果承担责任，有如下两种意见：

其一，王某构成故意杀人罪。王某作为黑社会性质组织的首要人物，指使手下"好好教训"武某，该范围比较模糊，故意杀人也在其大概范围内。不论林某、丁某谁开枪击中武某腹部，王某均对故意杀人罪既遂负责。王某既要对故意伤害罪致人死亡负责，也要对故意杀人罪既遂负责，想象竞合，择一重罪论处，最终以故意杀人罪既遂论处。

其二，王某构成故意伤害罪（未遂），承担致人死亡的刑事责任。成员实施的犯罪只要超出组织者的明确指示范围，便不属于黑社会性质组织的犯罪，而是成员个人的犯罪。成员林某或丁某实施故意杀人，超出了王某的明确指示范围。因为王某指示的是"好好教训"武某，意思是很明确的，即只能故意伤害，不能故意杀人。因此对于林某或丁某的故意杀人行为，王某不需负责。

知识点 数罪并罚

涉及法条《刑法》第69条

六、2016年第二题（22分）

案情：

赵某与钱某原本是好友，赵某受钱某之托，为钱某保管一幅名画（价值800万元）达三年之久。某日，钱某来赵某家取画时，赵某要求钱某支付10万元保管费，钱某不同意。赵某突然起了杀意，为使名画不被钱某取回进而据为己有，用花瓶猛砸钱某的头部，钱某头部受重伤后昏倒，赵某以为钱某已经死亡。刚好此时赵某的朋友孙某来访，赵某向孙某说"我摊上大事了"，要求孙某和自己一起将钱某的尸体埋在野外，孙某同意。

二人一起将钱某抬至汽车的后座，由赵某开车，孙某坐在钱某身边。赵某边开车边不断地说"真不该一时冲动""悔之晚矣"。路上孙某感觉钱某身体动了一下，于是仔细察看，发现钱某并没有死。但是，孙某未将此事告诉赵某。到野外后，赵某一人挖坑并将钱某埋入地下（致钱某窒息身亡），孙某一直站在旁边没做什么，只是反复催促赵某动作快一点。

一个月后，孙某对赵某说："你做了一件对不起朋友的事，我也做一件对不起朋友的事。你将那幅名画给我，否则我就向公安机关揭发你的杀人罪行。"三日后，赵某将一幅赝品（价值8000元）交给孙某。孙某误以为是真品，以600万元的价格卖给李某。李某发现自己购买了赝品，向公安机关告发孙某，导致案发。

【问题】

1. 关于赵某杀害钱某以便将名画据为己有这一事实，可能存在哪几种处理意见？各自的理由是什么？（4分）

2. 关于赵某以为钱某已经死亡,为毁灭罪证而将钱某活埋导致其窒息死亡这一事实,可能存在哪几种主要处理意见?各自的理由是什么?(4分)

3. 孙某对钱某的死亡构成何罪(说明理由)?是成立间接正犯还是成立帮助犯(从犯)?(4分)

4. 孙某向赵某索要名画的行为构成何罪(说明理由)?关于法定刑的适用与犯罪形态的认定,可能存在哪几种观点?(6分)

5. 孙某将赝品出卖给李某的行为是否构成犯罪?为什么?(4分)

答案阅评参考

1. 关于赵某杀害钱某以便将名画据为己有这一事实,可能存在哪几种处理意见?各自的理由是什么?(4分)

【答案参考】

可能存在两种处理意见:

观点一:成立侵占罪与故意杀人罪,数罪并罚。理由是赵某已经占有了名画,不可能对名画实施抢劫行为,杀人行为同时使得赵某将名画据为己有,所以,赵某对名画成立(委托物)侵占罪,对钱某的死亡成立故意杀人罪。(2分)

观点二:成立抢劫罪一罪,适用抢劫致人死亡加重刑。理由是赵某杀害钱某是为了不返还名画,钱某对名画的返还请求权是一种财产性利益,财产性利益可以成为抢劫罪的对象,所以,赵某是为抢劫财产性利益而故意杀人,对此依法应以抢劫罪定罪处罚。(2分)

知识点 侵占罪、故意杀人罪、抢劫罪

涉及法条 《刑法》第232条、第263条、第270条

2. 关于赵某以为钱某已经死亡,为毁灭罪证而将钱某活埋导致其窒息死亡这一事实,可能存在哪几种主要处理意见?各自的理由是什么?(4分)

【答案参考】

赵某以为钱某已经死亡,为毁灭罪证而将钱某活埋导致其窒息死亡,属于事前的故意或概括的故意。

主要存在两种处理意见:

观点一:成立故意杀人既遂一罪。理由是前行为与死亡结果之间的因果关系并未中断,前行为与后行为具有一体性,故意不需要存在于实行行为的全过程。(2分)

观点二:将前行为认定为故意杀人未遂,将后行为认定为过失致人死亡,对二者实行数罪并罚或者按想象竞合处理。理由是毕竟是后行为导致的死亡,但行为人对后行为只有过失。(2分)

知识点 故意杀人罪、事前的故意

涉及法条 《刑法》第232条

3. 孙某对钱某的死亡构成何罪(说明理由)?是成立间接正犯还是成立帮助犯(从犯)?(4分)

【答案参考】

【结论1】孙某对钱某的死亡构成故意杀人罪既遂。

我国刑法规定,故意非法剥夺他人生命的行为构成故意杀人罪。本案中,孙某明知钱某没有死亡,却催促赵某动作快一点,显然具有杀人故意,客观上对钱某的死亡也起到了作用。即使认为赵某对钱某成立抢劫致人死亡,由于孙某不对抢劫负责,对其也只能认定为故意杀人罪。(2分)

【结论2】我国刑法规定,利用他人过失行为致人死亡的行为,具有支配力,成立故意杀人罪的间接正犯。如果在前一问题上认为赵某成立故意杀人未遂与过失致人死亡罪,那么,孙某就是利用他人过失行为实施杀人的间接正犯;倘若在前一问题上认为赵某成立故意杀人既遂,则孙某成立故意杀人罪的帮助犯(从犯)。(2分)

知识点 故意杀人罪、间接正犯

涉及法条 《刑法》第232条

4. 孙某向赵某索要名画的行为构成何罪(说明理由)?关于法定刑的适用与犯罪形态的认定,可能存在哪几种观点?(6分)

【答案参考】

(1)孙某构成敲诈勒索罪。

我国刑法规定,以非法占有为目的,对被害人使用威胁或要挟的方法,强行索要公私财物的行为成立敲诈勒索罪。孙某利用合法行为使他人产生恐惧心理也符合我国刑法关于敲诈勒索罪的构成要件。(2分)

(2)两种观点:

观点一:对孙某应当按800万元适用数额特别巨大的法定刑,同时适用未遂犯的规定,并将取得价值8000元的赝品的事实作为量刑情节,这种观点将数额巨大与特别巨大作为加重构成要件。(2分)

观点二:对孙某应当按8000元适用数额较大的法定刑,认定为犯罪既遂,不适用未遂犯的规定,这种观点将数额较大视为单纯的量刑因素或量刑规则。(2分)

知识点 敲诈勒索罪

涉及法条 《刑法》第274条

【关联扩展】

本题是有争议的,主要就是考查考生作为法律人分析问题、解决问题的能力。2011年3月1日发布的《最高人民法院、最高人民检察院关于办理诈骗刑事案件具体应用法律若干问题的解释》第6条规定:"诈骗既有既遂,又有未遂,分别达到不同量刑幅度的,依照处罚较重的规定处罚;达到同一量刑幅度的,以诈骗罪既遂处罚。"最高人民法院在第62号指导案例"王新明合同诈骗案"的"裁判要点"中也赞同这个观点。若扩大至敲诈勒索罪,则本题达到了同一量刑幅度,应参考《最高人民法院、最高人民检察院关于办理诈骗刑事案件具体应用法律若干问题的解释》处罚。

5. 孙某将赝品出卖给李某的行为是否构成犯罪?为什么?(4分)

【答案参考】

不构成犯罪。

我国《刑法》及相关司法解释等规定,犯罪是指作出违反法律规定应受刑法处罚的行为。本案中,孙某以为出卖的是名画,没有刑事犯罪的故意,所以不成立犯罪。(4分)

知识点 犯罪的概念

涉及法条 《刑法》第13条

解题思路

本题在当年能回答出上述答案即可得分,但考虑到法考主观题命题规律,对本题可能会结合观点展示进行命题,故本书按照法考的命题规律和阅卷标准提供一个答案进行参考:

1. 孙某出卖赝品的行为不成立诈骗罪,因为孙某以为自己出卖的是名画,不具有诈骗罪的故意。但是对于孙某隐瞒其是赃物并出卖给李某的行为是否成立诈骗罪,存在不同的处理意见:

观点一:如果认为对于赃物不适用善意取得制度,李某不可能取得该财物,任何时候赃物都应该被追缴,即李某有财产损失,孙某的行为成立诈骗罪。

观点二:如果认为对于赃物适用善意取得制度,李某能够取得财物,李某不存在财产损失,则孙某的行为不成立诈骗罪。

2. 本题从不构成诈骗罪、敲诈勒索罪事后行为不可罚角度回答也给分。

孙某不构成诈骗罪。理由:成立诈骗罪,不仅要求客观上存在诈骗行为,而且还要求行为人主观上具有诈骗故意。孙某不知道自己取得的是赝品,主观上不存在诈骗故意。根据主客观相统一原则,孙某将赝品卖给李某的行为,不成立诈骗罪。

第四章 笼统式问答类题目

七、2020年第二题(34分)

2010年3月,刘某和任某欲种植沉香,于是在国家森林里面砍伐林木(1200棵)。王某是森林公安局侦查人员,2016年2月进行调查时发现刘某是其初中同学,碍于情面没有管,导致刘某、任某继续种植沉香。

2017 年 3 月,王某以此事为由找刘某帮自己装修新房,给了刘某 50 万元用于装修,但是要求装修费用要花到 100 万元。刘某找装修公司进行装修,装修实际费用 120 万元。刘某只给装修公司的负责人钟某 100 万元,装修公司不同意。当钟某向刘某再要 20 万元的时候,刘某对钟某说:“房主是混黑社会的,如果你还坚持要 20 万元,小心捣毁你的公司。”钟某害怕,就不敢再要。事后刘某告知王某装修费用花了 120 万元,王某听到后说“太贵了,我再给你 10 万元吧”,然后又给了刘某 10 万元。

2018 年 7 月,喜欢爬山的龚某、洪某爬山时看到沉香心生盗窃的念头,在偷窃过程中被刘某发现。洪某逃离,龚某为了窝藏沉香,对刘某说,如果你们敢抓我,我就举报你们滥伐林木。刘某于是放弃,龚某拿走价值 2 万元的沉香。

2018 年 8 月,洪某向林业主管部门举报刘某、任某砍伐林木,林业局工作人员郑某、赵某上山检查,刘某和任某实施暴力阻拦,赵某和郑某反击,互相殴打。导致赵某轻伤,但无法查清系谁所为;导致刘某重伤,系赵某和郑某所为,但无法查清具体是谁;导致任某轻伤,系刘某要打击郑某,结果打到了同伙任某。

【问题】

请根据《刑法》及相关规定,分析刘某、任某、王某、龚某、洪某、赵某和郑某的行为性质(包括罪名、犯罪金额等),说明理由。有不同观点的,可以同时答出不同的观点。

解题思路

1. 本题 34 分,一共是 4 个案情,并且有观点展示。所以,最少回答 6 点内容,其中有 1 点要作观点展示,这样回答 1 个点给 5 分,最后的观点展示 4 分,一共是 34 分。或者是按照 4 个事实,每个事实写 2 点,1 个点 4 分,观点展示多得 2 分,一共是 34 分。不用写得过多,因为写多了浪费时间,写错了还扣分。

2. 千万不要写太多内容,挑准确的知识点写出来即可得高分或满分。34 分的题目,用时不要超过 50 分钟。

3. 这道题目对《刑法》分则中“盗伐林木罪”“滥伐林木罪”“故意毁坏财物罪”“妨害公务罪”等罪名进行了广泛考查,也对“正当防卫”“假想防卫”“共同犯罪”“自首、立功”“疑罪处理”等考点进行了考查。这道题的参考价值是《刑法》总则及观点展示的练习,以后的命题仍旧会针对核心考点,只是问法更为灵活。

答案阅评参考

(一)关于第一段事实

刘某、任某构成滥伐林木罪的共同犯罪,王某构成徇私枉法罪。

我国《刑法》规定:两人以上共同故意犯罪的,是共同犯罪;违反《森林法》的规定,滥伐森林或者其他林木,数量较大的行为成立滥伐林木罪。本案中,刘某、任某因种植沉香,砍伐 1200 棵林木的行为符合我国《刑法》关于滥伐林木罪的构成要件规定,依法成立滥伐林木罪。

我国《刑法》规定,司法工作人员徇私枉法、徇情枉法,对明知是有罪的人而故意包庇不使他受追诉的行为构成徇私枉法罪。本案中,王某因刘某是其初中同学,徇情枉法,依法成立徇私枉法罪。

解题思路

题目中出现"年份""括号"的请务必注意答题的时候是否用到,如果没用到,很可能是漏点了。本题中的年份系考生回忆,在此笔者将追诉时效内容进行讲解,供学习参考:

1. 滥伐林木罪数量较大的法定最高刑是3年,追诉时效是5年。那么2016年的时候,已经超过追诉时效,不用再进行追诉。此时要结合《刑事诉讼法》第16条关于"过追诉时效期限"的知识点回答。

2. 有的同学回答故意毁坏财物罪或者是非法占用农用地罪等。笔者想提示考生,法考出题时仅让学习中上等的考生回答得上就行。根据考生的知识储备量,滥伐林木罪是应该能够回答出来的。此外,只要是有结论,有理由就可以得分。回答盗伐林木罪也是给分的,上述回答可得8分。能够回答出故意毁坏财物罪的,也是得分的。

3. 还有的同学对这个问题进行了观点展示:一种观点是滥伐林木罪/盗伐林木罪,还有一种观点是成立故意毁坏财物罪的共犯。由于第四段事实中明确考查了正当防卫的观点展示,所以第一个事实只回答一个答案即可,这样能节约时间。参考2022年的命题方式,如果是一问一答式的命题,真的问到了存在不同观点并分别进行展示的,是可以这样回答的。

知识点 共同犯罪、故意毁坏财物罪、滥伐林木罪、盗伐林木罪、徇私枉法罪

涉及法条 《刑法》第25条、第275条、第345条、第399条

(二)关于第二段事实

1. 王某索取贿赂的行为成立受贿罪,既遂数额为60万元。

依据我国《刑法》及相关规定,国家工作人员利用职务便利,索取他人财物的行为成立受贿罪。本案中,王某要求被管理人员低价提供房屋装修财产性利益,索取财物,成立索贿型的受贿罪。既遂数额为:120万元-50万元-10万元=60万元。

2. 刘某构成行贿罪,既遂数额为60万元;构成诈骗罪,既遂数额为20万元。数罪并罚。

依据我国《刑法》及相关规定,为了谋取不正当利益,给予国家工作人员以财物的行为是行贿行为;以非法占有为目的,虚构事实、隐瞒真相,使被害人基于错误认识处分财物的行为成立诈骗罪。本案中刘某为了使自己伐木的事情不被追究,给予王某价值120万元的装修(只收60万元)的行为依法成立行贿罪。以虚构事实的手段使装修公司负责人钟某放弃索要20万元装修款的行为成立诈骗罪。

解题思路

1. 有的同学就钟某放弃索要的20万元装修款回答成立敲诈勒索罪与诈骗罪的想象竞合，择一重罪论处也是可以得分的。并不是只有写诈骗罪这唯一结论才能得分，理由充分、说理清楚即可得分。理由部分千万不要写刘某仅构成诈骗罪，不构成敲诈勒索罪。考试的时候只需要判断罪与非罪即可，既然定罪了，就不要再区分此罪与彼罪。上述回答可得8分。

2. 有的同学对王某第一段事实中先徇私枉法，后又收受贿赂的行为也进行了观点展示。法条依据是《刑法》第399条第4款。如果2024年命题中，出现一问一答式的问法，存在观点展示，可以参考下面答案作答。

观点一：王某作为司法工作人员，徇私枉法，同时又收受贿赂构成受贿罪，应与徇私枉法罪择一重罪处罚。法条依据为《刑法》第399条第4款。

观点二：从《刑法》第399条第4款的表述看，司法工作人员只有在"先收受贿赂并因此实施徇私枉法等犯罪行为"的场合，才能择一重罪论处。本案中王某是先徇私枉法，后收受贿赂，不属于该条款规定的情形，应数罪并罚。

知识点 行贿罪、诈骗罪、徇私枉法罪

涉及法条 《刑法》第266条、第389条、第399条

(三)关于第三段事实

1. 龚某、洪某成立盗窃罪的共同犯罪，属于犯罪未遂。

我国刑法规定，盗窃公私财物，数额较大的行为成立盗窃罪。由于意志以外的原因未得逞的，属于犯罪未遂。本案中，龚某、洪某共同故意窃取沉香的行为符合盗窃罪的构成要件，依法成立盗窃罪，但未得逞，属于未遂。

2. 龚某构成敲诈勒索罪，既遂数额为2万元。洪某不构成敲诈勒索罪。

我国刑法规定，以非法占有为目的，实施恐吓行为，对方基于恐吓行为产生恐惧心理交付财物的行为成立敲诈勒索罪。本案中，龚某以违法犯罪相要挟，强迫刘某、任某放弃对沉香的占有，根据《刑法》第274条的规定，构成敲诈勒索罪，既遂数额为2万元。洪某逃离，对龚某实行的敲诈行为不知情，龚某的行为属于共同行为实行过限，洪某不构成敲诈勒索罪。

解题思路

第三段内容是送分的，很多同学能够回答出来。有的同学可能回答了抢劫罪，运用转化型抢劫写的理由，但题干中写明是为了窝藏赃物，且没有使用暴力或者以暴力相威胁，如果写抢劫罪，不得分。考试时不写法条也能得满分，如果写法条，一定要加"《 》"。建议不要写法条，因为写错了一定扣分。上述回答可得8分。

知识点 共同犯罪、实行过限、盗窃罪、敲诈勒索罪

涉及法条 《刑法》第25条、第264条、第274条

(四)关于第四段事实

1. 洪某构成立功,可以从轻或者减轻处罚。洪某举报刘某、任某砍伐林木的行为符合《刑法》第68条中"揭发他人犯罪行为,查证属实"的规定,属于立功,可以对其从轻或者减轻处罚。(有的考生写了"立功"的知识点,也是得分的,至少给3分。)

2. 刘某、任某成立妨害公务罪的共同犯罪。依据《刑法》及相关规定,以暴力、威胁方法阻碍国家机关工作人员依法执行职务的行为构成妨害公务罪。本案中刘某、任某以暴力方法阻碍国家机关工作人员赵某、郑某依法执行职务的行为成立妨害公务罪。

(有考生对赵某轻伤的行为进行了评价,结论是构成妨害公务罪与故意伤害罪,系未遂——疑罪从轻,想象竞合,择一重罪论处,得分。上述回答至少给4分。)

3. 赵某、郑某反击的行为不构成犯罪,属于正当防卫。刑法规定,为了本人人身免受正在进行的不法侵害,而采取的制止不法侵害的行为,对不法侵害人造成损害的,属于正当防卫,不负刑事责任。赵某、郑某系对刘某、任某暴力伤害行为的反击,属于正当防卫。由于导致刘某重伤,对赵某、郑某的行为是否过当,存在观点展示:

观点一:赵某、郑某的防卫行为不过当。由于不能查明刘某重伤的结果具体是由谁造成的,且两人也不是共同犯罪,根据存疑时有利于被告人原则,二人对重伤结果均不负责,所以,两人的防卫行为不过当。

观点二:赵某、郑某的防卫行为过当,要对刘某重伤结果负责。两人的行为属于共同犯罪,客观上对共同防卫行为造成的重伤结果要负责,两人的防卫行为过当。

我赞同观点一,赵某、郑某的防卫行为不过当。因为在防卫限度上,即使造成重大损害结果,只要防卫行为与不法侵害相差并不悬殊,且未明显过激,也不属防卫过当。

解题思路

第四段事实中考查的知识点较多,考生不用都写出来,可以从正当防卫、假想防卫、疑罪从无、因果关系认识错误等诸多角度回答。上述回答至少给10分。聪明的考生就可以不用再往下写了,写个综上,总结一下"谁成立……罪,数罪并罚……"即可往下继续做其他题目了。之后的内容属于"赠送",供大家参考。

4. 关于任某的轻伤,此系刘某所为,属于偶然防卫,关于刘某承担何种责任,存在如下几种观点。

观点一:刘某承担故意伤害罪的刑事责任。

理由:刘某客观上制止了任某正在进行的妨害公务、伤害赵某和郑某的行为,符合防卫的客观要件。虽然存在打击错误,但根据法定符合说,具有伤害的犯罪故意,所以,刘某承担故意伤害罪的刑事责任(也可以分析妨害公务罪轻伤既遂的刑事责任,言之有理即可得分)。

观点二:刘某不承担故意伤害罪的刑事责任。

理由:刘某客观上制止了任某正在进行的妨害公务、伤害赵某和郑某的行为,符合防卫的客观要件。虽然存在打击错误,但根据具体符合说,没有犯罪故意,所以,刘某不承担故意伤害罪的刑事责任。

我赞同观点一,法定符合说更符合司法实践,刘某应承担故意伤害罪的刑事责任。(理由重复观点一的也可以,考生可自由发挥。)

5. 关于赵某轻伤,无法查明是谁所致。刘某和任某成立妨害公务罪与故意伤害罪的想象竞合,择一重罪论处。

理由:我国刑法规定,一个犯罪行为既符合妨害公务罪的构成要件,又符合故意伤害罪的构成要件的,属于想象竞合。对于想象竞合犯,应从一重罪论处。

(妨害公务罪的暴力程度已经达到重伤或者故意杀害执法人员的程度的,与故意伤害罪、故意杀人罪想象竞合,择一重罪论处,定故意伤害罪、故意杀人罪。轻伤情况可以不用这样评价,此处考生回忆时有的说赵某轻伤,有的说赵某重伤。不论轻伤还是重伤,按法律人思维去回答都可以得分。)

八、2019 年第二题(36 分)

1995 年 7 月,在甲市生活的洪某与蓝某共谋抢劫。蓝某事前打探了被害人赵某的行踪后,二人决定在同年 7 月 13 日 20:00 拦路抢劫赵某的财物。在事前两人进行了商议,作了详细规划。到了两人约定的那天后,洪某 19:55 按时到达了现场,但蓝某迟迟未出现。当赵某出现后,洪某决定独自抢劫赵某。于是,洪某使用事先准备的凶器,击打赵某的后脑部,导致赵某昏倒在地。此时,蓝某到达现场,与洪某一起取走了赵某身上价值 2 万元的财物。随后,蓝某先离开了现场,洪某误以为赵某已经死亡,便将赵某扔进附近的水库,导致赵某溺死(经鉴定赵某死前头部受重伤)。公安机关一直未能破案。后洪某逃至乙市,化名在保险公司做保险代理。(事实一)

2016 年 9 月,洪某被保险公司辞退后回到甲市。由于没有经济来源,洪某打算从事个体经营。洪某使用虚假的产权证明作担保,从 A 银行贷款 30 万元用于经营,后因经营不善而难以偿还贷款。为了归还贷款,洪某想通过租车用于质押骗取他人借款。洪某从 B 汽车租赁公司(以下简称 B 公司)的员工钱某那里得知,所有的汽车都装有 GPS 系统,如果他将汽车开出去质押,超过一段时间 B 公司还可以找到并将汽车开回。洪某心想,即使自己欺骗了 B 公司,租赁期限届满时 B 公司也可以将汽车追回,因而不会有财产损失。于是,洪某于 2017 年 3 月 12 日以真实身份与 B 公司签订了租车合同,租用了一辆奥迪车,约定租车一周,并在租车时交付了租金。租到车辆后,洪某伪造奥迪车的车辆行驶证与购车发票,找到 C 小额贷款公司(以下简称 C 公司)负责人孙某,提出用自己的奥迪车贷款。孙某信以为真,将奥迪车留在公司(但没有办理质押手续),借给洪某 50 万元,要求洪某一星期后归还本息。一周后,B 公司发现洪某没有归还所租用的汽车,于是通过 GPS 确定汽车的位置,并于深夜将汽车开走。洪某从 C 公司借来的 50 万元归还了 A 银行的贷款 30 万元。孙某发现自己上当后报警。(事实二)

公安机关以洪某犯诈骗罪为由在网上通缉洪某,洪某通过公安部网上发布的通缉令知道公安部并未掌握他 1995 年的犯罪事实,便找到甲市环保局副局长白某,给白某 5 万元,试图让他为自己说情。白某与公安局副局长李某联系,李某假意答应大事化小,但通过联系白某套取了洪某的住所,在第二天带领警察将洪某抓捕归案。在讯问中,洪某承认自己对 C 公司的诈骗罪,否认对 B 公司的合同诈骗,并未如实交代自己 1995 年的犯罪事实,但交代了自己的另一桩罪行,检举了黄某和程某的犯罪。(事实三)

洪某主动交代的另一桩犯罪事实发生于 2016 年 10 月。当时他进入政府部门办公室,发现办公桌上有一个信封,趁无人之际将其拿走。打开后发现里面有 8000 元现金和一张背后写有密码的银行卡。洪某拿取现金后将银行卡交给其妻青某说:“这是我捡来的银行卡,你拿去商城买点衣服吧。”青某对于该卡来源并不知情,也未按照嘱咐去商场买衣服,而是通过自动取款机取了4万元,对此洪某并不知情。(事实四)

洪某称黄某与程某的犯罪事实是他在和程某喝酒时,程某酒醉说出的。当时黄某要求程某去伤害自己的前妻周某。程某问到什么程度,黄某说:“伤她一条手臂,造成轻伤即可,事成之后我给你30万元。”黄某先行支付了10万元,程某按约前往小巷堵住周某去路,大喊:“有人雇我来伤你,你给我40万元,不然我真的照做。”周某说:“你不要骗我,我才不相信你。”程某掏出水果刀去刺周某,周某慌乱中用手臂抵挡导致自己身受轻伤。但周某身患白血病,因血流不止而身亡。程某对此并不知情,而黄某却一清二楚。(事实五)

事后程某向黄某讨要报酬,黄某说我只是让你伤她你却杀了她,没钱给你。程某气急败坏,将黄某打成重伤,然后离去。(事实六)

在公安机关的持续讯问下,洪某最终交代了自己于1995年所犯的罪行(公安机关知晓该案件,却没有特定的犯罪嫌疑人人选)。(事实七)

【问题】

请根据《刑法》及相关规定,按照案情描述顺序对上述各行为人的行为进行定性(包括犯罪性质即罪名、犯罪形态、共同犯罪、数罪并罚等),并说明理由。有观点争议的,可以同时答出不同的观点和理由。

解题思路

1. 本题36分,一共是7个事实,并且有观点展示。所以,最少回答7点内容,其中至少有1点要作观点展示。不用写得过多,因为写多了浪费时间,写错了还扣分。

2. 笼统式问答的题目考查不会特别细致,所以在回答题目的时候要按照要点回答,控制时间,不要“大写特写”浪费太多时间,回答这道题目不要超过55分钟。

3. 这道题目和案例分析指导用书题目有重合部分,本书结合2022年试题的命题思路对答案进行了修订,请重视这道题目。以后出现笼统式问答的题目,就以此题为参考。

答案阅评参考

(一)关于事实一

1. 洪某、蓝某构成抢劫罪的共同犯罪,既遂数额为2万元。

我国《刑法》规定,两人以上共同故意犯罪的属于共同犯罪;以暴力、胁迫或者其他方式抢劫公私财物的行为成立抢劫罪。本案中洪某、蓝某事前共谋抢劫,虽然蓝某迟到,但并没有脱离共犯。根据共犯理论,一人既遂,另一人也既遂,既遂数额为2万元。

知识点 共同犯罪、抢劫罪

涉及法条 《刑法》第25条、第263条

2. 洪某适用抢劫罪(致人重伤)的法定加重刑,蓝某也适用此加重刑。

我国《刑法》规定,在抢劫过程中致人重伤、死亡的,属于抢劫罪的结果加重犯,承担10年以上有期徒刑、无期徒刑或者死刑,并处罚金或者没收财产。洪某对赵某的重伤负责,依法成立抢劫罪(致人重伤)的结果加重犯,蓝某属于共犯,蓝某参与了抢劫行为(共谋行为、打探被害人行踪的行为等),对洪某实施暴力有认识,对重伤结果应当承担刑事责任。

知识点 共同犯罪、抢劫罪

涉及法条 《刑法》第25条、第263条

3. 洪某处理赵某"尸体"的行为属于事前故意。

依据我国刑法理论,犯罪故意的第一行为没有导致实害结果,之后缺乏犯罪故意的第二行为才导致了实害结果的情形属于事前故意。关于赵某的死亡与洪某的前一行为(故意实施的暴力重伤行为)有因果关系,还是与洪某的后一行为(过失实施的将"尸体"扔进水库行为)有因果关系,理论上有如下两种观点。

观点一:赵某死亡与故意实施的暴力重伤行为有因果关系,则洪某、蓝某只需要承担抢劫罪(致人死亡)的加重刑事责任。前后两行为属于多因一果。

观点二:赵某死亡与抛尸行为有因果关系,则洪某、蓝某在抢劫罪(致人重伤)范围内成立共同犯罪,洪某成立抢劫罪(致人重伤)与过失致人死亡罪,数罪并罚,蓝某承担抢劫罪(致人重伤)的刑事责任。前一行为仅构成抢劫罪致人重伤,而非抢劫罪致人死亡,后一行为(抛尸)构成过失致人死亡罪,蓝某没有参与后一行为,仅承担前一行为导致的结果即可。

我赞同观点一。理由是后一行为属于前一行为的继续,两行为共同作用导致死亡结果的发生,洪某、蓝某均成立抢劫罪(致人死亡)的加重刑事责任。

或者这样回答,仍旧可以,并不是不得分。

我赞同观点二。理由是死亡结果是抛尸行为导致的,鉴定结果表明赵某系溺亡,而非重伤致死,所以洪某、蓝某在抢劫罪(致人重伤)范围内成立共同犯罪,洪某成立抢劫罪(致人重伤)与过失致人死亡罪,数罪并罚,蓝某成立抢劫罪(致人重伤)。

知识点 事前的故意

【关联扩展】

1. 共同犯罪,是指二人以上共同故意犯罪。二人以上共同过失犯罪,不以共同犯罪论处;应当负刑事责任的,按照他们所犯的罪分别处罚。

2. 在共同犯罪中起次要或者辅助作用的,是从犯。对于从犯,应当从轻、减轻处罚或者免除处罚。对于被胁迫参加犯罪的,应当按照他的犯罪情节减轻处罚或者免除处罚。

3. 教唆他人犯罪的,应当按照他在共同犯罪中所起的作用处罚。教唆不满18周岁的人犯罪的,应当从重处罚。如果被教唆的人没有犯被教唆的罪,对于教唆犯,可以从轻或者减轻处罚。

(二)关于事实二

1. 洪某对A银行不构成骗取贷款罪/贷款诈骗罪,无罪。

我国《刑法》规定,以欺骗手段取得银行或者其他金融机构贷款,给银行或者其他金融机构造成重大损失的行为构成骗取贷款罪,该罪不能具有非法占有的目的。本案中,洪某使用虚假的产权证明作担保,从A银行贷款30万元用于经营,但是洪某具有归还目的,并且后来也归还了30万元贷款,并没有给银行造成重大损失,所以不成立骗取贷款罪。由于没有非法占有的目的,故也不成立贷款诈骗罪。

知识点 骗取贷款罪、贷款诈骗罪

涉及法条《刑法》第175条之一、第193条

解题思路

本题考查了两个罪:骗取贷款罪、贷款诈骗罪,涉及《刑法》第175条之一和第193条,有的同学回答不成立贷款诈骗罪也给分,都回答了也给分。

2. 洪某对B公司和C公司均构成合同诈骗罪。

我国《刑法》规定,以非法占有为目的,在签订、履行合同过程中,骗取对方当事人财物,数额较大的行为构成合同诈骗罪。本案中,洪某对B公司一开始便不想归还汽车,而是质押并不属于自己的车辆,骗取C公司50万元。这表明洪某对汽车具有排除意思和利用意思,具有非法占有目的,因此对B公司和C公司都构成合同诈骗罪。

知识点 合同诈骗罪

涉及法条《刑法》第224条

解题思路

1. 有的同学认为洪某对B公司不构成犯罪,因为B公司已经把车开回去了,没有财产损失。这是一种观点,但是不符合通说,毕竟洪某的行为是符合合同诈骗罪的构成要件的,B公司没有财产损失是因为自己"白吃黑"把车辆开走了。

2. 还有同学认为C公司也属于"其他金融机构",所以认为洪某对C公司成立贷款诈骗罪,如果出现了类似2022年一问一答式问法,存在多种观点,也可以给出贷款诈骗罪的结论,并说明理由,如下供参考:

洪某对C公司构成贷款诈骗罪。理由是,我国《刑法》规定,以非法占有为目的,诈骗银行或者其他金融机构的贷款,数额较大的行为成立贷款诈骗罪。小额贷款公司属于其他金融机构,属于扩大解释。本案中,洪某用B公司的汽车质押,欺骗C公司贷款,表明他一开始便不想归还50万元贷款,具有非法占有目的,因此构成贷款诈骗罪。

知识点 贷款诈骗罪

涉及法条《刑法》第193条

【关联扩展】

1. 骗取贷款罪与贷款诈骗罪在客观方面都表现为使用欺骗手段骗取贷款,区别点在于行为人主观上是否具有非法占有的目的,行为人主观上没有非法占有目的,或者证明其非法占有目的证据不足的,只能认定为骗取贷款罪。但是骗取贷款罪没有非法占有目的,其是指以欺骗手段取得银行或者其他金融机构贷款、票据承兑、信用证、保函等,给银行或者其他金融机构造成重大损失或者有其他严重情节的行为。如果未造成重大损失,不构成该罪。

2. 骗取贷款罪与高利转贷罪设置在刑法的同一条中,两罪主观上均没有非法占有贷款的目的,且在客观行为上存在一定相似性。如果行为人骗取贷款以后再高利转贷给他人,其行为就可能同时符合骗取贷款罪与高利转贷罪,最终选择适用哪一罪名,要综合考虑行为人的违法所得、银行或者其他金融机构的损失等情节。

对于造成银行或者其他金融机构重大损失的,一般选择认定为骗取贷款罪,以突出犯罪行为的欺骗性和对金融秩序的严重危害性特征;如果没有造成银行或者其他金融机构重大损失,且行为人通过转贷牟利,一般倾向于认定为高利转贷罪。

3. B公司将汽车开回的行为不构成盗窃罪。

依据《刑法》及相关规定,以非法占有为目的,窃取公私财物数额较大的行为成立盗窃罪。本案中,B公司对汽车具有所有权,B公司不知道汽车由C公司合法占有,以为是洪某占有,缺乏犯盗窃罪的故意,因此不构成盗窃罪。

知识点 盗窃罪

涉及法条《刑法》第264条

【关联扩展】

按照盗窃罪处理的情形:(1)盗窃信用卡并使用的,以盗窃罪定罪处罚;(2)盗窃增值税专用发票或者可以用于骗取出口退税、抵扣税款的其他发票的,以盗窃罪定罪处罚;(3)邮政工作人员私自开拆或者隐匿、毁弃邮件、电报而窃取财物的,以盗窃罪定罪处罚;(4)以牟利为目的,盗接他人通信线路、复制他人电信码号或者明知是盗接、复制的电信设备、设施而使用的,以盗窃罪定罪处罚;(5)将电信卡非法充值后使用,造成电信资费损失数额较大的,以盗窃罪定罪处罚;(6)盗用他人公共信息网络上网账号、密码上网,造成他人电信资费损失数额较大的,以盗窃罪定罪处罚。

(三)关于事实三

1. 洪某构成行贿罪,具有坦白、特别自首、立功等法定量刑情节。

我国《刑法》规定,行贿罪是指为谋取不正当利益,给予国家工作人员以财物的行为。在量刑方面规定:被采取强制措施的犯罪嫌疑人如实供述司法机关还未掌握的本人其他罪行的,以自首论;犯罪分子有揭发他人犯罪行为,查证属实的,属于立功。洪某找到白某给予5万元的行为符合行贿罪的构成要件。洪某被动归案,如实供述对C公司的诈骗事实,针对C公司的贷款诈骗罪符合我国《刑法》关于坦白的规定。洪某主动交代了公安机关尚未掌握的另一起犯罪事实,符合我国《刑法》关于准自首的规定。洪某检举了黄某与程某的一起犯罪事实符合我国《刑法》关于立功的规定。

知识点 自首、立功、行贿罪

涉及法条 《刑法》第67条、第68条、第389条

【关联扩展】

自动投案的认定:自动投案是指犯罪事实或者犯罪嫌疑人未被司法机关发觉,或者虽被发觉,但犯罪嫌疑人尚未受到讯问、未被采取强制措施时,主动、直接向公安机关、人民检察院或者人民法院投案。犯罪嫌疑人向其所在单位、城乡基层组织或者其他有关负责人员投案的,并非出于犯罪嫌疑人主动而是经亲友规劝、陪同投案等的也应当视为自动投案。犯罪嫌疑人自动投案后又逃跑的,不能认定为自首。

2. 白某构成受贿罪(斡旋受贿)。

我国《刑法》规定,国家工作人员利用本人职权或者地位形成的便利条件,通过其他国家工作人员职务上的行为,为请托人谋取不正当利益,索取请托人财物或者收受请托人财物的,以受贿罪论处。本案中,白某客观上有利用国家工作人员地位形成的便利条件,通过其他国家工作人员(李某)的职务行为,为请托人洪某谋取不正当利益而收取5万元的受贿行为,主观上有受贿故意,故白某构成受贿罪。

知识点 斡旋受贿

涉及法条 《刑法》第388条

3. 李某不构成犯罪。

犯罪,是指作出违反法律规定而应受到刑法处罚的行为。本案中,李某假装答应受贿,实际是为抓获洪某,依据《刑法》第13条犯罪的概念,不构成犯罪。

知识点 犯罪的概念

涉及法条 《刑法》第13条

(四)关于事实四

洪某和青某在信用卡诈骗罪范围内成立共犯(部分犯罪共同说),洪某成立盗窃罪,青某成立信用卡诈骗罪。

刑法规定,窃取他人财物,数额较大的行为,成立盗窃罪。盗窃信用卡并使用的,依照盗窃罪定罪处罚。冒用他人信用卡的行为成立信用卡诈骗罪。本案中洪某盗窃现金8000元和信用卡

成立盗窃罪。青某冒用他人信用卡,依法成立信用卡诈骗罪。

知识点 信用卡诈骗罪、盗窃罪

涉及法条《刑法》第196条、第264条

(五)关于事实五

1. 黄某、程某在故意伤害罪范围内成立共同犯罪,黄某成立故意杀人罪,程某成立故意伤害罪(致人死亡)。

我国《刑法》规定,两人以上共同故意犯罪成立共同犯罪。故意杀人的行为构成故意杀人罪,故意伤害他人身体的行为构成故意伤害罪。本案中黄某、程某共谋对周某实施伤害行为,在故意伤害罪范围内成立共犯。黄某明知周某患有白血病,还教唆程某实施伤害行为,依法承担故意杀人罪的刑事责任,程某伤人介入了白血病特殊体质,但是不影响因果关系的成立,完全符合我国《刑法》关于故意伤害罪(致人死亡)的构成要件规定。

知识点 共同犯罪、故意杀人罪、故意伤害罪

涉及法条《刑法》第25条、第232条、第234条

2. 程某成立敲诈勒索罪,属于未遂形态。

依据我国《刑法》及相关规定,以非法占有为目的,对他人实行威胁(恐吓),索取他人财物,数额较大或者多次敲诈勒索的行为成立敲诈勒索罪,由于意志之外的原因未得逞的,构成犯罪未遂。本案中,程某勒索周某40万元的行为完全符合《刑法》关于敲诈勒索罪的规定,由于没有得逞,故属于未遂形态。

知识点 犯罪未遂、敲诈勒索罪

涉及法条《刑法》第23条、第274条

【关联扩展】

敲诈勒索罪数额认定标准如下:

(1)敲诈勒索公私财物"数额较大",以2000元至5000元为起点;

(2)敲诈勒索公私财物"数额巨大",以3万元至10万元为起点;

(3)敲诈勒索公私财物"数额特别巨大",以30万元至50万元为起点。

敲诈勒索公私财物,具有下列情形之一的,"数额较大"的标准可以按照《最高人民法院、最高人民检察院关于办理敲诈勒索刑事案件适用法律若干问题的解释》第1条规定的50%确定:

(1)曾因敲诈勒索受过刑事处罚的;

(2)一年内曾因敲诈勒索受过行政处罚的;

(3)对未成年人、残疾人、老年人或者丧失劳动能力人敲诈勒索的;

(4)以将要实施放火、爆炸等危害公共安全犯罪或者故意杀人、绑架等严重侵犯公民人身权利犯罪相威胁敲诈勒索的;

(5)以黑恶势力名义敲诈勒索的;

(6)利用或者冒充国家机关工作人员、军人、新闻工作者等特殊身份敲诈勒索的;

(7)造成其他严重后果的。

3. 洪某成立重大立功。

我国《刑法》规定,犯罪分子有检举、揭发他人重大犯罪行为,经查证属实的成立重大立功。本案中,洪某检举黄某与程某杀人的犯罪事实,并经公安机关查证属实,构成重大立功,可以减轻或者免除处罚。

知识点 立功

涉及法条 《刑法》第68条

【关联扩展】

关于立功线索来源的具体认定:

(1)犯罪分子通过贿买、暴力、胁迫等非法手段,或者被羁押后在与律师、亲友会见过程中违反监管规定,获取他人犯罪线索并"检举揭发"的,不能认定为有立功表现;

(2)犯罪分子将本人以往查办犯罪职务活动中掌握的,或者从负有查办犯罪、监管职责的国家工作人员处获取的他人犯罪线索予以检举揭发的,不能认定为有立功表现;

(3)犯罪分子亲友为使犯罪分子"立功",向司法机关提供他人犯罪线索、协助抓捕犯罪嫌疑人的,不能认定为犯罪分子有立功表现。

(六)关于事实六

程某成立故意伤害罪(致人重伤)。

我国刑法规定,故意伤害他人身体的行为构成故意伤害罪,在故意伤害过程中致人重伤、死亡或者以特别残忍手段致人重伤造成严重残疾的承担法定加重刑。本案中程某的行为完全符合我国刑法规定,依法成立故意伤害罪(致人重伤)。

知识点 故意伤害罪

涉及法条 《刑法》第234条

(七)关于事实七

洪某所犯抢劫罪已过追诉时效,不应追究其该罪的刑事责任。

我国刑法规定的追诉时效最长为20年,超过20年未被追诉的犯罪,则不再追究犯罪分子的刑事责任。本案中,洪某1995年所犯之罪,在当时并未立案,不适用追诉时效的延长制度。2017年洪某交代此犯罪事实之时,已过最长追诉时效20年。故如果不经最高人民检察院核准,不应追究洪某所犯抢劫罪的刑事责任。

知识点 追诉时效

涉及法条《刑法》第 87 条

【关联扩展】

犯罪经过下列期限不再追诉:(1)法定最高刑为不满 5 年有期徒刑的,经过 5 年;(2)法定最高刑为 5 年以上不满 10 年有期徒刑的,经过 10 年;(3)法定最高刑为 10 年以上有期徒刑的,经过 15 年;(4)法定最高刑为无期徒刑、死刑的,经过 20 年。如果 20 年以后认为必须追诉,须报请最高人民检察院核准。

追诉期限的延长:在人民检察院、公安机关、国家安全机关立案侦查或者在人民法院受理案件以后,逃避侦查或者审判的,不受追诉期限的限制。被害人在追诉期限内提出控告,人民法院、人民检察院、公安机关应当立案而不予立案的,不受追诉期限的限制。

追诉期限的计算与中断:追诉期限从犯罪之日起计算;犯罪行为有连续或者继续状态的,从犯罪行为终了之日起计算。在追诉期限以内又犯罪的,前罪追诉的期限从犯后罪之日起计算。

九、2017 年第二题(22 分)

甲生意上亏钱,乙欠下赌债,二人合谋干一件"靠谱"的事情以摆脱困境。甲按分工找到丙,骗丙使其相信钱某欠债不还,丙答应控制钱某的小孩以逼钱某还债,否则不放人。

丙按照甲所给线索将钱某的小孩骗到自己的住处看管起来,电话告知甲控制了钱某的小孩,甲通知乙行动。乙给钱某打电话称:"你的儿子在我们手上,赶快交 50 万元赎人,否则撕票!"钱某看了一眼身旁的儿子,回了句:"骗子!"便挂断电话,不再理睬。乙感觉异常,将情况告诉甲。甲来到丙处发现这个孩子不是钱某的小孩而是赵某的小孩,但没有告诉丙,只是嘱咐丙看好小孩,并从小孩口中套出其父赵某的电话号码。

甲与乙商定转而勒索赵某的钱财。第二天,小孩哭闹不止要离开,丙恐被人发觉,用手捂住小孩口、鼻,然后用胶带捆绑其双手并将嘴缠住,致其机械性窒息死亡。甲得知后与乙商定放弃勒索赵某财物,由乙和丙处理尸体。乙、丙二人将尸体连夜运至城外掩埋。第三天,乙打电话给赵某,威胁赵某赶快向指定账号打款 30 万元,不许报警,否则撕票。赵某当即报案,甲、乙、丙三人很快归案。

【问题】

请分析甲、乙、丙的刑事责任(包括犯罪性质即罪名、犯罪形态、共同犯罪、数罪并罚等),须简述相应理由。

解题思路

本题是历年考非法拘禁罪的题目中较难的了,题中涉及很多学说还有观点展示,但是问题中却没有明确要求写观点展示。如果今年再考这道题目,考生要知道题中存在对象错误,要用到"具体符合说和法定符合说"进行观点展示,这道题目的解析是根据法考的阅卷标准做的,所以不要纠结分值,提供的答案参考分值要超过 22 分,毕竟法考的刑法考查分值多是 31 分。

答案阅评参考

1. 甲、乙、丙在非法拘禁罪的范围内成立共同犯罪,甲、乙成立绑架罪(未遂),丙成立非法拘禁罪。

刑法中规定,两人以上共同故意犯罪的,成立共同犯罪。成立共同犯罪,不要求各行为人之间的主观故意完全相同,本案中甲、乙和丙在非法拘禁罪范围内有共同的故意,故甲、乙、丙成立非法拘禁罪。综上,甲、乙成立绑架罪(未遂),丙成立非法拘禁罪。

知识点 共同犯罪、非法拘禁罪、绑架罪

涉及法条 《刑法》第25条、第238条、第239条

阅评 绑架罪=非法拘禁罪+敲诈勒索罪,大部分考生都能掌握,如果今年考试出了类似的题目及考点,一定要把这个知识点写出来。按照知识点给分,这个也是有分数的。

2. 甲与乙是绑架罪共同犯罪,但属于未遂形态,可以从轻或者减轻处罚。

我国刑法规定,利用第三人对人质的担忧,以向第三人提出不法要求为目的,非法控制人质的行为属于绑架罪。甲与乙预谋绑架,并利用了丙的不知情行为,尽管丙误将赵某的小孩作为钱某的小孩非法拘禁,但是甲、乙借此实施了索要钱某财物的行为,是绑架他人为人质,进而勒索第三人的财物,符合绑架罪犯罪构成,属于绑架罪的共同犯罪。虽然侵犯了赵某小孩的人身权利,但是没有造成钱某的担忧,没有侵犯也不可能侵犯到钱某的人身自由与权利,当然也不可能勒索到钱某的财物,所以属于绑架罪未遂。

我国刑法规定,对于未遂犯,可以比照既遂犯从轻或者减轻处罚。甲、乙属于绑架罪未遂,因此可以对其从轻或者减轻处罚。

知识点 共同犯罪、绑架罪

涉及法条 《刑法》第25条、第239条

【关联扩展】

关于是绑架罪"既遂"还是"未遂",很多考生存在疑惑。部分考生只记住了"控制住人质就既遂",但忽视了必须是绑架了"适格"的人质才是绑架罪既遂。本题中存在对象错误,在答题时,一定要对其进行观点展示。在此作一个阅评,希望对大家有所帮助:

例1:甲想要杀死仇人乙,由于天黑认错了人,把丙给杀死了。刑法保护的法益是人的生命,不论是乙还是丙,生命都不能被非法剥夺。

例2:甲想要非法拘禁乙,但是却错把丙当作乙进行拘禁。刑法保护的法益是人身自由,无论是乙还是丙,自由都不能被非法剥夺。

以上两个例子都是成立既遂,并且既遂也是实务裁判的观点,但对于绑架罪,笔者要重点讲解一下。本案中甲和乙想要控制住钱某的孩子,并以此来要挟钱某,钱某会基于血缘关系支付赎金,即绑架罪=非法拘禁罪+敲诈勒索罪,要在“拘禁钱某的孩子”与“以此为基础恐吓钱某交付财物”之间产生关联,但实际上是“拘禁了赵某的孩子”,无法实现“以此为基础恐吓钱某交付财物”的目的。故本题成立绑架罪(未遂)更为合适。

2010年卷二第16题也印证了笔者的说法,“甲持刀将乙逼入山中,让乙通知其母亲送钱赎人,乙担心母亲心脏病发作,谎称是撞了人需要5万元治疗费用,其母信以为真,打了5万元”,这道题目就是绑架罪既遂。不论乙对其母亲说了什么,甲已经控制了适格的人质。另外,“甲控制住了乙”与“以此为基础恐吓乙母交付财物”之间有关联性,不论是什么理由,控制住乙这一事实本身确实可以让乙的母亲产生担忧,所以定绑架罪既遂符合立法初衷。

3. 乙构成敲诈勒索罪与诈骗罪想象竞合犯,应当从一重罪论处。

根据刑法理论,一个犯罪行为既符合诈骗罪的构成要件又符合敲诈勒索罪的构成要件,属于想象竞合。对于想象竞合犯,应从一重罪论处。

乙假意答应甲放弃犯罪,实际上借助于原来的犯罪,对赵某谎称绑架了其小孩,继续实施勒索赵某财物的行为,构成敲诈勒索罪与诈骗罪想象竞合犯,应当从一重罪论处。并与之前所犯绑架罪(未遂),数罪并罚。

知识点 诈骗罪、敲诈勒索罪

涉及法条 《刑法》第266条、第274条

【关联扩展】

想象竞合是指想象的数罪,观念上的竞合,是一个行为触犯了数个罪名,但是最终择一重罪处罚的情形,规定想象竞合犯的目的在于禁止对一个犯罪行为进行重复处罚。注意:想象竞合犯永远是针对一个个具体的案件事实来判断的。而法条竞合是指撇开一个个具体案件,单从法条本身的逻辑关系来看,一个案件事实只能使用竞合法条中的一个;解决法条竞合问题的目的在于对一个行为进行重复的评价。

在想象竞合犯中,第一,行为人只实施了一个行为。第二,一个行为必须造成了数个结果,触犯了数个罪名。行为与数结果中的任何一个结合都可以成立一个罪名。第三,由于行为人只有一个行为,因此最后择一重罪处罚。法条竞合是指一个行为,符合《刑法》分则的数个条文规定的犯罪构成,而按照条文之间的逻辑关系只能适用其中的一个条文,从而排除其他条文适用的情形。

4. 丙构成非法拘禁罪和故意杀人罪,应当分别定罪量刑,然后数罪并罚。

我国《刑法》规定,非法拘禁他人或者以其他方法非法剥夺他人人身自由的行为,成立非法拘禁罪。丙哄骗小孩离开父母,并实施控制,是出于非法剥夺他人人身自由的目的而实行的行为,所以构成非法拘禁罪。

丙为控制小孩采取捆绑行为致其死亡,符合故意杀人罪的构成要件,依法成立故意杀人罪。丙的杀人故意超出了非法拘禁之共同犯罪故意范围,应当由丙单独负责,甲乙没有罪过、罪责。

知识点 故意杀人罪、非法拘禁罪

涉及法条 《刑法》第232条、第238条

阅评 1. 丙的非法拘禁行为存在对象错误，属于具体事实认识错误中的对象错误，无论按照法定符合说还是具体符合说，都不影响非法拘禁罪犯罪故意的认定，故丙的该行为仅成立非法拘禁罪（既遂）一罪。

2. 丙用手捂住小孩口、鼻，用胶带捆绑其双手并将嘴缠住，致其机械性窒息死亡，存在过失犯罪与故意犯罪的分歧，如果在今年考试当中出现类似案情，可以用观点展示进行解答。

观点一：丙单独构成故意杀人罪。思路是丙在客观上具有导致小孩死亡的危险性的行为。作为成年人的丙认识到自己的行为有可能导致小孩的死亡，虽然丙并非希望、追求小孩的死亡，但丙至少是放任小孩死亡的结果发生，故丙成立间接故意的故意杀人罪既遂。丙的杀人故意超出了非法拘禁之共同犯罪故意范围，应当由丙单独负责，甲和乙对此不承担刑事责任。

观点二：丙成立非法拘禁罪的结果加重犯。如果小孩已经逃跑，丙为了更好地实现对小孩的控制，而对小孩实施"用手捂住小孩口、鼻，然后用胶带捆绑其双手并将嘴缠住"的行为，可以认定为《刑法》第238条第2款所规定的非法拘禁致人死亡的结果加重犯。

非法拘禁罪、拐卖儿童罪的行为具有持续性，2004年卷二第82题也有过类似命题——"甲偷盗了2名婴儿，骗了5名儿童，准备卖往外地，在运输过程中担心他们哭闹，给他们注射了麻醉药，由于过量导致2名婴儿死亡"，甲的行为成立拐卖儿童的结果加重犯，属于拐卖行为导致的重伤、死亡。

观点三：丙构成过失致人死亡罪。思路是丙作为成年人应当认识到自己的行为具有导致小孩死亡的危险性，因为疏忽没有认识到，以致小孩死亡。但丙并非追求或者希望小孩死亡，而是为防止其啼哭引来他人，这表明丙不希望小孩死亡，故丙缺乏犯罪故意，仅成立过失致人死亡罪，即丙构成过失致人死亡罪。

根据我国《刑法》及相关规定，由于疏忽大意致人死亡的，成立过失致人死亡罪。

丙应当预见到自己的行为可能造成小孩死亡，但是丙不希望也不容忍小孩死亡，主观上是疏忽大意过失，构成过失致人死亡罪。按照事前分工，看护小孩属于丙的责任，小孩的安全由丙负责，甲乙二人均不在现场，没有可能防止、避免小孩死亡，所以甲乙不构成过失致人死亡罪。

十、2015年第二题（23分）

高某（男）与钱某（女）在网上相识，后发展为网恋关系，其间，钱某知晓了高某一些隐情，并以开店缺钱为由，骗取了高某20万元现金。

两人见面后,高某对钱某相貌大失所望,相处不久更感到她性格古怪,便决定断绝关系。但钱某百般纠缠,最后竟以公开隐情相要挟,要求高某给予500万元补偿费。高某假意筹钱,实际打算除掉钱某。

高某找到密友夏某和认识钱某的宗某,共谋将钱某诱骗至湖边小屋,先将其掐昏,然后扔入湖中溺死。事后,高某给夏某、宗某各20万元作为酬劳。

按照事前分工,宗某发微信将钱某诱骗到湖边小屋。但宗某得知钱某到达后害怕出事后被抓,给高某打电话说:“我不想继续参与了。一日网恋十日恩,你也别杀她了。”高某大怒说:“你太不义气了,算了,别管我了!”宗某随即又给钱某打电话,打算让其离开小屋,但钱某手机关机未通。

高某、夏某到达小屋后,高某寻机抱住钱某,夏某掐钱某脖子。待钱某不能挣扎后,二人均误以为钱某已昏迷(实际上已经死亡),便准备给钱某身上绑上石块将其扔入湖中溺死。此时,夏某也突然反悔,对高某说:“算了吧,教训她一下就行了。”高某说:“好吧,没你事了,你走吧!”夏某离开后,高某在钱某身上绑石块时,发现钱某已死亡。为了湮灭证据,高某将钱某尸体扔入湖中。

高某回到小屋时,发现了钱某的LV手提包(价值5万元),包内有5000元现金、身份证和一张储蓄卡,高某将现金据为己有。

三天后,高某将LV手提包送给前女友尹某,尹某发现包不是新的,也没有包装,问:“是偷来的还是骗来的?”高某说:“不要问包从哪里来。我这里还有一张储蓄卡和身份证,身份证上的人很像你,你拿着卡和身份证到银行柜台取钱后,钱全部归你。”尹某虽然不知道全部真相,但能猜到包与卡可能都是高某犯罪所得,但由于爱财还是收下了包,并冒充钱某从银行柜台取出了该储蓄卡中的2万元。

【问题】

请根据《刑法》相关规定与刑法原理分析高某、夏某、宗某和尹某的刑事责任(要求注重说明理由,并可以同时答出不同观点和理由)。

解题思路

本题虽然是2015年的题目,但是对复习法考仍具有重要的参考价值。这道题目和2021年刑法考查方式类似,观点展示的命题也符合法考命题规律,这道题目改成一问一答式问法也可以进行命题。故考生要掌握本题中所考查的观点展示考点。

答案阅评参考

(一)高某的刑事责任

1.高某对钱某成立故意杀人罪。至于是成立故意杀人罪既遂,还是故意杀人罪未遂与过失致人死亡罪的想象竞合,关键在于如何理解构成要件的提前实现。

观点一:虽然构成要件结果提前发生,但掐脖子本身就有致人死亡的紧迫危险,能够认定掐脖子时就已经实施了杀人行为,故意存在于着手实行时即可,故高某应对钱某的死亡承担故意杀人既遂的刑事责任。

观点二：高某、夏某掐钱某的脖子时只是想致钱某昏迷，没有认识到掐脖子的行为会导致钱某死亡，即缺乏既遂的故意，因而不能对故意杀人既遂负责，只能认定高某的行为是故意杀人未遂与过失致人死亡的想象竞合。（4分）

知识点 故意杀人罪、结果提前发生的处理

涉及法条 《刑法》第232条

2. 关于拿走钱某的LV手提包和5000元现金的行为性质，关键在于如何认定死者的占有。

观点一：高某对钱某的LV手提包和5000元现金成立盗窃罪，理由是死者继续占有生前的财物，高某的行为属于将他人占有财产转移给自己占有的盗窃行为，成立盗窃罪。

观点二：高某对钱某的手提包和5000元现金成立侵占罪，理由是死者并不占有自己生前的财物，故LV手提包和5000元现金属于遗忘物。（4分）

知识点 死者的占有、盗窃罪、侵占罪

涉及法条 《刑法》第264条、第270条

3. 将钱某的储蓄卡与身份证交给尹某取款2万元的行为性质。

观点一：构成信用卡诈骗罪的教唆犯。因为高某不是盗窃信用卡，而是侵占信用卡，利用拾得的他人信用卡取款的，属于冒用他人信用卡，高某唆使尹某冒用，故属于信用卡诈骗罪的教唆犯。

观点二：构成盗窃罪。因为高某是盗窃信用卡，盗窃信用卡并使用的，不管是自己直接使用还是让第三者使用，均应认定为盗窃罪。（4分）

知识点 信用卡诈骗罪、盗窃罪

涉及法条 《刑法》第196条、第264条

（二）夏某的刑事责任

1. 夏某对钱某成立故意杀人罪。至于是成立故意杀人既遂，还是故意杀人未遂与过失致人死亡罪的想象竞合，关键在于如何处理构成要件的提前实现。

观点一：虽然构成要件结果提前发生，但掐脖子本身就有致人死亡的紧迫危险，能够认定掐脖子时就已经实施杀人行为，故意存在于着手实行时即可，故夏某应对钱某的死亡承担故意杀人既遂的刑事责任。

观点二：夏某、高某掐钱某的脖子时只是想致钱某昏迷，没有认识到掐脖子的行为会导致钱某死亡，即缺乏既遂的故意，因而不能对故意杀人既遂负责，只能认定夏某的行为是故意杀人未遂与过失致人死亡的想象竞合。（2分）

知识点 故意杀人罪、结果提前发生的处理

涉及法条 《刑法》第 232 条

2. 夏某不成立犯罪中止。

共犯的中止行为未能有效地防止结果发生的,不能成立犯罪中止。本案中,由于发生了钱某死亡的结果,夏某的行为是钱某死亡的原因,所以夏某不可能成立犯罪中止。(2 分)

知识点 共犯的中止

涉及法条 《刑法》第 24 条

【关联扩展】

共同犯罪中止成立的有效性,是指共犯人必须是确实放弃了自己的犯罪行为,并有效阻止其他共犯利用其先前行为所形成的条件继续实行犯罪,或者在前述条件不能达到的情形下,自动有效防止犯罪结果的发生。对于这一有效性认定标准中的"条件",必须要从主客观两个方面全面把握。

在共同犯罪中,共犯人为其他共犯实行犯罪所提供的条件包括主观上的心理条件和客观上的行为条件两个方面。因此,共犯人要想成立犯罪中止,必须在主客观两个方面都有效地阻止其他共犯利用其先前行为所形成的条件继续实行犯罪。具体来说,在主观方面,不仅要求共犯人有不继续实施犯罪的意识,还要求其切断与其他共犯之间的共同故意及其联系形式,消除对其他共犯主观上强化犯罪意图的作用及心理上得到支持和保护的感受,使其他共犯明确知道失去了该人的参与和支持。在客观方面,共犯人必须主动停止犯罪,采取有效措施,阻止其他共犯利用其提供的条件继续实行犯罪,或阻止犯罪结果的发生。这样,才能成立共同犯罪中的犯罪中止。

(三)宗某的刑事责任

宗某成立故意杀人罪,属于既遂形态。

《刑法》第 232 条规定,故意杀人的行为构成故意杀人罪。共犯的中止行为未能有效地防止结果发生的,不能成立犯罪中止。宗某参与共谋,并将钱某诱骗到湖边小屋,成立故意杀人既遂。宗某虽然后来没有实行行为,但其前行为与钱某死亡之间具有因果性,没有脱离共犯关系;宗某虽然给钱某打过电话,但该中止行为未能有效防止结果发生,不能成立犯罪中止。(3 分)

知识点 犯罪中止、故意杀人罪

涉及法条 《刑法》第 24 条、第 232 条

(四)尹某的刑事责任

1. 尹某构成掩饰、隐瞒犯罪所得罪。

刑法规定,明知是犯罪所得而予以窝藏的,构成掩饰、隐瞒犯罪所得罪。本案中的 LV 手提包客观上属于高某犯罪所得,尹某认识到可能是高某犯罪所得,具备明知的条件,因而尹某的行

为属于掩饰、隐瞒犯罪所得的行为。(2分)

知识点 掩饰、隐瞒犯罪所得罪

涉及法条 《刑法》第312条

【关联扩展】

明知是犯罪所得及其产生的收益而予以窝藏、转移、收购、代为销售或者以其他方法掩饰、隐瞒,具有下列情形之一的,以掩饰、隐瞒犯罪所得、犯罪所得收益罪定罪处罚:(1)一年内曾因掩饰、隐瞒犯罪所得及其产生的收益行为受过行政处罚,又实施掩饰、隐瞒犯罪所得及其产生的收益行为的;(2)掩饰、隐瞒的犯罪所得系电力设备、交通设施、广播电视设施、公用电信设施、军事设施或者救灾、抢险、防汛、优抚、扶贫、移民、救济款物的;(3)掩饰、隐瞒行为致使上游犯罪无法及时查处,并造成公私财物损失无法挽回的;(4)实施其他掩饰、隐瞒犯罪所得及其产生的收益行为,妨害司法机关对上游犯罪进行追究的。

明知是非法狩猎的野生动物而收购,数量达到50只以上的,以掩饰、隐瞒犯罪所得罪定罪处罚。

2.尹某冒充钱某取出2万元的行为性质可以分为两种情况:

观点一:构成信用卡诈骗罪。因为尹某冒充钱某取钱属于冒用他人信用卡,完全符合《刑法》关于信用卡诈骗罪中"冒用他人信用卡"的构成要件规定。

观点二:构成盗窃罪。尹某虽然没有盗窃储蓄卡,但认识到储蓄卡可能是高某盗窃所得,并且实施使用行为,属于承继的共犯,故应以盗窃罪论处。(2分)

知识点 信用卡诈骗罪、盗窃罪

涉及法条 《刑法》第196条、第264条

十一、2014年第二题(22分)

国有化工厂车间主任甲与副厂长乙(均为国家工作人员)共谋,在车间的某贵重零件仍能使用时,利用职务之便,制造该零件报废需向五金厂(非国有企业)购买的假象(该零件价格为26万元),以便非法占有货款。甲将实情告知五金厂负责人丙,叮嘱丙接到订单后,只需向化工厂寄出供货单、发票而不需要实际供货,等五金厂收到化工厂的货款后,丙再将26万元货款汇至乙的个人账户。

丙为使五金厂能长期向化工厂供货,便提前将五金厂的26万元现金汇至乙的个人账户。乙随即让事后知情的妻子丁去银行取出26万元现金,并让丁将其中的13万元送给甲。3天后,化工厂会计准备按照乙的指示将26万元汇给五金厂时,因有人举报而未汇出。甲、乙见事情败露,主动向检察院投案,如实交代了上述罪行,并将26万元上交检察院。

此外,甲还向检察院揭发了乙的其他犯罪事实:乙利用职务之便,长期以明显高于市场的价

格向其远房亲戚戊经营的原料公司采购商品,使化工厂损失近300万元;戊为了使乙长期关照原料公司,让乙的妻子丁未出资却享有原料公司10%的股份(乙、丁均知情),虽未进行股权转让登记,但已分给红利58万元,每次分红都是丁去原料公司领取现金。

【问题】

请分析甲、乙、丙、丁、戊的刑事责任(包括犯罪性质、犯罪形态、共同犯罪、数罪并罚与法定量刑情节),须答出相应理由。

解题思路

贪污贿赂类犯罪是刑法题目的常规考点,2019年、2020年、2023年也考查了贿赂类的犯罪,以后命题基本上就是这个难度。这道题目因具有代表性会一直收录,本书已按照法考主观题的阅卷方式修订了答案。

答案阅评参考

(一)对甲行为的分析

1. 甲、乙构成贪污罪,属于犯罪未遂。或回答“甲、乙构成贪污罪(未遂)”。

刑法规定,国家工作人员利用职务上的便利,侵吞、窃取、骗取或者以其他手段非法占有公共财物的行为,构成贪污罪。贪污罪既遂的标准是实际占有公共财物,即取得公共财物。本案中,甲、乙作为国家工作人员利用职务上的便利实施了贪污行为,虽然客观上获得了26万元,但该26万元不是化工厂的财产,没有给化工厂造成实际损失,甲、乙也不可能贪污五金厂的财物,所以,对甲、乙的贪污行为只能认定为未遂。

2. 甲成立自首。依据《刑法》第67条第1款关于“犯罪以后自动投案,如实供述自己的罪行的,是自首”的规定,甲贪污后自动投案,如实供述,对其可以从轻或者减轻处罚。

3. 甲成立立功。依据《刑法》第68条关于“犯罪分子有揭发他人犯罪行为,查证属实的,或者提供重要线索,从而得以侦破其他案件等立功表现的”是立功的规定,甲揭发乙为亲友非法牟利罪与受贿罪的犯罪事实,构成立功,可以从轻或者减轻处罚。

知识点 贪污罪、自首、立功

涉及法条 《刑法》第67条、第68条、第382条

【关联扩展】

公共财产的范围:(1)国有财产;(2)劳动群众集体所有的财产;(3)用于扶贫和其他公益事业的社会捐助或者专项基金的财产。在国家机关、国有公司、企业、集体企业和人民团体管理、使用或者运输中的私人财产,以公共财产论。

公民私人所有财产的范围:(1)公民的合法收入、储蓄、房屋和其他生活资料;(2)依法归个人、家庭所有的生产资料;(3)个体户和私营企业的合法财产;(4)依法归个人所有的股份、股票、

债券和其他财产。

(二)对乙行为的分析

1. 乙构成为亲友非法牟利罪、受贿罪、贪污罪,数罪并罚。

刑法规定,国有公司、企业、事业单位的工作人员,利用职务便利,以明显高于市场的价格向自己的亲友经营管理的单位采购商品,使国家利益遭受重大损失的行为属于为亲友非法牟利罪;国家工作人员利用职务上的便利,索取他人财物的,或者非法收受他人财物,为他人谋取利益的,成立受贿罪。本案中,乙长期以明显高于市场的价格向其远房亲戚戊经营的原料公司采购商品,使化工厂损失近300万元的行为构成为亲友非法牟利罪。乙以妻子丁的名义在原料公司享有10%的股份并分得红利58万元的行为,符合受贿罪的构成要件,成立受贿罪。对于乙的为亲友非法牟利罪与受贿罪以及上述贪污罪,应当实行数罪并罚。

2. 乙成立自首。依据《刑法》第67条第1款关于"犯罪以后自动投案,如实供述自己的罪行的,是自首"的规定,乙贪污后自动投案,如实供述罪行,成立自首,可以从轻或者减轻处罚。

知识点 为亲友非法牟利罪、受贿罪、自首

涉及法条 《刑法》第67条、第166条、第385条

(三)对丙行为的分析

丙不成立行贿罪,也不成立挪用资金罪。丙构成贪污罪的共犯,属于从犯。

《刑法》规定,伙同国家工作人员贪污的,以贪污罪的共犯论处。本案中,丙将五金厂的26万元挪用出来汇给乙的个人账户,不是为了个人使用,也不是为了谋取个人利益,不能认定为挪用资金罪。但是,丙明知甲、乙二人实施贪污行为,客观上也帮助甲、乙实施了贪污行为,所以,丙构成贪污罪的共犯,属于从犯。

知识点 共同犯罪、从犯、贪污罪

涉及法条 《刑法》第25条、第27条、第382条

(四)对丁行为的分析

1. 丁构成受贿罪的共犯,属于从犯。

股份未实际转让,以股份分红名义获取利益的,实际获利数额应当认定为受贿数额。本案中,丁对自己名义上的干股知情,并领取贿赂款,构成受贿罪的共犯(从犯)。

2. 丁不成立掩饰、隐瞒犯罪所得罪,也不成立贪污罪共犯。

丁将26万元取出的行为,不构成掩饰、隐瞒犯罪所得罪,因为该26万元不是贪污犯罪所得,也不是其他犯罪所得。丁也不成立贪污罪的共犯,因为丁取出26万元时该26万元不是贪污犯罪所得。丁将其中的13万元送给甲,既不是帮助分赃,也不是行贿,因而不成立犯罪。

知识点 从犯、受贿罪

涉及法条 《刑法》第27条、第385条

【关联扩展】

受贿罪,是指国家工作人员利用职务上的便利,索取他人财物,或者非法收受他人财物,为他人谋取利益的行为。

“利用职务上的便利”,是指利用本人职务范围内的权力,即自己职务上主管、负责或者承办某项公共事务的职权及其所形成的便利条件。“索取他人财物”的,不论是否“为他人谋取利益”,均可构成受贿罪。“非法收受他人财物”的,必须同时具备“为他人谋取利益”的条件才能构成受贿罪。但是为他人谋取的利益是否正当,为他人谋取的利益是否实现,不影响受贿罪的认定。

国家工作人员在经济往来中,违反国家规定,收受各种名义的回扣、手续费,归个人所有的,以受贿罪追究刑事责任。国有公司、企业或者其他国有单位中从事公务的人员和国有公司、企业或者其他国有单位委派到非国有公司、企业以及其他单位从事公务的人员利用职务上的便利,索取他人财物或者非法收受他人财物,为他人谋取利益,或者在经济往来中,利用职务上的便利,违反国家规定,收受各种名义的回扣、手续费,归个人所有的,以受贿罪追究刑事责任。国有金融机构工作人员和国有金融机构委派到非国有金融机构从事公务的人员在金融业务活动中索取他人财物或者非法收受他人财物,为他人谋取利益的,或者违反国家规定,收受各种名义的回扣、手续费归个人所有的,以受贿罪追究刑事责任。国家工作人员利用本人职权或者地位形成的便利条件,通过其他国家工作人员职务上的行为,为请托人谋取不正当利益,索取请托人财物或者收受请托人财物的,以受贿罪追究刑事责任。

(五)对戊行为的分析

戊构成行贿罪。

刑法规定,行贿罪是指为谋取不正当利益,给予国家工作人员以财物的行为。戊作为回报让乙的妻子丁未出资却享有原料公司10%的股份,虽未进行股权转让登记,但让丁分得红利58万元的行为,是为了谋取不正当利益,符合行贿罪的构成要件。

知识点 行贿罪

涉及法条《刑法》第389条

第三编

刑事诉讼法

第一章　刑事诉讼法命题规律

1. 在特定条件下，应怎样参与诉讼程序或如何救济。在给定条件下，司法机关或者诉讼参与人应该怎样参与诉讼程序或者进行救济，不仅需要答出程序，还要阐明理由。例如："如一审宣判后，被告人杨某、董某均未上诉，检察机关亦未抗诉，樊某提出上诉，高级人民法院应按什么程序处理对杨某、董某的一审判决？理由是什么？"

2. 依据有关法律、司法解释规定和刑事证明理论，运用案例中现有证据，分析是否构成犯罪。例如："依据有关法律、司法解释规定和刑事证明理论，运用本案现有证据，分析能否认定张某构成受贿罪，请说明理由。"

3. 在案例中，找出若干处程序错误，同时，要求分析错误的原因并阐明正确的处理方式。例如："发回原审法院重审后，检察院对一包甲基苯丙胺重量为2.3克的补充起诉是否正确？为什么？"

4. 注重提升实体法与程序法的综合运用分析能力。2018年刑事诉讼法题目除涉及了非法证据排除规则、证明标准以及存疑有利于被告的裁判规则外，还结合了刑法不作为犯罪进行了考查，尤其是不作为行为与危害结果之间的因果关系判断。建议考生在复习的时候从管辖、证据以及审判等章节入手，尽可能串联相关的刑法知识，提升刑事实体法与程序法的综合运用。

5. 注重对基础知识的考查。2021年考查了合议庭组成及合议庭成员的分工问题、2022年考查了传唤和拘传的区别、简易程序和普通程序的区别。

【提示】

1. 刑事诉讼法的命题更趋近于实务运用，且题干中案情特别简短。实务运用带来的直接结果就是题目综合性越来越强，这就要求考生要清楚知识点背后的法理。案情简短，但是问题并不简单。

2. 刑事诉讼法题目更凸显"变化的是案情，不变的是考点"的特点。2010年以后连续几年都对证据进行命题，非法证据排除这个知识点在2018年、2016年、2015年、2013年、2012年、2011年均有考查，2019年没有考查，2020年全国卷考查，2022年考查传闻证据和传来证据。2023年结合认罪认罚进行考查，并且对二审判决进行了重点考查。

3. 开放性命题。2018年考查的就是文书中的刑事判决书；2015年的问题是请根据《刑事诉讼法》及相关司法解释的规定，对以上证据分别进行简要分析，并作出是否有罪的结论，实质上也是考查站在法官的角度对该案进行判定。未来命题中，很有可能结合刑法进行命题，这种命题难度最大,但是最符合实务运用,检验考生的真实水平。

4. 新增考点要格外重视,新增必考。法考大纲增加的“值班律师制度”“认罪认罚”“未成年程序”等就在2023年进行了命题考查。

表3 近九年刑事诉讼法分值及占卷面比重情况

年份	2023	2022	2021	2020	2019	2018	2017	2016	2015
分值/分	30	30	30	30	27	30	21	22	26
占卷面比重/%	16.7	16.7	16.7	16.7	15	16.7	14	14.7	17.3

第二章 刑事诉讼法历年考点

年份	考点名称	知识点内容
2023	1. 认罪认罚从宽制度	犯罪嫌疑人、被告人犯数罪,仅如实供述其中一罪或部分罪名事实的,全案不作“认罪”的认定,不适用认罪认罚从宽制度
	2. 刑事附带民事诉讼受理范围	因人身权利受到犯罪侵犯而遭受物质损失或者财物被犯罪分子毁坏而遭受物质损失的,可以提起附带民事诉讼。对于被害人因犯罪行为遭受精神损失而提起附带民事诉讼的,人民法院不予受理
	3. 特殊程序中未成年案件中未成年人的认定	法院应当根据户籍证明、出生证明文件、学籍卡、人口普查登记、无利害关系人的证言等证据综合判断审查被告人实施被指控的犯罪时是否达到相应法定责任年龄。针对被告人乙的法定代理人和辩护律师提出被告人乙的户口本、出生证明、毕业生纪念册存在异议,法院应当对异议证据的客观性、关联性、合法性展开全面的审查,而不是直接认定为不能证明乙不是未成年人的依据
	4. 证明标准、定罪标准	认定被告人有罪的证明标准是“案件事实清楚,证据确实充分”
	5. 二审法院裁判	原判决事实不清或者证据不足的,可以在查清事实后改判;也可以裁定发回原审人民法院重新审判
2022	1. 传唤和拘传的区别	(1)拘传是指侦查机关对未被羁押的犯罪嫌疑人强制其到案接受讯问的一种刑事强制措施。它通常是对经合法传唤拒不到案的犯罪嫌疑人采用,在特殊情况下,不经传唤也可以直接进行拘传 (2)传唤是指公安司法机关使用传票通知刑事诉讼当事人在指定的时间到指定的地点接受问话的诉讼活动
	2. 简易程序和普通程序的区别	(1)基层人民法院管辖的案件,符合下列条件的,可以适用简易程序审判:“(一)案件事实清楚、证据充分的;(二)被告人承认自己所犯罪行,对指控的犯罪事实没有异议的;(三)被告人对适用简易程序没有异议的” (2)基层人民法院、中级人民法院审判第一审案件,应当由审判员3人或者由审判员和人民陪审员共3人或者7人组成合议庭进行,但是基层人民法院适用简易程序、速裁程序的案件可以由审判员1人独任审判 (3)人民法院审理公诉案件,应当在受理后2个月以内宣判,至迟不得超过3个月。对于可能判处死刑的案件或者附带民事诉讼的案件,有特殊情形的,经上一级人民法院批准,可以延长3个月;因特殊情况还需要延长的,报请最高人民法院批准。适用简易程序审理案件,人民法院应当在受理后20日以内审结;对可能判处的有期徒刑超过3年的,可以延长至1个半月

续表

年份	考点名称	知识点内容
2022	3. 刑事附带民事诉讼、"先刑后民"	附带民事诉讼应当同刑事案件一并审判，只有为了防止刑事案件审判的过分迟延，才可以在刑事案件审判后，由同一审判组织继续审理附带民事诉讼
	4. 分案审理	对一案起诉的关联犯罪案件，法院经审查认为，分案审理更有利于保障庭审质量和效率的，可以分案审理
	5. 犯罪嫌疑人、被告人供述	是指犯罪嫌疑人、被告人对案件事实的陈述
	6. 传闻证据、传来证据	(1)传闻证据是指在本案法庭审理之外作出的用来证明其本身所主张的事实的各种陈述 (2)传来证据指的是一种由他人转述、转录等间接途径得来的第二手事实证据
2021	1. 值班律师制度	值班律师可以为犯罪嫌疑人、被告人提供法律咨询，提供程序选择建议，帮助申请变更强制措施，对案件处理提出意见，帮助申请法律援助等。值班律师仅提供基本的法律帮助服务，不是真正的辩护人，值班律师没有出庭辩护的资格
	2. 重大立功的认定、侦查机关因重大立功撤销案件的程序	(1)重大立功包括：犯罪分子有检举、揭发他人重大犯罪行为，经查证属实；提供侦破其他重大案件的重要线索，经查证属实；阻止他人重大犯罪活动；协助司法机关抓捕其他重大犯罪嫌疑人(包括同案犯)；对国家和社会有其他重大贡献等表现 (2)犯罪嫌疑人自愿如实供述涉嫌犯罪的事实，有重大立功或者案件涉及国家重大利益，需要撤销案件的，应当层报公安部，由公安部商请最高人民检察院核准后撤销案件。报请撤销案件的公安机关应当同时将相关情况通报同级人民检察院。公安机关根据前款规定撤销案件的，应当对查封、扣押、冻结的财物及其孳息作出处理
	3. 合议庭组成	组成7人合议庭。3名法官负责审理事实和法律问题，并对事实和法律问题均有表决权。4名人民陪审员，由于不是法律专业，可以审理和表决事实问题，但不参与表决法律问题
	4. 二审程序	二审法院发现公司涉嫌单位行贿罪被审查起诉，可以协商检察院并案处理，但可能造成审判过分迟延的除外。若第二审法院决定并案审理，应当发回第一审法院，由第一审法院作出处理
	5. 诉讼代表人	诉讼代表人确定顺序
	6. 二审过程中对案件部分事实不清的处理	第二审人民法院认为第一审判决事实不清或者证据不足的，可以在查清事实后改判，也可以裁定撤销原判，发回原审人民法院重新审判
2021(延考)	1. 强制措施	《刑事诉讼法》第81条
	2. 非法证据排除规则	采用暴力、威胁以及非法限制人身自由等非法方法收集的证人证言、被害人陈述，应当予以排除
	3. 审查逮捕和审查起诉	在审查起诉中，发现犯罪嫌疑人可能患有精神病的，人民检察院应当依照本规则的有关规定对犯罪嫌疑人进行鉴定
	4. 回避、庭前会议	庭前会议可以就是否申请有关人员回避向控辩双方了解情况、听取意见
	5. 认罪认罚制度	办理认罪认罚案件，应当区别认罪认罚的不同诉讼阶段、对查明案件事实的价值和意义、是否确有悔罪表现，以及罪行严重程度等，综合考量确定从宽的限度和幅度。在刑罚评价上，主动认罪优于被动认罪，早认罪优于晚认罪，彻底认罪优于彻底不认罪，稳定认罪优于不稳定认罪
	6. 公开审理	案件涉及国家秘密或个人隐私的，不公开审理；涉及商业秘密，当事人提出不公开审理申请的，法院可以决定不公开审理。不公开审理的案件，任何人不得旁听

续表

年份	考点名称	知识点内容
2020	1. 管辖	管辖法院确定
	2. 证据	证据收集、运用,法院审查证据、对证据进行质证的程序
2019	1. 职务违法和职务犯罪行为的立案管辖和审判回避	(1)立案管辖:涉嫌贪污贿赂、滥用职权、玩忽职守、利益输送、徇私舞弊以及浪费国家资财等职务违法和职务犯罪行为由监察委员会进行调查,移送检察院起诉 (2)审判回避:有管辖权的人民法院因案件涉及本院院长需要回避或者其他原因,不宜行使管辖权的,可以请求移送上一级人民法院
	2. 人民检察院提起诉讼的程序	人民检察院在办理公安机关移送起诉的案件中,发现遗漏罪行或者依法应当移送起诉的同案犯罪嫌疑人未移送起诉的,应当要求公安机关补充侦查或者补充移送起诉。对于犯罪事实清楚,证据确实、充分的,也可以直接提起公诉
	3. 监察机关、公安机关和人民检察院三者的关系以及管辖权问题	法院、检察院、公安机关、审计机关等国家机关在工作中发现公职人员涉嫌贪污贿赂、失职渎职等职务违法或者职务犯罪的问题线索,应移送监察机关,由监察机关依法调查处置。被调查人既涉嫌严重职务违法或者职务犯罪,又涉嫌其他违法犯罪的,一般应当由监察机关为主调查,其他机关予以协助
	4. 认罪认罚从宽处罚制度	开放型试题,结合现行法律法规及国家相关制度,言之有理即可
2018	证据的审查、判断以及非法证据排除规则	(1)认定有罪需达到犯罪事实清楚,证据确实、充分的标准 (2)除情况紧急必须现场讯问以外,在规定的办案场所外讯问取得的供述,未依法对讯问进行全程录音录像取得的供述,以及不能排除以非法方法取得的供述,应当排除 (3)被告人及其辩护人申请排除非法证据,应当在开庭审理前提出,但在庭审期间发现相关线索或者材料等情形除外
2017	1. 判决的生效时间	一审裁判的生效时间为经过上诉、抗诉期限,二审裁判宣告后即发生法律效力
	2. 当事人向人民检察院申诉的程序	(1)当事人及其法定代理人、近亲属认为人民法院已经发生法律效力的刑事判决、裁定确有错误,向人民检察院申诉的,由作出生效判决、裁定的人民法院的同级人民检察院刑事申诉检察部门受理,并依法办理。当事人及其法定代理人、近亲属直接向上级人民检察院申诉的,上级人民检察院可以交由作出生效判决、裁定的人民法院的同级人民检察院受理;案情重大、疑难、复杂的,上级人民检察院可以直接受理 (2)当事人及其法定代理人、近亲属对人民法院已经发生法律效力的判决、裁定提出申诉,经人民检察院复查决定不予抗诉后继续提出申诉的,上一级人民检察院应当受理
	3. 依照审判监督程序审理后对案件的处理	对于原判决、裁定事实不清或者证据不足的案件,接受抗诉的人民法院进行重新审理后,应当按照下列情形分别处理: (1)经审理能够查清事实的,应当在查清事实后依法裁判 (2)经审理仍无法查清事实,证据不足,不能认定原审被告人有罪的,应当判决宣告原审被告人无罪 (3)经审理发现有新证据且超过刑事诉讼法规定的指令再审期限的,可以裁定撤销原判,发回原审人民法院重新审判

续表

年份	考点名称	知识点内容
2017	4. 再审的启动程序	上级人民法院发现下级人民法院已经发生法律效力的判决、裁定确有错误的,可以指令下级人民法院再审;原判决、裁定认定事实正确但适用法律错误,或者案件疑难、复杂、重大,或者有不宜由原审人民法院审理情形的,也可以提审
	5. 抗诉案件能否判决无罪	对于原判决、裁定事实不清或者证据不足的案件,接受抗诉的人民法院进行重新审理后,应当按照下列情形分别处理: (1)经审理能够查清事实的,应当在查清事实后依法裁判 (2)经审理仍无法查清事实,证据不足,不能认定原审被告人有罪的,应当判决宣告原审被告人无罪 (3)经审理发现有新证据且超过刑事诉讼法规定的指令再审期限的,可以裁定撤销原判,发回原审人民法院重新审判
2016	1. 涉外证据的审查、判断	对来自境外的证据材料,人民法院应当对材料来源、提供人、提供时间以及提取人、提取时间等进行审查。经审查,能够证明案件事实且符合刑事诉讼法规定的,可以作为证据使用
	2. 庭前会议对非法证据的处理	庭前会议中审判员就非法证据等问题了解情况,听取意见,而不能作出是否排除的决定
	3. 补充起诉程序	补充起诉是指在法院宣告判决前检察机关发现有遗漏的同案犯罪嫌疑人或者罪行可以一并起诉和审理
	4. 上诉不加刑原则	第二审人民法院发回原审人民法院重新审理的案件,除有新的犯罪事实,人民检察院补充起诉的以外,原审人民法院不得加重被告人的刑罚
	5. 发回重审案件再次上诉的审理程序	第二审人民法院对不服第一审裁定的上诉或抗诉,经过审查后,应当参照《刑事诉讼法》第236条、第238条和第239条的规定,区分情形裁定驳回上诉、抗诉,或者撤销、变更原裁定
2015	1. 证据种类及适用规则	认定有罪需达到犯罪事实清楚,证据确实、充分 证据种类及适用规则详见《刑事诉讼法》第50条、第55条
	2. 诉讼制度改革认识	结合现行法律法规谈谈对诉讼制度改革的认识和理解
2014	1. 强制医疗程序的适用条件	强制医疗程序的适用条件如下: (1)实施了危害公共安全或者严重危害公民人身安全的暴力行为 (2)经法定程序鉴定属依法不负刑事责任的精神病人 (3)有继续危害社会的可能
	2. 强制医疗当事人的救济权	被决定强制医疗的人、被害人及其法定代理人、近亲属对强制医疗决定不服的,可以向上一级人民法院申请复议
	3. 强制医疗案件的审理程序	(1)审理强制医疗案件应当组成合议庭,开庭审理 (2)审理强制医疗案件,应当通知被告人的法定代理人到场 (3)审理强制医疗案件,被告人或被申请人没有委托诉讼代理人的,法院应当通知法律援助机构指派律师担任其诉讼代理人,为其提供法律帮助
	4. 强制医疗案件中附带民事诉讼案件的审理	法院认定公诉案件被告人的行为不构成犯罪,对已经提起的附带民事诉讼,经调解不能达成协议的,可以一并作出附带民事诉讼判决

第三章　一问一答式题目

一、2023 年第三题(30 分)

案情:

3 月 17 日晚,甲正在马路上盗窃自行车,被路过的乙丙丁三人看见。随后乙丙丁为了获取钱财,把甲带到路旁的公园将甲暴打一顿,并且强行要甲给予乙丙丁三人 2000 元。丁因为临时接到老婆的电话离开犯罪现场,乙和丙在取得 2000 元财物以后才离开犯罪现场。

第二天早上在公园散步的路人发现甲已经在公园里死亡,公安机关立即对案件展开立案侦查,并将嫌疑人乙丙丁抓捕到案。案件经过侦查表明,被害人甲是在前一天 20 点—23 点之间因钝器敲击致死。同时,乙丙丁三人对以暴力的方式强行取得甲 2000 元钱的犯罪事实供认不讳,并且认罪认罚。

但是在法庭庭审的过程中,当事人乙丙强调他们两人在丁离开现场以后,也同步离开犯罪现场,并未对被害人甲实施故意伤害行为,当事人甲的死亡与乙丙之间不存在直接的因果关系,拒绝认罪认罚,乙丙的辩护律师也在法庭庭审过程中对本案存在事实不清,证据不足的情形依法做了无罪的辩护。

乙的辩护律师在案件的审理过程中认为乙在犯罪时不满 18 岁,在辩护意见书中提出相应的辩护理由:其一,乙之所以满 18 岁,是因为乙在出生时户口本和准生证登记错误;其二,乙的毕业纪念册上记载的未成年的事实;其三,乙的叔叔是户籍民警,依法提供乙未成年的证人证言。

法庭经过审查认为,乙的毕业生纪念册属于自己保管缺乏证据的证明力。户口本和准生证登记错误未有相关官方材料予以证明,乙的叔叔和乙具有直接的利害关系,证人证言的证明力较为薄弱,因此法庭最终未认定被告人乙在实施犯罪时属于未满 18 岁的未成年人。

被害人甲的母亲在案件刑事部分审理中依法提起附带民事诉讼,要求死亡赔偿金、丧葬费、精神损失等相关赔偿事项,但是法院判决乙丙丁三人构成抢劫罪,丙同时构成故意杀人罪,乙丁因为没有证据证明他们实施的行为和甲的死亡之间存在因果关系,因此未认定乙丁构成故意伤害罪。

问题:

1. 本案当事人乙丁对抢劫罪认罪认罚,但两人认为自己不构成故意伤害行为,对全案可以适用认罪认罚处理吗?(6 分)

2. 被害人的母亲可否在案件庭审的过程中针对死亡赔偿金、丧葬费、精神损失等依法提起附带民事诉讼?(6 分)

3. 法院未认定被告人乙属于未成年人是否符合法律程序要求?(6 分)

4. 本案中法院未认定乙丁构成故意伤害行为是否符合法律规定?(6 分)

5. 如果人民法院未认定乙是未成年人,乙的法定代理人和辩护律师依法上诉到二审法院,那么二审法院应当依法如何处理?(6 分)

答案阅评参考

1. 本案当事人乙丁对抢劫罪认罪认罚，但两人认为自己不构成故意伤害行为，对全案可以适用认罪认罚处理吗？(6分)

【答案参考】

不可以。根据刑事诉讼法及相关规定，犯罪嫌疑人、被告人犯数罪，仅如实供述其中一罪或部分罪名事实的，全案不作"认罪"的认定，不适用认罪认罚从宽制度。本案中，乙、丁二人只对抢劫认罪认罚，对故意伤害不认罪认罚，全案不作"认罪"的认定，不适用认罪认罚从宽制度。但对如实供述的部分，人民检察院可以提出从宽处罚的建议，人民法院可以从宽处罚。

知识点 认罪认罚从宽制度

涉及法条《关于适用认罪认罚从宽制度的指导意见》第6条

2. 被害人的母亲可否在案件庭审的过程中针对死亡赔偿金、丧葬费、精神损失等依法提起附带民事诉讼？(6分)

【答案参考】

可以。根据刑事诉讼法及相关规定，因人身权利受到犯罪侵犯而遭受物质损失或者财物被犯罪分子毁坏而遭受物质损失的，可以提起附带民事诉讼。对于被害人因犯罪行为遭受精神损失而提起附带民事诉讼的，人民法院不予受理。本案中，被害人的母亲可以提起附带民事诉讼，但是针对附带民事诉讼问题，人民法院只对针对甲提出的死亡赔偿金、丧葬费、交通补助等依法予以支持，对于损失费一般不予支持。

知识点 刑事附带民事诉讼受理范围

涉及法条《刑事诉讼法》第46条

3. 法院未认定被告人乙属于未成年人是否符合法律程序要求？(6分)

【答案参考】

不符合。根据《刑诉法解释》第146条的规定，法院应当根据户籍证明、出生证明文件、学籍卡、人口普查登记、无利害关系人的证言等证据综合判断审查被告人实施被指控的犯罪时是否达到相应法定责任年龄。针对被告人乙的法定代理人和辩护律师提出被告人乙的户口本、出生证明、毕业生纪念册存在异议，应当对异议证据的客观性、关联性、合法性展开全面的审查，而不是直接认定为不能证明乙不是未成年人的依据。虽然乙的叔叔和乙之间存在近亲属关系，但只是乙的叔叔证明力弱，需要其他相关证据予以补强。证明乙已满18周岁的证据不足，应当作出有利于被告人的认定，应认定乙为未成年人。因此，法院直接认定乙不属于未成年人的做法不符合法律程序要求。

知识点 未成年人认定

涉及法条 《刑诉法解释》第 146 条

4. 本案中法院未认定乙丁构成故意伤害行为是否符合法律规定？(6 分)

【答案参考】

符合法律规定。依据刑事诉讼法及相关规定，认定被告人有罪的证明标准是“案件事实清楚，证据确实充分”。本案中对乙、丁是否涉嫌故意伤害被害人甲存在事实不清，证据不足情形，既没有证据证明被害人甲死亡的时间，也没有证据证明乙丁与被害人甲死亡之间存在直接的因果关系，综合本案证据无法形成完整证据链，不能排除合理怀疑，因此法院认定乙丁不构成故意伤害甲的事实正确。

知识点 证明标准、定罪标准

涉及法条 《刑事诉讼法》第 200 条

5. 如果人民法院未认定乙是未成年人，乙的法定代理人和辩护律师依法上诉到二审法院，那么二审法院应当依法如何处理？(6 分)

【答案参考】

依据刑事诉讼法及相关规定，原判决事实不清或者证据不足的，可以在查清事实后改判；也可以裁定发回原审人民法院重新审判。本案中，二审法院针对一审未认定当事人乙是未成年人存在事实不清，证据不足情形，二审法院应当依法改判，或者撤销原判，发回原审法院依法重新审理。

知识点 二审法院裁判

涉及法条 《刑事诉讼法》第 236 条

二、2022 年第三题(30 分)

案情：

钟某系 A 市网约车司机。某日晚，钟某独自在家中饮酒后心存侥幸，主动接单搭载乘客至市内某地。返程途中，因钟某超速行驶，车辆转弯不及冲至人行横道，撞倒路人顾某。顾某当场昏迷、血流不止。钟某害怕酒驾被查，打电话让恰好在附近购物的妻子王某尽快赶至现场。同时，钟某将顾某紧急送医救治后便返回家中。王某到达事故现场后，主动报警，并告知警方自己系肇事车主且伤者已被送医。当日，顾某因伤重不治身亡。经交警部门认定，王某负事故全部责任，公安机关予以刑事立案，并传唤王某接受讯问。王某在压力之下承认自己是为钟某顶罪。公安机关随即拘传钟某。钟某到案后，主动承认自己的交通肇事行为。公安机关遂以钟某涉嫌交通肇事罪、王某涉嫌包庇罪并案侦查。

后侦查人员带钟某到案发现场进行指认。其间,侦查人员孙某问钟某当时是否饮酒了,钟某回答“是的”这一过程被孙某携带的执法记录仪拍摄下来,但未记入笔录。此后,在侦查人员的历次讯问中,钟某均承认自己系酒后驾车。起诉后,钟某与王某在审查起诉阶段均签署了认罪认罚从宽具结书。

检察院提起公诉后,顾某的近亲属对钟某提起附带民事诉讼,法院决定按照“先刑后民”原则以简易程序进行审理。庭审期间,被告人钟某当庭否认自己存在酒驾及肇事逃逸行为。法院休庭研究后,决定将钟某与王某分案处理。其中,对钟某涉嫌交通肇事罪适用普通程序审理并作如下安排:(1)由公诉机关补充提供指认现场的执法记录仪视频,作为视听资料予以认定;(2)通知孙某出庭作证,证实钟某在指认现场时自认酒驾;(3)通知王某作为证人出庭,证实钟某案发后逃逸。在上述证据出示并质证后,钟某再次表示认罪认罚。最终,法院判处钟某有期徒刑5年,并对附带民事诉讼原告人作相应赔偿;判决王某免予刑事处罚。

请结合上述材料回答下列问题:

1. 请结合本案中公安机关对传唤与拘传的适用,阐述两种措施的区别。(4分)

2. 法院将钟某一案由简易程序转至普通程序审理是否妥当?普通程序与简易程序审理有什么不同?(10分)

3. 本案遵循“先刑后民”原则审理应注意哪些事项?请简要说明。(4分)

4. 法院分案审理钟某与王某的决定是否妥当?请说明理由。(4分)

5. 法院对于执法记录仪视频的性质认定是否正确?请说明理由。(4分)

6. 孙某的证言是否属于传闻证据?请说明理由。(4分)

答案阅评参考

1. 请结合本案中公安机关对传唤与拘传的适用,阐述两种措施的区别。(4分)

【答案参考】

传唤与拘传的区别:

(1)强制力不同和是否属于强制措施不同。传唤是自动到案,不是强制措施;拘传则是强制到案,是强制措施。

(2)适用的对象不同。传唤适用于所有当事人;拘传则仅适用于犯罪嫌疑人、被告人。

(3)适用时是否一定需要法律文书不同。传唤需要传唤证或者传票,但有例外;拘传需要拘传票或者拘传证。

知识点 传唤、拘传

涉及法条 《刑事诉讼法》第119条

2. 法院将钟某一案由简易程序转至普通程序审理是否妥当？普通程序与简易程序审理有什么不同？(10分)

【答案参考】

(1)本案转为普通程序妥当。

《刑事诉讼法》第214条第1款规定，"基层人民法院管辖的案件，符合下列条件的，可以适用简易程序审判：(一)案件事实清楚、证据充分的；(二)被告人承认自己所犯罪行，对指控的犯罪事实没有异议的；(三)被告人对适用简易程序没有异议的"。第221条规定，"人民法院在审理过程中，发现不宜适用简易程序的，应当按照本章第一节或者第二节的规定重新审理"。本案中钟某不认罪，故对该案不能适用简易程序，转为普通程序审理，是合法的。

(2)普通程序与简易程序在审理方面的区别：

①审判组织不同：普通程序应适用合议庭审理。适用简易程序审理案件，对可能判处3年有期徒刑以下刑罚的，可以组成合议庭进行审判，也可以由审判员1人独任审判；对可能判处有期徒刑超过3年的，应当组成合议庭进行审判。

《刑事诉讼法》第183条第1款规定，"基层人民法院、中级人民法院审判第一审案件，应当由审判员三人或者由审判员和人民陪审员共三人或者七人组成合议庭进行，但是基层人民法院适用简易程序、速裁程序的案件可以由审判员一人独任审判"。

②审理期限不同：

普通程序审理期限：《刑事诉讼法》第208条第1款规定，"人民法院审理公诉案件，应当在受理后两个月以内宣判，至迟不得超过三个月。对于可能判处死刑的案件或者附带民事诉讼的案件，以及有本法第一百五十八条规定情形之一的，经上一级人民法院批准，可以延长三个月；因特殊情况还需要延长的，报请最高人民法院批准"。

简易程序的审理期限：《刑事诉讼法》第220条规定，"适用简易程序审理案件，人民法院应当在受理后二十日以内审结；对可能判处的有期徒刑超过三年的，可以延长至一个半月"。

③审理程序简化程度不同：

《刑事诉讼法》第219条规定，"适用简易程序审理案件，不受本章第一节关于送达期限、讯问被告人、询问证人、鉴定人、出示证据、法庭辩论程序规定的限制。但在判决宣告前应当听取被告人的最后陈述意见"。

简易程序中传唤、送达方式简便，公诉人可摘要宣读起诉书，法庭调查和法庭辩论可简化，一般应当当庭宣判，裁判文书可以简化。

知识点 简易程序、普通程序、转化

涉及法条 《刑事诉讼法》第183条、第208条、第214条、第219条、第220条

3. 本案遵循"先刑后民"原则审理应注意哪些事项？请简要说明。(4分)

【答案参考】

根据"先刑后民"的基本原则审理需要注意的事项：附带民事诉讼应当同刑事案件一并审判，只有为了防止刑事案件审判的过分迟延才可以在刑事案件审判后，由同一审判组织继续审理

附带民事诉讼;同一审判组织的成员确实不能继续参与审判的,可以更换。根据《刑事诉讼法》第104条的规定,附带民事诉讼应当同刑事案件一并审判,只有为了防止刑事案件审判的过分迟延,才可以在刑事案件审判后,由同一审判组织继续审理附带民事诉讼。《刑诉法解释》第196条规定,同一审判组织的成员确实不能继续参与审判的,可以更换。

知识点 附带民事诉讼、先刑后民

涉及法条 《刑事诉讼法》第104条、《刑诉法解释》第196条

4. 法院分案审理钟某与王某的决定是否妥当?请说明理由。(4分)

【答案参考】

分案审理正确。因为钟某和王某的犯罪是关联犯罪,根据《刑诉法解释》第220条的规定,对一案起诉的关联犯罪案件,法院经审查认为,分案审理更有利于保障庭审质量和效率的,可以分案审理。分案审理不得影响当事人质证权等诉讼权利的行使。

知识点 分案审理

涉及法条 《刑诉法解释》第220条

5. 法院对于执法记录仪视频的性质认定是否正确?请说明理由。(4分)

【答案参考】

认定执法记录仪视频为视听资料不正确。

行政执法人员携带执法记录仪中的内容是执法人员当场询问被告人是否饮酒,被告人回答"是"。该记录仪的内容不是形成于案发过程中,而是犯罪嫌疑人、被告人钟某对案件事实的陈述以及钟某辨认案发现场的过程。其用于证明钟某涉嫌的犯罪事实,分别属于犯罪嫌疑人、被告人的供述和辨认笔录,而不是视听资料。

知识点 证据的种类、被告人供述、辨认笔录、视听资料

6. 孙某的证言是否属于传闻证据?请说明理由。(4分)

【答案参考】

不属于传闻证据。

依据刑事诉讼法及相关规定,传闻证据是指在本案法庭审理之外作出的用来证明其本身所主张的事实的各种陈述。本案中侦查人员在法庭上陈述"被告人指认现场听到了被告人自认饮酒的事实",该陈述并非侦查人员就自己亲身感知的事实作证,而是向法庭转述他从别人那里听到的情况,属于传来证据而不是传闻证据。

知识点 传闻证据、传来证据

三、2021 年第三题(30 分)

案情:

科辰公司为房地产开发公司,其在征地拆迁的过程中遇到两名“钉子户”,两人拒不搬迁。于是,科辰公司的两名股东贾某和刘某指派公司员工李某和赵某,对“钉子户”采取断水、噪声污染等手段,扰乱其正常生活。“钉子户”不堪其扰遂搬离。

事后,贾某、刘某、李某、赵某四人因涉嫌寻衅滋事罪被公安机关立案侦查,检察院审查起诉,该案件引起社会广泛关注。赵某在侦查阶段认罪认罚且有重大立功,公安机关对其撤销案件。贾某和刘某在审查起诉阶段进行认罪认罚,其中,赵某并未委托辩护律师,侦查机关遂安排值班律师马某为赵某提供法律帮助。

在一审之后,其中一名被告人进行上诉,法院在二审审理中发现,科辰公司的两名股东以该公司的名义向其所在区的区长行贿,监察委员会正在进行调查。

【问题】

1. 怎样理解侦查中认罪认罚中的“重大立功”? 公安机关因重大立功撤销案件,应当经过何种法定程序? (5 分)

2. 一审中,法院应当如何组成合议庭? 合议庭成员应当怎样分工? (5 分)

3. 值班律师马某在侦查阶段处于何种诉讼地位? 如果在审判阶段赵某还是没有委托辩护人,马某能否出庭为其进行辩护? (5 分)

4. 一审犯罪嫌疑人被判处寻衅滋事罪,当事人上诉,二审审理期间,监察机关对该犯罪嫌疑人所在单位(该犯罪嫌疑人系直接责任人)以单位行贿罪移送审查起诉,法院该如何处理? (5 分)

5. 二审中贾某、刘某被认定为直接负责人,如何确定诉讼代表人? 为什么? (5 分)

6. 二审法院认为贾某、刘某案件事实清楚,证据确实、充分,但对赵某的案件部分事实不清,该如何处理? (5 分)

答案阅评参考

1. 怎样理解侦查中认罪认罚中的“重大立功”? 公安机关因重大立功撤销案件,应当经过何种法定程序? (5 分)

【答案参考】

(1)在认罪认罚案件中,侦查中认罪认罚重大立功,是指犯罪嫌疑人自愿如实供述自己的罪行,承认指控的犯罪事实,愿意接受处罚,同时又存在重大立功。有重大立功表现包括:犯罪分子有检举、揭发他人重大犯罪行为,经查证属实;提供侦破其他重大案件的重要线索,经查证属实;阻止他人重大犯罪活动;协助司法机关抓捕其他重大犯罪嫌疑人(包括同案犯);对国家和社会有其他重大贡献等。

(2)犯罪嫌疑人自愿如实供述涉嫌犯罪的事实,有重大立功或者案件涉及国家重大利益,需要撤销案件的,应当层报公安部,由公安部商请最高人民检察院核准后撤销案件。报请撤销案件的公安机关应当同时将相关情况通报同级人民检察院。公安机关根据规定撤销案件的,应当对查封、扣押、冻结的财物及其孳息作出处理。

知识点 重大立功的认定、侦查机关因重大立功撤销案件的程序

涉及法条《最高人民法院关于处理自首和立功具体应用法律若干问题的解释》第7条、《公安部规定》第188条

2. 一审中,法院应当如何组成合议庭?合议庭成员应当怎样分工?(5分)

【答案参考】

(1)根据《刑诉法解释》第213条第2款的规定,基层人民法院、中级人民法院、高级人民法院审判下列第一审刑事案件,由审判员和人民陪审员组成7人合议庭进行:①可能判处10年以上有期徒刑、无期徒刑、死刑,且社会影响重大的;②涉及征地拆迁、生态环境保护、食品药品安全,且社会影响重大的;③其他社会影响重大的。

本案涉及征地拆迁,且社会影响重大,应当由审判员和人民陪审员组成7人合议庭进行审理。

(2)根据《刑诉法解释》第215条的规定,人民陪审员参加3人合议庭审判案件,应当对事实认定、法律适用独立发表意见,行使表决权。人民陪审员参加7人合议庭审判案件,应当对事实认定独立发表意见,并与审判员共同表决;对法律适用可以发表意见,但不参加表决。

本案中,法院在审理时,如果组成7人合议庭,3名法官负责审理事实和法律问题,并对事实和法律问题均有表决权,4名人民陪审员,由于不是法律专业,可以审理和表决事实问题,但不参与表决法律问题。

知识点 合议庭组成

涉及法条《刑诉法解释》第213条、第215条,《人民陪审员法》第16条、第22条

3. 值班律师马某在侦查阶段处于何种诉讼地位?如果在审判阶段赵某还是没有委托辩护人,马某能否出庭为其进行辩护?(5分)

【答案参考】

(1)值班律师马某并非犯罪嫌疑人、被告人的辩护人,根据《法律援助值班律师工作办法》第2条的规定,值班律师是为没有辩护人的犯罪嫌疑人、被告人提供法律帮助的律师。本案中,马某行使的权利属于法律帮助权和咨询权,主要包括提供法律咨询、程序选择建议、申请变更强制措施、对案件处理提出意见。

(2)值班律师不能出庭辩护。根据《法律援助值班律师工作办法》第6条的规定,值班律师可以为犯罪嫌疑人、被告人提供法律咨询,提供程序选择建议,帮助申请变更强制措施,对案件处理提出意见,帮助申请法律援助等法律帮助。值班律师仅提供基本的法律帮助服务,不是真正的辩护人,值班律师没有出庭辩护的资格。

知识点 值班律师制度

涉及法条 《法律援助值班律师工作办法》第 2 条、第 6 条,《值班律师工作意见》第 29 条

【提示】本问已经明确没有委托辩护人,如果委托了马某进行辩护,那此时马某的诉讼地位不再是值班律师,而是辩护律师,如果没有委托,马某不得以值班律师身份进行辩护。

4. 一审犯罪嫌疑人被判处寻衅滋事罪,当事人上诉,二审审理期间,监察机关对该犯罪嫌疑人所在单位(该犯罪嫌疑人系直接责任人)以单位行贿罪移送审查起诉,法院该如何处理?(5分)

【答案参考】

根据刑事诉讼法的相关规定,二审法院在审理过程中,发现被告人还有其他犯罪没有判决的,并且还没有被起诉的,协商人民检察院、公安机关、监察机关并案处理,但可能造成审判过分迟延的除外。如果决定并案审理的,应当发回第一审人民法院作出处理。在本案中,监察机关对该案犯罪嫌疑人所在单位(该犯罪嫌疑人系直接责任人)以单位行贿罪已经移送审查起诉,因此,二审法院与审查起诉的检察院协商后可以决定并案审理,如果决定并案审理,应当将案件发回第一审人民法院作出处理。

知识点 二审程序

涉及法条 《刑诉法解释》第 24 条、第 25 条

5. 二审中贾某、刘某被认定为直接负责人,如何确定诉讼代表人?为什么?(5分)

【答案参考】

本案中,根据《刑诉法解释》第 336 条、第 337 条的规定,对于单位犯罪,一审法院可以从以下方面确定诉讼代表人:

(1)被告单位的诉讼代表人,应当是科辰公司的法定代表人、实际控制人或者主要负责人。

(2)法定代表人、实际控制人或者主要负责人被指控为单位犯罪直接责任人员或者因客观原因无法出庭的,应当由科辰公司委托其他负责人或者职工作为诉讼代表人。但是,有关人员被指控为单位犯罪直接责任人员或者知道案件情况、负有作证义务的除外。

(3)若仍难以确定诉讼代表人,可以由科辰公司委托律师等单位以外的人员作为诉讼代表人。但该律师不得同时担任科辰公司或者被指控为单位犯罪直接责任人员的有关人员的辩护人。

(4)开庭审理时,应当通知科辰公司的诉讼代表人出庭;若诉讼代表人不符合上述规定的,应当要求人民检察院另行确定诉讼代表人。

知识点 诉讼代表人

涉及法条 《刑诉法解释》第 336 条、第 337 条

6. 二审法院认为贾某、刘某案件事实清楚,证据确实、充分,但对赵某的案件部分事实不清,该如何处理?(5分)

【答案参考】

根据《刑诉法解释》第404条的规定,第二审人民法院认为第一审判决事实不清、证据不足的,可以在查清事实后改判,也可以裁定撤销原判,发回原审人民法院重新审判。有多名被告人的案件,部分被告人的犯罪事实不清、证据不足或者有新的犯罪事实需要追诉,且有关犯罪与其他同案被告人没有关联的,第二审人民法院根据案件情况,可以对该部分被告人分案处理,将该部分被告人发回原审人民法院重新审判。原审人民法院重新作出判决后,被告人上诉或者人民检察院抗诉,其他被告人的案件尚未作出第二审判决、裁定的,第二审人民法院可以并案审理。

本案中,二审法院认为多名被告人中赵某事实不清、证据不足,二审法院需要衡量赵某的犯罪与其他同案被告人是否存在关联。如果存在关联,可以在查清事实后改判,也可以将全案裁定撤销原判,发回一审法院重新审判;如果不存在关联,二审法院根据案件情况,可以对赵某分案处理,仅将赵某发回一审法院重新审判。

知识点 二审过程中对案件部分事实不清的处理

涉及法条 《刑诉法解释》第404条

四、2021年(延考)第三题(30分)

案情:

胡某系某事业单位科长,向商人于某(女)借款20万元,经于某多次催要未归还。某日,胡某以归还借款之名约于某在某宾馆见面,见面后以捆绑等非法拘禁的方式对于某实施强奸,并强迫于某签订债权消灭协议,还以于某及其家人的安全威胁于某不得报案,直至第二天中午,胡某才放走于某。胡某随后留在宾馆将床单等物品清洁处理后,打电话叫曹某开车接其离开。在车上,胡某不慎将自己的罪行告诉曹某,便恳求曹某不要将事情说出去,曹某表示这件事与自己无关,不会乱说。

于某离开酒店后向公安机关报案,公安机关对胡某采取了拘留措施,胡某否认强奸事实,并辩称自己与于某系男女朋友关系,因二人发生争吵,于某才栽赃陷害自己。公安机关发现胡某与曹某的电话往来,于是询问了证人曹某,曹某推说自己不知道。公安机关警告曹某说,如不如实陈述可能被追究共犯责任,曹某因害怕说出实情。公安机关在曹某的指认下找到了曹某车上行车记录仪所记录的二人对话的录音,并向胡某展示了相关证据,胡某遂主动提出自己认罪认罚。公安机关向检察院申请批准逮捕,检察院批准予以逮捕。

案件随后由公安机关向检察院移送审查起诉。于某表示不谅解胡某,要求严惩。胡某辩称自己患有抑郁症,长期服用抗抑郁药物,案发时系病情发作无刑事责任能力,要求检察机关鉴定。检察机关遂安排对胡某进行鉴定,鉴定意见称其案发时精神正常、具备完全刑事责任能力。

后胡某的辩护律师在庭前会议中指出:

(1)曹某的证人证言及行车记录仪的录音系非法证据,申请予以排除;

(2)本案公诉人与胡某曾是同事,申请其回避。

法院经过审查驳回辩护人请求,依法作出裁判,以强奸罪、非法拘禁罪判决胡某有期徒刑11年。

问题:

1. 检察机关批准逮捕胡某是否符合比例原则?(5分)

2. 证人证言及行车记录仪录音是否应当予以排除?(5分)

3. 胡某称自己是在精神不正常的情况下实施的犯罪行为,向检察院申请精神病鉴定,检察院是否应当答应?(5分)

4. 庭前会议中,辩护人提出回避申请,法院应当如何处理?(5分)

5. 鉴于胡某自愿认罪认罚,法院对胡某的从宽幅度应当如何把握?(5分)

6. 法院准许A市某单位组织20名员工旁听了本次庭审,该做法是否合法?(5分)

答案阅评参考

1. 检察机关批准逮捕胡某是否符合比例原则?(5分)

【答案参考】

符合比例原则。

比例原则是批准或者决定逮捕,应当将犯罪嫌疑人、被告人涉嫌犯罪的性质、情节,认罪认罚等情况,作为是否可能发生社会危险性的考虑因素。采取强制措施的手段要与犯罪嫌疑人的罪刑相适应。本案中,胡某因涉嫌非法拘禁罪、强奸罪,犯罪性质恶劣,情节严重,故检察机关批准逮捕胡某符合比例原则。

知识点 强制措施

涉及法条 《刑事诉讼法》第81条

【提示】 本题实际上就是想问对于胡某采取逮捕措施是否合适,再换一个问法就是胡某的行为是否符合逮捕条件。

2. 证人证言及行车记录仪录音是否应当予以排除?(5分)

【答案参考】

(1)证人证言应当予以排除。

根据《最高人民法院、最高人民检察院、公安部、国家安全部、司法部关于办理刑事案件严格排除非法证据若干问题的规定》第6条的规定,采用暴力、威胁以及非法限制人身自由等非法方法收集的证人证言、被害人陈述,应当予以排除。

本案中,公安机关采用威胁的方法收集了证人曹某的证人证言,应当予以排除。

(2)行车记录仪录音是否排除,由法官具体加以判断。

行车记录仪录音属于根据非法收集的证人证言找到的物证,属于“毒树之果”,毒树有毒(非法),应当砍掉(排除)。但“毒果”的可采性目前没有明确的立法规定。出于平衡实体公证与程序公证的考虑，“毒果”不应绝对排除或不排除，应当由法官综合全案证据，结合惩罚犯罪与保障人权的需要进行裁决。因此，本案中的“毒树之果”即行车记录仪录音是否排除，可由法官依职权进行裁量。

知识点 非法证据排除规则

涉及法条 《最高人民法院、最高人民检察院、公安部、国家安全部、司法部关于办理刑事案件严格排除非法证据若干问题的规定》第6条、《刑诉法解释》第125条

3. 胡某称自己是在精神不正常的情况下实施的犯罪行为，向检察院申请精神病鉴定，检察院是否应当答应？（5分）

【答案参考】

检察院可以根据申请具体判断是否进行精神病鉴定。

根据《高检规则》第333条第1款的规定，在审查起诉中，发现犯罪嫌疑人可能患有精神病的，人民检察院应当依照本规则的有关规定对犯罪嫌疑人进行鉴定。本案中，犯罪嫌疑人胡某在审查起诉阶段申请精神病鉴定，若检察院经过审查认为胡某存在患有精神病可能的，应对胡某进行鉴定。可见，是否进行精神病鉴定由检察院视情况决定。

知识点 审查逮捕和审查起诉

涉及法条 《高检规则》第333条

4. 庭前会议中，辩护人提出回避申请，法院应当如何处理？（5分）

【答案参考】

根据《刑诉法解释》第228条的规定，庭前会议可以就是否申请有关人员回避向控辩双方了解情况，听取意见。

本案中，公诉人与胡某曾是同事，属于可能导致庭审中断的程序性事项，即法定回避理由，辩护人有权申请其回避。本案是在庭前会议中申请回避，由于庭前会议没有进入正式的开庭审判程序，不存在休庭，但可以套用在庭审中申请回避的做法，即法官可以在庭前会议后通知检察院，由检察院对出庭公诉人员是否回避作出决定。

知识点 回避、庭前会议

涉及法条 《刑诉法解释》第36条、第228条

5. 鉴于胡某自愿认罪认罚，法院对胡某的从宽幅度应当如何把握？（5分）

【答案参考】

本案中，鉴于胡某自愿认罪认罚，根据《关于适用认罪认罚从宽制度的指导意见》第9条、第16条的规定，法院对胡某的从宽幅度可从以下三点进行把握：

(1)办理认罪认罚案件,应当区别认罪认罚的不同诉讼阶段、对查明案件事实的价值和意义、是否确有悔罪表现,以及罪行严重程度等,综合考量确定从宽的限度和幅度。在刑罚评价上,主动认罪优于被动认罪,早认罪优于晚认罪,彻底认罪优于不彻底认罪,稳定认罪优于不稳定认罪。

(2)认罪认罚的从宽幅度一般应当大于仅有坦白,或者虽认罪但不认罚的从宽幅度。对犯罪嫌疑人、被告人具有自首、坦白情节,同时认罪认罚的,应当在法定刑幅度内给予相对更大的从宽幅度。认罪认罚与自首、坦白不作重复评价。

(3)法院应当考虑被害人的态度。被害人于某不谅解胡某,要求严惩,不影响认罪认罚从宽制度的适用,但在从宽时应当予以酌减。

知识点 认罪认罚

涉及法条《关于适用认罪认罚从宽制度的指导意见》第9条、第16条、第18条

6. 法院准许A市某单位组织20名员工旁听了本次庭审,该做法是否合法?(5分)

【答案参考】

不合法。

根据《刑诉法解释》第222条第2款、第3款的规定,案件涉及国家秘密或个人隐私的、不公开审理;涉及商业秘密,当事人提出申请的,法庭可以决定不公开审理。不公开审理的案件,任何人不得旁听。本案中,强奸罪属于涉及个人隐私的案件,所以不公开审理。不公开审理的案件,任何人不得旁听。所以法院准许A市某单位组织20名员工旁听本次庭审的做法不合法。

知识点 公开审理

涉及法条《刑诉法解释》第222条

五、2020年第三题(30分)

林某明知洪某(已刑罚)实施犯罪,而为其提供网游网站,并窃取玩家账号和密码,将其账户内的资金转走。

甲市B区公安局侦查后,认为林某明知他人利用信息网络实施犯罪,仍为其提供网站,构成帮助犯,并将案件移送甲市B区检察院审查起诉,甲市B区检察院向甲市B区法院提起公诉。

本案证据有:物价局出具的价格认定书、供述、讯问录音录像、邀请有专门知识的人对鉴定意见发表的意见等。

【问题】

1. 本案属于利用计算机实施犯罪,利用计算机实施犯罪如何确定管辖?(4分)

2. 犯罪嫌疑人供述笔录与讯问录音录像存在本质性差异,法院应该以哪个为准?讯问录音录像能否作为认定案件的依据?(6分)

3. 物价部门出具的价格认定书，属于何种证据类型，是否可以作为本案证据？(6分)

4. 针对电子证据的收集，法院应审查哪些内容？(4分)

5. 针对检察院提供的证据，应该如何质证？(4分)

6. 专家辅助人对鉴定意见提出的意见，其性质属于什么？是否可以作为案件认定依据？法院应如何处理？(6分)

答案阅评参考

1. 本案属于利用计算机实施犯罪，利用计算机实施犯罪如何确定管辖？(4分)

【答案参考】

服务器所在地，网络服务提供者所在地，被侵害的信息网络系统及其管理者所在地，犯罪过程中被告人、被害人使用的信息网络系统所在地等法院均有管辖权。

依据刑事诉讼法及相关规定，针对或者主要利用计算机网络实施的犯罪，犯罪地包括用于实施犯罪行为的网络服务使用的服务器所在地，网络服务提供者所在地，被侵害的信息网络系统及其管理者所在地，犯罪过程中犯罪嫌疑人、被害人或者其他涉案人员使用的信息网络系统所在地，被害人被侵害时所在地以及被害人财产遭受损失地等。本案中，林某的居所地，网络架设地，服务器所在地，被害人(玩家)财产遭受损失地等法院均享有管辖权。

知识点 管辖

涉及法条 《公安部规定》第16条、第17条，《最高人民法院、最高人民检察院、公安部关于办理信息网络犯罪案件适用刑事诉讼程序若干问题的意见》第2条

2. 犯罪嫌疑人供述笔录与讯问录音录像存在本质性差异，法院应该以哪个为准？讯问录音录像能否作为认定案件的依据？(6分)

【答案参考】

(1)法院会结合控辩双方提供的所有证据及被告人的全部供述和辩解进行综合判定。法院应当排除非法取得的证据，以排除非法证据后剩余的合法证据为准。

依据刑事诉讼法及证据相关规定，被告人庭前供述与录音录像不一致很可能是出现了非法取证行为，若能够证明系非法获取，应当依法排除。此外，法官应当审查被告人庭前供述与录音录像的真实性，若庭前供述有其他证据印证的，可以采纳庭前供述，若录音录像有其他证据印证的，可以采纳录音录像。

(2)讯问的过程如果是非法的，则讯问录音录像不能作为认定案件的依据。

依据刑事诉讼法及相关理论，如果讯问笔录没有经过被告人核对确认，不得作为定案的根据。如果讯问的过程是非法的，则同步录音录像属于“毒树之果”也应当予以排除，不能作为认定案件的依据。

【说明】本问题具有开放性，答案不唯一，考生根据自己的知识储备回答即可得分，注意说理，要自圆其说。

知识点 非法证据排除

涉及法条 《刑诉法解释》第93条、第96条

3. 物价部门出具的价格认定书,属于何种证据类型,是否可以作为本案证据?(6分)

【答案参考】

价格认定书是检验报告,不属于《刑事诉讼法》规定的证据种类。价格认定书是否可以作为定罪量刑的参考,应由法官结合整体证据并参照鉴定意见的审查规定确定。

《刑诉法解释》第100条规定:"因无鉴定机构,或者根据法律、司法解释的规定,指派、聘请有专门知识的人就案件的专门性问题出具的报告,可以作为证据使用。对前款规定的报告的审查与认定,参照适用本节的有关规定。经人民法院通知,出具报告的人拒不出庭作证的,有关报告不得作为定案的根据。"本案中,物价局出具的价格认定书即为由有专门知识的人就案件的专门性问题出具的报告,该价格认定书可以作为证据使用,审查与认定参照鉴定意见的程序规定。

知识点 证据种类

涉及法条 《刑事诉讼法》第50条、《刑诉法解释》第100条

4. 针对电子证据的收集,法院应审查哪些内容?(4分)

【答案参考】

本案被告人主要是利用网站实施犯罪,依据刑事诉讼法及相关规定,对电子数据是否真实,法院应当着重审查以下内容:

(1)是否移送原始存储介质,在原始存储介质无法封存、不便移动时,有无说明原因,并注明收集、提取过程及原始存储介质的存放地点或者电子数据的来源等情况;

(2)电子数据是否具有数字签名、数字证书等特殊标识;

(3)电子数据的收集、提取的过程是否可以重现;

(4)电子数据如有增加、删除、修改等情形的,是否附有说明;

(5)电子数据完整性是否可以保证。

【说明】很多考生觉得这一问与案情没有关系,有的考生直接就找出来这是《刑诉法解释》第110条规定,但实际考试中还要结合案情。也可以按照如下的内容回答,仍旧得分。

本案中林某提供网站,帮助他人利用信息网络实施犯罪,对证据的搜集应该注意如下内容:

(1)收集电子数据应当注意收集电子数据的原始存储介质,但若原始存储介质不宜扣押,已经灭失或在国外等情形,可以通过传输下载等方式提取电子数据。

(2)审查电子数据应当注重审查电子数据的完整性,收集程序。发现电子数据存在被篡改、伪造、修改、删除等情形,影响电子数据真实性的,不得作为定案根据。

(3)若电子数据出现其他违反法定收集程序的瑕疵,若能补正或者合理解释,可以作为定案根据,否则不得作为定案根据。

知识点 电子数据

涉及法条《最高人民法院、最高人民检察院、公安部关于办理刑事案件收集提取和审查判断电子数据若干问题的规定》第22~24条,《刑诉法解释》第113条、第114条

5.针对检察院提供的证据,应该如何质证?(4分)

【答案参考】

本案中,检察院提供了如下证据:物价局出具的价格认定书、供述、讯问录音录像、邀请有专门知识的人对鉴定意见发表的意见等。依据刑事诉讼法及相关规定,法院在法庭调查阶段,根据"谁主张,谁举证"的规则,应当由公诉人首先举证,一般是"一证一质",证据较多的,可以成组出示。

举证时一般通过讯问本案被告人、询问相关证人等方式出示言词证据,再向法庭出示物证,书证等实物证据。在公诉方举证完毕后,辩护方可以举证,由公诉方质证,公诉人应当紧紧围绕辩方证据的客观性、真实性、合法性进行有针对性的质证并听从甲市B区法院法官的指挥。

【说明】本题很多考生直接回答了《高检规则》第399条的内容,没有结合案情。仅仅列出法条依据,只得大前提部分的分数,需要结合案情方可得满分。

6.专家辅助人对鉴定意见提出的意见,其性质属于什么?是否可以作为案件认定依据?法院应如何处理?(6分)

【答案参考】

(1)专家辅助人可以对鉴定意见发表意见,专家辅助人不是法定诉讼参与人,其对鉴定意见发表的专业意见不是法定证据,但可以作为参考材料。

依据刑事诉讼法及相关规定,以法定的形式表现出来的可以用于证明案件事实的材料,是证据。证据包括物证,书证,证人证言,被害人陈述,犯罪嫌疑人、被告人供述和辩解,鉴定意见,勘验、检查、辨认、侦查实验等笔录,视听资料、电子数据。本案中专家辅助人对鉴定意见提出的意见不是法定意见,但可以作为参考材料。

(2)不能作为案件认定依据。

依据刑事诉讼法及相关规定,证据必须经过查证属实,才能作为定案的根据。本案中的专家辅助人的意见不属于法定证据,仅能作为参考材料,不能作为案件认定依据。

(3)法院应结合全案证据进行裁判,专家辅助人发表的意见可以作参考,但不能作为定案依据。

【说明】2020年的这道刑事诉讼法题目很多考生都觉得案情与问题无关,单纯地罗列法条。这道题第一问涉及管辖,很多考生都能拿分,其余的五问均涉及证据,考生根据自己的知识储备进行解题即可,如上答案供大家参考。

知识点 证据

涉及法条《刑事诉讼法》第50条、第197条

【总结归纳】 专家辅助人意见总结

项目	内容
公、检、法聘请	协助勘验、检查:勘查笔录
	对专门问题发表意见——弥补鉴定的空白:(如价格认定书、事故原因报告等)可作为证据,适用鉴定意见审查程序
诉讼参与人聘请	对专门问题发表意见:书证
	对鉴定意见发表意见:参考

六、2019 年第三题(27 分)

王某系 A 市法院刑事审判庭法官。2016 年 9 月,王某在审理本市吴某抢劫案中,违反法律规定认为吴某有立功情节,对吴某减轻处罚判处有期徒刑 10 年,吴某的弟弟为此向王某行贿 50 万元。王某为规避法律让其侄子王小六收钱并保管。

2018 年 11 月,A 市监察委接到举报后对王某立案调查,调查中另查明王某在担任审判监督庭法官时有徇私舞弊减刑的犯罪事实,A 市监察委对本案调查终结,移送检察机关审查起诉,检察机关以王某涉嫌受贿罪和徇私舞弊减刑罪向 A 市法院提起公诉,同时以王小六构成掩饰、隐瞒犯罪所得罪另案起诉。

法院审理期间,王某改变了在监察委调查和监察机关审查起诉期间不认罪的态度主动承认被指控的犯罪并自愿接受处罚,法院按照认罪认罚从宽的规定,对王某从轻作出了判决。

一审判决后检察机关没有抗诉,王某未上诉,一审判决发生法律效力。

【问题】

1. 本案在管辖上有无问题,请说明理由。(6 分)

2. 王小六涉嫌掩饰、隐瞒犯罪所得罪在未经立案调查或侦查的前提下,检察机关能否径行起诉,为什么?(6 分)

3. 如本案中王某的行为既涉及监察机关管辖的犯罪又涉及公安机关、检察机关管辖的犯罪,关于管辖处理的原则是什么?(6 分)

4. A 市法院按照认罪认罚从宽的规定对王某从轻作出判决是否符合法律规定?请说明理由。(9 分)

答案阅评参考

【答案参考说明】 这道题的答案直接明确写出了法条序号,并复述了法条内容。这是答案中的一种写法,考生根据自身情况选择适合自己的方式回答即可。基础好的同学,能够记住法条可以按照此方法作答。本题答案作了修订,参考了《关于适用认罪认罚从宽制度的指导意见》。

1. 本案在管辖上有无问题,请说明理由。(6 分)

【答案参考】

(1)立案管辖:A 市监察委立案调查,移送检察院起诉没有问题。

依据《监察法》第11条第2项的规定，监察委员会依法对涉嫌贪污贿赂、滥用职权、玩忽职守、权力寻租、利益输送、徇私舞弊以及浪费国家资财等职务违法和职务犯罪进行调查。本案中王某系法官，是国家工作人员，A市监察委立案调查王某涉嫌受贿罪于法有据。

(2)审判管辖：违反了回避制度，应当报上一级法院。

根据《刑诉法解释》第18条的规定，有管辖权的人民法院因案件涉及本院院长需要回避或者其他原因，不宜行使管辖权的，可以请求移送上一级人民法院。本案王某系A市法院法官，A市法院不宜行使管辖权，故审判此案违反法律规定。

知识点 职务违法和职务犯罪行为的立案管辖和审判回避

涉及法条 《监察法》第11条、《刑诉法解释》第18条

2. 王小六涉嫌掩饰、隐瞒犯罪所得罪在未经立案调查或侦查的前提下，检察机关能否径行起诉，为什么？(6分)

【答案参考】

不能。

依据《刑事诉讼法》第7条的规定，人民法院、人民检察院和公安机关进行刑事诉讼，应当分工负责，互相配合，互相制约，以保证准确有效地执行法律。未经立案调查或侦查，检察院不具有审查起诉的资格。依据《高检规则》第356条的规定，人民检察院在办理公安机关移送起诉的案件中，发现遗漏罪行或者有依法应当移送起诉的同案犯罪嫌疑人未移送起诉的，应当要求公安机关补充侦查或者补充审查起诉。对于犯罪事实清楚，证据确实、充分的，人民检察院也可以直接提起公诉。本案未经立案调查或侦查，检察机关不能径行起诉。

知识点 人民检察院提起诉讼的程序

涉及法条 《刑事诉讼法》第7条、《高检规则》第356条

阅评 本问回答能够径行起诉，理由说清楚，也会得分。

3. 如本案中王某的行为既涉及监察机关管辖的犯罪又涉及公安机关、检察机关管辖的犯罪，关于管辖处理的原则是什么？(6分)

【答案参考】

原则是以监察委为主，其他机关予以协助。

依据《监察法》第34条的规定，法院、检察院、公安机关、审计机关等国家机关在工作中发现公职人员涉嫌贪污贿赂、失职渎职等职务违法或者职务犯罪的问题线索，应移送监察机关，由监察机关依法调查处置。被调查人既涉嫌严重职务违法或职务犯罪又涉嫌其他违法犯罪的，一般应当由监察机关为主调查，其他机关予以协助。如本案中王某的行为既涉及监察机关管辖的犯罪又涉及公安机关、检察机关管辖的犯罪，一般应当由监察机关为主调查，其他机关予以协助。

知识点 监察机关、公安机关和人民检察院三者的关系以及管辖权问题

涉及法条 《监察法》第34条

4. A市法院按照认罪认罚从宽的规定对王某从轻作出判决是否符合法律规定？请说明理由。(9分)

【答案参考】

符合。

理由：根据《刑诉法解释》第347条的规定，"认罪"是指犯罪嫌疑人、被告人自愿如实供述自己的罪行，对指控的犯罪事实没有异议。"认罚"是指犯罪嫌疑人、被告人真诚悔罪，愿意接受处罚。根据《关于适用认罪认罚从宽制度的指导意见》第5条的规定，认罪认罚从宽制度贯穿刑事诉讼全过程，适用于侦查、起诉、审判各个阶段。

本案中，犯罪嫌疑人王某虽然在监察委调查和检察机关审查起诉期间不认罪，但是在法院审理期间，主动承认被指控的犯罪并自愿接受处罚符合认罪认罚从宽的阶段性要求，只不过对王某从宽处罚的幅度可以酌情略低。故A市法院按照认罪认罚从宽的规定，对王某从轻作出判决符合法律规定。

知识点 认罪认罚从宽处罚制度

涉及法条 《刑事诉讼法》第15条、《关于适用认罪认罚从宽制度的指导意见》第5条

七、2016年第三题(22分)

顾某(中国籍)常年居住M国，以丰厚报酬诱使徐某(另案处理)两次回国携带毒品甲基苯丙胺进行贩卖。2014年3月15日15时，徐某在B市某郊区交易时被公安人员当场抓获。侦查中徐某供出了顾某。我方公安机关组成工作组按照与M国司法协助协定赴M国侦查取证，由M国警方抓获了顾某，对其进行了讯问取证和住处搜查，并将顾某及相关证据移交中方。

检察院以走私、贩卖毒品罪对顾某提起公诉。鉴于被告人顾某不认罪并声称受到刑讯逼供，要求排除非法证据，一审法院召开了庭前会议，通过听取控辩双方的意见及调查证据材料，审判人员认定非法取证不成立。开庭审理后，一审法院认定被告人两次分别贩卖一包甲基苯丙胺和另一包重7.6克甲基苯丙胺，判处其有期徒刑6年6个月。顾某不服提出上诉，二审法院以事实不清为由发回重审。原审法院重审期间，检察院对一包甲基苯丙胺重量明确为2.3克作出了补充起诉，据此原审法院以被告人两次分别贩卖2.3克、7.6克毒品改判顾某有期徒刑7年6个月。被告人不服判决再次上诉到二审法院。

【问题】

1. M国警方移交的证据能否作为认定被告人有罪的证据？对控辩双方提供的境外证据，法院应当如何处理？(6分)

2. 本案一审法院庭前会议对非法证据的处理是否正确？为什么？(4分)

3. 发回原审法院重审后，检察院对一包甲基苯丙胺重量为2.3克的补充起诉是否正确？为什么？(4分)

4. 发回重审后，原审法院的改判加刑行为是否违背上诉不加刑原则？为什么？(4分)

5. 此案再次上诉后，二审法院在审理程序上应如何处理？(4分)

答案阅评参考

1. M国警方移交的证据能否作为认定被告人有罪的证据？对控辩双方提供的境外证据，法院应当如何处理？(6分)

【答案参考】

可以作为认定被告人有罪的证据。

我国《刑诉法解释》规定，对来自境外的证据材料，人民法院应当对材料来源、提供人、提供时间以及提取人、提取时间等进行审查。经审查，能够证明案件事实且符合《刑事诉讼法》规定的，可以作为证据使用。

本案警方赴M国请求该国警方抓捕、取证属于司法协助程序，符合规范，符合办理刑事案件程序规定。

> **知识点** 涉外证据的审判、判断
>
> **涉及法条**《刑诉法解释》第77条

2. 本案一审法院庭前会议对非法证据的处理是否正确？为什么？(4分)

【答案参考】

不正确。

按照刑事诉讼法及相关规定，庭前会议中审判员可以召集公诉人、犯罪嫌疑人或被告人和辩护人、诉讼代理人，对回避、出庭证人名单、非法证据排除等与审判相关的问题了解情况，听取意见，但不能作出是否排除非法证据的决定。一审法院庭前会议直接认定非法证据不成立的处理不正确。

> **知识点** 庭前会议对非法证据的处理
>
> **涉及法条**《刑事诉讼法》第187条

3. 发回原审法院重审后，检察院对一包甲基苯丙胺重量为2.3克的补充起诉是否正确？为什么？(4分)

【答案参考】

不正确。

按照刑事诉讼法及相关规定，补充起诉是指在法院宣告判决前检察机关发现有遗漏的同案

犯罪嫌疑人或者罪行可以一并起诉和审理。

本案第二审法院基于原审法院认定的一包甲基苯丙胺数量不明，以事实不清为由发回重审，重审中检察机关明确为2.3克，只是补充说明不是补充起诉。

知识点 补充起诉程序

涉及法条 《高检规则》第423条、《刑诉法解释》第297条

4.发回重审后，原审法院的改判加刑行为是否违背上诉不加刑原则？为什么？(4分)

【答案参考】

违反上诉不加刑原则。

按照《刑事诉讼法》第237条的规定，第二审人民法院发回原审人民法院重新审判的案件，除有新的犯罪事实，人民检察院补充起诉的以外，原审人民法院不得加重被告人的刑罚。

本案补充说明一包甲基苯丙胺的重量为2.3克是原有的指控内容，不是新增加的犯罪事实，因此发回重审后，原审法院改判加刑行为违反了上诉不加刑原则。

知识点 上诉不加刑原则

涉及法条 《刑事诉讼法》第237条

5.此案再次上诉后，二审法院在审理程序上应如何处理？(4分)

【答案参考】

(1)组成合议庭不开庭审理，但应当讯问被告人，听取辩护人、诉讼代理人意见。

(2)鉴于本案系发回重审后的上诉审，二审法院不得以事实不清为由再发回原审法院重新审理。

(3)如果认为原判认定事实和适用法律正确、量刑适当，应当裁定驳回上诉，维持原判；如果认为原判适用法律有错误或量刑不当，应当改判，但受上诉不加刑限制。

(4)二审法院应当在2个月以内审结。

知识点 开庭审理的情形、发回重审案件再次上诉的审理程序

涉及法条 《刑事诉讼法》第234条、第240条、第243条

第四章 程序纠错类题目

八、2017年第三题(21分)

被告人李某于2014年7月的一天晚上和几个朋友聚会，饭后又一起去了卡拉OK，其间服务

员胡某陪侍。次日凌晨两点结束后,李某送胡某回家的路上,在一废弃的工棚内强行与胡某发生了性关系。案发后,李某坚称是通奸而不是强奸。此案由S市Y区检察院起诉。Y区人民法院经不公开审理,以事实不清、证据不足为由作出无罪判决。检察机关提起抗诉,S市中级人民法院改判被告人构成强奸罪并判处有期徒刑3年。二审法院定期宣判,并向抗诉的检察机关送达了判决书,没有向被告人李某送达判决书,但在中国裁判文书网上发布了判决书。

【问题】

1. 本案二审判决是否生效?为什么?我国刑事裁判一审生效与二审生效有无区别?为什么?(5分)

2. 此案生效后当事人向检察院申诉,程序要求是什么?(4分)

3. 省检察院按审判监督程序向省高级人民法院提起抗诉,对于原判决、裁定事实不清或者证据不足的再审案件,省高级人民法院应当如何处理?(4分)

4. 如果省高级人民法院认为S市中级人民法院生效判决确有错误,应当如何纠正?(4分)

5. 此案在由省检察院向省高级人民法院抗诉中,请求改判被告人无罪,被告人及其辩护人也辩称无罪,省高级人民法院根据控辩双方一致意见,是否应当作出无罪判决?为什么?(4分)

答案阅评参考

1. 本案二审判决是否生效?为什么?我国刑事裁判一审生效与二审生效有无区别?为什么?(5分)

【答案参考】

(1)未生效。

依据刑事诉讼法及相关规定,一审裁判的生效时间为经过上诉、抗诉期限,二审裁判宣告后即发生法律效力。本案二审判决始终未向被告人李某宣告,也未向李某送达判决书,裁判文书网上发布判决书也不能等同于向李某宣告判决,李某始终不知道判决的内容,因此本案二审程序未完成宣告,判决未生效。

(2)一审裁判的生效时间为裁判送达后次日开始计算上诉、抗诉期限,经过上诉、抗诉期限未上诉、抗诉的一审裁判才生效。由于我国实行二审终审制,普通案件二审裁判为终审裁判,但需要送达后始生效,即二审当庭宣判或定期宣判送达裁判文书后发生法律效力。

知识点 判决的生效时间

涉及法条 《刑事诉讼法》第230条、《刑诉法解释》第413条

2. 此案生效后当事人向检察院申诉,程序要求是什么?(4分)

【答案参考】

本案生效后当事人向检察院申诉的程序主要为:

(1)当事人及其法定代理人、近亲属首先应当向S市检察院提出,案情重大、复杂、疑难的,

省检察院也可以直接受理。

(2)当事人一方对S市检察院决定不予抗诉而继续向省检察院申诉的,省检察院应当受理,经省市两级检察院办理后,没有新的事实和证据不再立案复查。

(3)S市检察院认为判决裁定确有错误需要抗诉的,应当提请省检察院抗诉。

(4)省检察院认为判决裁定确有错误可以直接向省高级人民法院抗诉。

知识点 当事人向人民检察院申诉的程序

涉及法条 《高检规则》第593条、第594条、第595条

3. 省检察院按审判监督程序向省高级人民法院提起抗诉,对于原判决、裁定事实不清或者证据不足的再审案件,省高级人民法院应当如何处理?(4分)

【答案参考】

依据刑事诉讼法及相关规定,本案中省高级人民法院可有如下处理方式:

(1)经审理能够查清事实的,应当在查清事实后依法裁判;

(2)经审理仍无法查清事实,证据不足,不能认定原审被告人有罪的,应当判决宣告原审被告人无罪;

(3)经审理发现有新证据且超过刑事诉讼法规定的指令再审期限的,可以裁定撤销原判,发回原审法院重新审判。

知识点 依照审判监督程序审理后对案件的处理

涉及法条 《最高人民法院关于审理人民检察院按照审判监督程序提出的刑事抗诉案件若干问题的规定》第4条

4. 如果省高级人民法院认为S市中级人民法院生效判决确有错误,应当如何纠正?(4分)

【答案参考】

省高级人民法院既可以提审也可以指令下级人民法院再审。

(1)提审由省高级人民法院组成合议庭,所作出判决、裁定为终审判决、裁定;提审的案件应当是原判决裁定认定事实正确但适用法律错误,或者案件疑难、复杂、重大,或者不宜由原审法院审理的情形。

(2)省高级人民法院指令再审一般应当指令S市中级人民法院以外的中级法院再审,依照第二审程序进行;如果更有利于查明案件事实、纠正裁判错误,也可以指令S市中级人民法院再审,S市中级人民法院应当另行组成合议庭,依照二审程序进行。

知识点 再审的启动程序

涉及法条 《刑诉法解释》第461条、第466条

5. 此案在由省检察院向省高级人民法院抗诉中，请求改判被告人无罪，被告人及其辩护人也辩称无罪，省高级人民法院根据控辩双方一致意见，是否应当作出无罪判决？为什么？(4分)

【答案参考】

本案中，法院可以根据具体情况，既可以作有罪判决也可以作无罪判决。

(1)本案系审判监督程序的案件，法庭审理的对象是生效的法院判决裁定是否有错误，判决有罪无罪的依据是案件事实、证据及适用的法律是否确有错误。

(2)检察机关的抗诉是引起再审程序的缘由，其请求改判无罪已经不是控诉的含义，也不是控方的职责，不存在控辩双方意见一致的情形。

知识点 抗诉案件处理结果

涉及法条《最高人民法院关于审理人民检察院按照审判监督程序提出的刑事抗诉案件若干问题的规定》第4条

阅评 本题的难度较大，主要是考查抗诉案件处理结果。考生要掌握如下知识点，方可从容应答。

1. 审判监督程序属于纠错程序，最终能否作出无罪判决，取决于原来的有罪裁判是否有误，而不取决于检察院与被告人、辩护人的意见是否一致。

2. 审判监督程序审理的对象是生效的裁判，而非检察院或者被告人的诉讼主张。检察院或被告人的诉讼主张只是再审程序启动的原因，一旦启动了再审程序，其应否作出无罪判决，就仅取决于原生效裁判是否有误，而不取决于检察院与被告人的诉讼主张。

3. 检察院抗诉的内容是请求改判被告人无罪，因此在性质上已经不属于控诉。

九、2014年第三题(22分)

犯罪嫌疑人段某，1980年出生，甲市丁区人，自幼患有间歇性精神分裂症而辍学在社会上流浪，由于生活无着便经常偷拿东西。2014年3月，段某窜至丁区一小区内行窃时被业主发现，遂用随身携带的刀子将业主刺成重伤夺路逃走。此案丁区检察院以抢劫罪起诉到丁区人民法院，被害人的家属提起附带民事诉讼。丁区法院以抢劫罪判处段某有期徒刑10年，赔偿被害人家属3万元人民币。段某以定性不准、量刑过重为由提起上诉。甲市中级人民法院二审中发现段某符合强制医疗条件，决定发回丁区人民法院重新审理。

丁区人民法院对段某依法进行了精神病鉴定，结果清晰表明段某患有精神分裂症，便由审判员张某一人不公开审理，检察员马某和被告人段某出庭分别发表意见。庭审后，法庭作出对段某予以强制医疗的决定。

【问题】

1. 结合本案，简答强制医疗程序的适用条件。(5分)

2. 如中级人民法院直接对段某作出强制医疗决定，如何保障当事人的救济权？（6分）

3. 发回重审后，丁区人民法院的做法是否合法？为什么？（5分）

4. 发回重审后，丁区人民法院在作出强制医疗决定时应当如何处理被害人家属提出的附带民事诉讼？（6分）

答案阅评参考

1. 结合本案，简答强制医疗程序的适用条件。（5分）

【答案参考】

依据刑事诉讼法及有关司法解释的规定，强制医疗程序的适用条件如下：

（1）实施了危害公共安全或者严重危害公民人身安全的暴力行为；

（2）经法定程序鉴定属依法不负刑事责任的精神病人；

（3）有继续危害社会的可能。

因此，只要根据行为和病情推断其仍有继续危害社会的可能，就符合适用强制医疗程序的条件。

知识点 强制医疗程序的适用条件

涉及法条 《刑事诉讼法》第302条

2. 如中级人民法院直接对段某作出强制医疗决定，如何保障当事人的救济权？（6分）

【答案参考】

可以向上一级法院申请复议。

依据刑事诉讼法及相关规定，被决定强制医疗的人、被害人及其法定代理人、近亲属对强制医疗决定不服的，可以自收到决定书之日起5日内向上一级人民法院申请复议。本案中如段某、被害人业主及其法定代理人、近亲属可以向上一级法院申请复议。

阅评 《刑事诉讼法》规定了一审程序被强制医疗的人、被害人及其法定代理人、近亲属对强制医疗决定不服的，可以向上一级法院申请复议，没有明确二审程序是否可以申请复议。

从理论上讲，二审是终审程序，当事人不能再上诉，只能通过审判监督程序予以纠正。但按照我国《刑事诉讼法》关于审判监督程序的规定，只有法院的判决、裁定才可以申诉，不包括决定。因此，如果中级人民法院的强制医疗决定不允许复议，必将剥夺当事人的救济权。故《刑事诉讼法》第305条规定的被决定强制医疗的人、被害人及其法定代理人、近亲属对强制医疗不服的，可以向上一级法院申请复议，应作广义理解，既包括一审也包括二审，使得当事人的救济权利得以保障。

知识点 强制医疗当事人的救济权

涉及法条 《刑事诉讼法》第305条

3. 发回重审后，丁区人民法院的做法是否合法？为什么？（5分）

【答案参考】

不合法。

理由：

（1）按照刑事诉讼法和有关司法解释的规定，审理强制医疗案件应当组成合议庭进行，丁区法院让审判员独任审理是程序违法。

（2）按照刑事诉讼法和有关司法解释的规定，审判不公开的案件主要包括未成年人案件，涉及国家秘密、个人隐私的案件以及涉及商业秘密的案件，本案被告人系成年人，所犯抢劫罪不属于不公开审理的案件，应该公开审理，丁区人民法院不公开审理程序违法。

（3）按照刑事诉讼法和有关司法解释的规定审理强制医疗案件，应当通知被告人的法定代理人到庭；本案丁区人民法院在审理段某案件时应当通知段某的法定代理人到场却没有通知，属于程序违法。

（4）按照刑事诉讼法和有关司法解释的规定审理强制医疗案件，被告人或被申请人没有委托诉讼代理人的，法院应当通知法律援助机构指派律师为其提供法律帮助。本案中，段某没有委托诉讼代理人，丁区人民法院应当通知法律援助机构指派律师为其提供法律援助却没有通知，属于程序违法。

知识点 强制医疗案件的审理程序

涉及法条 《刑事诉讼法》第304条、《刑诉法解释》第634条

4. 发回重审后，丁区人民法院在作出强制医疗决定时应当如何处理被害人家属提出的附带民事诉讼？（6分）

【答案参考】

丁区人民法院应当就提出的附带民事诉讼赔偿进行调解，调解不成，判决宣告被告人段某不负刑事责任，并在判决中就附带的民事赔偿一并处理，同时作出对被告人段某强制医疗的决定。

依据《刑诉法解释》第197条第1款的规定，人民法院认定公诉案件被告人的行为不构成犯罪，对已经提起的附带民事诉讼，经调解不能达成协议的，可以一并作出刑事附带民事判决，也可以告知附带民事原告人另行提起民事诉讼。本案中，丁区人民法院已经针对段某作出强制医疗的决定，则针对已经提起的附带民事诉讼应当先行调解，调解不成的可以一并作出刑事附带民事判决，也可以告知附带民事原告人另行提起民事诉讼。

知识点 强制医疗案件中附带民事诉讼案件的审理

涉及法条 《刑诉法解释》第197条

第五章 简答表述类题目

【说明】2015年的题目内容,考生重点掌握证据考点,这道题目的第1问和2018年刑事诉讼法的问题是相似的、考查的是文书题中判决书的考点。关于第2问简答内容,可以不用看。2018年以后的法考主观题试卷,论述题考查的内容极大概率不会以刑事诉讼法进行命题,即便有涉及,也要结合习近平法治思想的相关内容进行考查。

十、2015年第七题(26分)

某日凌晨,A市某小区地下停车场发现一具男尸,经辨认,死者为刘瑞,达永房地产公司法定代表人。停车场录像显示一男子持刀杀死了被害人,但画面极为模糊,小区某保安向侦查人员证实其巡逻时看见形似刘四的人拿刀捅了被害人后逃走(开庭时该保安已辞职无法联系)。

侦查人员在现场提取了一只白手套,一把三棱刮刀(由于疏忽,提取时未附笔录)。侦查人员对现场提取的血迹进行了ABO血型鉴定,认定其中的血迹与犯罪嫌疑人刘四的血型一致。

刘四到案后几次讯问均不认罪,后来交代了杀人的事实并承认系被他人雇用所为,公安机关据此抓获了另外两名犯罪嫌疑人康雍房地产公司开发商张文、张武兄弟。

侦查终结后,检察机关提起公诉,认定此案系因开发某地块利益之争,张文、张武雇用社会人员刘四杀害了被害人。

法庭上张氏兄弟、刘四同时翻供,称侦查中受到严重刑讯,不得不按办案人员意思供认,但均未向法庭提供非法取证的证据或线索,未申请排除非法证据。

公诉人指控定罪的证据有:(1)小区录像;(2)小区保安的证言;(3)现场提取的手套、刮刀;(4)ABO血型鉴定;(5)侦查预审中三被告人的有罪供述及其相互证明。三被告对以上证据均提出异议,主张自己无罪。

【问题】

1. 请根据《刑事诉讼法》及相关司法解释的规定,对以上证据分别进行简要分析,并作出是否有罪的结论。(12分)

2. 请结合本案,谈谈对《中共中央关于全面推进依法治国若干重大问题的决定》中关于"推进以审判为中心的诉讼制度改革,确保侦查、审查起诉的案件事实证据经得起法律的检验"这一部署的认识。(14分)

答题要求:

1. 无本人分析、照抄材料原文不得分;

2. 结论、观点正确,逻辑清晰,说理充分,文字通畅;

3. 请按问题顺序作答,总字数不得少于800字。

答案阅评参考

1. 请根据《刑事诉讼法》及相关司法解释的规定，对以上证据分别进行简要分析，并作出是否有罪的结论。(12分)

【答案参考】

【结论】应当作出证据不足、指控的犯罪不能成立的无罪判决。

根据刑事诉讼法规定，认定有罪需达到犯罪事实清楚，证据确实、充分。

证据(1)小区录像：小区录像只能证明有人杀人，但不能证明是刘四所为。

证据(2)小区保安的证言：小区保安是重要的目击证人，但其证言内容含糊，不能肯定是刘四杀人，且被告方提出异议后，证人没有出庭作证，证言无法查证属实，故保安的证言不能用作定罪的证据。

证据(3)现场提取的手套、刮刀：手套、刮刀属于案件的物证，在勘验中提取，未附笔录，不能证明物证来源的，不得作为定案的根据。

证据(4)ABO血型鉴定：ABO血型鉴定是一种只能否定不能肯定的同一认定方法，由于同一种血型的人很多，血型相同不代表一定是被告人的，但如果与被告人的血型不一致，则一定不是被告人，所以20世纪80年代以后血型鉴定一律采用DNA鉴定方法。故该证据不能证明现场的血迹就是刘四的。

证据(5)侦查预审中三被告人的有罪供述及其相互证明：第一，对待口供，要重证据，不轻信口供，被告人庭审中翻供，要审查是否有合理说明原因或辩解与全案证据是否矛盾；第二，本案被告先供后翻，称翻供系刑讯所致，但没有申请非法证据排除，没有提供非法取证的相关线索或证据材料，被告人庭前有罪供述与其他证据不能相互印证，如果法院对证据合法性有疑问，可以依职权进行法庭调查；第三，共同犯罪人检举其他共犯的犯罪事实属于犯罪嫌疑人、被告人供述和辩解的内容，不是证人证言，所以，共同犯罪人供述之间不能互为证人证言。

综合本案全案证据，有的模糊不清，有的丧失证据资格，有的前后变化较大，证据本身的真实性无法查实，证据与证据之间、证据与待证事实之间相互矛盾，形不成完整的证据链条，不能得出刘四及张氏兄弟共同策划实施杀人排他性的唯一结论，应当作出证据不足指控的犯罪不能成立的无罪判决。

知识点 证据种类及适用规则

涉及法条 《刑事诉讼法》第50条、第55条

2. 请结合本案，谈谈对《中共中央关于全面推进依法治国若干重大问题的决定》中关于“推进以审判为中心的诉讼制度改革，确保侦查、审查起诉的案件事实证据经得起法律的检验”这一部署的认识。(14分)

【答案参考】

“推进以审判为中心的诉讼制度改革，确保侦查、审查起诉的案件事实证据经得起法律的检

验”可以从如下几个方面进行认识：

（1）以审判为中心的诉讼制度，应当贯彻直接言词原则。确保侦查、审查起诉收集的证据在法庭上经过质证。本案中，小区保安是唯一的目击证人，他的证言对定罪量刑有重大影响。被告人对证据提出异议，如果确系需要鉴定的，应当重新鉴定，需要出庭作证的证人应当出庭作证。如果被告人对证据合法性提出异议，法官认为确有疑问的，应当依照职权启动调查程序。

（2）以审判为中心的诉讼制度，应当贯彻证据裁判原则，对所有事实的认定，都应当建立在证据的基础之上。作为定案根据的证据必须具有证据能力；所有证据都要经过质证，查证属实；定罪证据应当确实充分，排除其他可能性。本案中，以审判为中心，贯彻证据裁判原则，首先，要求对犯罪事实的认定以证据为根据，不能仅凭“形似”等猜测、推断定罪。其次，要求作为定案根据的证据应当是具有证据资格和经过法定程序查证属实，对于确认或者不能排除为刑讯逼供等非法手段所取得的供述、没有附提取笔录不能证明来源的物证、因联系不到证人而无法确定其真伪的证人证言等，均不得作为定案的根据。最后，要求认定犯罪事实的证据应当达到确实、充分的证明标准，能够排除合理怀疑。本案证据仅能证明被害人被杀，而证明被害人系被张氏兄弟雇用的刘四杀害的证据则要么证明内容模糊，要么取证手段违法，难以相互印证并得出排他性的结论。

（3）推进以审判为中心的诉讼制度改革，要切实发挥审判程序的职能作用。促使侦查程序和公诉程序围绕审判程序的要求进行，确保侦查程序和公诉程序收集的证据达到审判程序的法定定案标准，使事实认定符合客观规律，办案结果符合实体公正，办案过程符合程序公正，保证庭审在查明事实、认定证据、保护诉权、公正裁判中发挥决定性作用，最终实现司法公正目标。

知识点 以审判为中心的诉讼制度改革

阅评 这种题目出题的概率很小，即便出题也会结合习近平法治思想内容进行命题，所以考生了解有这种考试的形式，按照如上答案参考结合论述题“四要素”进行改写即可。

第四编

民　法

第一章　民法命题规律

1. 学科间交叉命题，更贴近实务。

自2018年法考改革以来，民法就与商法、民事诉讼法结合命题，2021年的试题案情中有很多商法学科的考点内容，但是在问题中却没有单独设问。题目更贴近实务问题，重点考查考生分析问题、解决问题的能力。

2. 答案更开放，不追求唯一标准答案。

民法题目答案会呈现开放性特征，可以通过多种角度切入进行作答。但不管通过哪种角度，考生都一定要有自己的观点，并且有基本的论证思路，自圆其说。近两年考题设问，结论可能是固定的，但理由可能是通过《民法典》得出，也可能通过《九民纪要》得出，甚至可能通过商法部分的考点得出。

3. 知识点理论深度增加，命题中会加入民法理论及观点展示学说。

比如，“后让与担保”即在借款合同签订的同时，再签订一个房屋买卖合同，如果债务人不偿还债务，就把“借款”当成“购房款”。这在理论上存在不同的见解，2018年题目中有展示，2022年的题目也有这样命题。因此，对于民商法的观点展示类问题，大家也要重视。主观题的民法部分，新增的内容只有《最高人民法院关于审理生态环境侵权责任纠纷案件适用法律若干问题的解释》，本部分内容均按照最新的法律进行改动。

表4　近九年民法分值及卷面比重情况

年份	2023	2022	2021	2020	2019	2018	2017	2016	2015
分值/分	22	25	36	32	20	22	22	22	21
占卷面比重/%	12.2	13.9	20	17.8	11.1	12.2	14.7	14.7	14

第二章 民法历年考点

年份	考点名称	知识点内容
2023	1. 分期付款合同解除	分期付款的买卖合同中买受人未支付价款达到总价款的1/5时,出卖人即可要求一次性付清剩余价款或者主张解除合同
	2. 夫妻共同财产	(1)夫妻在婚姻关系存续期间所得的下列财产,为夫妻的共同财产,归夫妻共同所有: ①工资、奖金、劳务报酬; ②生产、经营、投资的收益; ③知识产权的收益; ④继承或者受赠的财产,但是该法第1063条第3项规定的除外; ⑤其他应当归共同所有的财产 夫妻对共同财产,有平等的处理权 (2)夫妻双方共同签名或者夫妻一方事后追认等共同意思表示所负的债务,以及夫妻一方在婚姻关系存续期间以个人名义为家庭日常生活需要所负的债务,属于夫妻共同债务。夫妻一方在婚姻关系存续期间以个人名义超出家庭日常生活需要所负的债务,不属于夫妻共同债务;但是,债权人能够证明该债务用于夫妻共同生活、共同生产经营或者基于夫妻双方共同意思表示的除外(《民法典》第1062条、第1064条)
	3. 分期付款合同剩余价款支付、迟延履行责任	分期付款的买卖合同中买受人未支付价款达到总价款的1/5时,出卖人即可要求一次性付清剩余价款或者主张解除合同
	4. 迟延支付	债务人对同一债权人负担的数项债务种类相同,债务人的给付不足以清偿全部债务的,除当事人另有约定外,由债务人在清偿时指定其履行的债务。债务人未作指定的,应当优先履行已经到期的债务;数项债务均到期的,优先履行对债权人缺乏担保或者担保最少的债务;均无担保或者担保相等的,优先履行债务人负担较重的债务;负担相同的,按照债务到期的先后顺序履行;到期时间相同的,按照债务比例履行
	5. 预告登记	当事人签订买卖房屋的协议或者签订其他不动产物权的协议,为保障将来实现物权,按照约定可以向登记机构申请预告登记。预告登记后,未经预告登记的权利人同意,处分该不动产的,不发生物权效力
2022	1. 民间借贷利息约定不明	(1)民间借贷是法人之间进行资金融通的行为 (2)除自然人之间借贷的外,借贷双方对借贷利息约定不明,出借人主张利息的,人民法院应当结合民间借贷合同的内容,并根据当地或者当事人的交易方式、交易习惯、市场报价利率等因素确定利息
	2. 民间借贷利息上限	(1)双方约定的利率不能超过合同成立时一年期贷款市场报价利率的4倍 (2)出借人与借款人既约定了逾期利率,又约定了违约金或者其他费用,出借人可以选择主张逾期利息、违约金或者其他费用,也可以一并主张,但是总计不能超过合同成立时一年期贷款市场报价利率4倍
	3. 权利担保	当事人在动产和权利担保合同中对担保财产进行概括描述,该描述能够合理识别担保财产的,人民法院应当认定担保成立

续表

年份	考点名称	知识点内容
2022	4. 保证方式约定不明	保证合同中对保证方式没有约定或者约定不明确的，按照一般保证承担保证责任
	5. 一般保证人的先诉抗辩权	一般保证中，债权人未就主合同纠纷提起诉讼或者申请仲裁，仅起诉一般保证人的，人民法院应当驳回起诉
	6. 担保协议的效力	2/3以上股东签字，可以认定担保协议有效
	7. 相对人的审查义务	相对人只要进行形式审查即认定为善意
	8. 股东代表诉讼	公司董事、高级管理人员违反法律、行政法规或者公司章程的规定或他人侵害公司合法权益，给公司造成损失，公司怠于提起诉讼时，具有法定资格的股东为了公司的利益直接以自己名义向人民法院提起的诉讼
	9. 法人人格否认、一人公司、母子公司、连带责任	一人有限责任公司的股东不能证明公司财产独立于股东自己的财产的，应当对公司债务承担连带责任
2021	1. 林木致害的过错推定责任	《民法典》第1257条规定，因林木折断等造成他人损害，林木的所有人或者管理人不能证明自己没有过错的，应当承担侵权责任
	2. 民事义务的履行和民事责任的承担	《民法典》第176条规定，民事主体依照法律规定或者按照当事人约定，履行民事义务，承担民事责任
	3. 连带责任保证的责任承担、保证担保的范围	(1)《民法典》第688条规定，当事人在保证合同中约定保证人和债务人对债务承担连带责任的，为连带责任保证。连带责任保证的债务人不履行到期债务或者发生当事人约定的情形时，债权人可以请求债务人履行债务，也可以请求保证人在其保证范围内承担保证责任 (2)《民法典》第700条规定，保证人承担保证责任后，除当事人另有约定外，有权在其承担保证责任的范围内向债务人追偿，享有债权人对债务人的权利，但是不得损害债权人的利益
	4. 担保制度	《民法典担保制度解释》第8条第1款第2项规定，公司为其全资子公司开展经营活动提供担保后，以其未依照《公司法》关于公司对外担保的规定作出决议为由主张不承担担保责任的，法院不予支持
	5. 买卖不破租赁	《民法典》第725条第1款规定，租赁物在承租人按照租赁合同占有期限内发生所有权变动的，不影响租赁合同的效力；但是，房屋按份共有人行使优先购买权或者出租人将房屋出卖给近亲属的除外
	6. 房屋承租人的优先购买权	《民法典》第726条规定，出租人出卖租赁房屋的，应当在出卖之前的合理期限内通知承租人，承租人享有以同等条件优先购买的权利
	7. 转租	《民法典》第716条规定，承租人经出租人同意，可以将租赁物转租给第三人；承租人未经出租人同意转租的，出租人可以解除合同
2021（延考）	1. 监护的确定	(1)父母是未成年子女的监护人 未成年人的父母已经死亡或者没有监护能力的，由下列有监护能力的人按顺序担任监护人： ①祖父母、外祖父母； ②兄、姐； ③其他愿意担任监护人的个人或者组织，但是须经未成年人住所地的居民委员会、村民委员会或者民政部门同意 (2)没有依法具有监护资格的人的，监护人由民政部门担任，也可以由具备履行监护职责条件的被监护人住所地的居民委员会、村民委员会担任

续表

年份	考点名称	知识点内容
2021(延考)	2. 物业服务合同、违约责任	物业服务人应当按照约定和物业的使用性质，妥善维修、养护、清洁、绿化和经营管理物业服务区域内的业主共有部分，维护物业服务区域内的基本秩序，采取合理措施保护业主的人身、财产安全。对物业服务区域内违反有关治安、环保、消防等法律法规的行为，物业服务人应当及时采取合理措施制止、向有关行政主管部门报告并协助处理
	3. 安全保障义务	物业服务企业等建筑物管理人应当采取必要的安全保障措施防止前款规定情形的发生；未采取必要的安全保障措施的，应当依法承担未履行安全保障义务的侵权责任
	4. 纯粹经济损失	当事人在订立合同过程中，造成对方损失，应当承担赔偿责任的情形
	5. 共同危险行为	禁止从建筑物中抛掷物品。从建筑物中抛掷物品或者从建筑物上坠落的物品造成他人损害的，由侵权人依法承担侵权责任；经调查难以确定具体侵权人的，除能够证明自己不是侵权人的外，由可能加害的建筑物使用人给予补偿。可能加害的建筑物使用人补偿后，有权向侵权人追偿
2020	1. 可撤销的民事法律行为	(1)《民法典》第 143 条规定，民事法律行为有效的构成要件为：当事人均具有相应的民事行为能力，意思表示真实，不违反法律、行政法规的强制性规定且不违背公序良俗 (2)《民法典》第 147～151 条规定，在具有重大误解、欺诈、胁迫、显失公平四种情节下民事法律行为可撤销
	2. 债权人撤销权	债务人以放弃其债权、放弃债权担保、无偿转让财产等方式无偿处分财产权益，或者恶意延长其到期债权的履行期限，影响债权人的债权实现的，债权人可以请求人民法院撤销债务人的行为
	3. 违约责任	当事人一方履行合同义务不符合约定的，应当承担赔偿损失等违约责任
	4. 动产抵押	以动产抵押的，不得对抗正常经营活动中已经支付合理价款并取得抵押财产的买受人
	5. 混合担保	提供担保的第三人承担担保责任后，有权向债务人追偿
	6. 混合担保的清偿顺序	当债务人自己提供的物保与保证并存且当事人未约定如何实现债权时，债权人应当先就债务人提供的物保实现债权，再要求保证人承担保证责任
2019	1. 合同效力；禁止流押规定	(1)行为人与相对人恶意串通，损害他人合法权益的民事法律行为无效 (2)民事法律行为的行为人具有相应的民事行为能力，意思表示真实且不违反法律、行政法规的强制性规定、不违背公序良俗的，有效 (3)抵押权人在债务履行期限届满前，与抵押人约定债务人不履行到期债务时抵押财产归债权人所有的，只能依法就抵押财产优先受偿
	2. 债的保全之撤销权	债务人以明显不合理的低价转让财产，只有对债权人造成损害时，债权人才可以请求法院撤销该行为
	3. 夫妻共同债务的认定	夫妻双方共同签名或夫妻一方事后追认等共同意思表示所负的债务，属于夫妻共同债务
	4. 质权设立条件	以汇票出质的，质权自权利凭证交付质权人时设立
	5. 财产混同(法人人格否认)	营利法人的出资人滥用法人独立地位和出资人有限责任，逃避债务，严重损害法人的债权人利益的，法人的独立人格即应被否定

续表

年份	考点名称	知识点内容
2018	1. 表见代理	行为人没有代理权、超越代理权或者代理权终止后,仍然实施代理行为,相对人有理由相信行为人有代理权的,代理行为有效
	2. 合同效力;合同变更	(1)合同不生效、无效、被撤销或者终止的,不影响合同中有关解决争议方法的条款的效力 (2)当事人协商一致,可以变更合同
	3. 法定代表人的变更登记;法人行为能力	(1)公司法定代表人依照公司章程的规定,由董事长、执行董事或者经理担任,并依法登记。公司法定代表人变更,应当办理变更登记 (2)依照法律或者法人章程的规定,代表法人从事民事活动的负责人,为法人的法定代表人。法定代表人以法人名义从事的民事活动,其法律后果由法人承受。法人章程或者法人权力机构对法定代表人代表权的限制,不得对抗善意相对人
	4. 委托合同中的任意解除权	委托人或者受托人可以随时解除委托合同
	5. 虚假行为隐藏行为;物权法定原则	(1)行为人与相对人以虚假的意思表示实施的民事法律行为无效。以虚假的意思表示隐藏的民事法律行为的效力,依照有关法律规定处理 (2)在物权法的效力上存在两种主流观点:一为严格遵循物权法定原则;二为缓解物权法定原则的强制性,扩大物权法领域意思自治的空间,在不违反强制性规定和公共利益的前提下,允许当事人创设社会经济生活中已经存在的新型物权类型
	6. 法定解除权	当事人一方迟延履行主要债务,经催告后在合理期限内仍未履行,或当事人一方迟延履行债务或者有其他违约行为致使不能实现合同目的,非违约方可行使法定解除权
	7. 建设工程合同施工人的优先受偿权及优先受偿的范围	(1)发包人未按照约定支付价款的,承包人可以催告发包人在合理期限内支付价款。发包人逾期不支付的,除根据建设工程的性质不宜折价、拍卖外,承包人可以与发包人协议将该工程折价,也可以请求人民法院将该工程依法拍卖。建设工程的价款就该工程折价或者拍卖的价款优先受偿 (2)承包人建设工程价款优先受偿的范围依照国务院有关行政主管部门关于建设工程价款范围的规定确定,即限于建设工程价款。承包人就逾期支付建设工程价款的利息、违约金、损害赔偿金等主张优先受偿的,人民法院不予支持
2017	1. 以买卖合同担保民间借贷	(1)当事人以签订买卖合同作为民间借贷合同的担保的,人民法院应当按照民间借贷法律关系审理 (2)按照民间借贷法律关系审理作出的判决生效后,借款人不履行生效判决确定的金钱债务,出借人可以申请拍卖买卖合同标的物,以偿还债务
	2. 非法人组织的债务;保证方式;动产质权	(1)个人独资企业财产不足以清偿债务的,投资人应当以其个人的其他财产予以清偿 (2)当事人未约定保证方式的或者约定不明确的,按照一般保证承担保证责任(《民法典》第686条) (3)质权人主动返还质物的,质权消灭
	3. 合同效力;不动产物权变动	(1)知情不等于恶意串通。合同不存在无效情形的,应认定为有效 (2)不动产物权自登记时发生变动
	4. 标的物的孳息归属	标的物交付之前,孳息由出卖人享有;标的物交付之后,孳息由买受人享有

续表

年份	考点名称	知识点内容
2017	5. 买卖合同标的物的风险	标的物风险自交付时起转移由买受人承担
	6. 保险金请求权	保险标的转让的,保险标的的受让人承继被保险人的权利和义务
2016	1. 合同效力;物权变动与让与担保	(1)合同不存在无效情形,应认定为有效 (2)虽交付汽车并登记,因无买卖合同,物权不变动 (3)让与担保是否取得担保物权(理论开放型)
	2. 合同效力	合同不存在无效情形,应认定为有效
	3. 物权变动	特殊动产因交付而发生所有权变动,登记产生对抗效力
	4. 合同效力;不当得利	(1)合同不存在无效情形,应认定为有效 (2)取得利益无法律根据,构成不当得利
	5. 留置权	债权人留置的动产与债权属于同一法律关系
	6. 道路交通事故责任	机动车所有人与使用人不是同一人,发生交通事故的,由机动车使用人承担责任
	7. 破产诉讼管辖	依据《企业破产法》第 21 条的规定,人民法院受理破产申请后,有关债务人的民事诉讼,只能向受理破产申请的人民法院提起
2015	1. 合同的继续履行	预约合同性质上属于不适合强制履行的合同
	2. 违约责任	买卖合同中的出卖人负有权利瑕疵担保义务
	3. 预告登记效力	未经预告登记权利人同意处分不动产,不发生物权效力
	4. 合同效力	合同不存在无效情形,应认定为有效
	5. 混合担保	人保和物保均由第三人提供的,债权人有选择权
	6. 合同效力;善意取得	(1)无权处分的合同不存在无效情形,应认定为有效 (2)无权处分情形下,善意相对人以合理价格购买并完成登记,即可善意取得不动产所有权
	7. 诉讼时效中止	婚姻关系存续期间,离婚损害赔偿请求权诉讼时效中止
2014	1. 不动产物权变动	不动产自完成登记时发生物权变动
	2. 合同效力	多重买卖合同不存在无效情形,应认定为有效
	3. 合同效力	双方修改合同的协议不存在无效情形,应认定为有效
	4. 合同效力;合同的继续履行;违约责任	(1)多重买卖合同不存在无效情形,应认定为有效 (2)合同发生法律上履行不能的,不能请求继续履行 (3)合同变更或解除,不影响违约责任的承担
	5. 合同的解除	因情势变更导致不能实现合同目的的,可以解除合同
	6. 用人单位的侵权责任	工作人员因执行工作任务造成他人损害的,由用人单位承担责任

第三章 “民法+民诉+商法”综合命题类题目

一、2023年第四题(56分)

案情:

王某于2020年2月10日在东山区开甲公司,王某作为甲公司的唯一股东并担任甲公司经理,于2021年3月10日与李某结婚,结婚后李某作为甲公司财务,然后于2022年3月15日与西河区乙公司签订设备购买合同,价款200万元,甲公司首付100万元,剩余100万元在2023年支付完,每次支付10万元,于每月月初支付,双方在合同中约定产生纠纷由西河区人民法院管辖。王某承诺,如果甲公司还不了款王某就还款,后甲公司,王某,乙公司在合同上签字,李某未签字。甲公司支付了2期后,就不再支付剩余款项。乙公司了解到是因为甲公司对设备操作不熟导致产量低无法支付设备价款,乙公司又与甲公司签订培训合同,由乙公司派人对甲公司员工进行培训,培训费20万元,之后乙公司反复催告甲公司支付设备价款和培训费,但甲公司并不配合,只在2023年1月,给乙公司转账15万元,注明“履行合同款”,乙公司询问这笔款项是哪一笔价款,甲公司并未回应。乙公司起诉到法院,要求解除合同并支付两个合同项下的价款,后乙公司查明,甲公司无力支付价款,起诉没意义,遂在一审开庭前撤回起诉,法院准许。另查明甲公司的财产跟王某的财产混乱,之后乙公司再次起诉,要求支付货款,并要求王某和李某对甲公司债务承担连带责任。

诉讼过程中,甲公司向法院提出以下抗辩:(1)甲公司认为西河区人民法院没有管辖权,此案应该由自己所在地东山区人民法院管辖,因为设备已经完成安装,无法拆除,应属于不动产,协议管辖无效,西河区人民法院没有管辖权。(2)甲公司认为买卖合同约定的管辖是西河区人民法院,但是培训协议并没有约定管辖,合同履行地与被告住所地都是东山区人民法院,因此西河区人民法院对《培训合同》没有管辖权。(3)买卖合同和培训协议没有实质关联,法院不能合并审理。(4)乙公司的起诉状副本已经送达甲公司,故在第一次起诉时,甲公司与乙公司的《设备买卖合同》已经解除,乙公司第二次起诉要求履行合同是不成立的,且乙公司并非适格原告。王某同意甲公司的抗辩,承认自己对《设备买卖合同》承担连带保证责任,但主张自己不应承担《培训合同》的连带责任。李某同意甲公司的抗辩,并且认为自己在两份合同中都没有签字,不应当承担连带责任,自己不是适格被告。

诉讼过程中乙公司提出了保全申请,申请查封山河小区A房屋。法院经审查发现,2021年,王某曾与丁房地产开发商签订A房屋买卖合同,该合同价款为600万元,王某支付了400万元首付款,剩余房款自丙银行办理了按揭贷款,并于2021年12月为丙银行办理了A房屋抵押权预告登记。2022年1月,房屋建成,丁公司办理了所有权首次登记。乙公司申请保全时,房屋尚未过户给王某,且查明王某是故意拖延不办过户。于是法院作出准予查封A房屋裁定,但由于王某没有取得房屋所有权,故无法进行查封,法院只进行了公告。法院还查明,王某曾经转移甲公司的财产用于A房屋的装修等。后A房屋被乙公司申请执行,丙银行提出异议,认为该房屋有自己的抵押预告登记,不能被执行。另外,王某的律师也提出抗辩:认为该房屋属于王某的唯一住房(属实)。

【问题】

1. 原告申请撤诉,法院没有经过被告同意,同意撤诉了(甲无力偿还,并且乙认为诉讼没有意义),法院同意撤诉是否正确?(6分)

2. 乙公司起诉甲公司、王某、李某、针对甲公司提出的抗辩,即对管辖异议、诉讼请求、诉讼参与人、两个诉讼请求能否合并等进行分析。(7分)

3. 人民法院对山河小区A房屋的查封有没有生效?(6分)

4. 关于买卖合同,对王某和李某是否承担连带保证责任进行分析。(6分)

5. 关于培训协议,对王某和李某是否承担连带责任进行分析。(6分)

6. 对于丙银行执行异议法院是否支持。(6分)

7. 能否请求支付买卖合同项下的款项80万元和赔偿迟延损失?(6分)

8. 能否请求支付培训合同项下的款项20万元和赔偿迟延损失?(6分)

9. 债务人王某用房子给银行设置了抵押预告登记,请分析债务人只有一所住房且银行未正式办理抵押登记对于优先受偿权的影响。(7分)

答案阅评参考

1. 原告申请撤诉,法院没有经过被告同意,同意撤诉了(甲无力偿还,并且乙认为诉讼没有意义),法院同意撤诉是否正确?(6分)

【答案参考】

法院同意撤诉正确。根据《民事诉讼法》第148条规定宣判前,原告申请撤诉的,是否准许,由人民法院裁定。人民法院裁定不准许撤诉的,原告经传票传唤,无正当理由拒不到庭的,可以缺席判决。本案中原告申请撤诉自愿且没有违反法律法规的规定,没有损害国家、集体和他人利益,法院同意撤诉正确。

知识点 申请撤诉的条件

涉及法条《民事诉讼法》第148条

2. 乙公司起诉甲公司、王某、李某、针对甲公司提出的抗辩,即对管辖异议、诉讼请求、诉讼参与人、两个诉讼请求能否合并等进行分析。(7分)

【答案参考】

(1)①甲公司提出的第1个抗辩不成立。根据《民诉法解释》第28条的规定,不动产的专属管辖包括不动产的权利确认、分割、相邻关系等引起的物权纠纷,以及农村土地承包经营合同纠纷、房屋租赁合同纠纷、建设工程施工合同纠纷、政策性房屋买卖合同纠纷。本案中设备已经安装不能拆除并不影响双方法律关系的实质,只是动产买卖合同法律关系,并非不动产专属管辖。设备买卖合同中约定的管辖法院属于原告住所地法院,与争议有实际联系,且不违反级别和专属管辖,因此管辖协议有效。

②甲公司提出的第2个抗辩不成立。培训合同的纠纷是关于付款问题纠纷，即给付货币纠纷，根据《民诉法解释》第18条的规定，给付货币的，接受货币一方住所地为合同履行地，故本案中的合同履行地就是原告住所地法院，即西河区人民法院。另外，虽然只有在设备买卖合同中约定了管辖协议，但是法院将设备买卖合同与培训合同两个诉合并审理的，根据诉的合并理论，合并的诉讼标的部分存在管辖协议的，法院应当按照管辖协议确定全案管辖。故培训合同纠纷西河区人民法院有管辖权。

③甲公司提出的第3个抗辩不成立。诉的合并审理是指法院将两个或者两个以上彼此有牵连的诉合并到同一法院管辖，并适用同一程序审判。诉的合并的意义在于提高诉讼的效率，防止在相互关联的问题上作出互相矛盾的裁判。

(2)王某对《培训合同》不承担连带责任的抗辩得不到支持。根据《公司法》第63条的规定，一人公司的股东无法证明自己的财产独立于公司财产的，则应当对公司的债务承担连带责任。甲公司属于王某的一人公司，且王某有转移公司财产归个人使用的情形，有人格否认的事实，故应当对公司债务承担连带责任。

(3)李某的抗辩理由也不成立。虽然甲公司是王某的一人公司，但李某作为配偶担任公司重要职务，实质参与公司经营管理，故甲公司实际上属于夫妻共同事业，所以即便李某未签字也不可否认两个债务都属于夫妻共同债务。

知识点 专属管辖、合同纠纷管辖、诉的合并、分期付款合同解除、财产混同

涉及法条 《民诉法解释》第28条、第18条，《公司法》第63条

3. 人民法院对山河小区A房屋的查封有没有生效？(6分)

【答案参考】

已经发生效力。根据《查封、扣押、冻结财产规定》第7条之规定，查封不动产的，人民法院应当张贴封条或者公告，并可以提取保存有关财产权证照。查封、扣押、冻结已登记的不动产、特定动产及其他财产权，应当通知有关登记机关办理登记手续。未办理登记手续的，不得对抗其他已经办理了登记手续的查封、扣押、冻结行为。由此即可看出，未办理查封扣押保全登记的，并不影响查封的生效，只是没有对抗其他办了登记手续的查封、扣押、冻结而已。

另外该司法解释第8条规定，查封尚未进行权属登记的不动产时，人民法院应当通知建筑管理人、实际占有人，并在显著位置张贴公告。本题中，从王某进行装修可知王某已经实际占有该房屋，该房屋只是因为王某恶意逃避法律义务而未过户，查封该房屋并无不妥，由于王某未办理所有权登记，法院也采取了小区公告，可以视为已经完成了公告，查封已经生效。

知识点 查封不动产

涉及法条 《查封、扣押、冻结财产规定》第7条、第8条

4. 关于买卖合同，对王某和李某是否承担连带保证责任进行分析。(6分)

【答案参考】

王某承担连带责任，李某承担连带责任。

王某在保证合同中作为一般保证人签字，但其作为一人公司股东构成股东与公司财产混同，因此对《买卖合同项》下的债务承担连带责任。李某作为王某合法妻子其共同财产可被甲公司债权人申请连责赔偿，因此李某除个人财产外，其与王某的夫妻共同财产也在承担连带责任范围内。

知识点 人格混同、夫妻共同财产

涉及法条 《公司法》第63条，《民法典》第1062条、第1064条

5. 关于培训协议，对王某和李某是否承担连带责任进行分析。(6分)

【答案参考】

王某和李某需要承担连带责任。根据《民法典》规定甲公司属于一人公司，根据《公司法》第63条之规定，一人公司的股东在无法证明自身财产独立于公司财产时，需要承担连带责任。夫妻一方设立一人公司，如果配偶实质参与公司经营管理，则该一人公司属于夫妻共同事业，应由夫妻共同财产承担连带责任。本案中法院查明王某存在人格混同，因此承担连带责任的请求能够得到支持。

知识点 人格否认制度

涉及法条 《公司法》第63条

6. 对于丙银行执行异议法院是否支持。(6分)

【答案参考】

不支持。根据《民法典担保制度解释》第52条规定，当只存在抵押预告登记时，经审查已经办理建筑物所有权首次登记，且不存在预告登记失效等情形的，人民法院应予支持，并应当认定抵押权自预告登记之日起设立。本题中房屋已经办理首次登记，王某基于规避合同义务而拖延过户导致无法办理抵押权正式登记，预告登记并未失效，故丙银行享有对A房屋的抵押权。因此丙银行确实可以提出执行异议，法院受理。但法院并不会中止对该房屋的执行，因为享有担保物权等优先权的异议人，享有的是一种顺位权，完全可以通过参与分配等方式保证其利益，故其所享有的权益不属于足以排除强制执行的民事权益，法院不能中止执行。另外，《最高人民法院办理执行异议和复议案件若干问题的规定》第27条规定，申请执行人对执行标的依法享有对抗案外人的担保物权等优先受偿权，人民法院对案外人提出的排除执行异议不支持。

知识点 执行异议

涉及法条 《民法典担保制度解释》第52条、《最高人民法院办理执行异议和复议案件若干问题的规定》第27条

7. 能否请求支付买卖合同项下的款项80万元和赔偿迟延损失？（6分）

【答案参考】

均能得到支持。《民法典》第634条规定，分期付款的买卖合同中买受人未支付价款达到总价款的1/5时，出卖人即可要求一次性付清剩余价款或者主张解除合同。本题中，甲公司未支付价款达到了总价款1/5，而乙公司并没有发出有效的解除意思，故其后主张一次性付清价款能够得到支持。

甲公司无正当理由迟延履行，应当承担迟延履行责任，根据《民法典》第577条的规定，当事人一方不履行合同义务或者履行合同义务不符合约定的，应当承担继续履行、采取补救措施或者赔偿损失等违约责任。而对于金钱之债，迟延履行的损失赔偿标准在没有约定时，应参照民间借贷1年期贷款市场报价利率4倍。支付迟延履行部分利息，该利息本质属于法定违约金。

知识点 分期付款合同剩余价款支付、迟延履行责任

涉及法条 《民法典》第634条、第577条

8. 能否请求支付培训合同项下的款项20万元和赔偿迟延损失？（6分）

【答案参考】

只能支持培训合同中5万元部分的请求。

《民法典》第560条规定，债务人对同一债权人负担的数项债务种类相同，债务人的给付不足以清偿全部债务的，除当事人另有约定外，由债务人在清偿时指定其履行的债务。债务人未作指定的，应当优先履行已经到期的债务；数项债务均到期的，优先履行对债权人缺乏担保或者担保最少的债务；均无担保或者担保相等的，优先履行债务人负担较重的债务；负担相同的，按照债务到期的先后顺序履行；到期时间相同的，按照债务比例履行。

本案中两笔款项都已经到期，第一笔款项由王某提供了连带责任保证，而第二笔款项是没有担保的，故这15万元应视为对第二个合同的履行，即15万元部分因履行而消灭，故乙公司请求支付20万元无法得到支持，只能判决支持5万元。该债务依然属于金钱债务，故迟延履行的损失即为迟延履行利息，也是可以得到支持的。

知识点 迟延支付

涉及法条 《民法典》第560条

9. 债务人王某用房子给银行设置了抵押预告登记，请分析债务人只有一所住房且银行未正式办理抵押登记对于优先受偿权的影响。（7分）

【答案参考】

（1）不影响丙银行享有优先受偿权。根据《民法典》第221条规定，当事人签订买卖房屋的协议或者签订其他不动产物权的协议，为保障将来实现物权，按照约定可以向登记机构申请预告登记。预告登记后，未经预告登记的权利人同意，处分该不动产的，不发生物权效力。

预告登记后，债权消灭或者自能够进行不动产登记之日起90日内未申请登记的，预告登记

失效。本题中,王某 2021 年 12 月为丙银行设立抵押预告登记,2022 年 1 月做的不动产首次登记,则此时丙银行享有对 A 房屋的抵押权。

(2)唯一住房可以被申请强制执行不影响优先受偿权。根据《最高人民法院关于人民法院办理执行异议和复议案件若干问题的规定》第 20 条规定,如果被执行人名下的唯一住房,超出了被执行人及其所扶养家属生活必需的范围,人民法院可以执行。

知识点 预告登记、唯一住房执行

涉及法条 《民法典》第 221 条、《最高人民法院关于人民法院办理执行异议和复议案件若干问题的规定》第 20 条

二、2022 年第四题(56 分)

案情:

2021 年 1 月,南峰市鹿台区的甲公司因扩大经营需要,拟发行公司债券融资。平远市凤凰区乙公司的大股东兼法定代表人李某也是甲公司股东。为帮助甲公司销售债券,李某找到平远市金龙区丙公司的总经理吴某,要求丙公司帮忙购买甲公司债券。

2021 年 4 月,甲公司债券(3 年期,年利率 8%)正式发行。2021 年 4 月 5 日,甲公司与丙公司在南峰市鹿台区签订《债券认购及回购协议》,约定:丙公司认购甲公司 5000 万元债券;甲公司承诺 1 年后将以 5500 万元的价格进行回购,如逾期未回购,甲公司向丙公司支付 1000 万元的违约金。同时,二者约定因本合同产生的一切纠纷均应提交甲公司所在地的南峰市鹿台区人民法院解决。

2021 年 4 月 8 日,李某代表乙公司与丙公司在平远市金龙区签订《担保合同》,约定乙公司为甲公司的回购义务及违约责任等提供"充分且完全的担保"。该担保合同载明"因本合同发生的纠纷,双方应友好协商,协商无法解决的,应提交平远市仲裁委员会解决"。在签约前,丙公司询问李某是否获得了股东会的同意,李某向丙公司展示了微信群聊天记录,显示李某曾就担保一事征求乙公司其他两位股东张某、孙某意见,二人均微信回复"无异议"。

同日,李某个人应丙公司请求就甲公司回购义务向丙公司提供担保,并明确约定担保方式为:丙公司曾向李某个人借款3000 万元,将于 2021 年 7 月 31 日到期;到期后,丙公司可以暂不返还该借款,以此作为李某为甲公司回购义务的担保。于是 2021 年 7 月 31 日,丙公司未向李某返还该笔借款。

2022 年 4 月,回购日期届至,甲公司未履行回购义务。丙公司沟通无果,向鹿台区人民法院起诉甲公司、乙公司,提出诉讼请求一:甲公司履行回购义务并支付违约金 1000 万元;诉讼请求二:乙公司对甲公司上述义务承担连带责任。甲公司在答辩期间提交了答辩状,认为违约金过高,请求法院予以减少。乙公司也在答辩期间提交了答辩状,未提出管辖权异议,但在开庭中提出,担保合同中存在仲裁协议,鹿台区人民法院对案件无管辖权。乙公司其他两位股东张某、孙某知悉该诉讼的消息后,向法院表示,依照公司章程,公司对外担保应经过股东会决议,乙公司为

甲公司提供的保证,仅为李某个人的意思,未经公司股东会决议,应为无效。李某则表示,虽没有召开股东会,但李某通过微信聊天征求过张某和孙某的意见,他们均未表示反对,并提供了一份三人微信聊天记录截图的纸质打印件,表示因为手机更换,只能提供当时聊天记录截图的纸质打印版。丙公司另行向平远市金龙区人民法院起诉李某,请求确认李某对其的3000万元债权已因承担担保责任而消灭。

后在执行过程中,法院查明乙公司已无可供执行的财产,但其下属丁公司为乙公司的全资子公司。丙公司认为,丁公司长期与乙公司混用财务人员、其他工作人员和工作场所,账目不清,其财产无法与乙公司财产相区分,应与乙公司一起承担连带责任。另外,丁公司承揽的戊公司的建设工程已竣工验收,但戊公司尚未依照合同约定的时间支付价款1000万元,因此丙公司希望追加执行丁、戊两公司。

【问题】

根据以上事实,请回答下列问题(对于有不同观点的问题,请说明各种观点以及理由):

1. 丙公司申请甲公司履行回购义务的诉讼请求是否成立?请说明理由。(5分)

2. 根据丙公司的诉讼请求一,甲公司是否应当支付违约金?请说明理由。关于甲公司请求法院予以减少违约金的主张能否得到法院支持?请说明理由。(5分)

3. 张某和孙某提出乙公司担保合同无效的主张是否成立?请说明理由。(5分)

4. 根据丙公司的诉讼请求二,乙公司应当承担何种(担保)责任?请说明理由。(5分)

5. 请具体分析李某向丙公司提供的担保的性质。(3分)

6. 丙公司起诉后,乙公司提交了答辩状,但未提出管辖权异议,在庭审时提出了和丙公司签订过管辖协议,法院应如何处理?(5分)

7. 在丙公司提起的诉讼中,股东张某和孙某是否有权撤销李某以乙公司名义提供的担保?请说明理由。(5分)

8. 手机中微信聊天记录无法找回,请分析打印的微信聊天记录截图的证据能力和证明力,并说明理由。(5分)

9. 针对丙公司对李某提出的诉讼,请结合受理条件,说明法院应当如何处理;若法院受理案件后,丙公司的主张法院是否支持?(7分)

10. 丙公司是否有权要求丁公司承担连带责任?请说明理由。(3分)

11. 如法院判决支持了丙公司对乙公司的诉讼请求,丙公司在执行过程中,申请法院追加丁、戊两公司作为被执行人,法院应当如何处理?如法院裁定追加,丁、戊两公司不同意追加,有何救济措施?(8分)

答案阅评参考

1. 丙公司申请甲公司履行回购义务的诉讼请求是否成立?请说明理由。(5分)

【答案参考】

丙公司的诉讼请求成立。

《民间借贷规定》第1条规定:"本规定所称的民间借贷,是指……法人……之间进行资金融通的行为。"本案中甲公司向丙公司发行债券的行为构成民间借贷。

《民间借贷规定》第24条规定:"借贷双方没有约定利息,出借人主张支付利息的,人民法院不予支持。自然人之间借贷对利息约定不明,出借人主张支付利息的,人民法院不予支持。除自然人之间借贷的外,借贷双方对借贷利息约定不明,出借人主张利息的,人民法院应当结合民间借贷合同的内容,并根据当地或者当事人的交易方式、交易习惯、市场报价利率等因素确定利息。"

《民间借贷规定》第25条规定:"出借人请求借款人按照合同约定利率支付利息的,人民法院应予支持,但是双方约定的利率超过合同成立时一年期贷款市场报价利率四倍的除外。前款所称'一年期贷款市场报价利率',是指中国人民银行授权全国银行间同业拆借中心自2019年8月20日起每月发布的一年期贷款市场报价利率。"

本案中,甲公司回购款中的500万元相当于10%的利率,没有超过合同成立时1年期贷款市场报价利率4倍。综上所述,丙公司要求甲公司履行回购义务的诉讼请求能得到支持。

知识点 民间借贷、利息

涉及法条 《民间借贷规定》第1条、第24条、第25条

2. 根据丙公司的诉讼请求一,甲公司是否应当支付违约金?请说明理由。关于甲公司请求法院予以减少违约金的主张能否得到法院支持?请说明理由。(5分)

【答案参考一】

甲公司应当支付违约金;法院能够支持甲公司减少违约金的主张(从利率的角度能够直接得出结论)。

甲公司与丙公司之间根据回购协议,加入了违约金条款。该违约金属于双方当事人的意思自治约定,不违反法律的强制性规定即为有效。但是该1000万元违约金高于合同成立时1年期贷款市场报价利率4倍,所以当事人可以申请调整。若当事人不申请调整,法院可以根据公平原则主动调整违约金的适用,使得违约金降至合理的范围。所以,甲公司只需要支付部分违约金即可。(这一部分如果写法院不告不理亦可。)

【答案参考二】

(1)丙公司支付利息和违约金总和在合同成立时1年期贷款市场报价利率4倍的范围内的部分可以支持。

《民间借贷规定》第29条规定,出借人与借款人既约定了逾期利率,又约定了违约金或者其他费用,出借人可以选择主张逾期利息、违约金或者其他费用,也可以一并主张,但是总计超过合同成立时1年期贷款市场报价利率4倍的部分,人民法院不予支持。

本案中,丙公司既主张500万元回购义务的利息,又主张违约金,两部分总和不能超过合同成立时1年期贷款市场报价利率4倍,因此在合同成立时1年期贷款市场报价利率4倍范围内的违约金是可以得到支持的。

(2)不能/能够得到支持(因为题目中没有写明实际损失,看对实际损失怎么理解)。甲公司与丙公司之间根据回购协议,加入了违约金条款,但是该1000万元的违约金过分高于因违约造成的实际损失,人民法院可以根据当事人甲公司的申请予以适当减少。

知识点 民间借贷、违约金

涉及法条 《民法典》第 585 条、《民间借贷规定》第 29 条

3. 张某和孙某提出乙公司担保合同无效的主张是否成立？请说明理由。（5 分）

【答案参考】

观点一：不成立。

本案中，张某、孙某以及李某三人作为股东对外为甲公司提供担保经过了股东会的决议，而且为全票通过。虽然该决议以微信的方式作出，但是没有违反法律的强制性规定以及公司章程的规定，股东会的召开方式只要全体股东达成一致意见即可，无论是以现场会议的形式还是以微信群聊的形式召开均可。在乙公司的股东会决议有效的情形下，乙公司对外提供的担保合同没有法律规定的其他无效事由，所以也是有效的。

综上所述，张某和孙某提出乙公司担保合同无效的主张不成立。

观点二：根据丙公司是否是善意，决定该合同是否有效。

《公司法》明确规定，股东会的议事方式和表决程序，除《公司法》有规定的外，由公司章程规定。本案中乙公司的公司章程中并没有说明股东会的议事方式可以以微信群聊的形式召开以及表决，所以乙公司为甲公司提供担保的决议违反程序规定。本案中的相对人丙公司若明知乙公司的议事程序不包含微信表决，则丙公司为恶意，担保合同对乙公司不发生效力；若丙公司对于乙公司的表决程序不知情，则丙公司为善意，担保合同对乙公司发生效力。

涉及法条 《公司法》第 16 条、第 43 条第 1 款

4. 根据丙公司的诉讼请求二，乙公司应当承担何种（担保）责任？请说明理由。（5 分）

【答案参考】

观点一：承担一般保证责任。

乙公司提供充分且完全的担保意味着乙公司将以自己的全部财产对甲公司的该笔债务提供担保，担保方式为保证。

乙公司在为甲公司提供的担保中明确提供“充分且完全的担保”，但是该约定不能够明确担保人意欲承担何种担保责任，属于保证方式约定不明的情形，则保证人乙公司承担一般保证责任。

观点二：承担连带保证责任。

乙公司提供“充分且完全的担保”意味着乙公司将以自己的全部财产对甲公司的该笔债务提供担保，担保方式为保证。

乙公司在为甲公司提供的担保中明确提供“充分且完全的担保”，该约定不具有债务人应当先承担责任的意思表示，所以应当将其认定为连带责任保证。

知识点 一般保证责任、连带保证责任

涉及法条 《民法典》第 686 条、《民法典担保制度解释》第 25 条

5. 请具体分析李某向丙公司提供的担保的性质。(3 分)

【答案参考】

李某以自己对丙公司的应收账款债权设立了权利担保。

依据《民法典担保制度解释》第 53 条的规定，当事人在动产和权利担保合同中对担保财产进行概括描述，该描述能够合理识别担保财产的，人民法院应当认定担保成立。因此，李某以自己对丙公司的 3000 万元债权设定担保的行为构成权利担保。

知识点 权利担保

涉及法条 《民法典》第 445 条、《民法典担保制度解释》第 53 条

6. 丙公司起诉后，乙公司提交了答辩状，但未提出管辖权异议，在庭审时提出了和丙公司签订过管辖协议，法院应如何处理？(5 分)

【答案参考】

法院应当驳回丙公司提出的管辖异议。

根据《民事诉讼法》第 130 条第 2 款的规定，当事人未提出管辖异议，并应诉答辩的，视为受诉人民法院有管辖权，但违反级别管辖和专属管辖规定的除外。丙公司没有在一审首次开庭前提出管辖权异议且进行应诉答辩，视为放弃提出管辖权异议，法院取得应诉管辖权，应当驳回丙公司在庭审中提出的管辖权异议。

知识点 管辖权异议、应诉管辖

涉及法条 《民事诉讼法》第 127 条

7. 在丙公司提起的诉讼中，股东张某和孙某是否有权撤销李某以乙公司名义提供的担保？请说明理由。(5 分)

【答案参考】

有权。

股东代表诉讼是指公司董事、高级管理人员违反法律、行政法规或者公司章程的规定或他人侵害公司合法权益，给公司造成损失，公司怠于提起诉讼时，具有法定资格的股东为了公司的利益直接以自己名义向人民法院提起的诉讼。

董事、高级管理人员有《公司法》第 149 条规定的情形的，有限责任公司的股东、股份有限公司连续 180 日以上单独或者合计持有公司 1% 以上股份的股东，可以书面请求监事会或者不设监事会的有限责任公司的监事向人民法院提起诉讼；监事有《公司法》第 149 条规定的情形的，前述股东可以书面请求董事会或者不设董事会的有限责任公司的执行董事向人民法院提起诉讼。

本案中，如果股东张某和孙某认为李某的行为严重侵害乙公司的利益，可以提起股东代表诉讼撤销担保。

知识点 股东代表诉讼

涉及法条《公司法》第151条、第152条

8. 手机中微信聊天记录无法找回,请分析打印的微信聊天记录截图的证据能力和证明力,并说明理由。(5分)

【答案参考】

复印件具有证据能力,但是不能单独作为认定案件事实的根据。

《最高人民法院关于民事诉讼证据的若干规定》第15条第2款规定:当事人以电子数据作为证据的,应当提供原件。电子数据的制作者制作的与原件一致的副本,或者直接来源于电子数据的打印件或其他可以显示、识别的输出介质,视为电子数据的原件。

本案中微信聊天截图可以视为原件,但毕竟不是真正的原件,需要展示原始载体进行核对,所以该证据材料具有证据能力,能够作为证据使用。但是又属于无法与原件、原物核对的复印件、复制品,不能单独作为认定案件事实的根据。

知识点 电子数据、证据能力、证明力

涉及法条《最高人民法院关于民事诉讼证据的若干规定》第15条

9. 针对丙公司对李某提出的诉讼,请结合受理条件,说明法院应当如何处理;若法院受理案件后,丙公司的主张法院是否支持?(7分)

【答案参考】

(1)法院应当先受理,受理审查保证形式后进行释明,释明后由债权人决定是否追加被告,不追加裁定驳回起诉。

依据《民法典》第686条的规定,保证的方式包括一般保证和连带责任保证。当事人在保证合同中对保证方式没有约定或者约定不明确的,按照一般保证承担保证责任。本案保证合同中对保证方式没有约定,李某是一般保证人,有先诉抗辩权。在立案登记制下法院应先受理,受理后对保证形式进行审查。按照《民法典担保制度解释》第26条第1款的规定,一般保证中,债权人以债务人为被告提起诉讼的,人民法院应予受理。债权人未就主合同纠纷提起诉讼或者申请仲裁,仅起诉一般保证人的,人民法院应当驳回起诉。此处与民事诉讼程序处理有些差异,民事诉讼上可以考虑释明后由债权人决定是否追加被告,不追加则裁定驳回起诉。

(2)丙公司的主张法院不能支持。

本案中丙公司对李某提起的诉讼,丙公司提出的主张为抵销。但是应收账款债权质权并没有设立,李某不对丙公司负有责任,不满足抵销条件中的双方当事人互负债务。由于丙公司提出的主张没有合理的法律根据作为支撑,所以法院不能支持丙公司提出的主张。

知识点 保证责任、先诉抗辩权

涉及法条《民法典》第686条、《民法典担保制度解释》第26条

10. 丙公司是否有权要求丁公司承担连带责任？请说明理由。(3 分)

【答案参考】

有权。

依据《公司法》第 63 条的规定，一人有限责任公司的股东不能证明公司财产独立于股东自己的财产的，应当对公司债务承担连带责任。

本案中丁公司为乙公司的全资子公司，且丁公司与乙公司之间的交易往来账目不清，存在财产混同，因此丁公司应当对乙公司的债务承担连带责任。

知识点 母子公司、一人公司、财产混同

涉及法条 《公司法》第 63 条

11. 如法院判决支持了丙公司对乙公司的诉讼请求，丙公司在执行过程中，申请法院追加丁、戊两公司作为被执行人，法院应当如何处理？如法院裁定追加，丁、戊两公司不同意追加，有何救济措施？(8 分)

【答案参考】

(1)法院可以追加丁公司为被执行人，但是不可以追加戊公司。

丁公司作为乙公司的全资子公司，且与乙公司之间构成高度的财产混同与人格混同，此时丁公司与乙公司同为一体，可以追加执行丁公司的财产。若丁公司的财产仍不足以清偿丙公司的债权，且丁公司又怠于向戊公司主张债权，则丙公司可以申请法院代位执行戊公司的财产。但是法律中对于法院能够直接追加次债务人作为被执行人并无直接规定，根据“法无授权不可为”的理念，法院不可以追加其为被执行人。

(2)丁公司对追加裁定不服的，可以自裁定书送达之日起 15 日内，向执行法院提起执行异议之诉。法院可以向戊公司发出履行到期债务的通知，戊公司不服可以在法定期间内提出异议。

《最高人民法院关于民事执行中变更、追加当事人若干问题的规定》第 20 条规定，作为被执行人的一人有限责任公司，财产不足以清偿生效法律文书确定的债务，股东不能证明公司财产独立于自己的财产，申请执行人申请变更、追加该股东为被执行人，对公司债务承担连带责任的，人民法院应予支持。因此，法院可以追加丁公司为被执行人，丁公司不服可以自裁定书送达之日起 15 日内，向执行法院提起执行异议之诉。

《最高人民法院关于人民法院执行工作若干问题的规定(试行)》第 45 条第 1 款规定：“被执行人不能清偿债务，但对本案以外的第三人享有到期债权的，人民法院可以依申请执行人或被执行人的申请，向第三人发出履行到期债务的通知……履行通知必须直接送达第三人。”第 47 条规定：“第三人在履行通知指定的期间内提出异议的，人民法院不得对第三人强制执行，对提出的异议不进行审查。”

知识点 追加被执行人、对第三人债权执行

涉及法条 《民诉法解释》第 499 条，《最高人民法院关于民事执行中变更、追加当事人若干问题的规定》第 15 条、第 20 条，《最高人民法院关于人民法院执行工作若干问题的规定(试行)》第 45 条、第 47 条

三、2021年第四题(56分)

案情:

枫桥公司位于京州市Y区,通过抵债的方式收了债务人一栋20层的枫叶办公楼(市值10亿元)。枫叶办公楼位于京州市T区,枫桥公司准备留19层和20层自用,其余楼层对外租赁,每层1000平方米,价格为300元/平方米。

恒通公司是一家拥有多个金融牌照的集团公司,位于京州市C区。恒通公司由于业务需要,分别设立了甲融资租赁公司(全资子公司)、乙保理公司(控股子公司)、丙公司(参股子公司)。甲、乙、丙三家公司与枫桥公司约定,分别承租枫叶写字楼的16层、17层、18层作为办公室。约定试租期1年,房租每3个月一付,租赁合同1年,到期后如果没有问题续期2年。租赁期自2020年1月15日起算。同时,约定如有纠纷在京州市Y区诉讼。恒通公司为甲、乙、丙三家公司的租金支付提供连带保证,并出具了担保函。合同中约定了办公区的"硬装"不能更改,可以对办公区能拆卸的部分"软装"进行更改。

甲公司承租的16层的空调设备出现问题,多次联系枫桥公司处理未果,甲公司只好自己垫资维修,花费60万元。甲公司明确表示会将维修款从下一季度的租金中扣除,枫桥公司表示拒绝。2020年3月,甲公司向枫桥公司支付了30万元。枫桥公司诉至法院,要求甲公司支付第二季度租金90万元,恒通公司承担连带保证责任。甲公司向法院主张用垫付的维修款60万元抵销租金,枫桥公司不认可,并且主张2020年3月甲公司打给自己的30万元明确表示是清偿另一项债务。

法院判决甲公司向枫桥公司支付租金90万元,恒通公司承担连带偿还责任,如恒通公司清偿债务,可以向甲公司追偿。

丁代表博达公司去跟乙公司签约,将车停放在枫叶办公楼的停车场车位上,停车场的一棵大树因为大风刮倒,砸坏了丁的车,损失300万元。事后查明,前几日已经有多名人员向枫叶办公楼的管理方表明有树即将折断,由于工作人员未登记,交接班的时候彻底忘记此事。因此发生意外,且丁与乙公司未签约保理合同,损失5000万元。

丙公司觉得枫叶办公楼内部的风格与自己的经营理念不符,与枫桥公司协商,想要重新装修,遭到拒绝。心灰意冷的丙公司把18层转租给了海涛公司,并决定1年到期后不再续租。

枫叶办公楼经营失败,多次遭到投诉,纠纷越来越多,所以枫桥公司于2021年1月2日将枫叶办公楼整体转让给私塾公司。甲公司要求就16层享受优先购买权,而在此之前,枫桥公司已经将甲公司、丙公司诉至法院。

【问题】

1. 枫桥公司起诉甲公司和恒通公司要求支付租金应当由哪个法院管辖,为什么?(5分)

2. 甲公司主张30万元租金由谁承担举证责任?法院若不能形成自由心证,应该如何处理?(10分)

3. 甲公司提出维修空调花费了60万元用来折抵租金的主张,是反诉还是抗辩,请说明理由。(5分)

4. 丁的汽车被砸坏,损失300万元可以向谁主张,为什么?(5分)

5. 乙公司未能签订 5000 万元的保理合同所遭受的损失是否可以主张赔偿？为什么？(5 分)

6. 恒通公司如果承担了保证责任，可不可以向法院申请强制执行甲公司的财产？为什么？(5 分)

7. 恒通公司需不需要为甲公司、丙公司承担连带保证责任？为什么？(6 分)

8. 枫桥公司向私塾公司整体转让枫叶办公楼后，其与甲公司、乙公司、丙公司的合同是否自动解除？(5 分)

9. 枫桥公司将枫叶办公楼整体转让给私塾公司时，甲公司能否就其承租的 16 层行使优先购买权？请说明理由。(5 分)

10. 丙公司是否可以把 18 层转租给海涛公司？为什么？(5 分)

答案阅评参考

1. 枫桥公司起诉甲公司和恒通公司要求支付租金应当由哪个法院管辖，为什么？(5 分)

【答案参考】

由京州市 T 区人民法院管辖。

依据《民诉法解释》第 28 条第 2 款的规定，房屋租赁合同纠纷应当按照不动产纠纷确定管辖法院。

本案中，枫桥公司与甲公司、乙公司、丙公司之间虽然就租赁合同产生纠纷后的管辖法院作出了约定，但是该约定不得违反《民事诉讼法》关于专属管辖的规定。因此，本案应当由京州市 T 区人民法院专属管辖。

知识点 专属管辖

涉及法条《民诉法解释》第 28 条第 2 款

2. 甲公司主张 30 万元租金由谁承担举证责任？法院若不能形成自由心证，应该如何处理？(10 分)

【答案参考】

(1)应当由甲公司承担举证责任。

依据《民诉法解释》第 90 条第 1 款的规定，当事人对自己提出的诉讼请求所依据的事实或者反驳对方诉讼请求所依据的事实，应当提供证据加以证明，但法律另有规定的除外。本案中甲公司主张 30 万元货款，依法应由甲公司承担举证责任。

(2)法院若不能形成自由心证，应该依据证明责任分配原则来处理。

依据《民诉法解释》第 91 条的规定，人民法院应当依照下列原则确定举证证明责任的承担，但法律另有规定的除外：

①主张法律关系存在的当事人，应当对产生该法律关系的基本事实承担举证证明责任；

②主张法律关系变更、消灭或者权利受到妨害的当事人，应当对该法律关系变更、消灭或者

权利受到妨害的基本事实承担举证证明责任。

依据《民诉法解释》第108条的规定，对负有举证证明责任的当事人提供的证据，人民法院经审查并结合相关事实，确信待证事实的存在具有高度可能性的，应当认定该事实存在。

对一方当事人为反驳负有举证证明责任的当事人所主张事实而提供的证据，人民法院经审查并结合相关事实，认为待证事实真伪不明的，应当认定该事实不存在。

法律对于待证事实所应达到的证明标准另有规定的，从其规定。

知识点 证明责任分配

涉及法条 《民诉法解释》第90条、第91条、第108条

3. 甲公司提出维修空调花费了60万元用来折抵租金的主张，是反诉还是抗辩，请说明理由。(5分)

【答案参考】

甲公司的主张是反诉。

依据《民事诉讼法》第54条的规定，原告可以放弃或者变更诉讼请求。被告可以承认或者反驳诉讼请求，有权提起反诉。反诉，是在已经开始的诉讼程序中，本诉的被告向原告提出的一种独立的特殊之诉，是被告在本诉程序中提起的，向法院提出的就特定的权利主张进行裁判的行为，用以对抗或并吞原告的诉讼请求。抗辩权，是对抗对方请求权的权利。行使抗辩权的目的，是阻止对方请求权的效力，或使对方的请求权迟延发生。

本案中，出租人枫桥公司未履行空调的维修义务，承租人甲公司可以自行维修，维修费用由出租人负担。之后，甲公司打了30万元给枫桥公司(本来应该付90万元租金)，枫桥公司认为甲公司没有依约支付租金，于是起诉甲公司，要求甲公司向其支付房屋的租金；但在诉讼中，甲公司主张已经依约付给枫桥公司90万元租金，该季度的租金付清了。其中，30万元是甲公司直接支付的，另外60万元是用维修空调费用抵扣的。

综上，甲公司主张以自己对枫桥公司的60万元债权与枫桥公司对自己的90万元租金债权，在60万元额度内抵销。因此，甲公司的该主张为反诉，而不是抗辩。

知识点 反诉与反驳(抗辩)

涉及法条 《民事诉讼法》第54条

4. 丁的汽车被砸坏，损失300万元可以向谁主张，为什么？(5分)

【答案参考】

向枫桥公司主张。

依据《民法典》第1257条的规定，因林木折断等造成他人损害，林木的所有人或者管理人不能证明自己没有过错的，应当承担侵权责任。

本案中，因枫桥公司系该大树的管理人，且就现有案情来看，其不能证明自己没有过错，故丁汽车被砸坏的损失可以向枫桥公司主张赔偿。

知识点 林木致害的过错推定责任

涉及法条 《民法典》第 1257 条

5. 乙公司未能签订 5000 万元的保理合同所遭受的损失是否可以主张赔偿？为什么？(5 分)

【答案参考】

不可以主张赔偿。

依据《民法典》第 176 条的规定，民事主体依照法律规定或者按照当事人约定，履行民事义务，承担民事责任。

本案中，乙公司未与丁签订保理合同，因这既不属于其与枫桥公司租赁合同的内容，也与枫桥公司管理的大树刮倒不存在相当因果关系，故其没有请求权基础去找枫桥公司赔偿损失。

知识点 民事义务的履行和民事责任的承担

涉及法条 《民法典》第 176 条

【提示】 本问答案不唯一，考生还可以从缔约过失责任的构成要件及没有违约、侵权等请求权基础等其他角度作答，理由充分即可得分。

6. 恒通公司如果承担了保证责任，可不可以向法院申请强制执行甲公司的财产？为什么？(5 分)

【答案参考】

恒通公司如果承担了保证责任，有权向甲公司追偿；如果法院的该判决已经一并确定了恒通公司的追偿权及数额，恒通公司可以直接向法院申请执行；如果法院的该判决并未就追偿权作出审理并判决，则恒通公司在另行起诉甲公司并获得胜诉判决后，可以向有管辖权的法院申请强制执行。

依据《民法典》第 688 条的规定，当事人在保证合同中约定保证人和债务人对债务承担连带责任的，为连带责任保证。连带责任保证的债务人不履行到期债务或者发生当事人约定的情形时，债权人可以请求债务人履行债务，也可以请求保证人在其保证范围内承担保证责任。

《民法典》第 700 条规定，保证人承担保证责任后，除当事人另有约定外，有权在其承担保证责任的范围内向债务人追偿，享有债权人对债务人的权利，但是不得损害债权人的利益。

知识点 连带责任保证的责任承担、保证担保的范围

涉及法条 《民法典》第 688 条、第 700 条

【提示】 《民事诉讼法》第 247 条第 1 款规定，发生法律效力的民事判决、裁定，当事人必须履行。一方拒绝履行的，对方当事人可以向人民法院申请执行，也可以由审判员移送执行员执

行。本问可以回答的角度比较多，主要是考查民法中的保证担保内容，也涉及民事诉讼法中关于执行的考点。

7. 恒通公司需不需要为甲公司、丙公司承担连带保证责任？为什么？（6分）

【答案参考】

（1）需要对甲公司的租金支付承担连带保证责任。

依据《民法典担保制度解释》第8条第1款第2项的规定，公司为其全资子公司开展经营活动提供担保后，以其未依照《公司法》关于公司对外担保的规定作出决议为由主张不承担担保责任的，法院不予支持。

本案中，因甲公司系恒通公司的全资子公司，故其需要对甲公司的租金支付承担连带保证责任。

（2）恒通公司是否需要对丙公司的租金支付承担连带保证责任，应取决于其是否依照《公司法》关于公司对外担保的规定作出决议。

本案中，因现有案情并未明确描述恒通公司是否就对丙公司提供担保依法作出决议，故无法得出确定性的结论。

知识点 担保制度

涉及法条 《民法典担保制度解释》第8条

8. 枫桥公司向私塾公司整体转让枫叶办公楼后，其与甲公司、乙公司、丙公司的合同是否自动解除？（5分）

【答案参考】

不会自动解除。

依据《民法典》第725条的规定，租赁物在承租人按照租赁合同占有期限内发生所有权变动的，不影响租赁合同的效力。

本案中，枫桥公司将枫叶办公楼整体转让给私塾公司后，原租赁合同概括转移至新所有权人，对新所有权人继续有效，不会当然解除。

知识点 买卖不破租赁

涉及法条 《民法典》第725条

9. 枫桥公司将枫叶办公楼整体转让给私塾公司时，甲公司能否就其承租的16层行使优先购买权？请说明理由。（5分）

【答案参考】

可以行使优先购买权。

依据《民法典》第726条第1款的规定，出租人出卖租赁房屋的，应当在出卖之前的合理期限内通知承租人，承租人享有以同等条件优先购买的权利。

本案中，虽然甲公司仅仅承租了16层，且枫桥公司将枫叶办公楼整体转让，但是因甲公司承租的16层与枫叶办公楼的其他楼层是可分的,且在使用功能上是相对独立的,故只要满足同等条件,甲公司即可以行使优先购买权。

知 识 点 房屋承租人的优先购买权

涉及法条 《民法典》第726条

【提示】 关于本问,最高人民法院在《关于承租部分房屋的承租人在出租人整体出卖房屋时是否享有优先购买权的复函》(2005年7月26日公布)中指出,关于承租部分房屋的承租人在出租人整体出卖房屋时是否享有优先购买权的问题,目前法律和司法解释对此均无明确规定,处理此类案件可以从以下两个方面综合考虑:

第一,从房屋使用功能上看,如果承租人承租的部分房屋与房屋的其他部分是可分的、使用功能可相对独立的,则承租人的优先购买权应仅及于其承租的部分房屋;如果承租人的部分房屋与房屋的其他部分是不可分的、使用功能整体性较明显的,则其对出租人所卖全部房屋享有优先购买权。

第二,从承租人承租的部分房屋占全部房屋的比例看,承租人承租的部分房屋占出租人出卖的全部房屋一半以上的,则其对出租人出卖的全部房屋享有优先购买权;反之,则不宜认定其对全部房屋享有优先购买权。

10. 丙公司是否可以把18层转租给海涛公司?为什么?(5分)

【答案参考】

可以把18层转租给海涛公司。

依据《民法典》第716条的规定,承租人经出租人同意,可以将租赁物转租给第三人。承租人未经出租人同意转租的,出租人可以解除合同。

本案中,无论丙公司是否经过枫桥公司同意,其均有权将18层转租,且其未经同意擅自转租不会影响租赁合同的效力;只不过,若其未经同意擅自转租,则枫桥公司有权解除与其签订的租赁合同。

知 识 点 转租

涉及法条 《民法典》第716条

四、2021年(延考)第四题(56分)

张大明与前妻李小丽育有一女张晓晓(2021年1月满8周岁),张晓晓跟随张大明居住在张大明于2016年购买的蓝丽小区A102栋5楼的一套房屋内。蓝丽小区的物业服务合同于2021年5月到期后,业主既未另聘,亦未续聘,但原物业服务公司仍然继续提供物业服务。张大明的妹妹张水悦与丈夫王旭龙育有一子王小淘,王小淘与张晓晓同年,但晚一周出生。

2021年6月6日早上8点,张水悦一家三口来到张大明家做客,物业服务公司的保安照例打电话给张大明核实来访客人身份,并在登记后允许张水悦一家三口进入蓝丽小区。刚过9点,张晓晓与王小淘经大人同意后出门去玩。出门前,王旭龙叮嘱两个孩子说:“只能下楼玩,不能上楼玩,更不能从楼上往下扔东西,那是犯罪。”进入电梯后,张晓晓欲按1楼,但王小淘已经按了20楼,说想到楼顶去看看。二人来到20楼后发现去不了楼顶天台,有两个灭火器放在地上,没有放入消防箱。于是二人尝试着将灭火器放入消防箱,但尝试了几次都没够着。二人转念想到:“我们把灭火器从窗户扔到楼下,物业发现后,就会放到该放的位置。”于是二人合力推开20楼的窗户,一人扔了一个灭火器,为了防止砸到人,二人还特意沿着窗户边缘扔下去。

郝源与甲公司约定于2021年6月6日上午10点于蓝丽小区A102栋一楼街面的茶餐厅6号包间签订合同。郝源9点就到了,坐了一会儿,感到无聊,决定先出门去逛逛。出门时,见无人在旁,郝源将6号包间的收款二维码换成自己的收款二维码。出门后,郝源见蓝丽小区的风景不错,决定进去逛逛。于是郝源谎称自己是业主,忘记带门禁卡,要保安开门让自己进入。蓝丽小区管理严格,原物业服务合同约定,外来人员须通过业主核实身份并登记后才允许进入,但保安因忙于打电话,未加核实便给郝源开门。

郝源进入蓝丽小区行走一段路程后,因有人占用道路晾晒陈皮,遂绕道至A105栋楼下的道路上行走,又因A105栋楼上有空调漏水,遂再次绕道至A102栋楼下的道路上靠墙一边行走。此时,一个从天而降的灭火器坠落在郝源身旁,郝源因受惊而跌倒,造成胫骨骨折。甲公司的签约代表到达6号包间等候多时,不见郝源出现,愤怒离去,决定不再与郝源签订合同,郝源因此遭受损失约100万元。

张大明带着张晓晓探视住院治疗的郝源时,医生见张晓晓气色不好,建议顺便检查一下。检查后,见抽血化验结果显示张晓晓为A型血,而张大明与李小丽均为O型血,张大明便怀疑张晓晓不是自己亲生的。张大明立即找李小丽质问,发现李小丽因贩毒而被收监羁押,但李小丽拒不说出张晓晓的生父。张大明又去找李小丽的父母,发现李小丽的父母无经济来源,不具有抚养张晓晓的能力。在住院的1个月中,郝源通过更换的茶餐厅6号包间二维码共收到客人支付的餐费2万元,茶餐厅月底感觉金额不对后才发现原因,准备起诉追究郝源的民事责任。

因通过调取小区监控录像等措施仍不能确定坠落在郝源身旁的那个灭火器是张晓晓扔下的还是王小淘扔下的,也不能确定在道路上晾晒陈皮,以及空调漏水的相应住户。在评估了相关人员的赔偿能力后,郝源以张晓晓及其监护人、王小淘及其监护人为共同被告起诉,请求被告共同承担侵权责任。诉讼中,张大明主张张晓晓非自己亲生,自己不是张晓晓的监护人,无须承担责任。王旭龙主张由于不能证明致郝源受伤的那个灭火器是王小淘所扔,且自己当时尽到了教育等监护责任,因此王小淘及其监护人无须承担责任。因张晓晓、王小淘个人无财产,一审法院判决张晓晓的监护人张大明与王小淘的监护人张水悦、王旭龙对郝源承担10万元的连带侵权损害赔偿责任,并向郝源赔礼道歉。

一审判决书送达时,因王旭龙不在家,张水悦一人签收了判决书。由于夫妻双方多次因此案争吵而关系不睦,所以直到上诉期间届满后,张水悦才将一审判决书已经送达的事实告诉王旭龙,王旭龙知情后立即提起上诉。

一审上诉期间届满后,郝源申请强制执行。执行阶段,张水悦与郝源达成执行和解协议,约定“协议订立后的1个月内,张水悦向郝源的账户打入10万元;不再对郝源赔礼道歉”。后因资金紧张,张水悦未按协议约定在1个月内给郝源的账户打入10万元。于是郝源申请法院恢复对原判决的执行，法院裁定同意。1周后，法院执行前，张水悦向郝源的账户打入10万元。郝源在知悉赔偿款已经支付后，仍请求法院依照原判决对赔礼道歉作出强制执行。

【问题】

1. 张晓晓的监护人应如何确定？（5分）

2. 就抛掷灭火器给郝源造成的人身损害，除张晓晓、王小淘及二人的监护人外，还有哪些民事主体有可能承担侵权损害赔偿责任？为什么？（5分）

3. 占用小区道路晾晒陈皮的业主、A105栋楼上空调漏水的业主是否应当承担损害赔偿责任？为什么？（5分）

4. 对因郝源更换茶餐厅6号包间的收款二维码致使客人支付给郝源2万元，茶餐厅享有哪些请求权？（5分）

5. 蓝丽小区的物业服务公司未经业主核实来客身份即允许郝源进入小区，是否属于违约行为？应承担何种责任？（5分）

6. 就因抛掷灭火器受伤未能与甲公司签订合同所遭受的100万元损失，郝源是否有权主张损害赔偿？为什么？（5分）

7. 请结合《民法典》第1188条和《民诉法解释》第67条的规定，分析张晓晓和王小淘是不是本案的适格被告？（6分）

8. 在诉讼中，就导致郝源人身损害的灭火器系张晓晓还是王小淘所扔，应当由谁来承担证明责任？（5分）

9. 王旭龙以一审判决书由张水悦代收，自己在上诉期间届满后才得知一审判决送达的事实为由提起上诉，能否得到法院的支持？（5分）

10. 在张水悦向郝源的账户打入10万元的赔款后，郝源申请法院依照原判对赔礼道歉作出强制执行，这一申请能否得到法院的支持？为什么？（10分）

答案阅评参考

1. 张晓晓的监护人应如何确定？（5分）

【答案参考】

原则上，应当确定张晓晓的监护人为张大明。

理由在于：根据通说，我国承认婚生子女推定制度，张晓晓于张大明与李小丽婚姻关系存续期间受胎或者出生，推定张晓晓为张大明的婚生子女。同时，张晓晓系未成年人，母亲李小丽因贩毒而被收监羁押，无监护能力。因此，根据《民法典》第27条的规定，张大明为张晓晓的监护人。

若张大明提起婚生子女否认之诉，并获得胜诉判决，则张晓晓的监护人为张晓晓住所地的民政部门或者居民委员会、村民委员会。

理由在于：根据通说，我国承认婚生子女否认制度。如果张大明能够提供证据证明自己与李小丽不可能生出A型血的张晓晓，就可向法院提起婚生子女否认之诉。张大明胜诉的判决生效时，张大明与张晓晓自始无亲生血缘关系。此时，除张大明之外，张晓晓的母亲、外祖父母均无监护能力，生父暂时不能确定，又没有其他依法具有监护资格的人。根据《民法典》第27条与第32

条的规定，张晓晓的监护人应当由民政部门担任，也可以由具备履行监护职责条件的张晓晓住所地的居民委员会、村民委员会担任。

知 识 点 监护的确定

涉及法条 《民法典》第27条、第32条

2. 就抛掷灭火器给郝源造成的人身损害，除张晓晓、王小淘及二人的监护人外，还有哪些民事主体有可能承担侵权损害赔偿责任？为什么？(5分)

【答案参考】

蓝丽小区的物业服务公司。

根据《民法典》第1254条第2款规定，物业服务公司对于小区内高空抛物致人损害的案件负有安全保障义务，若其违反安全保障义务，应承担相应的补充责任。经营者、管理者或者组织者承担补充责任后，可以向第三人追偿。

知 识 点 安全保障义务的侵权责任

涉及法条 《民法典》第1254条

3. 占用小区道路晾晒陈皮的业主、A105栋楼上空调漏水的业主是否应当承担损害赔偿责任？为什么？(5分)

【答案参考】

不应承担。

虽然占用小区道路晾晒陈皮与A105栋楼上空调漏水这两个行为为郝源因高空抛物遭受损害的必要条件，但没有法律上的因果关系，缺乏相当性。

4. 对因郝源更换茶餐厅6号包间的收款二维码致使客人支付给郝源2万元，茶餐厅享有哪些请求权？(5分)

【答案参考】

茶餐厅有权选择对郝源主张侵权损害赔偿或者不当得利返还。

一方面，郝源故意实施了加害行为，给茶餐厅造成了2万元的纯粹经济损失，损失与行为之间有因果关系，而且其主观上有过错，构成过错侵权。另一方面，郝源没有法律上的原因获得2万元的财产性利益，给茶餐厅造成损失，且获利与餐厅受损之间有因果关系，构成侵害权益型不当得利。同一内容的给付，既构成侵权，又构成不当得利的，属于请求权基础的竞合，茶餐厅应当择一主张，避免重复救济。

知 识 点 侵权责任与不当得利的请求权基础的竞合

涉及法条 《民法典》第985条、第1165条

5. 蓝丽小区的物业服务公司未经业主核实来客身份即允许郝源进入小区,是否属于违约行为?应承担何种责任?(5分)

【答案参考】

属于违约行为,应当承担违约责任。

根据《民法典》第942条的规定,物业服务人应当按照约定和物业的使用性质,妥善维修、养护、清洁、绿化和经营管理物业服务区域内的业主共有部分,维护物业服务区域内的基本秩序,采取合理措施保护业主的人身、财产安全。对物业服务区域内违反有关治安、环保、消防等法律法规的行为,物业服务人应当及时采取合理措施制止、向有关行政主管部门报告并协助处理。本案中,蓝丽小区的物业服务公司应当承担没有履行合同义务的违约责任,如实际履行、采取补救措施等。

知识点 物业服务合同

涉及法条 《民法典》第577条、第942条、第948条

6. 就因抛掷灭火器受伤未能与甲公司签订合同所遭受的100万元损失,郝源是否有权主张损害赔偿?为什么?(5分)

【答案参考】

无权。

这100万元损失并非侵害郝源的人格权所造成的直接损失(所受损失)与间接损失(所失利益),只是给郝源造成了一笔单纯的金钱上的损失,性质上属于纯粹经济损失,与两个孩子的行为并无法律上的因果关系。一方面,这100万元损失不属于因违约行为造成的纯粹经济损失,郝源无权主张违约损害赔偿。另一方面,这100万元损失既不是加害人故意造成的纯粹经济损失,也不属于法律明文规定可以主张侵权损害赔偿的纯粹经济损失,郝源无权主张侵权损害赔偿。

知识点 纯粹经济损失

涉及法条 《民法典》第500条

【提示】 根据通说观点:为了防止加害人在不特定的时间、对不特定的人承担不特定的责任,引起诉讼泛滥,原则上,就所遭受的纯粹经济损失,受害人不得请求加害人承担侵权损害赔偿责任,仅在以下两种例外情形下就所遭受的纯粹经济损失,受害人才有权请求加害人承担侵权损害赔偿责任:(1)法律明确规定就遭受的纯粹经济损失,受害人有权请求加害人承担侵权损害赔偿责任;(2)加害人故意实施加害行为给受害人造成纯粹经济损失。

7. 请结合《民法典》第1188条和《民诉法解释》第67条的规定,分析张晓晓和王小淘是不是本案的适格被告?(6分)

【答案参考】

张晓晓和王小淘是本案的适格被告。

根据《民诉法解释》第67条的规定，无民事行为能力人、限制民事行为能力人造成他人损害的，无民事行为能力人、限制民事行为能力人和其监护人为共同被告。本案中，张晓晓和王小淘均为无民事行为能力人，故张晓晓、王小淘和二者的监护人为共同被告，但是监护人应当承担侵权责任，如果监护人尽到监护职责，可以减轻其侵权责任。

知识点 适格被告确定

涉及法条 《民法典》第1188条、《民诉法解释》第67条

8. 在诉讼中，就导致郝源人身损害的灭火器系张晓晓还是王小淘所扔，应当由谁来承担证明责任？(5分)

【答案参考】

根据《民法典》第1254条的规定，禁止从建筑物中抛掷物品。从建筑物中抛掷物品或者从建筑物上坠落的物品造成他人损害的，由侵权人依法承担侵权责任；经调查难以确定具体侵权人的，除能够证明自己不是侵权人的外，由可能加害的建筑物使用人给予补偿。可能加害的建筑物使用人补偿后，有权向侵权人追偿。

由此可知，原告郝源不用证明被告两个孩子扔了灭火器，而应当由被告来证明自己没有扔灭火器。

知识点 高空抛物

涉及法条 《民法典》第1254条

9. 王旭龙以一审判决书由张水悦代收，自己在上诉期间届满后才得知一审判决送达的事实为由提起上诉，能否得到法院的支持？(5分)

【答案参考】

不能得到法院支持。

根据《民事诉讼法》第88条的规定，送达诉讼文书，应当直接送交受送达人。受送达人是公民的，本人不在交他的同住成年家属签收，视为完成直接送达。受送达人的同住成年家属，法人或者其他组织的负责收件的人，诉讼代理人或者代收人在送达回证上签收的日期为送达日期。

本案中，法院将判决书交给与王旭龙同住的妻子张水悦，即视为完成直接送达，而无须考虑王旭龙的妻子是否实际上将签收文书的事实告知王旭龙。此时，送达行为就已经生效，上诉期已经开始起算。因此，王旭龙在上诉期间届满后才提起上诉，不会获得法院支持。

知识点 送达及上诉条件

涉及法条 《民事诉讼法》第88条

10. 在张水悦向郝源的账户打入10万元的赔款后,郝源申请法院依照原判决对赔礼道歉作出强制执行,这一申请能否得到法院的支持?为什么?(10分)

【答案参考】

法院不得再执行原判决中的赔礼道歉。

在履行和解协议的过程中,申请执行人因被执行人延迟履行而申请恢复执行的同时,又继续接受并积极配合被执行人的后续履行,直至和解协议全部履行完毕的,属于《民诉法解释》中规定的和解协议已经履行完毕,不再恢复执行原生效法律文书的情形。

在本案中,郝源由于被执行人迟延履行而申请恢复执行,但是同时接受了被执行人的继续履行,即接受了被执行人赔偿的10万元。此时执行和解协议已经全部履行完毕,法院不得再执行原判决中的赔礼道歉。

如果执行人因为被执行人延迟履行而遭受损失,可以另行起诉主张赔偿。也就是说,和解协议不管是按时履行完毕还是迟延履行完毕,一旦履行完毕,原先的执行就不可能再恢复。

知识点 执行和解

涉及法条 《民诉法解释》第465条

五、2020年第四题(56分)

甲公司住所地在东上市西山区,两个股东A和B各持股50%。甲公司在南下市北山区有一地块的土地使用权,该地块正在准备拆迁。东下市西河区的乙公司是北上市南海区明达公司的全资子公司,主营房地产业务。

A和B以个人的名义找到乙公司,与乙公司协商,A和B以该地块的使用权出资,设立承接该开发的项目公司。双方达成协议,约定如下:

①以乙公司为项目运营的商事载体;

②A和B不涉及乙公司管理事务,包括投资、以土地使用权设定质押等;

③A和B可以分得40%(各20%)的房产;

④A和B分得房产后,即应无偿转回乙公司名下;

⑤如履行协议过程中发生争议,由被告所在地法院管辖。

协议签订后,对乙公司的股权进行了变更,并根据股权的调整进行了变更登记。

乙公司将该土地使用权抵押给丙公司,融资租赁2台铲车。为获得更多融资款,乙公司将公司动产向丁公司设定了动产浮动抵押,并办理了登记。为实现担保物权,丁公司要求乙公司提供担保,乙公司找来了自然人C和D提供连带保证。后在经营过程中,乙公司将2台铲车卖给了自然人E,并获得了1950万元货款。后因为铲车的质量问题和设计缺陷,E一直与乙公司交涉未果。

乙公司为体现自己落实《民法典》中的营利法人社会责任,承诺每年向"青少年基金会"捐款1000万元,并在媒体上宣传。为获取更多融资款,与信托商戊公司签订协议,由担保人子和抵押人丑(以其价值1500万元的房子抵押,已办理抵押登记)提供担保,但子和丑并不知道对方的存在。楼盘建成之后,乙公司陆续对外销售了大概15%的房屋。自然人F购买房屋后发现房屋的面积、容积率、配套设施均与宣传有很大差距。

A和B发现乙公司大规模融资,又迅速对外销售房产,因怀疑乙公司违约而向法院起诉,又在诉讼中撤回起诉。后乙公司经营不佳,A和B申请将乙公司进行重整,要求乙公司给予约定的40%的房屋。

【问题】

1. 甲公司的债权人能否直接要求A、B承担连带责任?为什么?(5分)

2. A、B起诉乙公司要求其交付40%的房产,由哪个(些)法院管辖?(5分)

3. A、B能否主张撤销乙公司的房屋买卖合同?为什么?(5分)

4. 乙公司的债权人是否有权直接主张撤销乙公司向"青少年基金会"捐款?乙公司是否能够任意撤销对"青少年基金会"的捐款?(6分)

5. 自然人E针对2台铲车质量问题和设计上的缺陷,应该向谁主张权利?如果可以,主张何种责任?(6分)

6. 丁公司对2台铲车的抵押权能否对抗E?(5分)

7. 丑代乙公司向戊公司支付相当于其提供的抵押房产价值的1500万元后,是否可以向子主张权利?(5分)

8. 自然人F对房屋面积、结构设计等与宣传内容不符,可以寻求何种救济方式?能否依据《消费者权益保护法》主张3倍的惩罚性赔偿?(6分)

9. 乙公司到期无法偿还借款,丁公司应如何行使其担保物权?(5分)

10. 鉴定的启动方式及鉴定机构如何确定?当事人对鉴定意见提出异议申请重新鉴定,法院应如何处理?(8分)

答案阅评参考

1. 甲公司的债权人能否直接要求A、B承担连带责任?为什么?(5分)

【答案参考】

不能。

依据《公司法》及相关规定,公司股东滥用公司法人独立地位和股东有限责任,逃避债务,严重损害公司债权人利益的,应当对公司债务承担连带责任。本案中,A、B和乙公司合作开发项目公司,从而导致A、B与甲公司财产混同、人格混同。但本案中既没有明确A、B的行为目的在于逃避债务,也不能看出A、B的行为严重损害债权人利益,且根据《民法典》第83条第2款的规定,在甲公司的债权人对甲公司的债权纠纷中,不能否认甲公司的法人人格,不能直接要求A、B承担连带责任。

知识点 法人人格否认制度

涉及法条 《公司法》第20条第3款、《民法典》第83条第2款

【提示】本题答案不唯一。有的考生觉得甲公司的债权人能够直接要求A、B承担连带责任,因为本案案情也没有表明A、B的行为没有严重损害债权人利益,A、B将属于甲公司的地块使用权出资并且据此获得利益,属于滥用法人独立地位和股东有限责任。故甲公司的债权人基于"法人人格否认制度"之规定,可以要求A、B承担连带责任。由于案情属于回忆版本,答案不好确定,但本题考查的考点是固定、明确的,考生掌握考点即可,不用纠结答案中的结论。

2. A、B起诉乙公司要求其交付40%的房产,由哪个(些)法院管辖?(5分)

【答案参考】

东下市西河区法院。根据《民事诉讼法》及相关规定,合同或者其他财产权益纠纷的当事人可以书面协议选择被告住所地、合同履行地、合同签订地、原告住所地、标的物所在地等与争议有实际联系的地点的人民法院管辖,但不得违反本法对级别管辖和专属管辖的规定。

本案中,A、B与乙公司签订了合作开发房地产合同,书面约定发生纠纷由被告住所地法院管辖,且上述约定不违反级别管辖和专属管辖的规定,故应由东下市西河区人民法院管辖。

知识点 协议管辖

涉及法条 《民事诉讼法》第35条

3. A、B能否主张撤销乙公司的房屋买卖合同?为什么?(5分)

【答案参考】

不能。

根据《民法典》的相关规定,当事人具有相应的民事行为能力,意思表示真实,不违反法律、行政法规的强制性规定且不违背公序良俗的民事法律行为有效。在具有重大误解、欺诈、胁迫、显失公平四种情节的情况下,民事法律行为可撤销。

本案中,乙公司卖房属于有权处分,而且没有法律规定的无效或者可撤销的事由,A、B当然不可要求撤销该合同。

知识点 可撤销的法律行为

涉及法条 《民法典》第143条、第147~151条

【提示】本题也可以依据《民法典》第539条进行回答:债务人以明显不合理的低价转让财产、以明显不合理的高价受让他人财产或者为他人的债务提供担保,影响债权人的债权实现,债务人的相对人知道或者应当知道该情形的,债权人可以请求法院撤销债务人的行为。

4. 乙公司的债权人是否有权直接主张撤销乙公司向"青少年基金会"捐款?乙公司是否能够任意撤销对"青少年基金会"的捐款?(6分)

【答案参考】

(1)不能。

《民法典》第538条规定,债务人以放弃其债权、放弃债权担保、无偿转让财产等方式无偿处

分财产权益，或者恶意延长其到期债权的履行期限，影响债权人的债权实现的，债权人可以请求人民法院撤销债务人的行为。

本案中，虽然乙公司承诺每年向“青少年基金会”捐赠1000万元，但是其房屋仅仅出售了15%左右，且债权人丁公司与戊公司的债权都有相应的担保，因此乙公司设立基金会捐赠1000万元的行为并不会影响债权人债权的实现，其债权人无权行使撤销权撤销该捐赠行为。

【提示】有些同学认为，向“青少年基金会”捐款1000万元是每年捐赠，该行为已经危害债权人的债权，故债权人可以提起诉讼请求撤销该行为。本题考查的知识点就是债权人的撤销权与赠与的撤销，考生掌握考点的核心要件即可。考试中遇到此类问题，考生应当根据题意确定债务人的行为是否有损债权人的债权实现，有损就能主张撤销；反之，则不能主张撤销。

(2)不能。

根据《民法典》第658条的规定，赠与人在赠与财产的权利转移之前可以撤销赠与。经过公证的赠与合同或者依法不得撤销的具有救灾、扶贫、助残等公益、道德义务性质的赠与合同，不适用前款规定。

本案中，乙公司将财产捐赠给“青少年基金会”属于具有公益性质的赠与合同，此时乙公司不能行使任意撤销权来撤销该赠与合同。

知识点 赠与的撤销、债权人撤销权

涉及法条 《民法典》第143条、第538条、第658条

5. 自然人E针对2台铲车质量问题和设计上的缺陷，应该向谁主张权利？如果可以，主张何种责任？(6分)

【答案参考】

(1)乙公司。

依据《民法典》及相关规定，无权处分不会影响买卖合同的效力。

本案中，乙公司没有所有权将设备出卖属于无权处分，但是无权处分并不影响买卖合同的效力。所以E应向乙公司主张权利。

(2)违约责任。

依据《民法典》第577条的规定，当事人一方履行合同义务不符合约定的，应当承担赔偿损失等违约责任。

本案中，乙公司交付的设备存在严重的违约行为，依据合同的相对性，E可以向乙公司主张违约责任。

知识点 无权处分、违约责任

涉及法条 《民法典》第577条

6. 丁公司对2台铲车的抵押权能否对抗E？(5分)

【答案参考】

能。

根据《民法典》第 404 条的规定，以动产抵押的，不得对抗正常经营活动中已经支付合理价款并取得抵押财产的买受人。

本案中乙公司为房地产开发企业，其正常的经营范围为房地产开发活动，出卖设备并不在正常经营范围之内。所以乙公司为丁公司设立的动产浮动抵押权可以对抗自然人 E。

知识点 动产浮动抵押权

涉及法条 《民法典》第 404 条

7. 丑代乙公司向戊公司支付相当于其提供的抵押房产价值的 1500 万元后，是否可以向子主张权利？(5 分)

【答案参考】

不能。

依据《民法典》及相关规定，提供担保的第三人承担担保责任后，有权向债务人追偿。同一债务有两个以上第三人提供担保，担保人之间未对相互追偿作出约定，未约定连带共同担保，且非基于同一担保合同提供担保的，彼此之间不能追偿。

本案中，子和丑不构成连带共同担保，丑替乙公司归还了 1500 万元的债务之后，只能向债务人追偿，不可以向其他担保人追偿。

知识点 共同担保

涉及法条 《民法典》第 392 条、《民法典担保制度解释》第 13 条

8. 自然人 F 对房屋面积、结构设计等与宣传内容不符，可以寻求何种救济方式？能否依据《消费者权益保护法》主张 3 倍的惩罚性赔偿？(6 分)

【答案参考】

(1)依据《民事诉讼法》及相关规定，购房人 F 可以通过和解、调解、达成有效的仲裁协议仲裁或者提起诉讼的方式获得救济。

(2)观点一：可以。

根据《消费者权益保护法》第 55 条第 1 款的规定，经营者提供商品或者服务有欺诈行为的，应当按照消费者的要求增加赔偿其受到的损失，增加赔偿的金额为消费者购买商品的价款或者接受服务的费用的 3 倍。

本案中，乙公司的宣传和实际交付的房屋明显不符，成立欺诈，F 可以依据该法主张 3 倍的惩罚性赔偿。

观点二：不可以。

《最高人民法院关于审理商品房买卖合同纠纷案件适用法律若干问题的解释》中没有关于三倍赔偿的明文规定，本案中所说的与宣传不符的情况并不能主张 3 倍的惩罚性赔偿。

【提示】 第二问答案不唯一，根据自己掌握的知识点回答，言之有理即可得分。很多考生想不到观点二中依据的法律规范，故只回答了可以，也是可以得分的。

知识点 消费者侵权赔偿

涉及法条 《消费者权益保护法》第55条第1款、《最高人民法院关于审理商品房买卖合同纠纷案件适用法律若干问题的解释》第3条

9. 乙公司到期无法偿还借款，丁公司应如何行使其担保物权？(5分)

【答案参考】

先就乙公司的抵押实现债权，未获清偿的部分要求C、D承担保证责任。

根据《民法典》第392条的规定，当债务人自己提供的物保与保证并存且当事人未约定如何实现债权时，债权人应当先就债务人提供的物保实现债权，再请求保证人承担保证责任。

本案属于混合担保，由于债务人乙公司自己提供了物保，所以债权人丁公司行使权利有顺序限制，必须先就乙公司的抵押实现债权，未获清偿的部分才能再要求C和D承担保证责任。

知识点 混合担保的清偿顺序

涉及法条 《民法典》第392条

10. 鉴定的启动方式及鉴定机构如何确定？当事人对鉴定意见提出异议申请重新鉴定，法院应如何处理？(8分)

【答案参考】

(1)鉴定的启动方式：可以依当事人申请启动鉴定，法院可以依职权启动鉴定。

《最高人民法院关于民事诉讼证据的若干规定》第30条规定："人民法院在审理案件过程中认为待证事实需要通过鉴定意见证明的，应当向当事人释明，并指定提出鉴定申请的期间。符合《最高人民法院关于适用〈中华人民共和国民事诉讼法〉的解释》第九十六条第一款规定情形的，人民法院应当依职权委托鉴定。"

因此，可以依当事人申请启动鉴定，法院可以依职权启动鉴定。

(2)鉴定机构确定：

①当事人申请鉴定的，法院应当组织当事人协商确定鉴定人，如果协商不成，则由法院指定。

②法院依职权委托鉴定的，法院可以在询问当事人意见后指定鉴定人。

《最高人民法院关于民事诉讼证据的若干规定》第32条第1、2款规定："人民法院准许鉴定申请的，应当组织双方当事人协商确定具备相应资格的鉴定人。当事人协商不成的，由人民法院指定。人民法院依职权委托鉴定的，可以在询问当事人的意见后，指定具备相应资格的鉴定人。"

(3)法院处理方式：

①当事人对鉴定书的内容有异议的，应当在法院指定期间内以书面方式提出。

②对于当事人的异议，法院认为有必要的，可以要求鉴定人对当事人未提出异议的内容进行解释、说明或者补充。

③当事人在收到鉴定人的书面答复后仍有异议的，法院应当通知有异议的当事人预交鉴定人出庭费用，并通知鉴定人出庭。有异议的当事人不预交鉴定人出庭费用的，视为放弃异议。

《最高人民法院关于民事诉讼证据的若干规定》第37条规定:“人民法院收到鉴定书后,应当及时将副本送交当事人。当事人对鉴定书的内容有异议的,应当在人民法院指定期间内以书面方式提出。对于当事人的异议,人民法院应当要求鉴定人作出解释、说明或者补充。人民法院认为有必要的,可以要求鉴定人对当事人未提出异议的内容进行解释、说明或者补充。”《最高人民法院关于民事诉讼证据的若干规定》第38条第1款规定:“当事人在收到鉴定人的书面答复后仍有异议的,人民法院应当……通知有异议的当事人预交鉴定人出庭费用,并通知鉴定人出庭。有异议的当事人不预交鉴定人出庭费用的,视为放弃异议。”

知识点 鉴定

涉及法条 《最高人民法院关于民事诉讼证据的若干规定》第30条、第32条、第37条、第38条

六、2019年第四题(52分)

甲公司向乙公司借款8000万元。在还款期限到来之前,双方签订以物抵债协议,约定将甲公司的办公楼过户给乙公司以抵偿该笔债务,但未办理过户登记。

甲公司的债权人丙公司认为,办公楼市值1.2亿元,该以物抵债协议价格过低,遂向法院提起诉讼,要求撤销该以物抵债协议。诉讼中,乙公司认为,甲公司还有大量财产可以偿还丙公司的债务,丙公司主张撤销的理由并不成立。

其后,甲公司又向丁公司借款,这时甲公司的财产已经全部抵押或出质。无奈,甲公司股东A在未与妻子商量的情况下,向丁公司做了保证。

丁公司认为,这种保证尚无法保障甲公司履行义务。于是甲公司又将一张以自己为收款人的汇票出质,背书“出质”字样后,交付丁公司。但出票人在汇票上记载有“不得转让”的字样。

为获得更多融资,甲公司又与戊公司签订生产车间租赁合同。在与戊公司签订租赁合同时,因某个车间尚有原材料、半成品没有清点,戊公司便使用了这些原材料和半成品。

甲公司的债权人罗马轮胎公司认为,虽然甲公司不能偿还到期债务,但是因在与戊公司的租赁合同履行中,财产没有清点清楚,存在财产混同,遂在向法院要求偿还债务的同时,主张甲公司与戊公司人格混同,要求戊公司承担连带清偿责任。在案件审理过程中,法院根据罗马轮胎公司的请求对甲公司进行财产保全。

另外,在甲公司与买受人己公司的一份轮胎买卖合同中,己公司已经支付货款,但甲公司一直没有交付轮胎。于是己公司起诉甲公司,要求其履行轮胎的交付义务,并获得胜诉判决。胜诉判决生效后,己公司认为甲公司交付的轮胎质量大不如前,于是又向法院起诉,请求解除合同返还货款并赔偿损失。

为了资金周转,甲公司利用其控股地位,向其全资子公司多次无偿调取资金;如果各个子公司之间资金短缺,甲公司就在其所有全资子公司之间统一调度资金使用,且关联公司之间账目不清。

甲公司某全资子公司的债权人庚公司、辛公司,因自身到期债权不能获得清偿,而向法院申请对甲公司及其所有全资子公司进行合并重整。

【问题】

1. 以物抵债协议效力如何？为什么？(5分)

2. 在丙公司提起的撤销以物抵债协议的诉讼中，各方当事人的诉讼地位如何？(5分)

3. 债务人甲公司有大量财产可以清偿债务，那么是否构成对于撤销权行使的障碍？为什么？(5分)

4. 甲公司股东A在未与其妻子商量的情况下，负担保证债务。该债务是否为夫妻共同债务？为什么？(5分)

5. 因票据中作了“不得转让”的记载，甲公司对丁公司的出质是否有效？为什么？(5分)

6. 罗马轮胎公司认为甲公司与戊公司的租赁合同履行中，财产没有清点清楚，存在财产混同，要求其承担连带责任的主张是否成立？为什么？(5分)

7. 庚公司、辛公司是否可以请求甲公司及其所有全资子公司进行合并重整？为什么？(5分)

8. 己公司在获得生效判决后，又提起解除合同、返还货款并赔偿损失的诉讼，是否构成重复起诉？为什么？(5分)

9. 假设甲公司及其全资子公司可以合并重整，则重整程序开始后，对于相关公司已经开始的民事诉讼程序有什么影响？(6分)

10. 合并重整程序开始后，对于所有债权人的影响是什么？(6分)

答案阅评参考

1. 以物抵债协议效力如何？为什么？(5分)

【答案参考一】

有效/已生效。

理由：甲公司向乙公司借款8000万元，借款期限未到，双方就签订以物抵债协议，但并未办理过户登记，根据《民法典》第215条“当事人之间订立有关设立、变更、转让和消灭不动产物权的合同，除法律另有规定或者当事人另有约定外，自合同成立时生效；未办理物权登记的，不影响合同效力”的规定，乙公司不能取得不动产所有权，但是合同已经成立并生效。

知识点 设立、变更、转让和消灭不动产物权的合同的效力

涉及法条 《民法典》第215条

阅评 本题围绕以物抵债协议的效力展开，无非回答有效、无效、效力待定。答案不唯一，理由也不唯一。例如，理由还可以写为“该以物抵债协议属于债务到期后当事人达成的以物抵债协议，性质上属于诺成合同。如不存在法定或约定的特别生效要件，不以实际履行作为其生效要件。本案中，以物抵债协议的双方当事人意思表示一致且该协议不存在无效事由，因此已经生效”。

【答案参考二】

无效。

理由：依据《民法典》及相关规定，以物抵债协议属于要式合同，协议以履行特定行为即过户为生效要件。本案中，虽然甲公司与乙公司双方意思表示一致，但并未办理过户登记，因此协议并未生效。

阅评 回答无效，只要言之有理亦可得分，回答效力待定0分。但是，不能同时回答有效和无效两种答案。

2. 在丙公司提起的撤销以物抵债协议的诉讼中，各方当事人的诉讼地位如何？(5分)

【答案参考】

依据《民法典》第539条"债务人以明显不合理的低价转让财产、以明显不合理的高价受让他人财产或者为他人的债务提供担保，影响债权人的债权实现，债务人的相对人知道或者应当知道该情形的，债权人可以请求人民法院撤销债务人的行为"的规定，各方当事人的诉讼地位如下：

(1)丙公司作为债权人，依法提起诉讼，属于原告。

(2)甲公司是债务人，不当处分财物，理应属于被告。

(3)乙公司作为财产处分的受让人，主动参与诉讼或者被追加参与诉讼，应列为第三人。因乙公司对甲公司、丙公司没有独立的诉讼请求，但与案件审理结果有利害关系，应属于无独立请求权的第三人。

知识点 不合理转移财产情形下的债权人撤销权

涉及法条 《民法典》第539条、《民事诉讼法》第59条

3. 债务人甲公司有大量财产可以清偿债务，那么是否构成对于撤销权行使的障碍？为什么？(5分)

【答案参考】

构成。

依据《民法典》及相关规定，债务人以明显不合理的低价转让财产、以明显不合理的高价受让他人财产或者为他人的债务提供担保，只有在影响债权人的债权实现的情况下才可以行使撤销权。本案中如果债务人甲公司有其他大量财产可以清偿丙公司的债务，丙公司的债权实现就没有受到影响。

知识点 债权人行使撤销权的客观要件

涉及法条 《民法典》第539条

阅评 由于第2问也考查了《民法典》第539条，所以，本题的理由部分，就根据考生掌握知识的水平，直接复述法条内容，不用再引用法条原文。考试的时候，大家只需要用自己的话复述即可。我们的首要目标是做对拿分，翻阅法条属于锦上添花，不要顾此失彼。

4. 甲公司股东A在未与其妻子商量的情况下，负担保证债务。该债务是否为夫妻共同债务？为什么？(5分)

【答案参考】

不是夫妻共同债务。

依据《民法典》第1064条"夫妻双方共同签名或者夫妻一方事后追认等共同意思表示所负的债务，以及夫妻一方在婚姻关系存续期间以个人名义为家庭日常生活需要所负的债务，属于夫妻共同债务。夫妻一方在婚姻关系存续期间以个人名义超出家庭日常生活需要所负的债务，不属于夫妻共同债务；但是，债权人能够证明该债务用于夫妻共同生活、共同生产经营或者基于夫妻双方共同意思表示的除外"的规定，本案中，股东A所负的保证债务虽然是在婚姻存续期间产生的，但既非基于夫妻共同意思表示，亦未被其妻子事后追认，且并非属于为夫妻共同生活、共同生产经营而负担的债务，故该债务不是夫妻共同债务。

知识点 夫妻共同债务的认定

涉及法条《民法典》第1064条

5. 因票据中作了"不得转让"的记载，甲公司对丁公司的出质是否有效？为什么？(5分)

【答案参考】

甲公司对丁公司的出质有效，但丁公司不享有票据权利，仅能要求甲公司承担违反质押合同的违约责任。

甲公司将汇票出质并交付丁公司，根据《民法典》第441条"以汇票、本票、支票、债券、存款单、仓单、提单出质的，质权自权利凭证交付质权人时设立；没有权利凭证的，质权自办理出质登记时设立。法律另有规定的，依照其规定"的规定，该背书不影响质权设立。

出票人在票据上记载"不得转让"字样，其后手以此票据进行贴现、质押的，通过贴现、质押取得票据的持票人主张票据权利的，法院不予支持，故丁公司不享有票据权利。

知识点 有价证券出质的形式要件及质权生效要件、对汇票进行质押的效力

涉及法条《民法典》第441条、《票据法》第27条、《最高人民法院关于审理票据纠纷案件若干问题的规定》第52条

6. 罗马轮胎公司认为甲公司与戊公司的租赁合同履行中，财产没有清点清楚，存在财产混同，要求其承担连带责任的主张是否成立？为什么？(5分)

【答案参考】

不成立。

根据《民法典》第178条第3款"连带责任,由法律规定或者当事人约定"的规定,罗马轮胎公司若想主张财产混同,要求戊公司承担连带清偿责任,则必须存在相应的法律规定或当事人约定。在没有相应的法律依据的情况下,罗马轮胎公司要求甲公司与戊公司承担连带责任的主张不能成立。

知识点 人格混同、连带责任

涉及法条 《民法典》第83条、第178条,《公司法》第20条

阅评 本题不承担连带责任的依据有很多,答案参考是从《民法典》的角度着手进行回答的,考生也可以从公司法中人格混同知识点的角度进行回答。例如,"因人格混同而适用法人人格否认制度,进而要求主体承担连带责任的前提,是股东滥用股东权利、公司独立人格造成人格混同。本题中,戊公司并不是甲公司的股东,不能直接认定构成人格混同承担连带责任"。由于本题理由不唯一,言之有理即可得分。

7. 庚公司、辛公司是否可以请求甲公司及其所有全资子公司进行合并重整?为什么?(5分)

【答案参考】

可以。

依据《公司法》及相关规定,公司人格和股东人格是否混同的判断标准为是否具有独立意志和独立利益。本案中甲公司与全资子公司系关联公司,且两者之间账目混乱不清,存在相互任意调动财产的情况,由此可以认定两者财产混同。这种财产混同导致甲公司及其所有全资子公司出现人格混同。当这种人格混同严重损害债权人庚公司、辛公司公平清偿利益的时候,两公司就可以请求甲公司及其所有全资子公司进行合并重整。

知识点 关联企业实质合并破产重整

涉及法条 《公司法》第3条

阅评 本题答案不唯一,回答不可以也是得分的。考生可以从法人人格独立的角度作答。上面的回答和下面的回答都是满分,参考如下:

不可以。

依据我国公司法及相关规定,公司具有独立的法人人格,享有独立的法人财产权,股东以其认缴的出资额或者认购的股份为限承担责任。如果支持合并重整,将会损害关联企业中个别成员以及其债权人的合法权益。所以,不可以适用关联企业实质合并破产重整。

8. 己公司在获得生效判决后，又提起解除合同、返还货款并赔偿损失的诉讼，是否构成重复起诉？为什么？(5分)

【答案参考】

构成重复起诉。

依据《民事诉讼法》及相关司法解释，前后两个诉讼的当事人、诉讼标的相同，后诉的诉讼请求实质上否定了前诉的裁判结果，就属于重复起诉。本案中甲公司起诉交付轮胎，胜诉后再次起诉解除合同，前诉与后诉当事人相同，标的相同，后诉的诉讼请求实质上否定前诉裁判结果，构成重复起诉。

知识点 重复起诉

涉及法条 《民诉法解释》第247条、第248条

阅评 这个知识点已经连续出现命题，考生务必重视。回答构成理由充分会得满分，回答不构成仍旧可以得满分，只要言之有理即可。答案参考如下：

不构成重复起诉。

依据《民事诉讼法》及相关司法解释，前后两个诉讼的当事人、诉讼标的相同，后诉的诉讼请求实质上否定了前诉的裁判结果，就属于重复起诉。本案中在前述的判决生效后，在履行合同的过程中出现了轮胎质量下降的"新事实"，己公司再起诉不构成重复起诉，因为前诉和后诉的诉讼标的和诉讼请求不一致。

9. 假设甲公司及其全资子公司可以合并重整，则重整程序开始后，对于相关公司已经开始的民事诉讼程序有什么影响？(6分)

【答案参考】

重整程序开始后，相关公司已经开始的民事诉讼程序中止，涉及的诉讼保全措施全部解除。

依据《企业破产法》及相关规定，人民法院受理破产申请后，有关债务人财产的保全措施应当解除，执行程序应当中止；已经开始而尚未终结的有关债务人的民事诉讼或者仲裁应当中止。在管理人接管债务人的财产后，该诉讼或者仲裁继续进行。

知识点 破产程序启动的效力

涉及法条 《企业破产法》第19条、第20条

10. 合并重整程序开始后，对于所有债权人的影响是什么？(6分)

【答案参考】

依据《企业破产法》及相关规定，合并重整程序开始后，应当公平地对待其所有债权人，影响有两点：

在实体上，债权人不得单独请求或者接受甲公司或其他全资子公司的清偿。

在程序上，债权人可以向财产管理人申报债权，若对记载的债权有异议，则可以要求法院进行确认。

知识点 破产程序启动后对债权人的影响

阅评 第9问和第10问考查的是《企业破产法》及其相关规定，建议考生在备考的过程中，把破产程序从启动到结束的所有环节都认真复习一遍。考生在考试的时候不必答出具体的法条，只要知道启动破产程序对破产企业及其所有债权人的影响是什么就能得满分。

七、2018年第四题(54分)

甲公司中标了某块地的开发权，并与乙公司签订了合同，约定由乙公司负责建筑施工。但甲公司未支付工程款项8000万元，于是甲公司和乙公司协商重新达成协议：将甲公司之前的欠款本金及利息共计8500万元作为对乙公司的借款。乙公司同意以未完成的工程做抵押向银行贷款2亿元，双方约定甲公司先偿还借款中的5000万元，剩余的1.5亿元作为资本继续开发。但甲公司的公章要交由乙公司保管，甲公司对外签订合同要经过乙公司同意。另外，甲公司与乙公司约定若发生争议，由汉东省京州市仲裁委员会管辖。

乙公司拿到甲公司的公章后，私自重新制作补充协议，并加盖甲公司的公章，并且将仲裁委员会改成汉东省吕州市仲裁委员会。后来乙公司以甲公司的名义与丁公司签订购货合同，并加盖甲公司公章。

甲公司与乙公司发生争议后，乙公司向汉东省吕州市仲裁委员会提出仲裁申请。该仲裁委员会受理后，甲公司提出管辖异议，而汉东省吕州市仲裁委员会认为仲裁协议有效，继续审理，并作出裁决。甲公司只能向法院申请撤销仲裁裁决。

后甲公司与丙公司的韩某签订房屋销售委托合同，约定由丙公司负责销售甲公司的楼房。经乙公司同意，合同上加盖了甲公司的公章，但没有加盖丙公司的公章，只有韩某的签名。事后，甲公司才知道丙公司刚换了法定代表人，但未办理变更登记，韩某是被替换的法定代表人(甲公司、乙公司派律师打听了该消息，并获知实情)。

由于丙公司销售不力，楼房滞销严重，甲公司以此向法院起诉解除委托合同。一审法院判决丙公司败诉。丙公司不服提起上诉，在上诉中变更了诉讼请求，请求判决合同无效，并赔偿损失。

后来甲公司负债严重，于是和丁公司签订了借款合同，同时签订了房屋买卖合同，约定丁借款2亿元给甲公司，若甲公司到期无法清偿则房屋归丁所有。

甲公司没有资金向乙公司支付工程款，乙公司遂罢工，导致甲公司建成房屋出售后的盈利无法实现，遂提出解除与乙公司的合同。

后甲公司负债累累，有债权人向汉西省B市法院提出破产申请，汉西省B市法院受理了申请。之前与甲公司有购货合同的丁公司向甲公司发货，却在发货后收到了破产通知，遂通知卡车返回。丁公司申报破产债权，被甲公司拒绝。丁公司遂向法院提起诉讼。

【问题】

1. 乙公司签订补充协议的行为是否属于表见代理？为什么？若甲公司能证明仲裁协议是乙公司私自用甲公司公章盖的，汉东省吕州市的仲裁是否有效？为什么？(4分)

2. 若甲公司要撤销仲裁裁决，应该向哪个法院提出申请，为什么？(4分)

3. 甲公司与丙公司的合同是否有效？为什么？韩某的行为如何定性？(4分)

4. 甲公司是否有权解除与丙公司的委托合同？为什么？(4分)

5. 丙公司在上诉中能否变更诉讼请求，为什么？(4分)

6. 若甲公司到期无力偿还债务，丁公司是否可以直接取得房屋的所有权？(4分)

7. 甲公司与丁公司的房屋买卖合同能否看成物权担保？为什么？(4分)

8. 甲公司是否有权解除与乙公司之间签订的合同？为什么？(4分)

9. 丁公司中止向甲公司运货的做法是否具有法律依据？为什么？(4分)

10. 若甲公司被受理破产后，汉西省B市法院能否将债权人诉讼交由其他法院管辖？为什么？(4分)

11. 若甲公司申请破产后，乙公司与其产生财产纠纷，应由仲裁委员会管辖还是法院管辖？为什么？(4分)

12. 若甲公司将本金和利息分两次提起诉讼，是否属于重复起诉？为什么？(5分)

13. 乙公司对甲公司的工程房屋是否有优先受偿权？为什么？优先受偿的范围是什么？(5分)

答案阅评参考

1. 乙公司签订补充协议的行为是否属于表见代理？为什么？若甲公司能证明仲裁协议是乙公司私自用甲公司公章盖的，汉东省吕州市仲裁委员会的仲裁是否有效？为什么？(4分)

【答案参考】

(1)不属于表见代理。

依据《民法典》第172条的规定，行为人没有代理权、超越代理权或者代理权终止后，仍然实施代理行为，相对人有理由相信行为人有代理权的，代理行为有效。本案中，甲公司与乙公司约定“甲公司的公章要交由乙公司保管”，乙公司自己与自己签订补充协议，不属于表见代理。

(2)汉东省吕州市仲裁委员会的仲裁裁决无效。

根据《民法典》第543条“当事人协商一致，可以变更合同”及《仲裁法》第4条“当事人采用仲裁方式解决纠纷，应当双方自愿，达成仲裁协议”的规定，甲公司和乙公司并没有达成该项仲裁条款。因此双方争议仍应由汉东省京州市仲裁委员会管辖，汉东省吕州市仲裁委员会的仲裁裁决无效。

知识点 表见代理，仲裁协议

涉及法条 《民法典》第172条、第543条，《仲裁法》第4条

2. 若甲公司要撤销仲裁裁决,应该向哪个法院提出申请,为什么?(4分)

【答案参考】

汉东省吕州市中级人民法院。

依据《仲裁法》及相关规定,当事人可以向仲裁委员会所在地的中级人民法院申请撤销仲裁裁决。因此,汉东省吕州市中级人民法院具有管辖权。

知识点 撤销仲裁裁决的条件

涉及法条 《仲裁法》第58条

阅评 这一问就是送分题,考生要重点掌握撤销仲裁裁决、不予执行仲裁裁决等相关的程序。

3. 甲公司与丙公司的合同是否有效?为什么?韩某的行为如何定性?(4分)

【答案参考】

(1)合同有效。

依据《民法典》第172条的规定,行为人没有代理权、超越代理权或者代理权终止后,仍然实施代理行为,相对人有理由相信行为人有代理权的,代理行为有效。本案中,虽然丙公司更换了法定代表人,但是没有办理变更登记,善意的甲公司有理由相信韩某的行为即丙公司的行为,合同有效。

(2)韩某的行为属于表见代表。

根据《民法典》第61条第1款的规定,依照法律或者法人章程的规定,代表法人从事民事活动的负责人,为法人的法定代表人。法定代表人以法人名义从事的民事活动,其法律后果由法人承受。法人章程或者法人权力机构对法定代表人代表权的限制,不得对抗善意相对人,即可对抗恶意相对人。本案中,韩某是刚被替换下的法定代表人,甲公司是善意的相对人。

知识点 表见代理、表见代表及法律后果

涉及法条 《民法典》第61条、第172条,《公司法》第13条

4. 甲公司是否有权解除与丙公司的委托合同?为什么?(4分)

【答案参考】

甲公司可解除与丙公司的委托合同。

依据《民法典》第933条"委托人或者受托人可以随时解除委托合同。因解除合同造成对方损失的,除不可归责于该当事人的事由外,无偿委托合同的解除方应当赔偿因解除时间不当造成的直接损失,有偿委托合同的解除方应当赔偿对方的直接损失和合同履行后可以获得的利益"的规定,甲公司作为委托人可行使任意解除权,解除与丙公司的委托合同。

知识点 合同的任意解除权

涉及法条 《民法典》第933条

5. 丙公司在上诉中能否变更诉讼请求,为什么?(4分)

【答案参考】

不能变更诉讼请求。

依据《民事诉讼法》及相关规定,丙公司属于原审被告,原审被告不能在二审中变更诉讼请求。如果变更了诉讼请求,就违背了两审终审制度,侵犯了当事人的审级利益。

知识点 两审终审制、二审法院审理范围

阅评 本题属于开放性的题目,考生可以从两审终审的角度回答,也可以从上诉案件的调解角度进行回答。如下答案也是满分:

可以变更诉讼请求。

依据《民事诉讼法》及相关规定,二审法院可以就变更的诉讼请求进行调解,调解不成告知另行起诉。本案中丙公司可以与对方进行调解,调解结案不受审级、诉讼请求范围的限制。

6. 若甲公司到期无力偿还债务,丁公司是否可以直接取得房屋的所有权?(4分)

【答案参考】

丁公司无权取得房屋的所有权。

根据《民间借贷规定》第23条第1款的规定,当事人以订立买卖合同作为民间借贷合同的担保,借款到期后借款人不能还款,出借人请求履行买卖合同的,人民法院应当按照民间借贷法律关系审理。当事人根据法庭审理情况变更诉讼请求的,人民法院应当准许。

本案中,甲公司与丁公司之间属于典型的民间借贷中出借人为了保障自己的利益,又与借款人签订一个买卖合同,约定将借款人的某项财产附条件地转让给出借人,以抵偿借贷欠款的情形。借款到期后若借款人甲公司不能还款,则甲公司与丁公司之间的纠纷应当按照民间借贷法律关系处理,而非按照房屋买卖合同纠纷处理,丁公司无权取得房屋的所有权。

知识点 民间借贷与买卖型担保

涉及法条 《民间借贷规定》第23条

7. 甲公司与丁公司的房屋买卖合同能否看成物权担保?为什么?(4分)

【答案参考】

不能够看成物权担保。

依据《民法典》第402条之规定,不动产物权担保应当办理抵押登记,抵押权自登记时设立。

本案中的房屋买卖担保实际上就是“买卖型担保”，不动产的担保主要是不动产的抵押，所以不能看作物权担保。

知识点 不动产抵押权设立

涉及法条《民法典》第402条

阅评 很多考生没听过“物权担保”这个词。近些年，随着人与人之间信任的缺失，借贷一般都要提供担保，但是为了规避法律的强制性规定，所以才有了“买卖型担保”。“买卖型担保”是指在债务人不偿还借款的时候，债权人就以该笔借款为购房款，直接购买债务人的房子。其实质是用房子作抵押，但是没有办理抵押登记，就不设立抵押权。这一问属于难点，建议考生认真学习对应法条内容，能够识别考题中考查的知识点。

8. 甲公司是否有权解除与乙公司之间签订的合同？为什么？(4分)

【答案参考】

甲公司无权解除与乙公司的合同。

依据《民法典》第465条、第563条的规定，依法成立的合同对当事人具有约束力，除出现法定解除情形或者当事人双方协议解除外，不得随意解除。因此，甲公司不能单方解除合同。

知识点 合同的解除

涉及法条《民法典》第465条、第563条

9. 丁公司中止向甲公司运货的做法是否具有法律依据？为什么？(4分)

【答案参考】

具有法律依据。

依据《企业破产法》及相关规定，人民法院受理破产申请时，出卖人已将买卖标的物向作为买受人的债务人发运，债务人尚未收到且未付清全部价款的，出卖人可以取回在运途中的标的物。但是，管理人可以支付全部价款，请求出卖人交付标的物。本案符合出卖人取回的条件。

知识点 出卖人取回权

涉及法条《企业破产法》第39条

10. 若甲公司被受理破产后，汉西省B市法院能否将债权人诉讼交由其他法院管辖？为什么？(4分)

【答案参考】

可以交由其他法院管辖。

依据《民事诉讼法》及相关解释，破产程序中有关债务人的诉讼案件，受理破产申请的法院报请上级法院批准后，可以将案件在开庭前交由下级人民法院审理。所以，针对债务人的专业性较强的案件可以通过高院指定管辖的方式交给其他法院审理。

知识点 管辖权转移的情形、指定管辖

涉及法条 《企业破产法》第21条

11. 若甲公司申请破产后，乙公司与其产生财产纠纷，应由仲裁委员会管辖还是法院管辖？为什么？(4分)

【答案参考】

应由汉东省京州市仲裁委员会管辖。

依据《企业破产法》及相关规定，仅针对民事诉讼的管辖规定，并不排斥仲裁管辖。而且甲公司与乙公司约定了仲裁机构，有效的仲裁协议排斥法院管辖。因此，甲公司与乙公司的财产纠纷应由约定的汉东省京州市仲裁委员会管辖。

知识点 仲裁与民事诉讼的关系

涉及法条 《仲裁法》第21条、《最高人民法院关于适用〈中华人民共和国企业破产法〉若干问题的规定(三)》第8条

12. 若甲公司将本金和利息分两次提起诉讼，是否属于重复起诉？为什么？(5分)

【答案参考】

不构成重复起诉。

依据《民事诉讼法》及相关司法解释，前后两个诉讼的当事人、诉讼标的相同，后诉的诉讼请求实质上否定了前诉的裁判结果，就属于重复起诉。本案中的本金和利息属于不同的诉讼请求和诉讼标的，不属于重复起诉。

知识点 重复起诉

涉及法条 《民诉法解释》第247条、第248条

阅评 重复起诉这个考点，已连续考查，属于常规重点。从节约司法资源的角度来分析，如果没有极特殊原因，当事人应当将请求一次性主张，如果人为将诉讼拆分，将大大浪费司法资源，也是对诉讼权利的滥用。因此，考生在备考过程中，务必将这个知识点认真学习并掌握。

13. 乙公司对甲公司的工程房屋是否有优先受偿权？为什么？优先受偿的范围是什么？(5分)

【答案参考】

(1)乙公司对甲公司的工程房屋有优先受偿权。

依据《民法典》第807条的规定,发包人未按照约定支付价款的,承包人可以催告发包人在合理期限内支付价款。发包人逾期不支付的,除根据建设工程的性质不宜折价、拍卖外,承包人可以与发包人协议将该工程折价,也可以请求人民法院将该工程依法拍卖。建设工程的价款就该工程折价或者拍卖的价款优先受偿。施工合同中施工人享有优先受偿权,因此,乙公司对甲公司的工程房屋有优先受偿权。

(2)优先受偿的范围仅限于建设工程款,包括承包人为建设工程应当支付的工作人员报酬、材料款等实际支出的费用,不包括承包人因发包人违约所造成的损失。

【提示】优先受偿的范围根据2020年12月29日通过、2021年1月1日实施的《最高人民法院关于审理建设工程施工合同纠纷案件适用法律问题的解释(一)》第40条规定:承包人建设工程价款优先受偿的范围依照国务院有关行政主管部门关于建设工程价款范围的规定确定,即限于建设工程价款。承包人就逾期支付建设工程价款的利息、违约金、损害赔偿金等主张优先受偿的,人民法院不予支持。

知识点 建设工程款优先受偿权

涉及法条《民法典》第807条

第四章 一问一答式题目

八、2017年第四题(22分)

2016年1月10日,自然人甲为创业需要,与自然人乙订立借款合同,约定甲向乙借款100万元,借款期限1年,借款当日交付。2016年1月12日,双方就甲自有的M商品房又订立了一份商品房买卖合同,其中约定:如甲按期偿还对乙的100万元借款,则本合同不履行;如甲到期未能偿还对乙的借款,则该借款变成购房款,甲应向乙转移该房屋所有权;合同订立后,该房屋仍由甲占有使用。

2016年1月15日,甲用该笔借款设立了S个人独资企业。为扩大经营规模,S企业向丙借款200万元,借款期限1年,丁为此提供保证担保,未约定保证方式;戊以一辆高级轿车为质押并交付,但后经戊要求,丙让戊取回使用,戊又私自将该车以市价卖给不知情的己,并办理了过户登记。

2016年2月10日,甲因资金需求,瞒着乙将M房屋出卖给了庚,并告知庚其已与乙订立房屋买卖合同一事。2016年3月10日,庚支付了全部房款并办理完变更登记,但因庚自3月12日出国访学，为期4个月，双方约定庚回国后交付房屋。

2016年3月15日，甲未经庚同意将M房屋出租给知悉其卖房给庚一事的辛，租期2个月，月租金5000元。2016年5月16日，甲从辛处收回房屋的当日，因雷电引发火灾，房屋严重毁损。根据甲卖房前与某保险公司订立的保险合同（甲为被保险人），某保险公司应支付房屋火灾保险金5万元。2016年7月13日，庚回国，甲将房屋交付庚。

2017年1月16日，甲未能按期偿还对乙的100万元借款，S企业也未能按期偿还对丙的200万元借款，现乙和丙均向甲催要。

【问题】

1. 就甲对乙的100万元借款，如乙未起诉甲履行借款合同，而是起诉甲履行买卖合同，应如何处理？请给出理由。（4分）

2. 就S企业对丙的200万元借款，甲、丁、戊各应承担何种责任？为什么？（6分）

3. 甲、庚的房屋买卖合同是否有效？庚是否已取得房屋所有权？为什么？（3分）

4. 谁有权收取M房屋2个月的租金？为什么？（3分）

5. 谁应承担M房屋火灾损失？为什么？（3分）

6. 谁有权享有M房屋火灾损失的保险金请求权？为什么？（3分）

答案阅评参考

1. 就甲对乙的100万元借款，如乙未起诉甲履行借款合同，而是起诉甲履行买卖合同，应如何处理？请给出理由。（4分）

【答案参考】

应按照民间借贷法律关系作出认定和处理。

依据《民间借贷规定》第23条的规定，当事人以订立买卖合同作为民间借贷合同的担保，借款到期后借款人不能还款，出借人请求履行买卖合同的，人民法院应当按照民间借贷法律关系审理。当事人根据法庭审理情况变更诉讼请求的，人民法院应当准许。按照民间借贷法律关系审理作出的判决生效后，借款人不履行生效判决确定的金钱债务，出借人可以申请拍卖买卖合同标的物，以偿还债务；就拍卖所得的价款与应偿还借款本息之间的差额，借款人或者出借人有权主张返还或者补偿。

知识点 民间借贷与买卖型担保（与2018年第6问考查知识点相同，难度较大）

涉及法条 《民间借贷规定》第23条

阅评 本题答案不唯一，考生可选多种角度作答，按照如下回答，也可以得满分。

按照抵押合同处理。

根据《民法典》第146条的规定，行为人与相对人以虚假的意思表示实施的民事法律行为无效，认定买卖合同无效。进而，依据该条第2款“以虚假的意思表示隐藏的民事法律行为的效力，依照有关法律规定处理”，认定隐藏的行为为抵押合同，应该按照抵押合同处理。

知识点 虚假表示与隐藏行为效力

涉及法条 《民法典》第 146 条

2. 就 S 企业对丙的 200 万元借款，甲、丁、戊各应承担何种责任？为什么？(6 分)

【答案参考】

(1)甲仅在 S 企业财产不足以清偿债务时以个人其他财产予以清偿。

根据《民法典》第 104 条“非法人组织的财产不足以清偿债务的，其出资人或者设立人承担无限责任。法律另有规定的，依照其规定”的规定，甲作为 S 企业的投资人，在 S 企业财产不足以清偿债务时，应当予以清偿。

(2)丁应承担一般保证责任。

根据《民法典》第 686 条第 2 款的规定，当事人在保证合同中对保证方式没有约定或者约定不明确的，按照一般保证承担保证责任。本案中，丁没有约定保证方式，因此丁承担一般保证责任。

(3)戊不承担责任。

根据《民法典》第 429 条“质权自出质人交付质押财产时设立”的规定，丙让戊取回轿车使用时，丙的质权随之消灭。

知识点 非法人组织的债务承担、保证方式、质权的设立

涉及法条 《民法典》第 104 条、第 429 条、第 686 条

3. 甲、庚的房屋买卖合同是否有效？庚是否已取得房屋所有权？为什么？(3 分)

【答案参考】

合同有效，庚知情并不影响合同效力。庚已取得所有权，甲系有权处分，庚因登记取得所有权。

依据《民法典》及相关规定，甲、庚之间的合同不存在瑕疵，依法有效。甲与庚签订买卖合同的时候，甲仍然为房屋的所有权人，故甲属于有权处分，此时，庚知道甲、乙之间的买卖合同，并不影响甲、庚之间买卖合同的效力。办理了过户登记，庚便获得了房屋的所有权。

知识点 不动产物权变动、合同的相对性

涉及法条 《民法典》第 209 条

4. 谁有权收取 M 房屋 2 个月的租金？为什么？(3 分)

【答案参考】

甲有权收取。

依据《民法典》及相关规定，买卖合同中标的物在交付前产生的孳息，归出卖人所有；在交付后产生的孳息，归买受人所有（或者写：在买卖关系中，买卖标的物孳息的收取权随标的物占有的

转移而转移)。本案中,甲尚未交付房屋,甲为有权占有,租赁合同有效,故出租人甲可收取房屋法定孳息,即2个月的租金。

知识点 孳息的归属

涉及法条 《民法典》第321条、第630条

5. 谁应承担M房屋火灾损失?为什么?(3分)

【答案参考】

应由甲承担。

根据《民法典》第604条的规定,除非当事人另有约定,标的物风险自交付时转移。所以,虽然甲将房屋出卖给庚,且办理了房屋所有权的变更登记,但尚未交付。风险尚未转移,仍旧由甲承担。

知识点 标的物的风险承担

涉及法条 《民法典》第604条

6. 谁有权享有M房屋火灾损失的保险金请求权?为什么?(3分)

【答案参考】

庚享有请求权。

根据《保险法》第49条第1款的规定,保险标的转让的,保险标的的受让人承继被保险人的权利和义务。本案中,甲卖房前与保险公司签订了保险合同,随后将房子转让给庚,并办理了变更登记,完成了保险合同中保险标的的所有权转移。庚依法取得了保险合同中被保险人的地位,依法享有保险金请求权。

知识点 合同的相对性

涉及法条 《保险法》第49条

九、2016年第四题(22分)

自然人甲与乙订立借款合同,其中约定甲将自己的一辆汽车作为担保物让与乙。借款合同订立后,甲向乙交付了汽车并办理了车辆的登记过户手续。乙向甲提供了约定的50万元借款。

一个月后,乙与丙公司签订买卖合同,将该汽车卖给对前述事实不知情的丙公司并实际交付丙公司,但未办理登记过户手续,丙公司仅支付了一半购车款。某天,丙公司将该汽车停放在停车场时,该车被丁盗走。丁很快就将汽车出租给不知该车来历的自然人戊,戊在使用过程中因汽车故障送到己公司修理。己公司以戊上次来修另一辆汽车时未付修理费为由扣留该汽车。汽车扣留期间,己公司的修理人员庚偷开上路,违章驾驶撞伤行人辛,辛为此花去医药费2000元。现

丙公司不能清偿到期债务,法院已受理其破产申请。

【问题】

1. 甲与乙关于将汽车让与债权人乙作为债务履行担保的约定效力如何?为什么?乙对汽车享有什么权利?(3 分)

2. 甲主张乙将汽车出卖给丙公司的合同无效,该主张是否成立?为什么?(3 分)

3. 丙公司请求乙将汽车登记在自己名下是否具有法律依据?为什么?(3 分)

4. 丁与戊的租赁合同是否有效?为什么?丁获得的租金属于什么性质?(3 分)

5. 己公司是否有权扣留汽车并享有留置权?为什么?(3 分)

6. 如不考虑交强险责任,辛的 2000 元损失有权向谁请求损害赔偿?为什么?(3 分)

7. 丙公司与乙之间的财产诉讼管辖应如何确定?法院受理丙公司破产申请后,乙能否就其债权对丙公司另行起诉并按照民事诉讼程序申请执行?(4 分)

答案阅评参考

1. 甲与乙关于将汽车让与债权人乙作为债务履行担保的约定效力如何?为什么?乙对汽车享有什么权利?(3 分)

【答案参考】

(1)有效。

依据《九民纪要》第 71 条第 1 款"债务人或者第三人与债权人订立合同,约定将财产形式上转让至债权人名下,债务人到期清偿债务,债权人将该财产返还给债务人或第三人,债务人到期没有清偿债务,债权人可以对财产拍卖、变卖、折价偿还债权的,人民法院应当认定合同有效"的规定,甲、乙在借款期限未到期前提下就签订以物担保抵债协议,且甲在履行期限届满前就向乙交付了汽车并办理了车辆的登记过户手续,属于让与担保,应为有效。同时,该约定不存在效力瑕疵。综上,该合同有效。

(2)乙并非取得所有权,而是取得让与担保权。

甲、乙间汽车转让的行为系虚假行为,应为无效;而担保系隐藏行为,符合双方真实意思表示,不存在效力瑕疵,应为有效。同时依据《九民纪要》第 71 条第 2 款"当事人根据上述合同约定,已经完成财产权利变动的公示方式转让至债权人名下,债务人到期没有清偿债务,债权人请求确认财产归其所有的,人民法院不予支持,但债权人请求参照法律关于担保物权的规定对财产拍卖、变卖、折价优先偿还其债权的,人民法院依法予以支持"的规定,债权人乙并非取得所有权,而是取得让与担保权,有权主张优先受偿。

知识点 让与担保

涉及法条 《九民纪要》第 71 条

阅评 本问通过《民法典担保制度解释》第 67 条、第 68 条亦可回答,结论唯一,理由可不一致,符合法考命题规律。

2. 甲主张乙将汽车出卖给丙公司的合同无效,该主张是否成立?为什么?(3分)

【答案参考】

乙对汽车享有所有权,其出卖汽车的行为属于有权处分。根据《民法典》第143条的规定,乙、丙之间的买卖合同双方行为人具有相应的民事行为能力,且意思表示真实,同时丙为善意相对人不违反法律、行政法规的强制性规定,不违背公序良俗。所以甲主张乙将汽车出卖给丙公司的合同无效不成立。

知识点 无权处分的效力

涉及法条 《民法典》第143条

阅评 本问考查了合同效力,还可以用《民法典》第597条第1款进行回答,参考如下:

因出卖人未取得处分权致使标的物所有权不能转移的,买受人可以解除合同并请求出卖人承担违约责任。因此欠缺处分权不影响作为负担行为的买卖合同的效力。

3. 丙公司请求乙将汽车登记在自己名下是否具有法律依据?为什么?(3分)

【答案参考】

有法律依据。

因丙公司对甲、乙间的事实并不知情,构成善意;乙已经交付汽车于丙公司;双方以合理价格转让。虽然丙公司仅支付了一半购车款,但仍不影响丙公司构成善意取得,因此丙公司取得汽车所有权。

同时依据《民法典》的相关规定,汽车属于特殊动产,交付虽能转移所有权,但只有经过登记才能产生对外的效力,所以所有权人丙公司当然可请求乙将汽车登记在自己名下。

知识点 特殊动产的物权登记

涉及法条 《民法典》第225条、第598条

4. 丁与戊的租赁合同是否有效?为什么?丁获得的租金属于什么性质?(3分)

【答案参考】

(1)有效。因为丁不享有所有权或处分权,并不影响租赁合同效力。丁将他人财产擅自出租给不知情的戊,租赁合同不存在恶意串通等无效情形,因此租赁合同有效。

(2)丁所得的租金属于不当得利。依据《民法典》的相关规定,租金属于法定孳息,丁出租他人财产所获得的租金,欠缺法律上的依据,对于原物所有权人丙而言属于不当得利,应予以返还。

知识点 合同的效力、不当得利之债

涉及法条 《民法典》第122条、第985条

5. 己公司是否有权扣留汽车并享有留置权？为什么？(3 分)

【答案参考】

己公司无权扣留汽车并享有留置权。

《民法典》第 448 条规定，债权人留置的动产与债权应该属于同一法律关系。但在本案中，债权与汽车无牵连关系。己公司无权扣押该汽车并行使留置权。

知识点 留置权

涉及法条 《民法典》第 448 条

6. 如不考虑交强险责任，辛的 2000 元损失有权向谁请求损害赔偿？为什么？(3 分)

【答案参考】

辛有权向戊、己公司、庚请求赔偿。

依据《民法典》及相关规定，因租赁、借用机动车发生交通事故后属于该机动车一方责任的，由保险公司在交强险责任限额范围内予以赔偿。不足部分，由机动车使用人承担赔偿责任。机动车所有人对损害的发生有过错的，承担相应的赔偿责任。本案中，戊系承租人，系汽车的使用权人；庚是己公司的雇员，庚的行为属于职务行为，己公司应当承担雇用人（或雇主）责任；庚系肇事人（或直接侵权行为人）。

知识点 机动车交通事故责任、替代责任

【提示】 本题与当年官方给的答案不一致，有些真题解析书在 2021 年以后仍旧沿用旧答案做解析，回答只能向庚请求赔偿，因为庚是车辆驾驶人，偷开上路不属于执行职务行为，己公司不用承担赔偿责任。还有解析书回答只能向己公司请求赔偿，依据《民法典》第 1191 条规定，由用人单位承担无过错替代责任。本题如果在法考题目中出现，可根据本书答案进行回答，因为在实务中，作为辛的代理律师，提起诉讼的时候一定会将戊、己公司、庚三位列为共同被告。

7. 丙公司与乙之间的财产诉讼管辖应如何确定？法院受理丙公司破产申请后，乙能否就其债权对丙公司另行起诉并按照民事诉讼程序申请执行？(4 分)

【答案参考】

(1)丙公司与乙之间的财产诉讼应该由受理破产案件的人民法院管辖。

依据《企业破产法》第 21 条之规定，人民法院受理破产申请后，有关债务人的民事诉讼，只能向受理破产申请的人民法院提起。题目中交代了丙公司向法院申请了破产，应由受理破产案件的法院管辖。

(2)法院受理丙公司破产申请后，乙应当申报债权，如果对于债权有争议，可以向受理破产申请的人民法院提起诉讼，但不能按照民事诉讼程序申请执行。

依据《企业破产法》第 19 条之规定，人民法院受理破产案件申请后，有关债务人财产的保全措施应当解除，执行程序应当中止。所以，法院受理丙公司破产申请后，乙应当在法院确定的债权申报期间向管理人申报债权，如果对于债权有争议，可以向受理破产申请的法院提起诉讼。

知识点 破产的诉讼纠纷管辖和申请执行

涉及法条《企业破产法》第19条、第21条

十、2015年第四题(21分)

甲欲出卖自家的房屋,但其房屋现已出租给张某,租赁期还剩余1年。甲将此事告知张某,张某明确表示,以目前的房价自己无力购买。

甲的同事乙听说后,提出购买。甲表示愿意但需再考虑细节。乙担心甲将房屋卖与他人,提出草签书面合同,保证甲将房屋卖与自己,甲同意。甲、乙一起到房屋登记机关验证房屋确实登记在甲的名下,且所有权人一栏中只有甲的名字,双方草签了房屋预购合同。

后双方签订正式房屋买卖合同约定:乙在合同签订后的5日内将购房款的2/3通过银行转账给甲,但甲须提供保证人和他人房屋作为担保;双方还应就房屋买卖合同到登记机关办理预告登记。

甲找到丙作为保证人,并用丁的房屋抵押。丁与乙签订抵押合同并办理了抵押登记,但并没有约定担保范围。甲、乙双方办理了房屋买卖合同预告登记,但甲忘记告诉乙房屋出租情况。

此外,甲的房屋实际上为夫妻共同财产,甲自信妻子李某不会反对其将旧房出卖换大房,事先未将出卖房屋的事情告诉李某。李某知道后表示不同意。但甲还是瞒着李某与乙办理了房屋所有权转移登记。

2年后,甲与李某离婚,李某认为当年甲擅自处分夫妻共有房屋造成了自己的损失,要求赔偿。甲抗辩说,赔偿请求权已过诉讼时效。

【问题】

1. 在本案中,如甲不履行房屋预购合同,乙能否请求法院强制其履行?为什么?(3分)

2. 甲未告知乙有租赁的事实,应对乙承担什么责任?(3分)

3. 如甲不按合同交付房屋并转移房屋所有权,预告登记将对乙产生何种保护效果?(3分)

4. 如甲在预告登记后又与第三人签订房屋买卖合同,该合同是否有效?为什么?(3分)

5. 如甲不履行合同义务,在担保权的实现上乙可以行使什么样的权利?担保权实现后,甲、丙、丁的关系如何?(3分)

6. 甲擅自处分共有财产,其妻李某能否主张买卖合同无效?是否可以主张房屋过户登记为无效或者撤销登记?为什么?(3分)

7. 甲对其妻李某的请求所提出的时效抗辩是否成立?为什么?(3分)

答案阅评参考

1. 在本案中,如甲不履行房屋预购合同,乙能否请求法院强制其履行?为什么?(3分)

【答案参考】

不能。

依据《民法典》及相关规定，预约合同的目的在于订立主合同。按照原《买卖合同解释》(2012年)第2条(现为《民法典》第495条)的规定，当事人签订认购书、备忘录等预约合同，约定将来订立买卖合同，一方不履行的，对方可请求其承担预约合同违约责任或者要求解除预约合同并主张损害赔偿。但是，法院不能强制当事人签订正式合同。乙可以按照《民法典》第584条的规定请求赔偿，也可以根据《民法典》第563条的规定请求解除合同并请求赔偿。

知识点 预约合同

涉及法条 《民法典》第563条、第584条

2. 甲未告知乙有租赁的事实，应对乙承担什么责任？(3分)

【答案参考】

甲应对乙承担违约责任。

依据《民法典》第612条之规定，出卖人就交付的标的物，负有保证第三人对该标的物不享有任何权利的义务，但是法律另有规定的除外。本案中，甲应说明买卖标的物上有负担的事实而未说明，违反了法律规定的义务。在合同有效的情况下，甲应承担瑕疵履行的违约赔偿责任。

知识点 买卖合同中的瑕疵担保义务、违约责任

涉及法条 《民法典》第612条

3. 如甲不按合同交付房屋并转移房屋所有权，预告登记将对乙产生何种保护效果？(3分)

【答案参考】

未经买受人乙同意，出卖人处分该不动产，不发生物权效力。

依据《民法典》第221条第1款的规定，预告登记后，甲再处分房屋的，不产生物权效力，即乙对房屋的交付请求权具有物权性优先权，可以对抗所有的未登记的购买人。

知识点 预告登记

涉及法条 《民法典》第221条、《最高人民法院关于适用〈中华人民共和国民法典〉物权编的解释(一)》第4条

4. 如甲在预告登记后又与第三人签订房屋买卖合同，该合同是否有效？为什么？(3分)

【答案参考】

合同有效。

依据《民法典》第215条之规定，当事人订立有关设立、变更、转让和消灭不动产物权的合同，除法律另有规定或者当事人另有约定外，自合同成立时生效；未办理物权登记的，不影响合同效力。合同有效。预告登记后，只是不发生物权变动的效力，如果甲不履行合同，将对第三人承担违约责任。

知识点 不动产物权合同的效力

涉及法条 《民法典》第215条

5. 如甲不履行合同义务，在担保权的实现上乙可以行使什么样的权利？担保权实现后，甲、丙、丁的关系如何？（3分）

【答案参考】

（1）乙可选择向丙或者丁主张权利。

保证人丙、抵押人丁均为第三人担保，依据《民法典》及相关规定，当事人之间未对担保范围与顺序进行约定的，债权人可以就第三人提供的物的担保实现债权，也可以请求保证人承担保证责任。本案中，乙可以选择向丙或者丁求偿。

（2）丙或者丁承担责任后，可以向甲追偿。如果丙或丁不能从甲处获得追偿，彼此间不能相互追偿，除非丙、丁在担保合同中约定了可以相互追偿。依据《民法典》及相关规定，除非在担保合同中约定可以相互追偿，否则一方承担责任后，不得请求另一方分担其应承担的份额。

知识点 混合担保规则、追偿权

涉及法条 《民法典》第392条、《九民纪要》第56条

【提示】这个问题应当依据《民法典》和《九民纪要》作答，2021年的答案就发生了改变，市面上仍有很多真题解析书给的是旧的错答案。考生应当注重掌握《民法典》第392条的规定："被担保的债权既有物的担保又有人的担保的，债务人不履行到期债务或者发生当事人约定的实现担保物权的情形，债权人应当按照约定实现债权；没有约定或者约定不明确，债务人自己提供物的担保的，债权人应当先就该物的担保实现债权；第三人提供物的担保的，债权人可以就物的担保实现债权，也可以请求保证人承担保证责任。提供担保的第三人承担担保责任后，有权向债务人追偿。"

关于对同一债权上既有物的担保又有人的担保的情况，现行有效法律有如下规定：

1. 在当事人对物的担保和人的担保的关系有约定的情况下，应当尊重当事人的意思，按约定实现。这充分尊重了当事人的意愿。

2. 在没有约定或者约定不明确，债务人自己提供物的担保的情况下，应当先就该物的担保实现担保权。

3. 第三人承担担保责任后，有权向债务人追偿。

实践中，对同一债权，还可能出现债务人和第三人均提供了物的担保，还有第三人提供人的担保的情形。在这种情况下无论是从公平的角度，还是从防止日后行使追索权的烦琐、节约成本的角度，债权人都应当先行使债务人提供的物的担保，再行使第三人提供的物的担保，否则保证人可以有抗辩权。

6. 甲擅自处分共有财产，其妻李某能否主张买卖合同无效？是否可以主张房屋过户登记为无效或者撤销登记？为什么？（3分）

【答案参考】

（1）不得主张买卖合同无效。

依据《民法典》及相关规定，夫妻之间共有的财产，双方有平等的处理权。虽然甲擅自处分共有财产，但其没有处分权不影响合同效力。

(2)不可以主张房屋过户登记为无效，对于善意的乙不得主张无效。

本案中，合同签订后，李某才知道丈夫甲擅自处置房屋并表示不同意，但甲还是瞒着妻子与乙办理了房屋过户登记手续。依据《民法典》及相关规定，买受人乙是善意的，有理由相信甲的行为为夫妻双方共同意思表示，合同有效，已经发生所有权变更的效力。

知 识 点 夫妻共同财产的处分、房产登记的撤销

7. 甲对其妻李某的请求所提出的时效抗辩是否成立？为什么？(3 分)

【答案参考】

不成立。

依据《民法典》及相关司法解释的规定，诉讼时效期间从知道或者应当知道权利被侵害时起计算，在诉讼时效期间的最后 6 个月内，因不可抗力或者其他障碍不能行使请求权的，诉讼时效中止。李某对甲提起诉讼的诉讼时效期间应当从二人离婚之日起继续计算。所以，甲不得以诉讼时效已过进行抗辩。

知 识 点 离婚损害赔偿请求权的时效

十一、2014 年第四题(22 分)

2 月 5 日，甲与乙订立一份房屋买卖合同，约定乙购买甲的房屋一套(以下简称 01 号房)，价格 80 万元。并约定，合同签订后一周内乙先付 20 万元，交付房屋后付 30 万元，办理过户登记后付 30 万元。

2 月 8 日，丙得知甲欲将该房屋出卖，表示愿意购买。甲告知其已与乙签订合同的事实，丙说愿出 90 万元。于是，甲与丙签订了房屋买卖合同，约定合同签订后 3 日内丙付清全部房款，同时办理过户登记。2 月 11 日，丙付清了全部房款，并办理了过户登记。

2 月 12 日，当乙支付第一笔房款时，甲说：房屋已卖掉，但同小区还有一套房屋(以下简称 02 号房)，可作价 100 万元出卖。乙看后当即表示同意，但提出只能首付 20 万元，其余 80 万元向银行申请贷款。甲、乙在原合同文本上将房屋相关信息、价款和付款方式作了修改，其余条款未修改。

乙支付首付 20 万元后，恰逢国家出台房地产贷款调控政策，乙不再具备贷款资格。故乙表示仍然要买 01 号房，要求甲按原合同履行。甲表示 01 号房无法交付，并表示第二份合同已经生效，如乙不履行将要承担违约责任。乙认为甲违约在先。3 月中旬，乙诉请法院确认甲、丙之间的房屋买卖合同无效，甲应履行 2 月 5 日双方签订的合同，交付 01 号房，并承担迟延交付的违约责任。甲则要求乙继续履行购买 02 号房的义务。

3 月 20 日，丙聘请不具备装修资质的 A 公司装修 01 号房。装修期间，A 公司装修工张某因

操作失误将水管砸坏,漏水导致邻居丁的家具等物件损坏,损失约5000元。

5月20日,丙花3000元从商场购买B公司生产的热水器,B公司派员工李某上门安装。5月30日,李某从B公司离职,但经常到B公司派驻丙所住小区的维修处门前承揽维修业务。7月24日,丙因热水器故障到该维修处要求B公司维修,碰到李某。丙对李某说:热水器是你装的,出了问题你得去修。维修处负责人因人手不够,便对李某说:那你就去帮忙修一下吧。李某便随丙去维修。李某维修过程中操作失误致热水器毁损。

【问题】

1. 01号房屋的物权归属应当如何确定?为什么?(3分)

2. 甲、丙之间的房屋买卖合同效力如何?考查甲、丙之间合同效力时应当考虑本案中的哪些因素?(3分)

3. 2月12日,甲、乙之间对原合同修改行为的效力应当如何认定?为什么?(3分)

4. 乙的诉讼请求是否应当得到支持?为什么?(3分)

5. 针对甲要求乙履行购买02号房的义务,乙可主张什么权利?为什么?(3分)

6. 邻居丁所遭受的损失应当由谁赔偿?为什么?(3分)

7. 丙热水器的毁损,应由谁承担赔偿责任?为什么?(4分)

答案阅评参考

1. 01号房屋的物权归属应当如何确定?为什么?(3分)

【答案参考】

不动产物权发生变动,即由原所有权人甲变更为丙。

依据《民法典》及相关规定,不动产物权的设立、变更,经依法登记,发生效力;未经登记,不发生法律效力,但法律另有规定的除外。甲、丙基于合法有效的买卖合同于2月11日办理了过户登记手续,即完成了不动产物权的公示行为。

知识点 基于法律行为的不动产物权变动

2. 甲、丙之间的房屋买卖合同效力如何?考查甲、丙之间合同效力时应当考虑本案中的哪些因素?(3分)

【答案参考】

甲、丙之间于2月8日形成的房屋买卖合同,该合同为有效合同。

尽管甲已就该房与乙签订了合同,但甲、丙的行为不属于违背公序良俗的行为,也不违反法律、行政法规的强制性规定,不存在无效的因素。丙的行为仅为单纯的知情,甲、丙之间的合同不属于恶意串通行为,因其不以损害乙的权利为目的。

知识点 房屋买卖合同的效力

3. 2月12日，甲、乙之间对原合同修改行为的效力应当如何认定？为什么？(3分)

【答案参考】

该行为有效。

甲、乙之间修改合同属于一个独立的合同行为，双方就标的、价格等合同主要要素均作了明确的约定，相当于订立了新的房屋买卖合同。2月12日，甲、乙之间修改合同的行为有效，其性质属于双方变更合同。双方受变更后合同的约束。

知识点 合同的变更、合同的订立

4. 乙的诉讼请求是否应当得到支持？为什么？(3分)

【答案参考】

不能得到支持。

依据《民法典》及相关规定，乙与甲通过协商变更了合同，甲、丙之间的合同有效且已经办理了物权变动手续，故乙关于确认甲、丙之间合同无效，由甲交付01号房的请求不能得到支持。

但是，乙可以请求甲承担违约责任，乙同意变更合同不等于放弃追索甲在01号房屋买卖合同下的违约责任。

知识点 第三人对合同无效的主张、实际履行的限制、违约责任

5. 针对甲要求乙履行购买02号房的义务，乙可主张什么权利？为什么？(3分)

【答案参考】

乙可请求解除合同，甲应将收受的购房款本金及其利息返还乙。

因政策限购属于当事人无法预见的情形，且合同出现了履行不能的情形，符合我国《民法典》关于情势变更的规定，乙有权解除合同，且无须承担责任。

知识点 情势变更、合同的解除与违约责任

6. 邻居丁所遭受的损失应当由谁赔偿？为什么？(3分)

【答案参考】

应当由丙和A公司承担。

依据《民法典》第1191条第1款之规定，用人单位的工作人员因执行工作任务造成他人损害的，由用人单位承担侵权责任。张某是受雇人，其执行职务的行为由A公司承担侵权赔偿责任。丙聘请没有装修资质的A公司进行装修具有过错，也应对丁的损失承担赔偿责任。

知识点 无意思联络的数人侵权、职务侵权

7. 丙热水器的毁损,应由谁承担赔偿责任?为什么?(4分)

【答案参考】

B公司承担。

李某实施的维修行为构成表见代理,其行为后果由B公司承担(合同上的赔偿责任)。[或者答李某虽然离职,但经维修处负责人指派,仍为执行工作任务,应由B公司承担(侵权责任)]

知识点 表见代理

【关联扩展】

基于历年真题"变化的是案情,不变的是考点"的道理,本题还可以从其他角度进行考查:B公司指派李某承担维修工作,李某的维修行为究竟是辅助行为还是表见代理,抑或雇佣行为、职务行为?对于不同的行为,承担责任的主体也不一样。

1. 如果是代理行为,李某从B公司离职,但经常到B公司派驻丙所在小区的维修处门前承揽维修业务,之前由李某安装该热水器,在丙向该维修处求助时,维修处负责人当面指派李某前往维修,丙有理由相信李某仍为职务代理人,善意无过失。被代理人B承担李某侵权或违约的法律后果。

2. 如果是雇佣行为,李某受雇于B公司,职务侵权,B承担雇主侵权责任。

考生根据考试题目给出的情况进行回答即可,法考不追究答案的唯一性,但必须言之有理。

第五编

民事诉讼法与仲裁制度

民事诉讼法与仲裁制度这一部门法，在2018年法考改革以后，不再单独命题。而是与民法、商法综合命题，2021年全国卷民事诉讼法考了近20分，考生在备考的时候务必用心。本书按照2023年9月1日修正的《民事诉讼法》进行编写，收录了司法考试卷四中有价值的真题。但本编考点部分将改革后的法考主观题试卷中民事诉讼法与仲裁制度所考查的知识点进行了归纳，供大家参考学习。

第一章　民事诉讼法与仲裁制度命题规律

1. 理论与实践结合，综合性强，具有实务倾向性。

命题均是源自真实案例，在解决民法、商法实体法争议的同时，顺带考查民事诉讼与仲裁的程序问题。这就要求考生们既要熟悉掌握程序法理论知识，又要具备扎实的实体法基础。民法中如《民法典》总则编、物权编、合同编、侵权责任编等，商法中如《公司法》《企业破产法》《保险法》等，均涉及一定的程序规则。这种命题特点非常契合司法实务的需要，也是考试改革的基本趋势和落脚点。

2. 命题思路多变。

命题人命题的时候，一般先确定要考查的知识点，再确定考查的逻辑和思路，最后设计案例背景将其串联。由于一个知识点往往有多个命题角度，如果把握不全面，在考场上就无法快速地看出命题逻辑，也就无法准确还原考点原貌，容易导致错答或漏答。这种命题思路不是孤立考查某个知识点"是什么"，而是要求我们理解"为什么""怎么用"，题目更系统、更综合，考查更细致。因此，这就要求考生们掌握灵活运用知识解决实际问题的能力，而这种能力必须通过不断地反复练习来获取。

3. 分析评价类、应用类题型增加，但仍侧重基础。

前述两种题型的增加，表明题目的考查深入程度在增加。通俗而言，就是考生们常说的"特别绕"或者"翻不到法条"，比如，代位权诉讼、请求权竞合、确认合同无效之诉等命题模型。这一类题的共性是，要求考生们运用已知法条，结合案件具体情况和自己的价值判断进行推理，最后得出结论。解答这种题目往往可以综合体现出一个考生在法律经验、理性、法学知识、法律逻辑思维等方面的真实水准。

值得庆幸的是，命题虽新但仍侧重基础（基本原理、核心理论、法律思维推理能力），大家无须钻研偏、难、怪题。

【特殊提示】

表5　近九年民诉法分值及占卷面比重情况

年份	2023	2022	2021	2020	2019	2018	2017	2016	2015
分值/分	16	18	20	13	18	17	19	18	22
占卷面比重/%	8.9	10	11.1	7.2	10	9.4	12.7	12	14.7

第二章　民事诉讼法与仲裁制度历年考点

【说明】2018—2023年考点名称及内容在民综题目中考查的，题目均放在第四编民法部分。

年份	考点名称	知识点内容
2023	1. 申请撤诉的条件	宣判前，原告申请撤诉的，是否准许，由人民法院裁定。人民法院裁定不准许撤诉的，原告经传票传唤，无正当理由拒不到庭的，可以缺席判决
	2. 管辖	(1)不动产的专属管辖包括不动产的权利确认、分割、相邻关系等引起的物权纠纷，以及农村土地承包经营合同纠纷、房屋租赁合同纠纷、建设工程施工合同纠纷、政策性房屋买卖合同纠纷； (2)给付货币的，接受货币一方住所地为合同履行地
	3. 执行异议	申请执行人对执行标的依法享有对抗案外人的担保物权等优先受偿权，人民法院对案外人提出的排除执行异议不支持
2022	1. 管辖权异议、应诉管辖	(1)法院受理案件后，当事人对管辖权有异议的，应当在提交答辩状期间提出； (2)当事人未提出管辖异议，并应诉答辩或者提出反诉的，视为受诉人民法院有管辖权，但违反级别管辖和专属管辖规定的除外
	2. 电子数据的举证要求	当事人以电子数据作为证据的，应当提供原件
	3. 证据能力、证明力	证据能力是指一定的事实材料作为诉讼证据的法律上的资格；证明力是指证据对待证事实证明上的强弱程度
	4. 追加被执行人	作为被执行人的一人有限责任公司，财产不足以清偿生效法律文书确定的债务，且股东不能证明公司财产独立于自己的财产的，申请执行人可以申请变更、追加该股东为被执行人
	5. 对第三人债权的执行	(1)被执行人不能清偿债务，但对第三人享有到期债权的，可以申请法院向第三人发出履行到期债务的通知； (2)第三人在履行通知指定的期间内提出异议的，法院不得对第三人强制执行，对提出的异议不进行审查； (3)第三人在履行通知指定的期限内没有提出异议，而又不履行的，执行法院有权裁定对其强制执行

续表

年份	考点名称	知识点内容
2021	1. 管辖	房屋租赁合同纠纷应当按照不动产纠纷确定管辖法院
	2. 证明责任分配	当事人对自己提出的诉讼请求所依据的事实或者反驳对方诉讼请求所依据的事实，应当提供证据加以证明，但法律另有规定的除外
	3. 反诉与抗辩	反诉，是在已经开始的诉讼程序中，本诉的被告向原告提出的一种独立的特殊之诉，是被告在本诉程序中提起的，向法院提出的就特定的权利主张进行裁判的行为，用以对抗或并吞原告的诉讼请求。 抗辩权，是对抗对方请求权的权利。行使抗辩权的目的，是阻止对方请求权的效力，或使对方的请求权迟延发生
2021（延考）	1. 适格被告确定	无民事行为能力人、限制民事行为能力人造成他人损害的，无民事行为能力人、限制民事行为能力人和其监护人为共同被告
	2. 送达及上诉条件	送达诉讼文书，应当直接送交受送达人。受送达人是公民的，本人不在交他的同住成年家属签收，视为完成直接送达。受送达人的同住成年家属，法人或者其他组织的负责收件的人，诉讼代理人或者代收人在送达回证上签收的日期为送达日期。当签收文书时，送达行为就已经生效，开始起算上诉期。在上诉期届满后，才提起上诉，不会获得法院支持
	3. 执行和解	在履行和解协议的过程中，申请执行人因被执行人延迟履行申请恢复执行的同时，又继续接受并积极配合被执行人的后续履行，直至和解协议全部履行完毕的，属于民事诉讼法在司法解释规定的和解协议已经履行完毕不再恢复执行原生效法律文书的情形
2020	1. 协议管辖	合同或者其他财产权益纠纷的当事人可以书面协议选择被告住所地、合同履行地、合同签订地、原告住所地、标的物所在地等与争议有实际联系的地点的人民法院管辖，但不得违反《民事诉讼法》对级别管辖和专属管辖的规定
	2. 鉴定的启动	《最高人民法院关于民事诉讼证据的若干规定》第 30 条第 1 款规定：人民法院在审理案件过程中认为待证事实需要通过鉴定意见证明的，应当向当事人释明，并指定提出鉴定申请的期间。人民法院认为审理案件需要的证据，应当依职权委托鉴定
	3. 鉴定机构的确定	《最高人民法院关于民事诉讼证据的若干规定》第 32 条第 1、2 款规定：人民法院准许鉴定申请的，应当组织双方当事人协商确定具备相应资格的鉴定人。当事人协商不成的，由人民法院指定。人民法院依职权委托鉴定的，可以在询问当事人的意见后，指定具备相应资格的鉴定人
	4. 重新鉴定的程序	《最高人民法院关于民事诉讼证据的若干规定》第 37 条规定：人民法院收到鉴定书后，应当及时将副本送交当事人。当事人对鉴定书的内容有异议的，应当在人民法院指定期间内以书面方式提出。对于当事人的异议，人民法院应当要求鉴定人作出解释、说明或者补充。人民法院认为有必要的，可以要求鉴定人对当事人未提出异议的内容进行解释、说明或者补充。 第 38 条第 1 款规定：当事人在收到鉴定人的书面答复后仍有异议的，人民法院应当根据《诉讼费用交纳办法》第 11 条的规定，通知有异议的当事人预交鉴定人出庭费用，并通知鉴定人出庭。有异议的当事人不预交鉴定人出庭费用的，视为放弃异议

续表

年份	考点名称	知识点内容
2019	1. 重复起诉	前后两诉同时满足下列三个条件的,构成重复起诉:当事人相同;诉讼标的相同;诉讼请求相同,或者后诉的诉讼请求实质上否定前诉裁判结果
	2. 撤销权诉讼中当事人的诉讼地位	对当事人双方的诉讼标的,第三人虽然没有独立请求权,但案件处理结果同他有法律上的利害关系的,可以申请参加诉讼,或者由人民法院通知他参加诉讼。人民法院判决承担民事责任的第三人,有当事人的诉讼权利义务
	3. 重整程序与民诉程序、执行程序的关系	人民法院接受破产申请后,有关债务人财产保全措施应当解除;执行程序应当中止;已经开始而尚未终结的有关债务人的民事诉讼或者仲裁应当中止;在管理人接管债务人的财产后,该诉讼或者仲裁继续进行
	4. 诉讼中止的具体情形	(1)一方当事人死亡,需要等待继承人表明是否参加诉讼; (2)一方当事人丧失诉讼行为能力,尚未确定法定代理人; (3)作为一方当事人的法人或者其他组织终止,尚未确定权利义务承受人; (4)一方当事人因不可抗拒的事由,不能参加诉讼; (5)本案必须以另一案的审理结果为依据,而另一案尚未审结; (6)其他应当中止诉讼的情形
2018	1. 仲裁协议的效力	仲裁协议必须体现当事人真实的意思表示,是当事人选择仲裁机构的共同意思表示,是双方当事人合意的体现
	2. 仲裁裁决的撤销	撤销仲裁裁决案件的管辖法院:仲裁委员会所在地的中级人民法院
	3. 二审当事人变更诉讼请求	二审中的新诉求,调解不成的,告知当事人另行起诉。但当事人一致同意的,也可以由二审法院一并裁判
	4. 破产案件的管辖	法人进入破产程序后的诉讼案件,应当由破产法院进行民事诉讼,不能交由其他法院管辖
	5. 重复起诉	重复起诉的判断: (1)后诉与前诉的当事人相同; (2)后诉与前诉的诉讼标的相同; (3)后诉与前诉的诉讼请求相同,或者后诉的诉讼请求实质上否定前诉裁判结果。 当事人重复起诉的,裁定不予受理;已经受理的,裁定驳回起诉,但法律、司法解释另有规定的除外
2017	1. 侵权行为管辖法院	侵权行为提起的诉讼:由侵权行为地或者被告住所地法院管辖
	2. 一审当事人的确定	建筑物、构筑物或者其他设施及其搁置物、悬挂物发生脱落、坠落造成他人损害,所有人、管理人或者使用人不能证明自己没有过错的,应当承担侵权责任
	3. 案件相关事实应由谁承担证明责任	建筑物、构筑物或者其他设施及其搁置物、悬挂物发生脱坠落造成他人损害,这类侵权属于特殊侵权,实行过错推定的归责原则,即由建筑物的所有人或管理人对其无过错承担举证责任
	4. 一审案件的审理在程序上存在的瑕疵,二审法院如何处理	遗漏当事人、违法缺席判决、严重限制当事人辩论权的行使等都属于严重违反法定程序的行为,因此,二审法院应当裁定发回重审

续表

年份	考点名称	知识点内容
2016	1. 当事人确定	挂靠:挂靠者和被挂靠者为共同诉讼当事人; 转让机动车未办理手续的:保险公司为被告,不足部分由受让人承担侵权责任
	2. 一般侵权案件证明责任承担	受害人证明:侵权行为、损害结果、因果关系、过错; 加害人证明:免责事由
	3. 交通事故责任认定书的证明力	交通事故责任认定书不当然具有证明力
	4. 当事人申请再审的法院和事由	当事人申请再审的法院:原审法院的上一级人民法院;当事人一方人数众多或双方都是公民的,可以向上一级法院或原审法院申请再审; 当事人申请再审的事由:《民事诉讼法》第 211 条
	5. 再审的程序和审理范围	再审的程序:适用原审程序审理再审案件,提审的案件一律适用二审程序 再审的审理范围:再审不审新诉求
	6. 律师执业规范	风险代理:律师风险代理收费不得高于合同约定标的额的 30%; 禁止双方代理:同一律师事务所的律师不能在同一案件中同时担任双方当事人代理人; 律师的勤勉责任:当事人的诉讼请求不符合法律规定,律师有义务指出
2015	1. 案外人执行异议	法院作出裁定,对裁定不服的; 执行标的与原生效法律文书有关的,申请再审; 执行标的与原生效法律文书无关的,提起执行异议之诉
	2. 再审	目的在于否定生效法律文书的效力。 管辖:向原审或上一级法院提出; 主体多样:法院、检察院、当事人和案外人均可
	3. 第三人撤销之诉	目的在于否定生效法律文书的效力。 管辖:向原审法院提出
	4. 再审和第三人撤销之诉的竞合	针对同一判决,不允许第三人撤销之诉和再审同时进行,只能择一进行,原则上并入再审
2014	1. 执行和解协议效力	和解协议达成,执行中止; 协议履行,执行终结; 协议不履行,恢复对原生效法律文书的执行或就履行执行和解协议向执行法院提起诉讼
	2. 案外人执行标的异议	(1)执行标的与生效法律文书有关:申请再审; (2)执行标的与生效法律文书无关:提起执行异议之诉
	3. 第三人撤销之诉	第三人撤销之诉的条件:生效法律文书错误并损害第三人的合法权益;在知道或应当知道权益受害之日起 6 个月内;向作出生效法律文书的法院提起
	4. 参与分配	参与分配的条件:被执行人的财产无法清偿所有债权;被执行人为自然人或其他组织,而非法人;有多个申请人对同一被申请人享有债权;申请人必须取得生效的执行根据;参与分配的债权仅限金钱债权;参与分配必须发生在执行程序开始后

第三章 程序纠错类题目

一、2017年第六题(19分)

2013年5月,居住在S市二河县的郝志强、迟丽华夫妻将二人共有的位于S市三江区的三层楼房出租给包童新居住,协议是以郝志强的名义签订的。2015年3月,住所地在S市四海区的温茂昌从该楼房底下路过,被三层掉下的窗户玻璃砸伤,花费医疗费8500元。

就温茂昌受伤赔偿问题,利害关系人有关说法是:包童新承认当时自己开了窗户,但没想到玻璃会掉下,应属窗户质量问题,自己不应承担责任;郝志强认为窗户质量没有问题,如果不是包童新使用不当,窗户玻璃不会掉下;此外,温茂昌受伤是在该楼房院子内,作为路人的温茂昌不应未经楼房主人或使用权人同意擅自进入院子,也有责任;温茂昌认为自己是为了躲避路上的车辆而走到该楼房旁边的,不知道这个区域已属个人私宅的范围。为此,温茂昌将郝志强和包童新诉至法院,要求他们赔偿医疗费用。

法院受理案件后,向被告郝志强、包童新送达了起诉状副本等文件。在起诉状、答辩状中,原告和被告都坚持协商过程中自己的理由。开庭审理5天前,法院送达人员将郝志强和包童新的传票都交给包童新,告其将传票转交郝志强。开庭时,温茂昌、包童新按时到庭,郝志强迟迟未到庭。法庭询问包童新是否将出庭传票交给了郝志强,包童新表示4天之前就交了。法院据此在郝志强没有出庭的情况下对案件进行审理并作出了判决,判决郝志强与包童新共同承担赔偿责任:郝志强赔偿4000元,包童新赔偿4500元,两人相互承担连带责任。

一审判决送达后,郝志强不服,在上诉期内提起上诉,认为一审审理程序上存在瑕疵,要求二审法院将案件发回重审。包童新、温茂昌没有提起上诉。

【问题】

1. 哪些(个)法院对本案享有管辖权?为什么?(4分)

2. 本案的当事人确定是否正确?为什么?(5分)

3. 本案涉及的相关案件事实应由谁承担证明责任?(5分)

4. 一审案件的审理在程序上有哪些瑕疵?二审法院对此应当如何处理?(5分)

答案阅评参考

1. 哪些(个)法院对本案享有管辖权?为什么?(4分)

【答案参考】

S市三江区法院和S市二河县法院对本案有管辖权。

根据《民事诉讼法》第29条的规定,因侵权行为提起的诉讼,由侵权行为地或者被告住所地人民法院管辖。本案中,温茂昌起诉郝志强和包童新人身损害赔偿是因侵权行为提起的诉讼。其中,侵权行为地即S市三江区,而被告郝志强的住所地为经常居住地即S市二河县法院有管辖权;包童新的住所地为S市三江区。综上所述,S市三江区法院、S市二河县法院有管辖权。

知识点 特殊地域管辖

涉及法条 《民事诉讼法》第29条

【提示】本题虽是2017年考题,但对法考复习仍具有参考价值。管辖权是重点考点,2022年考查了管辖权异议和应诉管辖,2021年法考也进行了命题,故考生一定要把管辖部分的考点全部掌握。根据给定的案例材料判断案件的管辖法院,是考试案例分析题常见的考查内容。管辖类试题大多考查考生的识记能力和法条简单运用能力,难度不高。解答管辖类试题,应首先明确案件性质与类型,这是解题至关重要的环节;在此基础上,再根据《民事诉讼法》及司法解释有关管辖的规定具体确定管辖法院。此类试题需要阐述理由,考生只需要根据自己掌握知识的情况复述出来即可。

2. 本案的当事人确定是否正确?为什么?(5分)

【答案参考】

本案当事人不完全正确。

依据《民事诉讼法》及相关规定:原告是与本案有直接利害关系的人。《民法典》第1253条规定,建筑物、构筑物或者其他设施及其搁置物、悬挂物发生脱落、坠落造成他人损害,所有人、管理人或者使用人不能证明自己没有过错的,应当承担侵权责任。

本案中,温茂昌是本案的受害人,与本案处理结果有直接的利害关系,应当是原告。郝志强为楼房所有人,包童新为楼房使用人,作为被告是正确的。迟丽华是房屋的共同共有人,也应当列为本案被告,没有列其为被告是不正确的。

知识点 原告、被告地位的确定,共同诉讼人诉讼地位的确定

涉及法条 《民法典》第1253条

阅评 本题知识点为原告、被告地位的确定,属于常规考点。考生回答"部分正确"或"不完全正确"均可得分,回答"本案中正确的有……不正确的有……"也可得分,只要理由充分即可。

另外注意,本题当年司法部观点为房屋所有权人、管理人以及使用人为共同被告;现存在另一种观点:当建筑物的所有人与管理人或使用人不为同一主体时,应由实际使用人承担责任。

3. 本案涉及的相关案件事实应由谁承担证明责任?(5分)

【答案参考】

原告温茂昌应当对郝志强为楼房所有人、包童新为楼房使用人,窗户玻璃掉下砸伤自己,自己受伤状况、医疗费等事实承担证明责任。

被告应当对自己无过错或者具有免责事由承担证明责任:(1)被告包童新应当对其主张的窗户质量问题承担证明责任;(2)被告郝志强应当对包童新使用不当的事实以及原告温茂昌未经同意擅自进到自家院子的事实承担证明责任。

根据《民法典》第1253条的规定,建筑物、构筑物或者其他设施及其搁置物、悬挂物发生脱落、坠落造成他人损害,所有人、管理人或者使用人不能证明自己没有过错的,应当承担侵权责任。因此,本案应适用过错推定责任,即将过错的证明责任"倒置"给被告。

解题思路

首先,被告包童新主张自己正常开窗,窗户落下是因为窗户质量问题,即主张自己无过错,该事实应当由被告包童新承担证明责任。其次,被告郝志强主张窗户没有质量问题,是包童新使用不当导致窗户落下,即主张自己无过错,应当由被告郝志强承担证明责任;郝志强还主张温茂昌未经允许擅自进入院子,应当对其受伤承担责任,显然是主张被害人有过错而减轻或者免除自己的责任,属于免除或者减轻责任的事实,应当由被告郝志强承担证明责任。

知识点 证明责任的特殊分配

涉及法条 《民法典》第1253条,《民诉法解释》第90条、第91条、第108条

【关联扩展】

证明责任分配是常考点,遵循"重者恒重"的规律。2021年的民综题目中,也考到了这一点。解答此类试题,要首先根据案例材料的表述和法律规定全面确定案件的待证事实。具体而言,证明责任分配针对要件事实而言。因此,考生应根据案件涉及的实体法规范梳理案件的要件事实,再根据法律规定的证明责任分配一般原理或特殊规则,具体确定每一个要件事实的证明责任分配。本题材料表述较为隐晦,需要考生结合法律规定判断各方当事人表述的意图。判断的难点在于对温茂昌是否有过错的证明责任分配不要受到材料表述的干扰。

4. 一审案件的审理在程序上有哪些瑕疵?二审法院对此应当如何处理?(5分)

【答案参考】

一审法院存在如下瑕疵:(1)遗漏被告迟丽华;(2)一审通过包童新向郝志强送达开庭传票这一送达方式错误;(3)未经依法传票传唤,即对郝志强缺席判决的做法错误。

一审法院的以上瑕疵均属于程序错误,故二审法院应当撤销原判,发回重审。

根据《民事诉讼法》第177条的规定,原判决遗漏当事人或者违法缺席判决等严重违反法定程序的,二审法院应当裁定撤销原判决,发回原审人民法院重审。

温茂昌将郝志强和包童新诉至法院,可见此处遗漏迟丽华这一共同被告,属于一审程序错误,二审调解不成应当发回重审;送达人员将郝志强、包童新的传票交给包童新,告知其转交郝志强,此处送达方式错误;开庭时郝志强未到庭,法院缺席判决,未经传票传唤郝志强,法院即缺席判决的做法是错误的,属于程序错误,剥夺了被告郝志强的辩论权;一审判决后,郝志强上诉,其主张一审程序错误,要求二审法院发回重审的上诉请求成立,应当得到二审法院支持。

知识点 必要共同诉讼当事人、送达、缺席判决、上诉案件的裁判

涉及法条《民事诉讼法》第177条

二、2016年第六题(22分)

陈某转让一辆中巴车给王某但未办过户。王某为了运营,与明星汽运公司签订合同,明确挂靠该公司,王某每月向该公司交纳500元,该公司为王某代交规费、代办各种运营手续、保险等。明星汽运公司依约代王某向鸿运保险公司支付了该车的交强险费用。

2015年5月,王某所雇司机华某驾驶该中巴车致行人李某受伤,交警大队认定中巴车一方负全责,并出具事故认定书。但华某认为该事故认定书有问题,提出虽肇事车辆车速过快,但李某横穿马路没有走人行横道,对事故发生也负有责任。因赔偿问题协商无果,李某将王某和其他相关利害关系人诉至F省N市J县法院,要求王某、相关利害关系人向其赔付治疗费、误工费、交通费、护理费等费用。被告王某委托N市甲律师事务所刘律师担任诉讼代理人。

案件审理中,王某提出其与明星汽运公司存在挂靠关系、明星汽运公司代王某向保险公司交纳了该车的交强险费用、交通事故发生时李某横穿马路没走人行横道等事实;李某陈述了自己受伤、治疗、误工、请他人护理等事实。诉讼中,各利害关系人对上述事实看法不一。李某为支持自己的主张,向法院提交了因误工被扣误工费、为就医而支付交通费、请他人护理而支付护理费的书面证据。但李某声称治疗的相关诊断书、处方、药费和治疗费的发票等不慎丢失,其向医院收集这些证据遭拒绝。李某向法院提出书面申请,请求法院调查收集该证据,J县法院拒绝。

在诉讼中,李某向J县法院主张自己共花治疗费36,650元,误工费、交通费、护理费共计12,000元。被告方仅认可治疗费用15,000元。J县法院对案件作出判决,在治疗费方面支持了15,000元。双方当事人都未上诉。

一审判决生效一个月后,李某聘请N市甲律师事务所张律师收集证据、代理本案的再审,并商定实行风险代理收费,约定按协议标的额的35%收取律师费。经律师说服,医院就李某治伤的相关诊断书、处方、药费和治疗费的支付情况出具了证明,李某据此向法院申请再审,法院受理了李某的再审申请并裁定再审。

再审中,李某提出增加赔付精神损失费的诉讼请求,并要求张律师一定坚持该意见,律师将其写入诉状。

【问题】

1. 本案的被告是谁?简要说明理由。(3分)

2. 就本案相关事实,由谁承担证明责任?简要说明理由。(4分)

3. 交警大队出具的事故认定书,是否当然就具有证明力?简要说明理由。(3分)

4. 李某可以向哪个(些)法院申请再审?其申请再审所依据的理由应当是什么?(4分)

5. 再审法院应当按照什么程序对案件进行再审?再审法院对李某增加的再审请求,应当如何处理?简要说明理由。(5分)

6. 根据律师执业规范,评价甲律师事务所及律师的执业行为,并简要说明理由。(3分)

答案阅评参考

1. 本案的被告是谁？简要说明理由。(3分)

【答案参考】

本案被告得以原告李某的主张加以确定：李某主张挂靠单位和被挂靠单位承担责任的，王某、明星汽运公司、鸿运保险公司为共同被告。

根据《民法典》第1210条的规定，当事人之间已经以买卖或者其他方式转让并交付机动车但是未办理登记，发生交通事故造成损害，属于该机动车一方责任的，由受让人承担赔偿责任。明星汽运公司为王某从事中巴车运营的被挂靠单位，根据《民诉法解释》第54条的规定，以挂靠形式从事民事活动，当事人请求由挂靠人和被挂靠人依法承担民事责任的，该挂靠人和被挂靠人为共同诉讼人。李某不主张挂靠单位承担责任的，王某、鸿运保险公司为共同被告。

知识点 原告、被告诉讼地位的确定

涉及法条 《民法典》第1210条、第1213条，《民诉法解释》第54条

阅评 《民诉法解释》第54条明确了挂靠形式承担民事责任的规定。本题以挂靠行为为主线，对机动车交通事故责任中责任主体的确定、劳务侵权纠纷当事人的确定等知识点进行综合考查，考查内容横跨实体法与程序法，符合法考命题特点，司机华某不是本案的被告。考生务必认真掌握原告、被告诉讼地位的考点，2024年有可能会进行命题。

2. 就本案相关事实，由谁承担证明责任？简要说明理由。(4分)

【答案参考】

由王某承担证明责任的有：(1)王某与明星汽运公司存在挂靠关系的事实；(2)明星汽运公司依约代王某向鸿运保险公司交纳了该车的强制保险费用的事实；(3)交通事故发生时李某横穿马路没走人行通道的事实。

由李某承担证明责任的有：李某受伤状况、治疗状况、误工状况、请他人护理状况等事实。

根据《民事诉讼法》第67条第1款的规定，当事人对自己提出的主张，有责任提供证据。谁主张事实支持自己的权利主张，就由谁来承担自己所主张事实的证明责任。本案无特殊情况，因此谁主张，谁承担举证责任。

知识点 证明责任的分配

涉及法条 《民事诉讼法》第67条

3. 交警大队出具的事故认定书，是否当然就具有证明力？简要说明理由。(3分)

【答案参考】

交警大队出具的事故认定书，不当然具有证明力。在诉讼中，证据的证明力由法院判断后

决定。

交警大队出具的事故认定书只是证据的一种,其所证明的事实与案件其他证据所证明的事实是否一致,以及法院是否确信该事故认定书所确认的事实,应当由法院根据案件的综合情况予以判断。

知识点 证据交换与质证

涉及法条《民诉法解释》第 103 条、第 114 条

4. 李某可以向哪个(些)法院申请再审？其申请再审所依据的理由应当是什么？(4 分)

【答案参考】

(1)李某可以向 F 省 N 市中级人民法院申请再审。

根据《民事诉讼法》第 210 条的规定,再审案件原则上向原审法院的上级法院提出。本案不存在向原审法院申请再审的法定事由。

(2)再审的理由为:对审理案件需要的主要证据,当事人因客观原因不能自行收集,书面申请人民法院调查收集,人民法院未调查收集;有新的证据,足以推翻原判决。

知识点 申请再审的条件

涉及法条《民事诉讼法》第 210 条、第 211 条

【提示】 考生再认真看一下《民事诉讼法》第 211 条规定的关于当事人申请再审的事由,2024 年需要重点把握再审程序。

5. 再审法院应当按照什么程序对案件进行再审？再审法院对李某增加的再审请求,应当如何处理？简要说明理由。(5 分)

【答案参考】

(1)按照第二审程序对案件进行再审。

受理并裁定对案件进行再审的,是原审法院的上级法院,应当适用第二审程序对案件进行再审。

(2)不予受理;符合另案诉讼条件的,告知李某另行起诉。

当事人超出原审范围增加、变更诉讼请求的,不属于再审审理范围。但涉及国家利益、社会公共利益,或者当事人在原审中已经依法要求增加、变更诉讼请求,原审未予审理且客观上不能形成其他诉讼的除外。本案中,精神损害赔偿请求可以另诉解决,法院告知其另行起诉即可。①

知识点 再审审理的审判程序、再审案件审理范围

涉及法条《民事诉讼法》第 218 条、《民诉法解释》第 403 条

---

① 参考马怀德主编、国家统一法律职业资格考试辅导用书编辑委员会组编:《2021 年国家统一法律职业资格考试辅导用书:民事诉讼法与仲裁制度》,法律出版社 2021 年版,第 124 页。

【提示】司法部当年公布的答案是再审法院对李某增加的要求被告支付精神损失费的再审请求不予受理；该请求也不属于可以另行起诉的情形，再审法院不可告知李某另行起诉。因为根据2001年《最高人民法院关于确定民事侵权精神损害赔偿责任若干问题的解释》（已修改）第6条的规定，当事人在侵权诉讼中没有提出赔偿精神损害的诉讼请求，诉讼终结后又基于同一侵权事实另行起诉请求赔偿精神损害的，人民法院不予受理。上述规定要求精神损害赔偿必须和人身损害赔偿一起提起，不能单独另诉，但现在已经删除。法不禁止即可为，精神损害赔偿和人身损害赔偿可以分开诉。很多真题解析书对该部分没有更正，请考生复习的时候予以注意，一定按照新法来作答。否则，2016年给的答案写在2023年的法考试卷中就不得分了。

6. 根据律师执业规范，评价甲律师事务所及律师的执业行为，并简要说明理由。（3分）

【答案参考】

（1）可以适用风险代理，但风险代理收费按规定不得高于30%；

（2）甲律所张律师担任李某申诉代理人，违反《律师执业行为规范（试行）》第51条第7项规定（可直接写“我国相关法律规定”），在委托关系终止后，同一律师事务所或同一律师在同一案件后续审理或者处理中又接受对方当事人委托的；

（3）李某增加诉讼请求不符合有关规定（理由如前），律师应指出却未能指出，有违“以事实为根据、以法律为准绳”的执业原则及勤勉尽责的要求。

知识点 律师执业基本原则、律师收费制度、律师与委托人或当事人的关系规范

涉及法条 《律师执业行为规范（试行）》第51条

阅评 2015年年底印发的《关于完善国家统一法律职业资格制度的意见》提出，加大法律职业伦理的考查力度，使法律职业道德成为法律职业人员入职的重要条件。2008年卷四第5题也在民事诉讼法试题中附带对法官职业道德作出考查。但是改革以后，法考没有再考查过，毕竟民事诉讼法不单独命题，备考不必单独背诵记忆。如果考试出现法律职业道德的内容，大家根据自己朴素的价值观回答也能够得分。

第四章　开放评析类题目

三、2015年第六题（22分）

杨之元开设古玩店，因收购藏品等需巨额周转资金，即以号称“镇店之宝”的一块雕有观音图像的翡翠（下称翡翠观音）作为抵押物，向胜洋小额贷款公司（以下简称胜洋公司）贷款200万元，但翡翠观音仍然置于杨之元店里。后，古玩店经营不佳，进入亏损状态，无力如期偿还贷款。胜洋公司遂向法院起诉杨之元。

法院经过审理，确认抵押贷款合同有效，杨之元确实无力还贷，遂判决翡翠观音归胜洋公司所有，以抵偿200万元贷款及利息。判决生效后，杨之元未在期限内履行该判决。胜洋公司遂向法院申请强制执行。

在执行过程中，案外人商玉良向法院提出执行异议，声称该翡翠观音属于自己，杨之元无权抵押。并称：当初杨之元开设古玩店，需要有“镇店之宝”装点门面，经杨之元再三请求，商玉良才将自己的翡翠观音借其使用半年（杨之元为此还支付了6万元的借用费），并约定杨之元不得处分该翡翠观音，如造成损失，商玉良有权索赔。

法院经审查，认为商玉良提出的执行异议所提出的事实没有充分的证据，遂裁定驳回商玉良的异议。

【问题】

1. 执行异议被裁定驳回后，商玉良是否可以提出执行异议之诉？为什么？（5分）

2. 如商玉良认为作为法院执行根据的判决有错，可以采取哪两种途径保护自己的合法权益？（5分）

3. 与第2问“两种途径”相关的两种民事诉讼制度（或程序）在适用程序上有何特点？（6分）

4. 商玉良可否同时采用上述两种制度（或程序）维护自己的权益？为什么？（6分）

答案阅评参考

1. 执行异议被裁定驳回后，商玉良是否可以提出执行异议之诉？为什么？（5分）

【答案参考】

商玉良不可以提出执行异议之诉。

根据《民事诉讼法》第238条的规定，法院对案外人对执行标的的异议作出裁定后，案外人、当事人对裁定不服，认为原判决、裁定错误的，依照审判监督程序办理；与原判决、裁定无关的，可以自裁定送达之日起15日内向人民法院提起诉讼。本案中，商玉良主张被抵押的翡翠观音属自己所有，即法院将翡翠观音用以抵偿杨之元债务的判决是错误的，该执行异议与原判决有关，应当依法申请再审，而不能提起执行异议之诉。

知识点 执行程序中一般制度（案外人对执行标的的异议及案外人异议之诉、许可执行之诉）

涉及法条 《民事诉讼法》第238条

2. 如商玉良认为作为法院执行根据的判决有错，可以采取哪两种途径保护自己的合法权益？（5分）

【答案参考】

商玉良可以提起第三人撤销之诉或以案外人身份申请再审。

依据《民事诉讼法》及相关规定，一方面，案外人对人民法院驳回其执行异议裁定不服，认为原判决、裁定错误的，应当根据《民事诉讼法》有关规定申请再审。另一方面，第三人因不能归责于本人的事由未参加诉讼，但有证据证明发生法律效力的判决、裁定、调解书的部分或者全部内容错误，损害其民事权益的，可以提起第三人撤销之诉。本案中商玉良认为原判决有错误，损害其合法权益，符合上述两个条件，因此，可以采取以上两种方式维护自己的合法权益。

知识点 第三人撤销之诉的概念、申请再审的条件与主体

涉及法条 《民事诉讼法》第59条、第238条

3. 与第2问“两种途径”相关的两种民事诉讼制度（或程序）在适用程序上有何特点？（6分）

【答案参考】

（1）第三人撤销之诉在适用上的特点：

①诉讼主体：有权提起第三人撤销之诉的须是当事人以外的第三人，该第三人应具备诉的利益，即其民事权益受到了原案判决书的损害。商玉良是原告，杨之元和胜洋公司是被告。

②诉讼客体：损害了第三人民事权益的发生法律效力的判决书。

③提起诉讼的期限：期限是自知道或应当知道其民事权益受到损害之日起6个月内。

④提起诉讼的条件：因不能归责于本人的事由未参加诉讼；发生法律效力的判决的部分或者全部内容错误，损害其民事权益。

⑤提起诉讼的受理法院：作出生效判决、裁定、调解书的人民法院。

（2）案外人申请再审程序特点：

①适用一审程序进行再审的，得追加案外人为当事人；适用二审程序进行再审的，可以进行调解，调解不成的，应撤销原判决，发回重审，并在重审中追加案外人为当事人。

②其他程序内容与通常的再审程序基本相同。

知识点 第三人撤销之诉的程序设置，申请再审的条件、主体

4. 商玉良可否同时采用上述两种制度（或程序）维护自己的权益？为什么？（6分）

【答案参考】

商玉良不能同时采用上述两种制度（或程序）维护自己的权益。

根据《民诉法解释》第301条的规定，如果商玉良提出第三人撤销之诉后，未中止生效裁判执行，商玉良可以提起案外人对执行标的的异议，法院驳回后，不能申请再审，只能继续通过第三人撤销之诉解决纠纷。本案中，如果商玉良在执行中提出案外人对执行标的的异议，法院裁定驳回后，认为原生效裁判确有错误的，应当通过审判监督程序处理，而不能提起第三人撤销之诉。

知识点 第三人撤销之诉与案外人申请再审的关系

涉及法条 《民诉法解释》第301条

四、2014 年第六题(20 分)

赵文、赵武、赵军系亲兄弟,其父赵祖斌于 2013 年 1 月去世,除了留有一个元代青花瓷盘外,没有其他遗产。该青花瓷盘在赵军手中,赵文、赵武要求将该瓷盘变卖,变卖款由兄弟三人平均分配。赵军不同意。2013 年 3 月,赵文、赵武到某省甲县法院(赵军居住地和该瓷盘所在地)起诉赵军,要求分割父亲赵祖斌的遗产。经甲县法院调解,赵文、赵武与赵军达成调解协议:赵祖斌留下的青花瓷盘归赵军所有,赵军分别向赵文、赵武支付人民币 20 万元。该款项分 2 期支付:2013 年 6 月各支付 5 万元、2013 年 9 月各支付 15 万元。

但至 2013 年 10 月,赵军未向赵文、赵武支付上述款项。赵文、赵武于 2013 年 10 月向甲县法院申请强制执行。经法院调查,赵军可供执行的款项有其在银行的存款 10 万元,可供执行的其他财产折价为 8 万元;另外赵军手中还有一把名家制作的紫砂壶,市场价值大约 5 万元。赵军声称其父亲留下的那个元代青花瓷盘被卖了,所得款项 50 万元做生意亏掉了。法院全力调查也未发现赵军还有其他的款项和财产。法院将赵军的上述款项冻结,扣押了赵军可供执行的财产和赵军手中的那把紫砂壶。

2013 年 11 月,赵文、赵武与赵军拟达成执行和解协议:2013 年 12 月 30 日之前,赵军将其在银行的存款 10 万元支付给赵文,将可供执行财产折价 8 万元与价值 5 万元的紫砂壶交付赵武。赵军欠赵文、赵武的剩余债务予以免除。

此时,出现了以下情况:①赵军的朋友李有福向甲县法院报告,声称赵军手中的那把紫砂壶是自己借给赵军的,紫砂壶的所有权是自己的。②赵祖斌的朋友张益友向甲县法院声称,赵祖斌留下的那个元代青花瓷盘是他让赵祖斌保存的,所有权是自己的。自己是在一周之前(2013 年 11 月 1 日)才知道赵祖斌已经去世以及赵文、赵武与赵军进行诉讼的事。③赵军的同事钱进军向甲县法院声称,赵军欠其 5 万元。同时,钱进军还向法院出示了公证机构制作的债权文书执行证书,该债权文书所记载的钱进军对赵军享有的债权是 5 万元,债权到期日是 2013 年 9 月 30 日。

【问题】

1. 在不考虑李有福、张益友、钱进军提出的问题的情况下,如果赵文、赵武与赵军达成了执行和解协议,将产生什么法律后果?(考生可以就和解协议履行的情况作出假设)(5 分)

2. 根据案情,李有福如果要对案中所提到的紫砂壶主张权利,在民事诉讼制度的框架下,其可以采取什么方式?采取相关方式时,应当符合什么条件?(考生可以就李有福采取的方式可能出现的后果作出假设)(5 分)

3. 根据案情,张益友如果要对那个元代青花瓷盘所涉及的权益主张权利,在民事诉讼制度的框架下,其可以采取什么方式?采取该方式时,应当符合什么条件?(5 分)

4. 根据案情,钱进军如果要对赵军主张 5 万元债权,在民事诉讼制度的框架下,其可以采取什么方式?为什么?(5 分)

答案阅评参考

1. 在不考虑李有福、张益友、钱进军提出的问题的情况下，如果赵文、赵武与赵军达成了执行和解协议，将产生什么法律后果？（考生可以就和解协议履行的情况作出假设）(5分)

【答案参考】

如果赵文、赵武与赵军达成了执行和解协议，将产生的法律后果是：

(1)和解协议达成后，执行程序中止。

(2)如果在执行和解履行期内赵军履行了和解协议，则执行程序终结，调解书视为执行完毕。

(3)如果在执行期届满后，赵军没有履行执行和解协议，赵文、赵武可以申请恢复执行，也可以就和解协议提起诉讼。如果申请恢复执行，执行将以调解书作为根据，执行和解协议失效；如果赵军履行了执行和解协议的一部分，执行时应当对该部分予以扣除。

知识点 执行和解协议

涉及法条《最高人民法院关于执行和解若干问题的规定》

【提示】本题主要考查执行和解协议的内容，关于执行和解协议，主要有以下考点：

(1)若达成和解协议，会中断执行时效，债权人可以申请执行中止或者撤回执行申请；

(2)暂缓执行期间届满，债务人拒绝履行，对方当事人可以申请恢复对原生效文书的执行，已经履行部分应予以扣除；

(3)和解协议已经履行完毕的，人民法院不得恢复原生效文书的执行；

(4)申请执行人因受欺诈、胁迫与被执行人达成和解协议，债权人可以申请恢复对原生效法律文书的执行。

本问的考点较为简单，考生根据考点结合案情自己发挥写答案即可得分，不用和答案参考完全一致。

2. 根据案情，李有福如果要对案中所提到的紫砂壶主张权利，在民事诉讼制度的框架下，其可以采取什么方式？采取相关方式时，应当符合什么条件？（考生可以就李有福采取的方式可能出现的后果作出假设）(5分)

【答案参考】

李有福可以书面方式向甲县法院提出案外人对执行标的的异议。

(1)法院认为异议成立的，裁定中止执行。此时申请人赵文、赵武可以在收到裁定后15日内提起执行异议之诉（许可执行之诉），以案外人李有福为被告，被执行人赵军反对的列为共同被告，不反对的列为无独立请求权第三人。法院适用一审普通程序审理，认为诉讼请求成立的，判决准许对该紫砂壶的执行，认为诉讼请求不成立的，判决驳回。对该判决不服的，可以上诉。

(2)法院认为异议不成立的，裁定驳回异议。此时案外人李有福可以在收到裁定后的15日内提起执行异议之诉（案外人异议之诉），以申请人赵文、赵武为被告，被执行人赵军反对的列为共同被告,不反对的列为无独立请求权第三人。法院适用一审普通程序审理,认为诉讼请求成立的,判决不准许对该紫砂壶的执行,认为诉讼请求不成立的,判决驳回。对该判决不服的,可以上诉。

知识点 执行标的异议、案外人异议之诉、许可执行之诉

3.根据案情,张益友如果要对那个元代青花瓷盘所涉及的权益主张权利,在民事诉讼制度的框架下,其可以采取什么方式?采取该方式时,应当符合什么条件?(5分)

【答案参考】

张益友可以提出第三人撤销之诉。

应当符合的条件有:

(1)张益友作为原告,赵文、赵武、赵军作为被告;

(2)向作出调解书的法院即甲县法院提起诉讼;

(3)应当在2013年11月1日之后的6个月内提出。

【提示】本题司法部当年给的答案仅为提起第三人撤销之诉。但是,从理论上讲也可以先提出案外人异议,异议被驳回后再申请再审。本题是2014年的考题,当时《民诉法解释》尚未出台。所以,关于先提异议再申请再审与第三人撤销之诉在程序上的关系不够明确。在2022年的考试中,出现这道题目,这两种救济方式都可以答,均得分。这个考点为传统偏难考点,法考改革以来还没有正规命题过,考生备考的时候一定要重点掌握。

知识点 第三人撤销之诉的程序设置,申请再审的条件、主体

4.根据案情,钱进军如果要对赵军主张5万元债权,在民事诉讼制度的框架下,其可以采取什么方式?为什么?(5分)

【答案参考】

可以申请参与分配。

理由如下:

(1)被执行人是赵军,其为自然人而不是法人;

(2)申请时间正好在执行程序开始后,被执行人的财产执行终结前;

(3)参与分配的债权为金钱债权;

(4)赵军的财产不能清偿所有债权;

(5)有多个申请人对赵军享有债权;

(6)钱进军已经取得了经过公证的债权文书作为执行根据。

知识点 执行程序中的一般性制度(执行根据、参与分配)

涉及法条《民诉法解释》第506~510条

第六编

行政法与行政诉讼法

第六编行政法与行政诉讼法和第七编商法是主观题试卷的选做题，考生只需要选一作答即可。顺序也是行政法与行政诉讼法在(一)、商法在(二)，故本书按照主观题试卷顺序编写。

1. 行政法与行政诉讼法入门难度较大，但是法考命题难度不大。考点集中在行政行为、行政复议、行政诉讼、行政赔偿上面。建议考生选择行政法作答，该部分题目2018年考查28分，2019年考查27分，2020年、2021年、2022年和2023年全国卷均考查28分。

2. 2024年考生注意对《行政复议法》部分知识点重点学习，并且把本书上的题目认真作答，知道每个案例中的行政行为是谁做的、做了什么行政行为(行为性质)、行政相对人不服应该怎么救济(被告、管辖确定)、如何赔偿等问题，即可得一半以上分数。

第一章　行政法与行政诉讼法命题规律

1. 重者恒重，传统重要考点频现。

行政法主观题命题重点突出，如行政行为性质的判断、行政诉讼的受案范围、行政诉讼中原告及被告主体资格的认定、行政诉讼的裁判类型等。可以看到，《行政诉讼法》在主观题考查中占据重要地位，且考点相对固定，只要稍加学习便能拿到相应的分数，性价比极高。

2. 实体法与程序法结合，考题更具综合性。

行政实体法与行政救济法共同构成了作为部门法的行政法，这就决定了行政法主观题往往是实体法与救济法相结合进行考查。如2019年考查了行政救济部分的内容，2018年考查了《行政强制法》，2017年考查了《行政处罚法》与《行政许可法》，2016年考查了《行政许可法》，2013年考查了《政府信息公开条例》。这就要求考生不仅要熟练掌握《行政诉讼法》的相关内容，还要对行政实体法部分加以重视。

3. 理论与实践并重，指导性案例成为命题的主要来源。

2017年以来，行政法主观题题干均取自最高人民法院发布的指导性案例，可以预测未来的题目仍将以指导性案例为主要来源。

表6 近九年行政法分值及占卷面比重情况

项目	2023	2022	2021	2020	2019	2018	2017	2016	2015
分值/分	28	28	28	28	27	28	23	24	20
占卷面比重/%	15.6	15.6	15.6	15.6	15	15.6	15.3	16	13.3

第二章 行政法与行政诉讼法历年考点

年份	考点	知识点内容
2023	1.具体行政行为	具体行政行为是指行政主体在对外实施管理中,就特定事项针对特定的公民、法人或者其他组织作出的能够建立、变更、消灭行政法上权利义务关系的一次性处理行为
	2.行政诉讼被告确定	县级以上地方政府已经作出国有土地上房屋征收与补偿决定,当事人不服具体实施房屋征收与补偿工作中的强制拆除房屋等行为提起诉讼的,应当以作出强制拆除决定的行政机关为被告;没有强制拆除决定书的,以县级以上地方政府确定的房屋征收部门为被告
	3.行政行为合法性确定	行政行为合法性包括主体合法、内容合法、权限合法、程序合法
	4.行政协议	行政协议是指,行政机关为了实现行政管理或者公共服务目标,与公民、法人或者其他组织协商订立的具有行政法上权利义务内容的协议
	5.举证责任	原告应当对被诉行政行为造成其合法权益的损害提供证据
	6.司法赔偿	违法行政行为造成公民、法人或者其他组织财产损害,不能返还财产或者恢复原状的,按照损害发生时该财产的市场价格计算损失。市场价格无法确定,或者该价格不足以弥补公民、法人或者其他组织损失的,可以采用其他合理方式计算。违法征收征用土地、房屋,人民法院判决给予被征收人的行政赔偿,不得少于被征收人依法应当获得的安置补偿权益
2022	1.行政许可的监督管理行为	行政许可是全程性的,行政机关作出许可后要监督检查被许可人是否合法使用许可经营权
	2.复议维持行政诉讼的被告	经复议的案件,复议机关决定维持原行政行为的,作出原行政行为的行政机关和复议机关是共同被告
	3.级别管辖、地域管辖	(1)对国务院部门或者县级以上地方人民政府所作的行政行为提起诉讼的案件,由中级人民法院管辖; (2)经复议的案件,原机关和复议机关所在地法院都有管辖权
	4.复议案件起诉期限	(1)公民、法人或者其他组织不服复议决定的,可以在收到复议决定书之日起15日内向人民法院提起诉讼; (2)行政机关作出行政行为时,未告知公民、法人或者其他组织起诉期限的,起诉期限从公民、法人或者其他组织知道或者应当知道起诉期限之日起计算,但从知道或者应当知道行政行为内容之日起最长不得超过1年
	5.行政行为的合法性	行政行为合法性包括主体合法、内容合法、权限合法、程序合法

续表

年份	考点	知识点内容
2021	1. 管辖法院	对国务院部门或者县级以上地方人民政府所作的行政行为提起诉讼的案件,管辖法院为中级人民法院
	2. 被告资格的确认	"假授权,真委托。"委托行为中,被告为委托机关
	3. 行政诉讼的诉讼时效	公民、法人或者其他组织对行政机关不履行法定职责提起诉讼的,应当在行政机关履行法定职责期限届满之日起6个月内提出
	4. 撤回行政许可后的补偿	行政机关为了公共利益的需要依法变更或者撤回已经生效的行政许可,应当对由此给公民、法人或者其他组织造成的财产损失给予补偿。惠源公司基于行政许可行为产生的信赖利益损失有权获得适当、合理的补偿
	5. 补偿主体问题	国家指导受益地区和生态保护地区人民政府通过协商或者按照市场规则进行生态保护补偿
	6. 法院判决	原告请求被告履行法定职责的理由成立,被告违法拒绝履行或者无正当理由逾期不予答复的,人民法院可以根据《行政诉讼法》第72条的规定,判决被告在一定期限内依法履行原告请求的法定职责;尚需被告调查或者裁量的,应当判决被告针对原告的请求重新作出处理
2021(延考)	1. 被告资格确定	当事人不服经上级行政机关批准的行政行为,向人民法院提起诉讼的,以在对外发生法律效力的文书上署名的机关为被告。经批准的行为,诉讼看名义
	2. 具体行政行为之行政处罚	行政处罚。行政处罚是指行政机关依法对违反行政管理秩序的公民、法人或者其他组织,以减损权益或者增加义务的方式予以惩戒的行为
	3. 第三人	行政诉讼的第三人具有独立的诉讼地位,在诉讼中的权利包括举证、上诉或申请再审
	4. 举证责任	在行政赔偿诉讼中,原告应当对行政行为造成的损害提供证据;因被告的原因导致原告无法举证的,由被告承担举证责任
2020	1. 行政协议的定义	行政机关为了实现行政管理或者公共服务目标,与公民、法人或者其他组织协商订立的具有行政法上权利义务内容的协议,属于《行政诉讼法》第12条第1款第11项规定的行政协议
	2. 行政诉讼原告、被告的确定	授权依据必须是法律、法规、规章;行政委托的被告不是被委托的组织,而是发出委托的行政机关
	3. 行政协议的诉讼时效	行政协议的诉讼时效参照民事诉讼的相关规定
	4. 行政诉讼案件的专属管辖	行政协议中约定仲裁条款无效
	5. 政府信息公开	涉及商业秘密、个人隐私等公开会对第三方合法权益造成损害的政府信息,行政机关不得公开。但是,第三方同意公开或者行政机关认为不公开会对公共利益造成重大影响的,予以公开
2019	1. 受案范围	公民、法人或者其他组织认为行政机关和行政机关工作人员的行政行为侵犯其合法权益,有权向人民法院提起诉讼
	2. 行政行为性质判断	行政确认是指行政主体依法对行政相对人的法律地位、法律关系或有关法律事实进行甄别,给予确定、认定、证明并予以宣告的具体行政行为

续表

年份	考点名称	知识点内容
2019	3. 被告撤诉制度	被告撤销、部分撤销或者变更被诉具体行政行为处理结果，属于改变其所作的具体行政行为。法律并不禁止行政机关在诉讼审理期间（包括一审、二审及再审）内改变其所作的具体行政行为
	4. 上诉人申请撤诉制度	二审法院允许上诉人撤诉的条件与一审法院准许原告撤诉的条件相同
	5. 二审审理对象	人民法院审理上诉案件，应当对原审人民法院的判决、裁定和被诉行政行为进行全面审查
	6. 行政行为的救济方式	行政诉讼、行政复议、国家赔偿
	7. 行政诉讼裁判类型	第二审人民法院经审理认为原审人民法院不予立案或者驳回起诉的裁定确有错误且当事人的起诉符合起诉条件的，应当裁定撤销原审人民法院的裁定，指令原审人民法院依法立案或者继续审理
2018	1. 行为性质	行政处罚是通过对违法行为人增加新的负担的方式，实现对违法行为惩戒的目的的行政行为
	2. 被告的认定	委托行为中，被告为委托机关
	3. 行政诉讼的期间	公民、法人或者其他组织直接向人民法院提起诉讼的，应当自知道或者应当知道作出行政行为之日起 6 个月内提出。法律另有规定的除外
	4. 负责人出庭应诉	行政机关负责人不能出庭的，应当委托行政机关相应的工作人员出庭
	5. 行政诉讼的举证责任	在行政赔偿、补偿的案件中，原告应当对行政行为造成的损害提供证据。因被告的原因导致原告无法举证的，由被告承担举证责任
2017	1. 先行登记制度	（1）条件：证据可能灭失或者以后难以取得； （2）程序：经行政机关负责人批准，7 日内及时作出处理决定
	2. 行政处罚的听证制度	（1）听证由行政机关指定的非本案调查人员主持； （2）当事人认为主持人与本案有直接利害关系的，有权申请回避
	3. 行政许可的设定	在已经制定法律、行政法规的情况下，地方政府规章不能设定新的行政许可
	4. 复议案件的被告	（1）复议机关维持：原机关和复议机关是共同被告； （2）复议机关改变：复议机关是被告
2016	1. 行政许可的延续程序	（1）申请延续的期限：应在行政许可有效期届满 30 日前向作出许可决定的行政机关提出申请； （2）行政机关的处理：在行政许可有效期届满前作出是否准予延续的决定；逾期未作出决定的，视为准予延续
	2. 规范性文件附带审查	（1）审查的内容：国务院部门和地方政府及其部门制定的规范性文件，且是被诉行政行为作出的依据； （2）提出的时间：在第一审开庭审理前提出；有正当理由的，也可以在法庭调查中提出
	3. 行政处罚和行政强制措施的区分	（1）目的不同； （2）阶段性不同； （3）表现形式不同

续表

年份	考点名称	知识点内容
2015	1. 行政行为的判断	设立登记与变更登记的性质
	2. 行政诉讼的参加人	(1)行政诉讼的原告资格; (2)复议维持案件的被告:原机关和复议机关为共同被告
	3. 行政诉讼的审理对象	(1)复议改变的审理对象为复议机关的行为; (2)复议维持的审理对象为原机关的原行为和复议机关的维持决定
	4. 行政诉讼的受理	立案程序
	5. 一审宣判规则	(1)一律公开宣判; (2)送达:当庭宣判的,应当在10日内发送判决书;定期宣判的,宣判后立即发送判决书
2014	1. 行政处罚决定	(1)行政处罚的听证程序; (2)对已生效行政处罚决定的纠正
	2. 行政法基本原则	(1)合法行政原则; (2)高效便民原则; (3)权责统一原则

第三章　实体评析类题目

一、2023年选做题(一)(28分)

案情:

2022年11月25日,县政府作出《关于弘盛小区改造建设项目房屋征收决定》。决定内容如下:因旧城区改建需要,决定对弘盛小区范围内的房屋实行征收。房屋征收部门为区住房和城乡建设局,房屋征收实施单位为县政府组建的弘盛小区改造工程指挥部(以下简称改造工程指挥部)签约期限为45日,搬迁期限为30日,具体起止日期在房屋征收评估机构选定后,由房屋征收部门另行公告;附件为《征收补偿方案》,上述内容在当地报纸上刊载公布。

孙某位于弘盛小区的房屋被纳入房屋征收范围,土地性质是国有土地,房屋征收实施单位测量房屋为120平方米,以此时的市场房价计算确定补偿30万元,孙某经多次协商未与房屋征收部门达成补偿协议,也未明确同意将涉案房屋腾空并交付拆除。孙某没来得及搬迁,改造工程指挥部作出了强制拆除决定书,受改造工程指挥部委托的强盛建筑公司,将涉案房屋直接强制拆除,未保全屋内物品,未登记记录。对孙某房屋物品造成了损失,孙某向法院提起行政诉讼,要求确认拆除行为违法,并赔偿被拆除房屋损失50万元,屋内财物损失5万元,过渡期间租房补贴2万元。

材料:

《国有土地上房屋征收与补偿条例》

第8条　为了保障国家安全、促进国民经济和社会发展等公共利益的需要,有下列情形之一,确需征收房屋的,由市、县级人民政府作出房屋征收决定:

（一）国防和外交的需要；

（二）由政府组织实施的能源、交通、水利等基础设施建设的需要；

（三）由政府组织实施的科技、教育、文化、卫生、体育、环境和资源保护、防灾减灾、文物保护、社会福利、市政公用等公共事业的需要；

（四）由政府组织实施的保障性安居工程建设的需要；

（五）由政府依照城乡规划法有关规定组织实施的对危房集中、基础设施落后等地段进行旧城区改建的需要；

（六）法律、行政法规规定的其他公共利益的需要。

第25条 房屋征收部门与被征收人依照本条例的规定，就补偿方式、补偿金额和支付期限、用于产权调换房屋的地点和面积、搬迁费、临时安置费或者周转用房、停产停业损失、搬迁期限、过渡方式和过渡期限等事项，订立补偿协议。

补偿协议订立后，一方当事人不履行补偿协议约定的义务的，另一方当事人可以依法提起诉讼。

第26条 房屋征收部门与被征收人在征收补偿方案确定的签约期限内达不成补偿协议，或者被征收房屋所有权人不明确的，由房屋征收部门报请作出房屋征收决定的市、县级人民政府依照本条例的规定，按照征收补偿方案作出补偿决定，并在房屋征收范围内予以公告。

问题：

1. 县政府作出的《房屋征收决定》性质是什么？（4分）

2. 王某对拆迁行为不服提起行政诉讼，被告应该如何确定？（4分）

3. 指挥部强制拆除行为是否合法？为什么？（5分）

4.《国有土地上房屋征收与补偿条例》第25条中协议的性质及提起的是哪种诉讼种类？（5分）

5. 本案中就室内物品的损失应当由谁承担举证责任？（5分）

6. 对于王某提出的房屋价格的赔偿数额，法院应该如何认定？（5分）

答案阅评参考

1. 县政府作出的《房屋征收决定》性质是什么？（4分）

【答案参考】

《房屋征收决定》的性质属于具体行政行为。

具体行政行为是指行政主体在对外实施管理中，就特定事项针对特定的公民、法人或者其他组织作出的能够建立、变更、消灭行政法上权利义务关系的一次性处理行为。本案中，县政府作出《房屋征收决定》对某小区范围内的房屋实行征收，针对的是某小区业主这一特定的对象，房屋征收属于行政征收，是强制处分当事人房屋所有权的一次性处理，具有法律性和处分性。可见，该行为属于典型的具体行政行为。

知识点 具体行政行为、行政处罚

2. 王某对拆迁行为不服提起行政诉讼,被告应该如何确定?(4分)

【答案参考】

县政府为被告。

根据《行政诉讼法》及相关规定,以作出行政行为主体的部门为被告。县级以上地方政府已经作出国有土地上房屋征收与补偿决定,当事人不服具体实施房屋征收与补偿工作中的强制拆除房屋等行为提起诉讼的,应当以作出强制拆除决定的行政机关为被告;没有强制拆除决定书的,以县级以上地方政府确定的房屋征收部门为被告。

本案中,作出强制拆除决定的是县政府组建的某小区拆迁部,本应当以其为被告,但是该拆迁部却属于县政府组建的临时机构,不具有行政主体资格,不能独立承担法律责任,不能成为诉讼被告,故本案应当视为县政府委托拆迁部实施了该行政行为,应以委托该拆迁部的行政机关即县政府为被告。

知识点 行政诉讼被告

涉及法条《最高人民法院关于正确确定县级以上地方人民政府行政诉讼被告资格若干问题的规定》第2条、《行政诉讼法》第26条

【提示】这个问题是2023年法考大纲新增内容,考前重点进行了讲解。有部分考生错误地认为被告是县住建局,可能是对题后附录法条的错误理解。另一方面就是对新增最高人民法院《关于正确确定县级以上地方人民政府行政诉讼被告资格若干问题的规定》的理解不到位。

本案中县政府确定房屋征收部门为区住房和城乡建设局,房屋征收实施单位为县政府组建的改造工程指挥部,改造工程指挥部作出了强制拆除决定书,并实施了强制拆除。根据"有章看章没章告征收部门",可见,按照新司法解释的规定,只有在未作出强制拆除决定书时才会直接起诉房屋征收部门。在本案这种作出了强制拆除决定书的情况下,就应当以在决定书上署名盖章的机关为被告。从而引出下一个考点,临时组建机构的"假授权真委托"。指挥部属于县政府组建的临时机构,视为县政府委托了指挥部实施强制拆除,应以县政府为被告。

3. 指挥部强制拆除行为是否合法?为什么?(5分)

【答案参考】

强制拆除的行为违法。

(1)主体不合法。根据行政法及相关规定,被征收人在法定期限内不申请行政复议或者不提起行政诉讼,在补偿决定规定的期限内又不搬迁的,应当由作出房屋征收决定的市、县级人民政府依法申请法院强制执行,而不是行政机关直接强制拆除。

(2)程序不合法。依据行政法及相关规定,实施房屋征收应当先补偿、后搬迁。本案未签补偿协议,未补偿,未搬迁,未腾空,未通知行政相对人,未经过催告,直接实施强制拆除。并且依据相关条例,强制拆除时,依法应当通知当事人到场,清点造册,妥善保管,及时转交财物。本案中未保全屋内物品,未登记记录。

知识点 行政强制拆除的主体、程序正当

涉及法条《国有土地上房屋征收与补偿条例》第 28 条

【提示】考生能够回答一点就给分。

4.《国有土地上房屋征收与补偿条例》第 25 条中协议的性质及提起的是哪种诉讼种类？(5 分)

【答案参考】

(1)属于行政协议。

行政协议是指，行政机关为了实现行政管理或者公共服务目标，与公民、法人或者其他组织协商订立的具有行政法上权利义务内容的协议。《国有土地上房屋征收与补偿条例》第 25 条规定的，房屋征收部门与被征收人依照本条例的规定，就补偿方式、补偿金额和支付期限、用于产权调换房屋的地点和面积、搬迁费、临时安置费或者周转用房、停产停业损失、搬迁期限、过渡方式和过渡期限等事项，订立补偿协议。是行政机关为了旧城改造等公共利益，与小区业主协商一致，约定了征收补偿的行政法上权利义务内容的协议，属于典型的行政协议。

(2)提起的诉讼应为行政诉讼。因为这是基于行政协议引发的争议提起的诉讼，属于行政诉讼法中规定的行政争议案件，故为行政诉讼。

知识点 行政协议

涉及法条《最高人民法院关于审理行政协议案件若干问题的规定》第 1 条

【提示】有部分考生被《国有土地上房屋征收与补偿条例》第 25 条第 2 款规定“补偿协议订立后，一方当事人不履行补偿协议约定的义务的，另一方当事人可以依法提起诉讼”所误导，认为答案是提起民事诉讼。这是审题不清以及对知识点的不熟悉导致的。本题第一问是法条中提到的补偿协议什么性质？正确答案是行政协议。重点在于第二问，“提起的是哪种诉讼种类”，命题者问题设计和考查角度是在第一问确认该协议属于行政协议的基础上，按照行政诉讼法和《最高人民法院关于审理行政协议案件若干问题的规定》的规定，房屋征收和补偿协议属于行政诉讼受案范围，当事人提起的是行政诉讼。有的考生误认为命题人考查的是上述第 25 条第 2 款规定的双方都可以在对方违约的情况下提起诉讼所以得出结论是提起民事诉讼。甚至会得出结论，认为该协议是民事协议。

5. 本案中就室内物品的损失应当由谁承担举证责任？(5 分)

【答案参考】

应由被告承担举证责任。

在行政赔偿、补偿案件中，原告应当对被诉行政行为造成其合法权益的损害提供证据。因被告的原因导致原告无法举证的，由被告承担举证责任。本案中，行政机关违法强拆，将涉案房屋直接强制拆除，未保全屋内物品，未登记记录，此属于因被告的原因导致原告无法举证，由被告承担举证责任。

知识点 举证责任

涉及法条 《行政诉讼法》第34条、《最高人民法院关于行政诉讼证据若干问题的规定》第5条

6. 对于王某提出的房屋价格的赔偿数额,法院应该如何认定?(5分)

【答案参考】

法院应当按照作出赔偿决定时的市场行情价来支持赔偿数额。

根据行政赔偿法及相关规定,违法行政行为造成公民、法人或者其他组织财产损害,不能返还财产或者恢复原状的,按照损害发生时该财产的市场价格计算损失。市场价格无法确定,或者该价格不足以弥补公民、法人或者其他组织损失的,可以采用其他合理方式计算。违法征收征用土地、房屋,人民法院判决给予被征收人的行政赔偿,不得少于被征收人依法应当获得的安置补偿权益。

本案中孙某请求的房屋损失属于直接损失,因客观原因无法鉴定的,法院应当结合当事人的主张和在案证据,遵循法官职业道德,运用逻辑推理和生活经验、生活常识等,酌情确定赔偿数额。

知识点 行政赔偿

涉及法条 《最高人民法院关于审理行政赔偿案件若干问题的规定》第27条

二、2022年选做题(一)(28分)

案情:

A公司与县政府委托的住建局签署《甲市天然气综合利用项目合作协议》,协议约定住建局同意A公司在甲市从事城市天然气特许经营,特许经营期限为30年。协议签署前后,A公司陆续取得了天然气综合利用项目的立项批复、管线规划意见、建设用地规划设计条件通知书、国有土地使用证、环境评价意见书等手续。同时,A公司对项目进行了部分开工建设,投入了1500万元。

后住建局对A公司作出催告通知,内容为:"……你公司的管道天然气经营许可手续至今未能办理,影响了经营区域内居民、工业、商业用户及时用气……现通知你公司抓紧施工建设,抓紧办理管道天然气经营许可手续,若收到本通知2个月内经营许可手续尚未批准,将收回你公司的管道天然气经营区域,由此造成的一切损失由你公司自行承担。"

A公司等燃气公司和有关单位参加了甲市燃气工作会议,会议明确要求:"关于天然气镇村通工程建设,各燃气企业要明确管网铺设计划,加快推进工程建设,今年9月底前未完成燃气配套设施建设的,一律收回区域经营权。"A公司出具项目保证书承诺,在办理完成项目开工手续后3个月内完成以上工作,如不能如期完成,将自动退出政府所授予经营区域。

县政府作出《关于印发甲市“镇村通”天然气工作推进方案的通知》，表示根据甲市燃气工作会议的内容，决定收回A公司的经营区域授权。区政府向A公司送达了该通知。

A公司不服该通知，于2021年8月向市政府申请复议，市政府补充了相关证据后，维持了县政府的收回决定。A公司遂于2022年1月提起诉讼，要求撤销通知和复议决定。法院审理查明，原属于A公司经营区域内燃气项目的特许经营权已经授予B公司。

《市政公用事业特许经营管理办法》第25条第2款规定，对获得特许经营权的企业取消特许经营权并实施临时接管的，必须按照有关法律、法规的规定进行，并召开听证会。

问题：

1. 县政府收回天然气特许经营权许可行为的性质是什么？（5分）
2. 如何确定本案的当事人？（4分）
3. 如何确定本案的管辖？（4分）
4. 本案当事人起诉是否超过起诉期限？（5分）
5. 县政府收回天然气经营权的决定是否合法？（5分）
6. 本案法院应当如何判决？（5分）

答案阅评参考

1. 县政府收回天然气特许经营权许可行为的性质是什么？（5分）

【答案参考】

该许可是行政许可的监督管理行为。

《行政许可法》第66条规定，被许可人未依法履行开发利用自然资源义务或者未依法履行利用公共资源义务的，行政机关应当责令限期改正；被许可人在规定期限内不改正的，行政机关应当依照有关法律、行政法规的规定予以处理。

行政许可是全程性的，行政机关作出许可后，要监督检查被许可人是否合法使用许可经营权。如果发现有违法行为，可以责令改正；拒不改正的，可以作出相应的行政行为。本案中，县政府为了公共利益的需要收回行政许可，属于行政行为的监督管理。

知识点 行政许可

涉及法条 《行政许可法》第66条

阅评 本题具有一定的开放性，也可以答行政处罚，言之有理即可。此处提供一个行政处罚的答案参考：属于行政处罚。由于A公司没有履行双方签订的天然气利用合作协议，县政府收回其特许经营许可权的本质属于依法对违反行政管理秩序的A公司以减损权益或者增加义务的方式予以惩戒的行政处罚行为。

2. 如何确定本案的当事人?(4分)

【答案参考】

本案中,原告是被收回特许经营权的A公司,被告是县政府和市政府;第三人应当为B公司,因为其与被诉的收回许可行为有利害关系。

根据《行政诉讼法》第26条第1、2款的规定,公民、法人或者其他组织直接向人民法院提起诉讼的,作出行政行为的行政机关是被告。经复议的案件,复议机关决定维持原行政行为的,作出原行政行为的行政机关和复议机关是共同被告。

虽然协议是A公司和住建局签订的,但是住建局的权利是县政府授予的,而且收回特许经营权的也是县政府。因此,本案的原机关是县政府,县政府为本案被告。市政府作为复议机关作出复议维持的决定,因此,县政府和市政府应当作为共同被告。

知识点 当事人、共同被告

涉及法条 《行政诉讼法》第26条

3. 如何确定本案的管辖?(4分)

【答案参考】

从级别管辖看,《行政诉讼法》第15条规定,中级人民法院管辖下列第一审行政案件:(1)对国务院部门或者县级以上地方人民政府所作的行政行为提起诉讼的案件;(2)海关处理的案件;(3)本辖区内重大、复杂的案件;(4)其他法律规定由中级人民法院管辖的案件。因本案是经过复议的案件,所以被告是以原机关县政府和复议机关市政府为共同被告,应当由中级人民法院管辖。

从地域管辖看,经复议的案件,原机关和复议机关所在地法院都有管辖权,因此县政府和市政府所在地的中级人民法院都有管辖权,即本案由市中级人民法院管辖。

知识点 级别管辖、地域管辖

涉及法条 《行政诉讼法》第15条、第26条

4. 本案当事人起诉是否超过起诉期限?(5分)

【答案参考】

没有超过起诉期限。

《行政诉讼法》第45条规定,公民、法人或者其他组织不服复议决定的,可以在收到复议决定书之日起15日内向人民法院提起诉讼。本案是经复议的案件,依据法律规定,当事人应当在收到复议决定之日起15日内起诉。

根据《最高人民法院关于适用〈中华人民共和国行政诉讼法〉的解释》(以下简称《行政诉讼法解释》)第64条第1款的规定,行政机关作出行政行为时,未告知公民、法人或者其他组织起诉期限的,起诉期限从公民、法人或者其他组织知道或者应当知道起诉期限之日起计算,但从知道或者应当知道行政行为内容之日起最长不得超过1年。本案中,复议机关在作出复议维持的决定书中并未告知当事人诉权及起诉期限,因此依据法律规定应当从当事人知道起诉期限之日起

计算,但是不得超过知道或应当知道行政行为内容之日起 1 年。市政府于 2021 年 8 月作出复议决定,A 公司于 2022 年 1 月起诉没有超过起诉期限。

知识点 复议案件起诉期限

涉及法条 《行政诉讼法》第 45 条、《行政诉讼法解释》第 64 条

5. 县政府收回天然气经营权的决定是否合法?(5 分)

【答案参考】

不合法,存在程序违法。

根据《市政公用事业特许经营管理办法》第 25 条第 2 款的规定,对获得特许经营权的企业取消特许经营权并实施临时接管的,必须按照有关法律、法规的规定进行,并召开听证会。虽然县政府的决定是为了公共利益需要,但是要保证 A 公司的利益,应当召开听证会,没有召开听证会属于程序违法。

知识点 行政行为的合法性

涉及法条 《市政公用事业特许经营管理办法》第 25 条

6. 本案法院应当如何判决?(5 分)

【答案参考】

法院应当在判决中确认原行政行为违法,并对复议机关的复议决定作出撤销判决。

《行政诉讼法》第 74 条第 2 款规定:"行政行为有下列情形之一,不需要撤销或者判决履行的,人民法院判决确认违法:(一)行政行为违法,但不具有可撤销内容的……"本案中,县政府作出的行政行为存在程序违法,但是县政府已经将燃气项目的特许经营权授予 B 公司,因此该行政行为不具有可撤销的内容,法院可在判决中确认违法。

《行政诉讼法解释》第 136 条第 1 款规定,人民法院对原行政行为作出判决的同时,应当对复议决定一并作出相应判决。本案中,法院对市政府作出的复议维持的决定应当一并判决,即判决撤销市政府的复议维持决定。

知识点 法院判决

涉及法条 《行政诉讼法》第 74 条、《行政诉讼法解释》第 136 条

三、2021 年选做题(一)(28 分)

案情:

甲县政府于 2013 年 10 月 10 日作出 76 号《关于同意取缔市集中式饮用水源一、二级保护区排污的批复》文件,文件中明确由甲县生态环境局负责组织实施对在该水源保护区内的惠源公司

等9个排污口的关停工作,但没有制定对于关停补偿的相关文件。为保护水源地,惠源公司于2014年正式关停。惠源公司于2018年向甲县政府投诉,申请对其按照国家政策给予一次性经济补偿或者迁址另建,免除关停未经营期间的税费及土地使用费等。

2020年5月15日,甲县政府作出《关于甲县惠源公司等五家企业投诉问题的结案报告》,结论是"决定用司法途径解决投诉问题"。惠源公司于2020年7月20日向甲县政府提出搬迁补偿申请书,要求甲县政府履行职责,对惠源公司给予货币补偿,但甲县政府未予答复。

2020年11月9日,惠源公司向法院提起诉讼,要求判决甲县政府对其进行补偿。甲县政府辩称,原告未在合理期限内提出陈述申辩,原告的起诉已超过诉讼时效,且关闭该企业受益的是乙县,与甲县没有关系,应找乙县请求补偿。

材料一:

《水污染防治法》第4条　县级以上人民政府应当将水环境保护工作纳入国民经济和社会发展规划。

地方各级人民政府对本行政区域的水环境质量负责,应当及时采取措施防治水污染。

第9条第1款　县级以上人民政府环境保护主管部门对水污染防治实施统一监督管理。

第65条第1款　禁止在饮用水水源一级保护区内新建、改建、扩建与供水设施和保护水源无关的建设项目;已建成的与供水设施和保护水源无关的建设项目,由县级以上人民政府责令拆除或者关闭。

第66条第1款　禁止在饮用水水源二级保护区内新建、改建、扩建排放污染物的建设项目;已建成的排放污染物的建设项目,由县级以上人民政府责令拆除或者关闭。

材料二:

《环境保护法》第5条　环境保护坚持保护优先、预防为主、综合治理、公众参与、损害担责的原则。

第6条　一切单位和个人都有保护环境的义务。

地方各级人民政府应当对本行政区域的环境质量负责。

企业事业单位和其他生产经营者应当防止、减少环境污染和生态破坏,对所造成的损害依法承担责任。

公民应当增强环境保护意识,采取低碳、节俭的生活方式,自觉履行环境保护义务。

第31条　国家建立、健全生态保护补偿制度。

国家加大对生态保护地区的财政转移支付力度。有关地方人民政府应当落实生态保护补偿资金,确保其用于生态保护补偿。

国家指导受益地区和生态保护地区人民政府通过协商或者按照市场规则进行生态保护补偿。

【问题】

1. 本案法院级别管辖如何确定?(4分)

2. 惠源公司诉关停行为的,被告如何确定?请谈谈你的理由。(5分)

3. 惠源公司的起诉是否超过起诉期限?请谈谈你的理由。(5分)

4. 惠源公司提出的补偿请求是否合理?请谈谈你的理由。(5分)

5. 甲县政府主张自己不是行政补偿主体是否准确?请谈谈你的理由。(5分)

6. 法院如何判决?(4分)

答案阅评参考

1. 本案法院级别管辖如何确定？（4分）

【答案参考】

由中级人民法院管辖。

《行政诉讼法》第15条规定："中级人民法院管辖下列第一审行政案件：(一)对国务院部门或者县级以上地方人民政府所作的行政行为提起诉讼的案件；(二)海关处理的案件；(三)本辖区内重大、复杂的案件；(四)其他法律规定由中级人民法院管辖的案件。"

本案诉的是县政府不履行支付行政补偿的法定职责，县政府是被告，因此应当由中级人民法院管辖。

知识点 行政诉讼中管辖法院的确认

涉及法条《行政诉讼法》第15条

2. 惠源公司诉关停行为的，被告如何确定？请谈谈你的理由。（5分）

【答案参考】

甲县政府为被告。

《行政诉讼法》第26条第1款规定："公民、法人或者其他组织直接向人民法院提起诉讼的，作出行政行为的行政机关是被告。"其第5款规定："行政机关委托的组织所作的行政行为，委托的行政机关是被告。"

本案中，作出76号《关于同意取缔市集中式饮用水源一、二级保护区排污的批复》文件的是县政府，该文件中明确由甲县生态环境局负责组织实施对在该水源保护区内的惠源公司等9个排污口的关停工作，属于县政府委托甲县生态环境局实施关停工作。因此，根据"谁委托，谁被告"的规则，应当由甲县政府作为被告。

知识点 行政诉讼中被告资格的确认

涉及法条《行政诉讼法》第26条

【提示】鉴于本题为考生回忆版，回忆出来的题干版本有差异，导致本题答案有争议。有观点认为，就关停行为而言，被告为甲县生态环境局，因为甲县生态环境局有具体的执行关停的行为。但仅就上述回忆版本而言，被告为甲县政府。

3. 惠源公司的起诉是否超过起诉期限？请谈谈你的理由。（5分）

【答案参考】

没有超过。

《行政诉讼法》第47条第1款规定，公民、法人或者其他组织申请行政机关履行保护其人身权、财产权等合法权益的法定职责,行政机关在接到申请之日起2个月内不履行的,公民、法人或者其他组织可以向人民法院提起诉讼。法律、法规对行政机关履行职责的期限另有规定的,从其规定。本案中,惠源公司于2020年11月9日向法院提起诉讼,系在县政府收到履职申请2个月期限届满之日起6个月内提起的,并未超过起诉期限。

知识点 行政诉讼起诉期限的确认

涉及法条 《行政诉讼法》第47条、《行政诉讼法解释》第66条

4. 惠源公司提出的补偿请求是否合理?请谈谈你的理由。(5分)

【答案参考】

合理。

本案县政府作出的关停批复属于行政许可的撤回,应当给予被许可人合理的补偿。《水污染防治法》第66条第1款规定:"禁止在饮用水水源二级保护区内新建、改建、扩建排放污染物的建设项目;已建成的排放污染物的建设项目,由县级以上人民政府责令拆除或者关闭。"惠源公司系位于饮用水水源二级保护区范围内已建成的排放污染物的建设项目,甲县政府有权基于环境公共利益的需要对其作关停批复,符合法律规定。但是惠源公司在其经营场所被划入水库饮用水水源二级保护区范围之前,已合法取得营业许可,并在被关闭前持续正常经营,其依法取得的行政许可受法律保护。

根据《行政许可法》第8条第2款的规定,行政机关为了公共利益的需要依法变更或者撤回已经生效的行政许可的,应当对由此给公民、法人或者其他组织造成的财产损失给予补偿。惠源公司基于行政许可行为产生的信赖利益损失有权获得适当、合理的补偿。

知识点 行政诉讼法基本原则

涉及法条 《水污染防治法》第66条、《行政许可法》第8条

5. 甲县政府主张自己不是行政补偿主体是否准确?请谈谈你的理由。(5分)

【答案参考】

不准确。

《环境保护法》第31条第3款规定:"国家指导受益地区和生态保护地区人民政府通过协商或者按照市场规则进行生态保护补偿。"甲县政府系案涉生态保护地所在地政府,根据上述规定,其负有行政补偿职责。同时,根据《行政许可法》第8条的规定,甲县政府作为县级人民政府,为了公共利益的需要关闭惠源公司企业,事实上撤回了行政许可,亦负有补偿职责。

知识点 合法行政行为撤回后的补偿

涉及法条 《环境保护法》第31条

6. 法院如何判决？（4分）

【答案参考】

责令甲县政府在一定期限内对惠源公司的补偿申请重新作出处理。

《行政诉讼法解释》第91条规定："原告请求被告履行法定职责的理由成立，被告违法拒绝履行或者无正当理由逾期不予答复的，人民法院可以根据行政诉讼法第七十二条的规定，判决被告在一定期限内依法履行原告请求的法定职责；尚需被告调查或者裁量的，应当判决被告针对原告的请求重新作出处理。"行政机关在实际给付之前尚有优先判断或者裁量余地的，法院应待行政机关先行处理后，再对其行为是否合法进行审查。在行政机关没有就补偿作出决定的情况下，不宜由法院运用司法权判定补偿的具体数额一事。

知识点 行政诉讼中法院的判决形式

涉及法条 《行政诉讼法解释》第91条

四、2021年（延考）选做题（一）（28分）

案情：

2006年10月，刘某取得了甲县乙乡某地块的国有土地使用权证。2012年，甲县招商局与李某签订了以有机、绿色农业产业开发为内容的《投资意向书》，后经甲县招商局撮合，刘某将土地使用权转让给李某，于同年7月18日签订了《土地使用权转让协议书》。李某根据《土地使用权转让协议书》约定成立了丰胜公司，对涉案土地进行公司化开发经营。

丰胜公司成立后，李某与刘某向甲县国土资源局申请变更土地使用权人。此时，甲县国土资源局答复该地块因土地区划变更而被划到了丙市，故变更土地手续冻结，可在行政区划工作完成后，由丙市自然资源局办理变更手续。后丰胜公司又先后两次向丙市自然资源局申请变更使用权人，均被丙市自然资源局以未见到档案材料为由拒绝变更。

2017年，丙市自然资源局以土地撂荒了2年为由，拟收回该土地使用权，并提请丙市政府批准，丙市政府作出了《关于同意收回国有土地使用权的批复》，后丙市自然资源局向刘某作出了收回国有土地使用权决定书。

刘某不服，以丙市自然资源局和丙市政府为被告，提起行政诉讼，请求确认收回国有土地使用权决定书违法和赔偿经济损失1000万元。在诉讼过程中，法院依法追加甲县招商局为第三人。此外，法院前往土地现场调查发现，土地现状与作出行政行为时，已发生显著变化，无法通过土地现状确定损失情况。

问题：

1. 丰胜公司是否可以作为本案原告？请说明理由。（5分）

2. 应如何确定本案被告？（4分）

3. 丙市自然资源局决定收回国有土地使用权是何种性质的行政行为？请说明理由。（5分）

4. 甲县招商局作为第三人在行政诉讼中有哪些权利？甲县招商局无正当理由经法庭传唤不

出庭,法院应如何处理?(5分)

5. 对于丰胜公司提出的赔偿投资损失,法院应如何确定举证责任和赔偿数额?(4分)

6. 若一审法院遗漏行政赔偿请求,二审法院应当如何处理?(5分)

答案阅评参考

1. 丰胜公司是否可以作为本案原告?请说明理由。(5分)

【答案参考】

可以。

根据刘某和李某签订的《土地使用权转让协议书》的约定,丰胜公司负责对涉案土地进行公司化开发经营。虽然丰胜公司不是土地收回决定的相对人,但正是因为行政机关不予办理土地变更登记,才导致土地无法过户到丰胜公司名下。由于丰胜公司是收回决定的法律利害关系人,且其利益无法通过民事诉讼等方式获得救济,所以具有提起行政诉讼的原告资格。

知识点 合同关系的相对人原告资格

2. 应如何确定本案被告?(4分)

【答案参考】

本案被告为丙市自然资源局。

根据《行政诉讼法解释》第19条的规定,当事人不服经上级行政机关批准的行政行为,向人民法院提起诉讼的,以在对外发生法律效力的文书上署名的机关为被告。经批准的行为,诉讼看名义。本案中,该决定书经上级机关丙市政府批准,以下级机关丙市自然资源局的名义作出,所以被告为署名机关即丙市自然资源局。

知识点 被告

涉及法条 《行政诉讼法解释》第19条

3. 丙市自然资源局决定收回国有土地使用权是何种性质的行政行为?请说明理由。(5分)

【答案参考】

行政处罚。行政处罚是指行政机关依法对违反行政管理秩序的公民、法人或者其他组织,以减损权益或者增加义务的方式予以惩戒的行为。

本案中,丙市自然资源局认为土地使用者连续2年未使用土地,将该地块予以依法收回,剥夺了属于土地使用权人的财产权,具有对当事人的制裁性,所以,该行为为行政处罚。

知识点 具体行政行为、行政处罚

4. 甲县招商局作为第三人在行政诉讼中有哪些权利？甲县招商局无正当理由经法庭传唤不出庭，法院应如何处理？（5 分）

【答案参考】

行政诉讼的第三人具有独立的诉讼地位，在诉讼中的权利包括举证、上诉、申请再审。

甲县招商局作为第三人，如果经传票传唤无正当理由拒不出庭，或者未经法庭许可中途退庭，不发生阻止案件审理的效果。

知识点 第三人

涉及法条《行政诉讼法解释》第 79 条

5. 对于丰胜公司提出的赔偿投资损失，法院应如何确定举证责任和赔偿数额？（4 分）

【答案参考】

根据《行政诉讼法解释》第 47 条的规定，在行政赔偿诉讼中，原告应当对行政行为造成的损害提供证据；因被告的原因导致原告无法举证的，由被告承担举证责任。

本案中，土地现状与作出行政行为时已发生显著变化，无法通过土地现状确定损失情况。对于各方主张损失的价值无法认定的，应当由负有举证责任的一方当事人即丰胜公司申请鉴定，但法律、法规、规章规定行政机关在作出行政行为时依法应当评估或者鉴定的除外；负有举证责任的当事人拒绝申请鉴定的，由其承担不利的法律后果。

若丰胜公司的损失因客观原因无法鉴定，人民法院应当结合当事人的主张和在案证据，遵循法官职业道德，运用逻辑推理和生活经验、生活常识等，酌情确定赔偿数额。

知识点 举证责任

涉及法条《行政诉讼法解释》第 47 条

6. 若一审法院遗漏行政赔偿请求，二审法院应当如何处理？（5 分）

【答案参考】

依据《行政诉讼法解释》第 109 条第 4、5 款之规定，一审法院的判决遗漏行政赔偿请求，第二审人民法院经审查认为依法不应当予以赔偿的，应当判决驳回行政赔偿请求。原审判决遗漏赔偿请求，第二审人民法院经审理认为依法应当予以赔偿的，再确认被诉行为违法的同时，可以就行政赔偿问题进行调解，调解不成的，应当就行政赔偿部分发回重审。

知识点 二审程序

涉及法条《行政诉讼法解释》第 109 条

五、2020年选做题(一)(28分)

案情:

甲市乙区政府为了进行旧城改造,发布了《国有土地征收补偿公告》,对所划定区域内的国有土地进行征收补偿。乙区政府与乙区管委会签订《征收补偿授权协议书》,授权乙区管委会以乙区政府的名义实施征收补偿事务。

黄某是一名个体工商户,在公告所划定的区域内有厂房。该厂房登记在黄某名下,评估公司将该房屋价值评估为260万元。黄某与乙区管委会签订了《资产收购协议》,约定补偿数额为300万元。同时协议中约定,如果发生争议,双方先协商解决;协商不成的,任何一方均有权向仲裁机构申请仲裁。黄某认为补偿数额过低,向法院提起诉讼要求确认协议无效。

经法院查明,乙区管委会是甲市政府设立的派出机构,乙区管委会经乙区政府授权实施征收事宜。黄某认为补偿数额过低,向乙区政府申请公开其他被征收人补偿数额的信息,区政府以涉及第三人隐私为由拒绝公开。

材料:

《国有土地上房屋征收与补偿条例》(国务院于2011年1月21日发布,自发布之日起施行)

第2条 为了公共利益的需要,征收国有土地上单位、个人的房屋,应当对被征收房屋所有权人(以下称被征收人)给予公平补偿。

第8条 为了保障国家安全、促进国民经济和社会发展等公共利益的需要,有下列情形之一,确需征收房屋的,由市、县级人民政府作出房屋征收决定:

(一)国防和外交的需要;

(二)由政府组织实施的能源、交通、水利等基础设施建设的需要;

(三)由政府组织实施的科技、教育、文化、卫生、体育、环境和资源保护、防灾减灾、文物保护、社会福利、市政公用等公共事业的需要;

(四)由政府组织实施的保障性安居工程建设的需要;

(五)由政府依照城乡规划法有关规定组织实施的对危房集中、基础设施落后等地段进行旧城区改建的需要;

(六)法律、行政法规规定的其他公共利益的需要。

第29条 房屋征收部门应当依法建立房屋征收补偿档案,并将分户补偿情况在房屋征收范围内向被征收人公布。

审计机关应当加强对征收补偿费用管理和使用情况的监督,并公布审计结果。

【问题】

根据案情回答(如有不同处理意见,请列明):

1. 本案的原告是谁?为什么?(5分)

2. 本案的被告是谁?为什么?(5分)

3.《资产收购协议》是否属于行政协议?(4分)

4. 本案约定的仲裁协议是否有效?为什么?(5分)

5. 如何确定本案诉讼时效?为什么?(5分)

6. 乙区政府以涉及第三人隐私为由拒绝黄某公开申请的行为是否合法?(4分)

答案阅评参考

1. 本案的原告是谁?为什么?(5分)

【答案参考】

黄某是原告。

依据《行政诉讼法》及相关规定,行政机关为了实现行政管理或者公共服务目标,与公民、法人或者其他组织协商订立的具有行政法上权利义务内容的协议,属于行政协议。行政协议是具体行政行为,可受案。在行政诉讼中,签订协议的一方当事人是原告,行政机关恒定为被告。

本案中,为了实施旧城改造,行政机关乙区政府授权乙区管委会与黄某签订《资产收购协议》。可见,黄某是行政协议的相对人,与被诉协议具有利害关系,应当作为原告。

知识点 行政协议的定义、行政诉讼中原告的认定

涉及法条 《最高人民法院关于审理行政协议案件若干问题的规定》第1条、第5条

2. 本案的被告是谁?为什么?(5分)

【答案参考】

区政府是被告。

根据《行政诉讼法解释》及相关规定,(1)行政机关组建并赋予行政管理职能但不具有独立承担法律责任能力的机构,以自己的名义作出行政行为,当事人不服提起诉讼的,应当以组建该机构的行政机关为被告;(2)授权依据只能是法律、法规或者规章。根据法律规定,委托行政的,应当以委托机关为被告。

本案中,乙开发区管委会是受乙区政府的委托,乙区政府通过《征收补偿授权协议书》授权乙区管委会以乙区政府的名义开展征收工作,但是因为授权依据必须是法律、法规、规章,而区政府授权乙区管委会没有法律依据,所以视为区政府委托了开发区管委会。所以本案被告是乙区政府。

知识点 行政授权和行政委托的区别、行政诉讼被告的确定

3.《资产收购协议》是否属于行政协议?(4分)

【答案参考】

《资产收购协议》属于行政协议。

依据《行政诉讼法》及相关规定,行政协议是指行政机关为实现公共利益或者行政管理目标,在法定职责范围内,与公民、法人或者其他组织协商订立的具有行政法上权利义务内容的协议。

本案中，乙区政府为了对外实施行政管理，基于公共利益需要，与黄某签订的具有行政法上权利义务内容的协议，属于行政协议。

知识点 行政协议的定义

涉及法条 《最高人民法院关于审理行政协议案件若干问题的规定》第1条

4. 本案约定的仲裁协议是否有效？为什么？(5分)

【答案参考】

约定仲裁条款无效。

依据《最高人民法院关于审理行政协议案件若干问题的规定》第26条的规定，行政协议约定仲裁条款的，人民法院应当确认该条款无效。

因此，本案中约定的仲裁条款是违反上述规定的，应当认定为无效。

知识点 行政协议的专属管辖

涉及法条 《最高人民法院关于审理行政协议案件若干问题的规定》第26条

5. 如何确定本案诉讼时效？为什么？(5分)

【答案参考】

本案适用诉讼时效3年。

根据《最高人民法院关于审理行政协议案件若干问题的规定》及相关规定，公民、法人或者其他组织对行政机关不依法履行、未按照约定履行行政协议提起诉讼的，诉讼时效参照民事法律规范确定。

本案中，当事人黄某的诉讼请求是确认协议无效，适用民事诉讼中3年的诉讼时效。

知识点 行政协议的诉讼时效

涉及法条 《最高人民法院关于审理行政协议案件若干问题的规定》第27条

6. 乙区政府以涉及第三人隐私为由拒绝黄某公开申请的行为是否合法？(4分)

【答案参考】

区政府拒绝公开是违法的。

依据《政府信息公开条例》第15条的规定，涉及商业秘密、个人隐私等公开会对第三方合法权益造成损害的政府信息，行政机关不得公开。但是，第三方同意公开或者行政机关认为不公开会对公共利益造成重大影响的，予以公开。

本案中，乙区政府以涉及被征收人的隐私为由拒绝公开，并没有征求被征收人意见，且没有衡量社会公共利益就直接拒绝，其行为是违法的。对于涉密的信息，区政府应当书面征求第三方的意见：第三方同意公开的，应予以公开；如果第三方不同意公开，但是不公开会损害社会公共利益的,也应予以公开。

知识点 政府信息公开

涉及法条《政府信息公开条例》第14条、第15条、第21条

六、2019年选做题(一)(27分)

案情:

建设单位在李某的门前设有消防设施,市公安消防支队对其消防设施抽查后作出《建设工程消防验收备案结果通知》。李某认为消防栓的设置和建设影响了其生活,而消防支队却验收合格,严重侵犯了其合法权益,遂向法院起诉,请求法院依法撤销市公安消防支队批准在其门前设置的消防栓通过验收的决定,判令被告责令报批单位依据国家标准限期整改。市公安消防支队辩称:建设工程消防验收备案结果通知的性质属于技术性验收,不属于人民法院的受案范围,请求驳回原告的起诉。一审法院裁定驳回了李某的起诉,李某上诉,在二审期间,公安消防支队撤销了该通知,原告撤诉。

材料:

《消防法》①第4条第1款中规定:"县级以上地方人民政府应急管理部门对本行政区域内的消防工作实施监督管理,并由本级人民政府消防救援机构负责实施。"

《消防法》第13条规定:"……其他建设工程,建设单位在验收后应当报住房和城乡建设主管部门备案,住房和城乡建设主管部门应当进行抽查。依法应当进行消防验收的建设工程,未经消防验收或者消防验收不合格的,禁止投入使用;其他建设工程经依法抽查不合格的,应当停止使用。"

【问题】

1.《建设工程消防验收备案结果通知》是否属于行政诉讼的受案范围?为什么?(4分)

2.《建设工程消防验收备案结果通知》属于什么性质的行为?(4分)

3. 被告能否在二审中撤销《建设工程消防验收备案结果通知》?(4分)

4. 二审中上诉人申请撤诉,法院准许上诉人撤诉的条件是什么?如法院不允许上诉人撤诉,二审的审理对象是什么?(5分)

5. 若《建设工程消防验收备案结果通知》被撤销,建设单位可以如何救济自己的权利?(5分)

6. 针对原告请求被告责令建设单位限期整改,如果二审能够得到支持,法院应如何裁判?为什么?(5分)

---

① 《消防法》已于2021年作出修改,此处尊重2019年原题目,题中所引用的是修改前法条,仅供考生参考。

答案阅评参考

1.《建设工程消防验收备案结果通知》是否属于行政诉讼的受案范围？为什么？（4分）

【答案参考】

属于。

依据我国《行政诉讼法》第2条的规定，公民、法人或者其他组织认为行政机关和行政机关工作人员的行政行为侵犯其合法权益，可以向人民法院提起诉讼。本案中，《建设工程消防验收备案结果通知》属于公安机关履行消防工作、实施监督管理职权而作出的具有行政法意义上约束力的具体行政行为，属于行政诉讼的受案范围。

知识点 行政诉讼的受案范围

涉及法条 《行政诉讼法》第2条

【关联扩展】

《行政诉讼法解释》第1条明确不属于受案范围的行政行为有：

(1)公安、国家安全等机关依照《刑事诉讼法》的明确授权实施的行为；

(2)调解行为以及法律规定的仲裁行为；

(3)行政指导行为；

(4)驳回当事人对行政行为提起申诉的重复处理行为；

(5)行政机关作出的不产生外部法律效力的行为；

(6)行政机关为作出行政行为而实施的准备、论证、研究、层报、咨询等过程性行为；

(7)行政机关根据人民法院的生效裁判、协助执行通知书作出的执行行为，但行政机关扩大执行范围或者采取违法方式实施的除外；

(8)上级行政机关基于内部层级监督关系对下级行政机关作出的听取报告、执法检查、督促履责等行为；

(9)行政机关针对信访事项作出的登记、受理、交办、转送、复查、复核意见等行为；

(10)对公民、法人或者其他组织权利义务不产生实际影响的行为。

2.《建设工程消防验收备案结果通知》属于什么性质的行为？（4分）

【答案参考】

属于行政确认。

依据行政法相关理论，行政确认是指行政主体依法对行政相对人的法律地位、法律关系或有关法律事实进行甄别，给予确定、认定、证明并予以宣告的具体行政行为。本案中，《建设工程消防验收备案结果通知》的内容可视为消防机构在事实上确认了消防工程质量合格，行政相对人与行政相关人也将受到该行为的拘束，符合行政确认的特征。

知识点 具体行政行为vs行政确认

【关联扩展】

行政确认是指行政机关对特定的法律事实、法律关系或者法律状态作出具有法律效力的认定并且予以证明的行政行为。包括：

(1)身份确认,如收养登记、身份证姓名确认；

(2)法律关系确认,如婚姻登记；

(3)法律事实确认,如自然保护区、文物保护单位确认；

(4)资格确认,如学历证明、学位证书、学历证书等。

3. 被告能否在二审中撤销《建设工程消防验收备案结果通知》？(4分)

【答案参考】

可以。

依据《行政诉讼法》及相关规定,被告撤销、部分撤销或者变更被诉具体行政行为处理结果属于改变其所作的具体行政行为,同时法律并不禁止行政机关在诉讼审理期间(包括一审、二审及再审)内改变其所作的具体行政行为。本案中,被告在二审中撤销《建设工程消防验收备案结果通知》属于"被告改变其所作的具体行政行为",故被告可以在二审中撤销自己作出的行政行为。

知识点 行政诉讼程序

涉及法条《最高人民法院关于行政诉讼撤诉若干问题的规定》第3条

【关联扩展】

《最高人民法院关于行政诉讼撤诉若干问题的规定》第3条规定,有下列情形之一的,属于《行政诉讼法》第51条规定的"被告改变其所作的具体行政行为":(1)改变被诉具体行政行为所认定的主要事实和证据;(2)改变被诉具体行政行为所适用的规范依据且对定性产生影响;(3)撤销、部分撤销或者变更被诉具体行政行为处理结果。第4条规定,有下列情形之一的,可以视为"被告改变其所作的具体行政行为":(1)根据原告的请求依法履行法定职责;(2)采取相应的补救、补偿等措施;(3)在行政裁决案件中,书面认可原告与第三人达成的和解。

4. 二审中上诉人申请撤诉,法院准许上诉人撤诉的条件是什么？如法院不允许上诉人撤诉,二审的审理对象是什么？(5分)

【答案参考】

(1)依据《行政诉讼法》及相关规定,第二审或者再审期间行政机关改变被诉具体行政行为,当事人申请撤回上诉或者再审申请的,二审法院允许上诉人撤诉的条件与一审法院准许原告撤诉的条件相同:①申请撤诉是当事人真实意思表示;②被告改变被诉具体行政行为,不违反法律、法规的禁止性规定,不超越或者放弃职权,不损害公共利益和他人合法权益;③被告已经改变或者决定改变被诉具体行政行为,并书面告知人民法院;④第三人无异议。

知识点 行政诉讼程序、撤诉的条件

涉及法条《最高人民法院关于行政诉讼撤诉若干问题的规定》第8条

(2)如法院不允许上诉人撤诉,二审的审理对象为一审裁定与《建设工程消防验收备案结果通知》。

依据《行政诉讼法》第87条的规定,人民法院审理上诉案件,应当对原审人民法院的判决、裁定和被诉行政行为进行全面审查,不受上诉范围的限制。本案中,原审人民法院已作出驳回起诉的裁定,《建设工程消防验收备案结果通知》为被诉行政行为,故两者均属于二审的审理对象。

知识点 行政诉讼二审程序

涉及法条 《行政诉讼法》第87条

5. 若《建设工程消防验收备案结果通知》被撤销,建设单位可以如何救济自己的权利?(5分)

【答案参考】

建设单位可以针对行政机关撤销该通知的行为申请行政复议或提起行政诉讼,也可以就其因撤销该通知的行为遭受的损失申请国家赔偿。

知识点 行政诉讼的救济

【关联扩展】

行政复议是与行政行为具有法律上利害关系的人认为行政机关所作出的行政行为侵犯其合法权益,依法向具有法定权限的行政机关申请复议,由复议机关依法对被申请行政行为的合法性和合理性进行审查并作出决定的活动和制度。

行政诉讼是指公民、法人或者其他组织认为行使国家行政权的机关和组织及其工作人员所实施的具体行政行为,侵犯了其合法权利,依法向人民法院起诉,人民法院在当事人及其他诉讼参与人的参加下,依法对被诉具体行政行为进行审查并作出裁判,从而解决行政争议的制度。

国家赔偿是指国家机关及其工作人员因行使职权给公民、法人及其他组织的人身权或财产权造成损害,依法应给予的赔偿。国家赔偿由侵权的国家机关履行赔偿义务。

6. 针对原告请求被告责令建设单位限期整改,如果二审能够得到支持,法院应如何裁判?为什么?(5分)

【答案参考1】

法院应当裁定撤销一审裁定,并指令原审法院继续审理本案。

依据《行政诉讼法解释》第109条第1款的规定,第二审人民法院经审理认为原审人民法院不予立案或者驳回起诉的裁定确有错误且当事人的起诉符合起诉条件的,应当裁定撤销原审人民法院的裁定,指令原审人民法院依法立案或者继续审理。本案中,若原告请求被告责令建设单位限期整改能够得到支持,表明被诉的《建设工程消防验收备案结果通知》属于行政诉讼的受案范围,应当进行实体审查,即一审驳回起诉的裁定确有错误,故二审法院应当裁定撤销一审裁定,指令原审法院继续审理。

知识点 二审法院的裁决

涉及法条《行政诉讼法解释》第 109 条

【关联扩展】

1.有的同学做的题目系回忆版本，对第六问回忆有偏差。在此也对其进行解答一下。

回忆版本是针对原告请求被告责令建设单位限期整改，如果一审能够得到支持，法院应如何裁判？为什么？

【答案参考 2】

判决被告在一定期限内履行。依据行政诉讼法及相关规定，人民法院经过审理，查明被告不履行法定职责的，判决被告在一定期限内履行。本案中被告责令建设单位限期整改请求能够得到一审法院支持。

知识点 一审判决

涉及法条《行政诉讼法》第 72 条

2.《行政诉讼法解释》第 109 条规定，第二审人民法院经审理认为原审人民法院不予立案或者驳回起诉的裁定确有错误且当事人的起诉符合起诉条件的，应当裁定撤销原审人民法院的裁定，指令原审人民法院依法立案或者继续审理。

第二审人民法院裁定发回原审人民法院重新审理的行政案件，原审人民法院应当另行组成合议庭进行审理。

原审判决遗漏了必须参加诉讼的当事人或者诉讼请求的，第二审人民法院应当裁定撤销原审判决，发回重审。

原审判决遗漏行政赔偿请求，第二审人民法院经审查认为依法不应当予以赔偿的，应当判决驳回行政赔偿请求。

原审判决遗漏行政赔偿请求，第二审人民法院经审理认为依法应当予以赔偿的，在确认被诉行政行为违法的同时，可以就行政赔偿问题进行调解；调解不成的，应当就行政赔偿部分发回重审。

当事人在第二审期间提出行政赔偿请求的，第二审人民法院可以进行调解；调解不成的，应当告知当事人另行起诉。

七、2018 年选做题(一)(28 分)

案情：

王某在未取得建设工程规划许可证的情况下，在公路南侧建设沿街楼房。2018 年 3 月 12 日，市国土资源局向王某下达《停止违法建设通知书》，责令其停止违法建设行为。在就王某违法建设行为召开协调会后，市建设规划局向王某发出《责令拆除违法建筑通知》，告知王某其建筑违法，责令王某1天内自行拆除公路南侧违法建筑。2018年3月15日，港城大队组织强制拆除工作，港城大队通知镇政府、镇管委会到场，组织人员将王某违法建筑予以强制拆除。在拆除期间，王某尚未来得及将房屋内物品搬离，港城大队也未依法对屋内物品登记保全，未制作物品清单并交王某签字确认。王某以镇政府、镇管委会、港城大队、市国土资源局、市建设规划局为被告提起行政诉讼，请求法院确认强制拆除行为违法、赔偿损失30万元。

法院查明，市建设规划局曾向港城大队发送委托书，委托港城大队作出违法建筑物行政拆除决定，委托期限为2015年1月1日至2020年12月31日。

【问题】

1. 市建设规划局责令王某限期拆除的行为是什么性质？(4分)

2. 王某所列的被告是否正确？为什么？(4分)

3. 市建设规划局的行为是否违法？为什么？(4分)

4. 王某提起行政诉讼的期限是多久？(5分)

5. 若在一审开庭时，行政机关负责人没有出庭应诉，并委托港城大队的相关工作人员和律师出庭，法庭是否应予准许？为什么？(6分)

6. 王某请求损失赔偿的举证责任如何分配？(5分)

答案阅评参考

1. 市建设规划局责令王某限期拆除的行为是什么性质？(4分)

【答案参考】

责令限期拆除的行为属于行政处罚。

依据《行政处罚法》的规定，行政处罚是通过对违法行为人增加新的负担的方式，实现对违法行为惩戒的目的的行政行为。由于行政机关将其修建的建筑物予以拆除，为当事人增加了新的负担，所以，责令拆除违反《城乡规划法》的建筑物属于行政处罚。本案中，市建设规划局责令王某限期拆除房屋具有行政惩戒性，给当事人增加了新的负担，属于行政处罚。

知识点 行政处罚

【关联扩展】

《城乡规划法》第68条规定："城乡规划主管部门作出责令停止建设或者限期拆除的决定后，当事人不停止建设或者逾期不拆除的，建设工程所在地县级以上地方人民政府可以责成有关部门采取查封施工现场、强制拆除等措施。"据此，县级以上地方政府享有强制拆除涉及违反《城乡规划法》建筑物的权限。

2. 王某所列的被告是否正确？为什么？(4分)

【答案参考】

本案的被告应当为市建设规划局，原告起诉的被告存在错误。

依据《行政诉讼法》第26条第1、5款的规定，公民、法人或者其他组织直接向人民法院提起诉讼的，作出行政行为的行政机关是被告。行政机关委托的组织所作的行政行为，委托的行政机关是被告。王某就强制拆除行为起诉，该行为由市建设规划局委托港城大队作出，应当由委托人市建设规划局作为被告承担行政责任。与镇政府、镇管委会和市国土资源局没有直接的关系，按照“谁行为，谁被告”的行政诉讼规则，镇政府、镇管委会和市国土资源局并没有以自己的名义独立对外开展行政活动，所以不应当由其作为被告独立承担行政责任。

知识点 行政诉讼的被告制度

涉及法条《行政诉讼法》第 26 条

【关联扩展】

《行政诉讼法》第 26 条规定，公民、法人或者其他组织直接向人民法院提起诉讼的，作出行政行为的行政机关是被告。经复议的案件，复议机关决定维持原行政行为的，作出原行政行为的行政机关和复议机关是共同被告；复议机关改变原行政行为的，复议机关是被告。复议机关在法定期限内未作出复议决定，公民、法人或者其他组织起诉原行政行为的，作出原行政行为的行政机关是被告；起诉复议机关不作为的，复议机关是被告。两个以上行政机关作出同一行政行为的，共同作出行政行为的行政机关是共同被告。行政机关委托的组织所作的行政行为，委托的行政机关是被告。行政机关被撤销或者职权变更的，继续行使其职权的行政机关是被告。

3. 市建设规划局的行为是否违法？为什么？(4 分)

【答案参考】

市建设规划局在本案中作出的两个行政行为均违法。

《城乡规划法》第 68 条规定：“城乡规划主管部门作出责令停止建设或者限期拆除的决定后，当事人不停止建设或者逾期不拆除的，建设工程所在地县级以上地方人民政府可以责成有关部门采取查封施工现场、强制拆除等措施。”有权作出责令拆除决定的是规划主管部门，而有权决定强制拆除执行的是县级以上政府。因此，市建设规划局强制拆除王某房屋的行为主体违法。

《行政强制法》第 44 条规定：“对违法的建筑物、构筑物、设施等需要强制拆除的，应当由行政机关予以公告，限期当事人自行拆除。当事人在法定期限内不申请行政复议或者提起行政诉讼，又不拆除的，行政机关可以依法强制拆除。”本案中，市建设规划局责令王某 1 天内自行拆除，并没有给王某留下充分的自行拆除的机会，拆除时也没有按照《行政强制法》的要求催告当事人、听取王某陈述申辩，属于程序违法。

知识点 行政规划法、行政强制法

涉及法条《城乡规划法》第 68 条、《行政强制法》第 44 条

4. 王某提起行政诉讼的期限是多久？(5 分)

【答案参考】

自知道或者应当知道作出行政行为之日起 6 个月。

我国《行政诉讼法》第 46 条第 1 款规定，公民、法人或者其他组织直接向人民法院提起诉讼

的,应当自知道或者应当知道作出行政行为之日起6个月内提出。法律另有规定的除外。本案中,王某起诉的强制拆除行为于2018年3月15日作出,王某知晓该行为内容且《城乡规划法》对起诉期也没有另外规定,所以,王某应当自知道作出行政行为之日起6个月内提起行政诉讼。

知识点 起诉时间

涉及法条 《行政诉讼法》第46条

【关联扩展】

(1)行政机关作出行政行为时,未告知公民、法人或者其他组织起诉期限的,起诉期限从公民、法人或者其他组织知道或者应当知道起诉期限之日起计算,但从知道或者应当知道行政行为内容之日起最长不得超过1年。(2)公民、法人或者其他组织不知道行政机关作出的行政行为内容的,其起诉期限从知道或者应当知道该行政行为内容之日起计算;因不动产提起诉讼的案件自行政行为作出之日起超过20年,其他案件自行政行为作出之日起超过5年提起诉讼的,人民法院不予受理。

5.若在一审开庭时,行政机关负责人没有出庭应诉,并委托港城大队的相关工作人员和律师出庭,法庭是否应予准许?为什么?(6分)

【答案参考】

可以。

依据《行政诉讼法解释》第130条的规定,《行政诉讼法》第3条第3款规定的"行政机关相应的工作人员",包括该行政机关具有国家行政编制身份的工作人员以及其他依法履行公职的人员。被诉行政行为是地方人民政府作出的,地方人民政府法制工作机构的工作人员,以及被诉行政行为具体承办机关工作人员,可以视为被诉人民政府相应的工作人员。本题被告为市建设规划局,出庭应诉的应为市建设规划局的工作人员,但是被委托对象港城大队的相关工作人员也可以视为市建设规划局的工作人员出庭应诉。

知识点 负责人出庭制度

涉及法条 《行政诉讼法解释》第130条

【关联扩展】

行政机关负责人和行政机关相应的工作人员均不出庭,仅委托律师出庭的,或者人民法院书面建议行政机关负责人出庭应诉,行政机关负责人不出庭应诉的,人民法院应当记录在案并在裁判文书中载明,并可以建议有关机关依法作出处理。

6.王某请求损失赔偿的举证责任如何分配?(5分)

【答案参考】

依据《行政诉讼法》第38条第2款的规定,在行政赔偿、补偿的案件中,原告应当对行政行为造成的损害提供证据。因被告的原因导致原告无法举证的,由被告承担举证责任。

在房屋强制拆除引发的行政赔偿案件中,原告提供了初步证据,但因行政机关的原因导致原告无法对屋内物品损失举证，亦因行政机关未依法进行财产登记、公证等措施无法对屋内物品损失举证的，人民法院对原告未超出市场价值的符合生活常理的房屋内物品的赔偿请求，应当予以支持。

知 识 点 举证责任分配

涉及法条《行政诉讼法》第 38 条

【关联扩展】

《行政诉讼法》第 38 条规定，在起诉被告不履行法定职责的案件中，原告应当提供其向被告提出申请的证据。但有下列情形之一的除外：(1)被告应当依职权主动履行法定职责的；(2)原告因正当理由不能提供证据的。在行政赔偿、补偿的案件中，原告应当对行政行为造成的损害提供证据。因被告的原因导致原告无法举证的，由被告承担举证责任。

八、2015 年第七题(20 分)

案情：

某公司系转制成立的有限责任公司，股东 15 人。全体股东通过的公司章程规定，董事长为法定代表人。对董事长产生及变更办法，章程未作规定。股东会议选举甲、乙、丙、丁担任公司董事并组成董事会，董事会选举甲为董事长。

后乙、丙、丁组织召开临时股东会议，会议通过罢免甲董事长职务并解除其董事职位，选举乙为董事长的决议。乙向区工商分局递交法定代表人变更登记申请，经多次补正后该局受理其申请。

其后，该局以乙递交的申请缺少修改后明确董事长变更办法的公司章程和公司法定代表人签署的变更登记申请书等材料，不符合法律、法规规定为由，作出登记驳回通知书。

乙、丙、丁向市工商局提出复议申请，市工商局经复议后认定 3 人提出的变更登记申请不符合受理条件，区工商分局作出的登记驳回通知错误，决定予以撤销。

3 人遂向法院起诉，并向法院提交了公司的章程、经过公证的临时股东会决议。

【问题】

1. 请分析公司的设立登记和变更登记的法律性质。(4 分)

2. 如市工商局维持了区工商分局的行政行为，请确定本案中的原告和被告，并说明理由。(4 分)

3. 如何确定本案的审理和裁判对象？如市工商局在行政复议中维持区工商分局的行为，有何不同？(4 分)

4. 法院接到起诉状决定是否立案时通常面临哪些情况？如何处理？(4 分)

5.《行政诉讼法》对一审法院宣判有何要求？(4 分)

答案阅评参考

1. 请分析公司的设立登记和变更登记的法律性质。(4分)

【答案参考】

(1)公司的设立登记是行政许可行为。

根据我国《行政许可法》第2条的规定,行政机关根据公民、法人或者其他组织的申请,经依法审查,准予其从事特定活动的行为,为行政许可。《公司法》第6条第1款规定,设立公司应当依法向公司登记机关申请设立登记。符合《公司法》规定的设立条件的,由公司登记机关分别登记为有限责任公司或股份有限公司;不符合《公司法》规定的设立条件的,不得登记为有限责任公司或股份有限公司。公司设立登记的法律效力,是使公司取得法人资格,进而取得从事经营活动的合法身份,符合"行政机关根据公民、法人或者其他组织的申请,经依法审查,准予其从事特定活动"的界定。

(2)公司变更登记是指公司设立登记事项中的某些事项改变,需向公司登记机关申请变更。关于公司变更登记的法律性质有两种观点。

第一种观点认为属于行政许可。行政许可是指行政机关根据公民、法人或者其他组织的申请,经依法审查、准予其从事特定活动的行为。由于公司必须经核准登记才能变更登记事项,未经登记而擅自变更登记事项的,公司需承担法律责任。故该行为应为行政许可。

第二种观点认为属于行政确认。行政确认是指行政机关和法定授权的组织依照法定权限和程序对有关法律事实进行甄别,通过确定、证明等方式决定管理相对人某种法律地位的行政行为。变更登记并不能决定公司的身份或资格,只是对民事权利的确认。故应为行政确认。

知识点 行政许可的变更与延续程序

涉及法条 《行政许可法》第2条

2. 如市工商局维持了区工商分局的行政行为,请确定本案中的原告和被告,并说明理由。(4分)

【答案参考】

(1)乙、丙、丁为原告。

我国《行政诉讼法》第25条第1款规定,行政行为的相对人以及其他与行政行为有利害关系的公民、法人或者其他组织,有权提起诉讼。乙、丙、丁符合作为原告的要求,故为本案原告。

(2)市工商局和区工商分局为共同被告。

我国《行政诉讼法》第26条第2款规定,复议机关决定维持原行政行为的,作出原行政行为的行政机关和复议机关是共同被告。本案中,市工商局维持了区工商分局的行政行为,则市工商局和区工商分局都是本案被告。

知识点 行政诉讼当事人

涉及法条 《行政诉讼法》第25条、第26条

3. 如何确定本案的审理和裁判对象？如市工商局在行政复议中维持区工商分局的行为，有何不同？(4 分)

【答案参考】

(1)本案的审理和裁判对象是市工商局撤销区工商分局通知行为的合法性。

行政诉讼一审案件的审理对象是被诉行政行为的合法性。本案中，市工商局作出了撤销决定，原告不服起诉，应以市工商局的撤销决定为审理裁判对象。

知识点 对起诉的审查和处理

涉及法条《行政诉讼法》第 6 条

(2)如果市工商局维持了区工商分局的行为，则原行政行为(登记驳回通知书)和复议决定(撤销决定)均为案件审理对象，法院应一并作出裁判。

我国《行政诉讼法》规定，复议机关决定维持原行政行为，起诉后法院的审理对象为原行政行为的合法性和复议决定的合法性。

知识点 一审程序

涉及法条《行政诉讼法》第 79 条

4. 法院接到起诉状决定是否立案时通常面临哪些情况？如何处理？(4 分)

【答案参考】

《行政诉讼法》第 51 条规定：(1)人民法院在接到起诉状时对符合本法规定的起诉条件的，应当登记立案。(2)对当场不能判定是否符合本法规定的起诉条件的，应当接收起诉状，出具注明收到日期的书面凭证，并在 7 日内决定是否立案。不符合起诉条件的，作出不予立案的裁定。裁定书应当载明不予立案的理由。原告对裁定不服的，可以提起上诉。(3)起诉状内容欠缺或者有其他错误的，应当给予指导和释明，并一次性告知当事人需要补正的内容。不得未经指导和释明即以起诉不符合条件为由不接收起诉状。(4)对于不接收起诉状、接收起诉状后不出具书面凭证，以及不一次性告知当事人需要补正的起诉状内容的，当事人可以向上级人民法院投诉，上级人民法院应当责令改正，并对直接负责的主管人员和其他直接责任人员依法给予处分。

知识点 对起诉的审查和处理

涉及法条《行政诉讼法》第 51 条

【关联扩展】

《行政诉讼法》第 52 条规定，人民法院既不立案，又不作出不予立案裁定的，当事人可以向上一级人民法院起诉。上一级人民法院认为符合起诉条件的，应当立案、审理，也可以指定其他下级人民法院立案、审理。

5.《行政诉讼法》对一审法院宣判有何要求?(4分)

【答案参考】

《行政诉讼法》第80条规定:(1)人民法院对公开审理和不公开审理的案件,一律公开宣告判决。(2)当庭宣判的,应当在10日内发送判决书;定期宣判的,宣判后立即发给判决书。(3)宣告判决时,必须告知当事人上诉权利、上诉期限和上诉的人民法院。

知识点 行政诉讼第一审判决

涉及法条 《行政诉讼法》第80条

第四章 "一问一答+简答"类题目

九、2017年第七题(23分)

某省盐业公司从外省盐厂购进300吨工业盐运回本地,当地市盐务管理局认为购进工业盐的行为涉嫌违法,遂对该批工业盐予以先行登记保存,并将《先行登记保存通知书》送达该公司。其后,市盐务管理局经听证、集体讨论后,认定该公司未办理工业盐准运证从省外购进工业盐,违反了省政府制定的《盐业管理办法》第20条,决定没收该公司违法购进的工业盐,并处罚款15万元。公司不服处罚决定,向市政府申请行政复议。市政府维持市盐务管理局的处罚决定。公司不服向法院起诉。

材料一:

(1)《盐业管理条例》[①](国务院1990年3月2日第51号令发布,自发布之日起施行)第24条规定,运输部门应当将盐列为重要运输物资,对食用盐和指令性计划的纯碱、烧碱用盐的运输应当重点保证。(2)《盐业管理办法》(2003年6月29日省人民政府发布,2009年3月20日修正)第20条规定,盐的运销站发运盐产品实行准运证制度。在途及运输期间必须货、单、证同行。无单、无证的,运输部门不得承运,购盐单位不得入库。

材料二:

2016年4月22日,国务院发布的《盐业体制改革方案》指出,要推进盐业体制改革,实现盐业资源有效配置,进一步释放市场活力,取消食盐产销区域限制。要改革食盐生产批发区域限制。取消食盐定点生产企业只能销售给指定批发企业的规定,允许生产企业进入流通和销售领域,自主确定生产销售数量并建立销售渠道,以自有品牌开展跨区域经营,实现产销一体,或者委托有食盐批发资质的企业代理销售。要改革工业盐运销管理。取消各地自行设立的两碱工业盐备案制和准运证制度,取消对小工业盐及盐产品进入市场的各类限制,放开小工业盐及盐产品市场和价格。

---

① 现已失效。

材料三：

2017年6月13日，李克强在全国深化简政放权放管结合优化服务改革电视电话会议上的讲话强调，我们推动的“放管服”改革、转变政府职能是一个系统的整体，首先要在“放”上下更大功夫，进一步做好简政放权的“减法”，又要在创新政府管理上破难题，善于做加强监管的“加法”和优化服务的“乘法”。如果说做好简化行政审批、减税降费等“减法”是革自己的命，是壮士断腕，那么做好强监管“加法”和优服务“乘法”，也是啃政府职能转变的“硬骨头”。放宽市场准入，可以促进公平竞争、防止垄断，也能为更好的“管”和更优的“服”创造条件。

【问题】

(一)请根据案情、材料一和相关法律规定，回答下列问题：

1. 请简答行政机关适用先行登记保存的条件和程序。(3分)

2.《行政处罚法》对市盐务管理局举行听证的主持人的要求是什么？(3分)

3. 市盐务管理局以某公司未办理工业盐准运证从省外购进工业盐构成违法的理由是否成立？为什么？(3分)

4. 如何确定本案的被告？为什么？(3分)

(二)请基于案情，结合材料二、材料三和相关法律作答(要求观点明确，说理充分，文字通畅，字数不少于400字)。(11分)

答案阅评参考

(一)请根据案情、材料一和相关法律规定，回答下列问题：

1. 请简答行政机关适用先行登记保存的条件和程序。(3分)

【答案参考】

行政机关在收集证据时，在证据可能灭失或者以后难以取得的情况下，经行政机关负责人批准，可以先行登记保存。其中执法人员不得少于2人，应当向当事人或者有关人员出示证件，并在7日内及时作出处理决定，在此期间，当事人或者有关人员不得销毁或者转移证据。

知识点 《行政处罚法》的登记和保存制度

涉及法条 《行政处罚法》第55条、第56条

2.《行政处罚法》对市盐务管理局举行听证的主持人的要求是什么？(3分)

【答案参考】

我国《行政处罚法》规定，听证由市盐务管理局指定的非本案调查人员主持；当事人认为主持人与本案有直接利害关系的，有权申请回避。

知识点 《行政处罚法》的听证程序

涉及法条 《行政处罚法》第64条

【关联扩展】

行政机关作出"没收较大数额违法所得、没收较大价值非法财物""降低资质等级、吊销许可证件""责令停产停业、责令关闭、限制从业"等行政处罚决定,应当告知当事人有要求举行听证的权利;当事人要求听证的,行政机关应当组织听证。当事人不承担行政机关组织听证的费用。

听证应当依照以下程序组织:

(1)当事人要求听证的,应当在行政机关告知后5日内提出。

(2)行政机关应当在举行听证的7日前,通知当事人及有关人员听证的时间、地点。

(3)除涉及国家秘密、商业秘密或者个人隐私依法予以保密外,听证公开举行。

(4)听证由行政机关指定的非本案调查人员主持;当事人认为主持人与本案有直接利害关系的,有权申请回避。

(5)当事人可以亲自参加听证,也可以委托1~2人代理。

(6)当事人及其代理人无正当理由拒不出席听证或者未经许可中途退出听证的,视为放弃听证权利,行政机关终止听证。

(7)举行听证时,调查人员提出当事人违法的事实、证据和行政处罚建议,当事人进行申辩和质证。

(8)听证应当制作笔录。笔录应当交当事人或者其代理人核对无误后签字或者盖章。当事人或者其代理人拒绝签字或者盖章的,由听证主持人在笔录中注明。

3. 市盐务管理局以某公司未办理工业盐准运证从省外购进工业盐构成违法的理由是否成立?为什么?(3分)

【答案参考】

不成立。

我国《行政许可法》规定,在已经制定法律、行政法规的情况下,地方政府规章只能在法律、行政法规设定的行政许可事项范围内对实施该行政许可作出具体规定,不能设定新的行政许可。法律及国务院《盐业管理条例》①没有设定工业盐准运证这一行政许可,地方政府规章不能设定工业盐准运证制度。故市盐务管理局认定有限公司未办理工业盐准运证从省外购进工业盐构成违法的理由不成立。

知识点 行政许可的设定

涉及法条 《行政许可法》第15条、第16条

【关联扩展】

《行政许可法》第15条规定:"本法第十二条所列事项,尚未制定法律、行政法规的,地方性法规可以设定行政许可;尚未制定法律、行政法规和地方性法规的,因行政管理的需要,确需立即实施行政许可的,省、自治区、直辖市人民政府规章可以设定临时性的行政许可。临时性的行政许可实施满一年需要继续实施的,应当提请本级人民代表大会及其常务委员会制定地方性法规。

① 现已失效。

地方性法规和省、自治区、直辖市人民政府规章，不得设定应当由国家统一确定的公民、法人或者其他组织的资格、资质的行政许可；不得设定企业或者其他组织的设立登记及其前置性行政许可。其设定的行政许可，不得限制其他地区的个人或者企业到本地区从事生产经营和提供服务，不得限制其他地区的商品进入本地区市场。”

《行政许可法》第16条规定：“行政法规可以在法律设定的行政许可事项范围内，对实施该行政许可作出具体规定。地方性法规可以在法律、行政法规设定的行政许可事项范围内，对实施该行政许可作出具体规定。规章可以在上位法设定的行政许可事项范围内，对实施该行政许可作出具体规定。法规、规章对实施上位法设定的行政许可作出的具体规定，不得增设行政许可；对行政许可条件作出的具体规定，不得增设违反上位法的其他条件。”

4. 如何确定本案的被告？为什么？（3分）

【答案参考】

市盐务管理局与市政府。

我国《行政诉讼法》第26条第2款规定，经复议的案件，复议机关决定维持原行政行为的，作出原行政行为的行政机关和复议机关是共同被告；复议机关改变原行政行为的，复议机关是被告。本案中，复议机关即市政府维持了市盐务管理局的处罚决定，故市盐务管理局和市政府为共同被告。

知识点 行政诉讼的被告制度

涉及法条 《行政诉讼法》第26条

（二）请基于案情，结合材料二、材料三和相关法律作答（要求观点明确，说理充分，文字通畅，字数不少于400字）。（11分）

【提示】法考主观题试卷中单独考查行政法简答题的可能性几乎为零，考生可以简单看一下答案结构。

谈谈深化简政放权放管结合优化服务改革对推进政府职能转变、建设法治政府的意义。

【答案参考】

“依法全面履行政府职能”是建设法治政府的必要前提和坚实基础。对此，首先要求做到行政主体和程序法治化，主要是推进行政机关的机构设立、职能、权限、程序、责任法定化。其次要求实行政府权力清单制度，按照职权法定原则，明确各级政府的职权事项和范围，坚决消除权力设租寻租空间。最后要求政府部门合理分工，推进各级政府事权规范化、法律化，合理、清晰界定各级政府间事权，促进政府间各司其职、各负其责。

转变政府职能的改革有两个好处：

首先，有利于约束政府权力行使。从材料一来看，在2016年之前，政府对于盐业生产、运输、销售管理太死，不符合市场经济发展规律。2016年国务院发布的《盐业体制改革方案》指出，取消食盐产销区域限制，要求改革食盐生产批发区域限制，允许自主确定生产销售数量并建立销售渠道，取消各盐业生产单位备案制和准运证制度，取消市场的各类限制，放开小工业盐及盐产品市场和价格。这些规定对于盐业管理部门的职能、权限进行了明确规定，如果管理部门如案例中那样违反了权力清单的规定，将会被追究法律责任。

其次，有利于更好地保护公民权益实现。从材料二来看，要求进一步简政放权、放管结合、优化服务，善于做加强监管的“加法”和优化服务的“乘法”。“放宽市场准入，可以促进公平竞争、防止垄断，也能为更好的‘管’和更优的‘服’创造条件。”这一系列改革对保护市场主体利益具有重要意义。

简政放权放管结合优化服务改革是重要的行政体制改革内容，如果此改革目标实现，则能够通过清晰界定政府权限而约束其权力行使，通过提供优质服务来更好地实现对公民、行政相对人权益的保护，对推进政府职能转变、建设法治政府具有重大意义。

十、2016年第七题(24分)

材料一：

孙某与村委会达成在该村采砂的协议，期限为5年。孙某向甲市乙县国土资源局申请采矿许可，该局向孙某发放采矿许可证，载明采矿的有效期为2年，至2015年10月20日止。2015年10月15日，乙县国土资源局通知孙某，根据甲市国土资源局日前发布的《严禁在自然保护区采砂的规定》，采矿许可证到期后不再延续，被许可人应立即停止采砂行为，撤回采砂设施和设备。孙某以与村委会协议未到期、投资未收回为由继续开采，并于2015年10月28日向乙县国土资源局申请延续采矿许可证的有效期。该局通知其许可证已失效，无法续期。2015年11月20日，乙县国土资源局接到举报，得知孙某仍在采砂，以孙某未经批准非法采砂，违反《矿产资源法》为由，发出《责令停止违法行为通知书》，要求其停止违法行为。孙某向法院起诉请求撤销通知书，一并请求对《严禁在自然保护区采砂的规定》进行审查。孙某为了解《严禁在自然保护区采砂的规定》内容，向甲市国土资源局提出政府信息公开申请。

材料二：

涉及公民、法人或其他组织权利和义务的规范性文件，按照政府信息公开要求和程序予以公布。推行行政执法公示制度。推进政务公开信息化，加强互联网政务信息数据服务平台和便民服务平台建设。(摘自《中共中央关于全面推进依法治国若干重大问题的决定》)

【问题】

(一)结合材料一回答以下问题：

1.《行政许可法》对被许可人申请延续行政许可有效期有何要求？行政许可机关接到申请后应如何处理？(3分)

2.孙某一并审查的请求是否符合要求？根据有关规定，原告在行政诉讼中提出一并请求审查行政规范性文件的具体要求是什么？(3分)

3.行政诉讼中，如法院经审查认为规范性文件不合法，应如何处理？(3分)

4.对《责令停止违法行为通知书》的性质作出判断，并简要比较行政处罚与行政强制措施的不同点。(4分)

(二)结合材料一和材料二作答(要求观点明确，逻辑清晰、说理充分、文字通畅；总字数不得少于500字)。(11分)

答案阅评参考

（一）结合材料一回答以下问题：

1.《行政许可法》对被许可人申请延续行政许可有效期有何要求？行政许可机关接到申请后应如何处理？（3分）

【答案参考】

（1）被申请人应当在行政许可有效期届满30日前向作出行政许可决定的行政机关提出申请。法律、行政法规、规章另有规定的，依照其规定。

（2）行政许可机关接到申请后，应当根据被许可人的申请，在该行政许可有效期届满前作出是否准予延续的决定；逾期未作决定的，视为准予延续。

知识点 行政许可的延续程序

涉及法条《行政许可法》第50条

2. 孙某一并审查的请求是否符合要求？根据有关规定，原告在行政诉讼中提出一并请求审查行政规范性文件的具体要求是什么？（3分）

【答案参考】

（1）因《严禁在自然保护区采砂的规定》并非被诉行政行为（责令停止违法行为通知）作出的依据，孙某的请求不符合要求。

（2）根据我国《行政诉讼法》及相关司法解释的规定，原告在行政诉讼中一并请求审查规范性文件的，需要符合下列要求：①该规范性文件为国务院部门和地方政府及其部门制定的规范性文件，但不含规章；②该规范性文件是被诉行政行为作出的依据；③应在第一审开庭审理前提出，但有正当理由的，也可以在法庭调查中提出。

知识点 行政诉讼程序

涉及法条《行政诉讼法》第53条，《行政诉讼法解释》第145条、第146条

3. 在行政诉讼中，如法院经审查认为规范性文件不合法，应如何处理？（3分）

【答案参考】

《行政诉讼法解释》第149条第1款规定：（1）法院经审查认为规范性文件不合法的，不作为认定被诉行政行为合法的依据，并在裁判理由中予以阐明。（2）作出生效裁判的法院应当向规范性文件的制定机关提出处理建议，并可以抄送制定机关的同级人民政府、上一级行政机关、监察机关以及规范性文件的备案机关。

知识点 行政诉讼程序

涉及法条《行政诉讼法解释》第149条

【关联扩展】

《行政诉讼法解释》第149条规定,人民法院经审查认为行政行为所依据的规范性文件合法的,应当作为认定行政行为合法的依据;经审查认为规范性文件不合法的,不作为人民法院认定行政行为合法的依据,并在裁判理由中予以阐明。作出生效裁判的人民法院应当向规范性文件的制定机关提出处理建议,并可以抄送制定机关的同级人民政府、上一级行政机关、监察机关以及规范性文件的备案机关。

规范性文件不合法的,人民法院可以在裁判生效之日起3个月内,向规范性文件制定机关提出修改或者废止该规范性文件的司法建议。

规范性文件由多个部门联合制定的,人民法院可以向该规范性文件的主办机关或者共同上一级行政机关发送司法建议。

接受司法建议的行政机关应当在收到司法建议之日起60日内予以书面答复。情况紧急的,人民法院可以建议制定机关或者其上一级行政机关立即停止执行该规范性文件。

【提示】 法院审查如果认定规范性文件不合法,既无权在判决书中撤销该规范性文件,也无权在审判中宣告该规范性文件无效。

4. 对《责令停止违法行为通知书》的性质作出判断,并简要比较行政处罚与行政强制措施的不同点。(4分)

【答案参考1】

《责令停止违法行为通知书》属于行政强制措施。

行政强制措施,是指行政机关在行政管理过程中,为制止违法行为、控制危险扩大等情形,依法对人身自由或者财物实施暂时性限制和控制的行为。本案中,《责令停止违法行为通知书》是为了制止违法行为、控制危险扩大,应属于行政强制措施。

知识点 行政强制措施

【答案参考2】

行政处罚和行政强制措施的不同主要体现在下列方面:一是目的不同。行政处罚的目的是制裁性,给予违法者制裁是本质特征;行政强制措施的主要目的在于制止和预防,即在行政管理中制止违法行为、防止证据损毁、避免危害发生、控制危险扩大等。二是阶段性不同。行政处罚是指行政机关依法对违反行政管理秩序的公民、法人或者其他组织,以减损权益或者增加义务的方式予以惩戒的行为;行政强制措施是对人身自由、财物等实施的暂时性限制、控制措施,常发生在行政程序前端。三是表现形式不同。行政处罚的种类主要有警告、通报批评,罚款、没收违法所得、没收非法财物,暂扣许可证件、降低资质等级、吊销许可证件,限制开展生产经营活动、责令停产停业、责令关闭、限制从业,行政拘留等;行政强制措施的主要有限制公民自由、查封、扣押、冻结等。

知识点 行政处罚与行政强制措施

涉及法条 《行政强制法》第2条、《行政处罚法》第2条

【关联扩展】

行政强制执行，是指行政机关或者行政机关申请人民法院，对不履行行政决定的公民、法人或者其他组织，依法强制其履行义务的行为。

（二）结合材料一和材料二作答（要求观点明确，逻辑清晰、说理充分、文字通畅；总字数不得少于500字）。（11分）

【提示】法考试卷中单独考查行政法简答题的可能性几乎为零，考生可以简单看一下答案结构。

谈谈政府信息公开的意义和作用，以及处理公开与不公开关系的看法。

【答案参考】

政府信息公开是建设法治国家的重要内容之一，其主要意义和作用有三点：

第一，保障公民、法人和其他组织的知情权。我国《宪法》上明文规定了公民对国家机关有监督权、批评建议权、申诉控告权，这些权利的形式都必须以获知政府信息为前提，因此，知情权是我国公民基本权利的一项应有内容。要充分实现公民的知情权，就必须建立政府信息公开制度予以保障。

第二，提高政府工作的透明度，打造阳光政府。"阳光是最好的防腐剂"，很多违法、不当的行政行为都与行政管理过程、管理结果的不公开、不透明有关。实现最大限度地政府信息公开，就可以压缩各种暗箱操作的空间，提升政府管理的公平、公正程度，增强人民群众对政府的信任感。

第三，充分发挥对人民群众生产、生活和经济社会活动的服务作用。政府作为社会公共事务的管理者，其制作、保存的海量信息的重要性不言而喻，这些信息对于人民群众的生产、生活等经济社会活动往往具有丰富的利用价值，能够创造出巨大的社会财富。将这些信息充分公开和共享，能够推动社会的直接进步。

处理政府信息公开与不公开的关系，应当坚持"以公开为原则、不公开为例外"，最大限度地予以公开。一方面，除少数涉及国家秘密、个人隐私和商业秘密的信息之外，政府信息应当普遍公开；另一方面，即使是那些部分涉及国家秘密、个人隐私和商业秘密的信息，也可以将这些内容分割后，将不涉密的其他部分予以公开。

材料一的案件涉及行政规范性文件的公开，材料二中《中共中央关于全面推进依法治国若干重大问题的决定》也提出了这方面的要求。按照该决定的要求和《政府信息公开条例》的要求，甲市国土资源局应当向孙某公开《严禁在自然保护区采砂的规定》这一文件。

十一、2014年第七题（26分）

材料一：

2012年3月，建筑施工企业原野公司股东王某和张某向工商局提出增资扩股变更登记的申请，将注册资本由200万元变更为800万元。工商局根据王某、张某提交的验资报告等材料办理了变更登记。后市公安局向工商局发出10号公函称，王某与张某涉嫌虚报注册资本被采取强制措施，建议工商局吊销原野公司营业执照。工商局经调查发现验资报告有涂改变造嫌疑，向公司发出处罚告知书，拟吊销公司营业执照。王某、张某得知此事后迅速向公司补足了600万元现金,并向工商局提交了证明材料。工商局根据此情形作出责令改正、缴纳罚款的20号处罚决定。公安局向市政府报告,市政府召开协调会,形成3号会议纪要,认为原野公司虚报注册资本情节严重,而工商局处罚过轻,要求工商局撤销原处罚决定。后工商局作出吊销原野公司营业执照的25号处罚决定。原野公司不服,向法院提起诉讼。

材料二:

2013年修改的《公司法》,对我国的公司资本制度作了重大修订,主要体现在:一是取消了公司最低注册资本的限额;二是取消了公司注册资本实缴制,实行公司注册资本认缴制;三是取消了货币出资比例限制;四是公司成立时不需要提交验资报告,公司的认缴出资额、实收资本不再作为公司登记事项。2014年2月7日,国务院根据上述立法精神批准了《注册资本登记制度改革方案》,进一步明确了注册资本登记制度改革的指导思想、总体目标和基本原则,从放松市场主体准入管制,严格市场主体监督管理和保障措施等方面,提出了推进公司注册资本及其他登记事项改革和配套监管制度改革的具体措施。

【问题】

1. 材料一中,王某、张某是否构成虚报注册资本骗取公司登记的行为?对在工商局作出20号处罚决定前补足注册资金的行为如何认定?(4分)

2. 材料一中,市政府能否以会议纪要的形式要求工商局撤销原处罚决定?(4分)

3. 材料一中,工商局作出25号处罚决定应当履行什么程序?(5分)

4. 结合材料一和材料二,运用行政法基本原理,阐述我国公司注册资本登记制度改革在法治政府建设方面的主要意义。(13分)

答题要求:

(1)无本人观点或论述、照搬材料原文不得分;

(2)观点明确,逻辑清晰,说理充分,文字通畅;

(3)请按提问顺序逐一作答,总字数不得少于600字。

答案阅评参考

1. 材料一中,王某、张某是否构成虚报注册资本骗取公司登记的行为?对在工商局作出20号处罚决定前补足注册资金的行为如何认定?(4分)

【答案参考】

(1)王某、张某的行为构成虚报注册资本骗取公司登记的行为。本题发生在2012年3月,2005年《公司法》第199条规定:"违反本法规定,虚报注册资本、提交虚假材料或者采取其他欺诈手段隐瞒重要事实取得公司登记的,由公司登记机关责令改正,对虚报注册资本的公司,处以虚报注册资本金额百分之五以上百分之十五以下的罚款;对提交虚假材料或者采取其他欺诈手段隐瞒重要事实的公司,处以五万元以上五十万元以下的罚款;情节严重的,撤销公司登记或者吊销营业执照。"[①]本题中,王某、张某二人提供虚假验资报告取得公司变更登记,二者的行为属于虚报注册资本骗取公司登记。

① 现为《公司法》第198条。

(2)二人在工商局作出20号处罚决定前得知此事后,迅速向公司补足了600万元现金,系对二人违法行为的纠正。这一纠正行为在实施处罚时可以作为处罚的重要考虑情节。

知识点 公司登记管理与当事人违法行为的纠正

涉及法条 《行政处罚法》第32条

【提示】 题目发生在2012年3月,2013年12月28日《公司法》修正,本题应适用修正前的2005年《公司法》第199条的规定。由于法考命题不会再考查2005年《公司法》第199条的内容,所以就本题而言,考生只需要掌握认定违法行为是行政处罚的前提,当事人对违法行为的纠正是行政处罚适用中考虑的情节即可。

2. 材料一中,市政府能否以会议纪要的形式要求工商局撤销原处罚决定?(4分)

【答案参考】

不能。

(1)会议纪要会对当事人的权益产生实质性影响,符合具体行政行为的特征,政府应当通过实施具体行政行为的法定程序和方式作出行政决定书,要求工商局撤销原处罚决定。(2)以会议纪要这一内部性很强的形式处理对当事人产生重大影响的行为是违法的。(3)用会议纪要形式要求工商局撤销原处罚决定涉嫌侵犯工商局的职能,涉嫌主体越权。根据《行政处罚法》第76条第1款规定,行政机关实施行政处罚,有下列情形之一,由上级行政机关或者有关机关责令改正,对直接负责的主管人员和其他直接责任人员依法给予处分:(1)没有法定的行政处罚依据的;(2)擅自改变行政处罚种类、幅度的;(3)违反法定的行政处罚程序的;(4)违反《行政处罚法》第20条关于委托处罚的规定的;(5)执法人员未取得执法证件的。该规定严格限定了上级行政机关的职权,对适用的情形作了严格限制,因此在本案中,市政府以会议纪要的形式撤销处罚决定是违法的。

知识点 具体行政行为概念

涉及法条 《行政处罚法》第76条

【关联扩展】

具体行政行为合法的要件:事实清楚,适用法律法规正确,程序合法正当,无超越职权,无滥用职权,无明显不当。上述任一要件存在问题都能构成违法的独立理由。回答的时候,给出任意一点理由均可得分。

3. 材料一中,工商局作出25号处罚决定应当履行什么程序?(5分)

【答案参考】

应当履行听证程序。

我国《行政处罚法》第63条第1款规定,行政机关作出较大数额罚款,降低资质等级、吊销许可证件,责令停产停业、责令关闭、限制从业等行政处罚决定之前,应当告知当事人有要求举行听证的权利。本案中,工商局25号处罚决定性质上属于行政处罚,且内容为吊销原野公司营业执照,所以应当履行听证的程序。

知识点 行政处罚的程序

涉及法条 《行政处罚法》第63条

4. 结合材料一和材料二,运用行政法基本原理,阐述我国公司注册资本登记制度改革在法治政府建设方面的主要意义。(13分)

【答案参考】

公司注册资本登记制度改革反映了行政审批制度精简化的要求,体现了比例原则的最小侵害理念,在能够实现行政目的的多种手段中选择对民众权利侵害最小的手段,减少或者避免行政机关过度干预市场和企业自主权。

法治政府的建设要求体现高效便民的精神,公司注册资本登记制度精简化充分体现了"权为民所用、情为民所系、利为民所谋"的执政为民的精神,以及高效便民的要求。公司注册资本登记改革最大限度地向市场放权、给企业松绑,最大限度地让人民群众受益,充分落实企业投资自主权,推进投资创业便利化,激发市场经济活力。在不损害实质性法律利益和不违反法定程序的前提下,尽可能为人民群众行使权利和履行义务提供各种便利,不断改革和完善各种执法程序和执法手续,科学、合理地设置执法流程,减少当事人的成本。

总之,深入推进行政体制改革,进一步简政放权,这是政府的自我革命。公司注册资本登记制度改革是法治政府建设的重要一步。

第七编

商　法

1. 在主观题的复习上还应继续解放思想、回到科学的精准复习路径上来，应从跨学科的无缝对接、学科内的联合运用、法律人的思维训练等角度下功夫，踏踏实实，久久为功，切实提高复习效率、确保复习效果。

2. 改革后的法考时代，商法考查分值有所提升。在选做题中，2018 年考查 28 分，2019 年考查 27 分，2020 年至 2023 年均考查 28 分。

第一章　商法命题规律

1. 学科间交叉命题

法考改革后，商法出现了“交叉考查”“全面覆盖（学科内）”“侧重实务运用”等特点，考生在复习的时候要突破单学科复习的思维。2023 年的真题就是从民法与商法结合的角度进行命题的，建议考生在备考过程，参照民综题目进行复习。

2. 作为选做题单独命题

在主观题考试中商法的考点集中、明确，基本围绕《公司法》（以及 5 个公司法司法解释）进行考查；而在《公司法》中，又是紧紧围绕有限责任公司进行考查的。并且与民法的善意取得及担保制度进行结合命题，会涉及越权代表、善意取得、合同效力等。归纳起来，主要是有限责任公司的成立、有限责任公司的内部治理和有限责任公司的资本这三个方面。当然从 2018 年特别是 2019 年及 2020 年的试题分布来看，商法考查的内容有进一步扩大的趋势。考生对《合伙企业法》《企业破产法》等的学习也不可忽视。明确了复习的基本方向，则可以有效地确保复习效率，将最宝贵的时间用在“刀刃上”。

表 7　近九年商法分值及占卷面比重情况

年份	2023	2022	2021	2020	2019	2018	2017	2016	2015
分值/分	18 + 28	13 + 28	28	11 + 28	14 + 27	15 + 28	21	18	18
占卷面比重/%	25. 6	22. 8	15. 6	21. 67	22. 8	23. 9	14	12	12

第二章 商法历年考点

年份	考点名称	知识点内容
2023	1. 法定代表人越权担保	(1)公司为他人提供担保,依照公司章程的规定,由董事会或者股东会、股东大会决议。 (2)公司的法定代表人违反公司法关于对外担保决议程序的规定,超越权限代表公司与相对人订立担保合同。人民法院应当依照《民法典》第 61 条和第 504 条等规定处理:①相对人善意的,担保合同对公司发生效力;相对人请求公司承担担保责任的,人民法院应予支持。②相对人非善意的,担保合同对公司不发生效力;相对人请求公司承担赔偿责任的,参照适用《民法典担保制度解释》第 17 条的有关规定
	2. 股权转让条件	(1)公司章程对股权转让另有规定的,从其规定。可见股权转让虽然是股东的权利,但法律尊重公司章程的意思自治,则依照章程处理。 (2)股东会会议作出修改公司章程的决议,必须经代表 2/3 以上表决权的股东通过
	3. 股权善意取得	名义股东将名下登记的股权转让给他人的,可以参照适用《民法典》第 311 条善意取得制度。《公司法解释(三)》第 27 条规定,股东已经转让股权,但未办理登记,原股东又将登记在其名下的股权转让的,可以参照《民法典》第 311 条善意取得制度
	4. 法定代表人变更	公司法定代表人变更,应当办理变更登记。从理论上讲,法定代表人和公司并非简单的劳动合同关系,而是委任关系,不能如同普通劳动者一样通过辞职解除,必须办理变更登记
	5. 买卖合同效力	法人的法定代表人超越权限订立的合同,除相对人知道或者应当知道其超越权限外,该代表行为有效,订立的合同对法人发生效力
	6. 股权出资	公司债权人请求未履行或者未全面履行出资义务的股东在未出资本息范围内对公司债务不能清偿的部分承担补充赔偿责任的,人民法院应予支持
	7. 财产混同、人格混同	一人公司的股东在无法证明自身财产独立于公司财产时,需要承担连带责任。夫妻一方设立一人公司,如果配偶实质参与公司经营管理,则该一人公司属于夫妻共同事业,应由夫妻共同财产承担连带责任
2022	1. 股东知情权、不正当目的	(1)股东有权查阅、复制公司章程、股东会会议记录、董事会会议决议、监事会会议决议和财务会计报告。 (2)公司有合理根据认为股东查阅会计账簿有不正当目的,可能损害公司合法利益的,可以拒绝提供查阅,并应当自股东提出书面请求之日起 15 日内书面答复股东并说明理由
	2. 让与担保	(1)让与担保是指债务人或者第三人为担保债务的履行,将标的物转移给他人,于债务不履行时,该人可就标的物受偿的一种非典型担保。其中,将标的物转移给他人的债务人或第三人形式上是转让人,实质上是担保人;受领标的物的他人形式上是受让人,实质上是担保权人。 (2)债务人或者第三人与债权人约定将财产形式上转移至债权人名下,债务人不履行到期债务的,债权人有优先受偿权

续表

年份	考点名称	知识点内容
2022	3. 合伙协议的效力	合伙协议经全体合伙人签名、盖章后生效
	4. 公司股权回购的情形	(1)公司连续5年不向股东分配利润,而公司该5年连续盈利,并且符合《公司法》规定的分配利润条件的。 (2)公司合并、分立、转让主要财产的。 (3)公司章程规定的营业期限届满或者章程规定的其他解散事由出现,股东会会议通过决议修改章程使公司存续的
	5. 股权让与担保生效	以基金份额、股权出质的,质权自办理出质登记时设立,未登记的股权担保无效
2021	1. 无权处分财产出资,公司善意的认定	《公司法解释(三)》第7条第1款规定:出资人以不享有处分权的财产出资,当事人之间对于出资行为效力产生争议的,人民法院可以参照《民法典》第311条的规定予以认定。法定代表人、董事长等知情可推定公司知情
	2. 股权让与担保,协议效力认定(含流质约款)	《民法典担保制度解释》第68条第2款规定:债务人或者第三人与债权人约定将财产形式上转移至债权人名下,债务人不履行到期债务,财产归债权人所有的,人民法院应当认定该约定无效,但是不影响当事人有关提供担保的意思表示的效力。当事人已经完成财产权利变动的公示,债务人不履行到期债务,债权人请求对该财产享有所有权的,人民法院不予支持;债权人请求参照《民法典》关于担保物权的规定对财产折价或者以拍卖、变卖该财产所得的价款优先受偿的,人民法院应予支持;债务人履行债务后请求返还财产,或者请求对财产折价或者以拍卖、变卖所得的价款清偿债务的,人民法院应予支持。 《民法典》第428条规定:质权人在债务履行期限届满前,与出质人约定债务人不履行到期债务时质押财产归债权人所有的,只能依法就质押财产优先受偿
	3. 股权让与担保,公司内部股东是否享有优先购买权。非股权转让,债权人(受让人)不是股东	《民法典》第146条规定:行为人与相对人以虚假的意思表示实施的民事法律行为无效。以虚假的意思表示隐藏的民事法律行为的效力,依照有关法律规定处理。 《民法典担保制度解释》第69条规定:股东以将其股权转移至债权人名下的方式为债务履行提供担保,公司或者公司的债权人以股东未履行或者未全面履行出资义务、抽逃出资等为由,请求作为名义股东的债权人与股东承担连带责任的,人民法院不予支持
	4. 更换法定代表人——依照公司章程的规定	《公司法》第13条规定:公司法定代表人依照公司章程的规定,由董事长、执行董事或者经理担任,并依法登记。公司法定代表人变更,应当办理变更登记。《公司法》第25条规定:有限责任公司章程应当载明下列事项:……(7)公司法定代表人…… 《公司法》第43条规定:股东会的议事方式和表决程序,除本法有规定的外,由公司章程规定。股东会会议作出修改公司章程、增加或者减少注册资本的决议,以及公司合并、分立、解散或者变更公司形式的决议,必须经代表2/3以上表决权的股东通过
	5. 公司组织机构——解聘总经理	《公司法》第46条规定:董事会对股东会负责,行使下列职权:……(9)决定聘任或者解聘公司经理及其报酬事项,并根据经理的提名决定聘任或者解聘公司副经理、财务负责人及其报酬事项……

续表

年份	考点名称	知识点内容
2021	6. 股东会决议表决权的行使	《公司法》第42条规定：股东会会议由股东按照出资比例行使表决权；但是，公司章程另有规定的除外。 《九民纪要》第7条规定：股东认缴的出资未届履行期限，对未缴纳部分的出资是否享有以及如何行使表决权等问题，应当根据公司章程来确定。公司章程没有规定的，应当按照认缴出资的比例确定。如果股东(大)会作出不按认缴出资比例而按实际出资比例或者其他标准确定表决权的决议，股东请求确认决议无效的，人民法院应当审查该决议是否符合修改公司章程所要求的表决程序，即必须经代表2/3以上表决权的股东通过。符合的，人民法院不予支持；反之，则依法予以支持
2021（延考）	1. 增资	股东按照实缴的出资比例分取红利；公司新增资本时，股东有权优先按照实缴的出资比例认缴出资。但是，全体股东约定不按照出资比例分取红利或者不按照出资比例优先认缴出资的除外
	2. 董事、高级管理人员对公司承担的义务	(1)未经股东会或者股东大会同意，利用职务便利为自己或者他人谋取属于公司的商业机会，自营或者为他人经营与所任职公司同类的业务。 (2)董事、监事、高级管理人员执行公司职务时违反法律、行政法规或者公司章程的规定，给公司造成损失的，应当承担赔偿责任
	3. 章程	董事的报酬由股东会决定
	4. 股东会决议的效力	股东会决议效力一般从决议内容、会议召集程序、表决方式等方面进行综合认定
	5. 解除股东资格	仅当股东未履行出资义务或者抽逃全部出资，经公司催告缴纳或者返还，其在合理期间内仍未缴纳或者返还出资，公司有权以股东会决议解除该股东的股东资格，并且公司还需要完成减资等相关程序
	6. 终止增资协议后是否要退还增资款	有限责任公司的股东未履行出资义务或者抽逃全部出资，经公司催告缴纳或者返还，其在合理期间内仍未缴纳或者返还出资，公司以股东会决议解除该股东的股东资格，该股东请求确认该解除行为无效的，人民法院不予支持
2020	1. 有限责任公司股权对外转让	有限责任公司股权对外转让，公司章程有约定的依约定；没有约定的，需要过半数股东同意方可转让
	2. 董事的任免	董事的任免，职工董事由职工大会决定，非职工董事由股东大会决定
	3. 有限责任公司的增资程序	有限责任公司的增资需要经过公司有表决权的2/3以上股东同意
	4. 有限责任公司增资股东的优先认购权	有限责任公司增加注册资本，股东可以要求按照其所持股比例优先认购相应的份额
	5. 董监高关联交易	《公司法》第21条规定：公司的控股股东、实际控制人、董事、监事、高级管理人员不得利用其关联关系损害公司利益。违反前款规定，给公司造成损失的，应当承担赔偿责任
	6. 有限责任公司股东资格的取消	有限责任公司股东资格的丧失。《公司法解释(三)》第17条第1款规定：有限责任公司的股东未履行出资义务或者抽逃全部出资，经公司催告缴纳或者返还，其在合理期间内仍未缴纳或者返还出资，公司以股东会决议解除该股东的股东资格，该股东请求确认该解除行为无效的，人民法院不予支持

续表

年份	考点名称	知识点内容
2019	1. 增资(章程的特别约定优先)	有限责任公司股东认缴新增资本的出资,依照《公司法》设立有限责任公司缴纳出资的有关规定执行
	2. 股东权利救济(与民事诉讼法结合)	公司股东权利受到侵害时,股东可以直接诉讼,适用《民事诉讼法》的相关规定起诉即可
	3. 名义股东与实际股东	(1)对内:实际出资人与名义股东通过"代持股协议"确定双方权利义务。其投资权益归属于实际出资人。 (2)对外:实际出资人与善意第三人的股权转让合同有效;处分股权行为为有权处分;受让人应"善意 + 对价 + 手续全"
2018	1. 股东资格(出资)	股东以货币出资的,应当将货币出资足额存入有限责任公司在银行开设的账户。有限责任公司成立后,应当向股东签发出资证明书
	2. 有限责任公司股权对外转让	股东向股东以外的人转让股权,应当经其他股东过半数同意。股东应就其股权转让事项书面通知其他股东,征求同意,其他股东自接到书面通知之日起满 30 日未答复的,视为同意转让。其他股东半数以上不同意转让的,不同意的股东应当购买该转让的股权;不购买的,视为同意转让
	3. 代持协议(名义股东)	承认实际出资人与名义股东关系的合法性,只要他们之间的合同是真实意思表示,并且没有出现《民法典》第 153 条规定的情形,法律就认为该合同有效,即从实际权利而言,应保护实际出资人
	4. 出资瑕疵	(1)股东未履行或者未全面履行出资义务,公司或者其他股东请求其向公司依法全面履行出资义务的,人民法院应予支持。 (2)公司债权人请求未履行或者未全面履行出资义务的股东在未出资本息范围内对公司债务不能清偿的部分承担补充赔偿责任的,人民法院应予支持
2017	1. 法人治理结构	(1)有限公司股东人数较少可以不设董事会; (2)有限公司股东人数较少可以不设监事会; (3)董事、高级管理人员不得兼任监事
	2. 减资程序	减资必须遵守法定的程序,包括对内程序与对外程序
	3. 监事职权、执行董事职权	(1)监事对公司董高有罢免建议权; (2)由董事会决定聘任或解聘经理
	4. 股权回购	股东回购请求权仅限于三种情形下对股东会决议持异议的股东: (1)公司连续 5 年不分红而该公司 5 年连续盈利决议; (2)公司合并、分立或转让主要财产决议; (3)公司存续上的续期决议
	5. 公司解散(司法解散)	公司持续 2 年以上无法召开股东会,公司经营管理发生严重困难的,判决司法解散
	6. 清算	(1)法院作出的解散公司的判决,在性质上为形成判决; (2)解散判决生效后,公司必须经过清算程序走向终止

续表

年份	考点名称	知识点内容
2016	1. 出资	(1)净资产可以出资; (2)股东没有完全履行自己的出资义务的,应当承担继续履行出资义务及违约责任
	2. 法律关系判定(债权与股权的区别)	投资与借贷的区别: (1)投资与借贷是不同的法律关系; (2)出资、参与分红及公司的经营,这些行为非债权人均可为
	3. 股权转让(对外转让)	(1)瑕疵出资股权具有可转让性; (2)转让人和知情受让人对公司以及其债权人要承担连带责任
	4. 公司的特征(独立性:财产独立)	公司具有独立人格,公司财产是其人格的基础
	5. 公司债务清偿(与民法结合考查)	深石原则:股东损害公司的独立人格,损害债权人的利益的,其债权应当在顺序上劣后于正常交易中的债权人
	6. 反向考查股权回购、股东诉权(直接诉)	基于公司资本维持原则,股东不得要求退股,不得要求返还出资
2015	1. 股东会决议(反向考查股东诉权:无效诉)	公司股东会或者股东大会、董事会的决议内容违反法律、行政法规的无效
	2. 自由原则	不得强制别人加入公司组织,因为有违参与或加入公司组织之自由原则(命题人理论)
	3. 增发新股认购权	公司新增资本时,股东有权优先按照实缴的出资比例认缴出资
	4. 商法登记主义	商法奉行登记主义,只有在登记完毕后,才能产生注册资本增加的法定效力
	5. 公司债务清偿	加速到期理论:在公司财产不能清偿公司债务时,各股东所认缴的尚未到期的出资义务,提前到期(命题人理论)
2014	1. 股东资格确认规则	(1)记载于股东名册的股东,可以依股东名册主张行使股东权利; (2)公司应当将股东的姓名或者名称向公司登记机关登记;登记事项发生变更的,应当办理变更登记。未经登记或者变更登记的,不得对抗第三人
	2. 破产债权申报	可以申报的债权必须是: (1)须为以财产给付为内容的; (2)须为以债务人财产为受偿基础的请求权; (3)须为法院受理破产前成立的债权; (4)须为平等主体之间的债权; (5)须为合法有效的债权
	3. 隐名股东处置规则	名义股东将登记于其名下的股权转让、质押或者以其他方式处分,实际出资人以其对于股权享有实际权利为由,请求认定处分股权行为无效的,人民法院可以参照《民法典》第311条的规定处理
	4. 名义股东赔偿责任	名义股东处分股权造成实际出资人损失,实际出资人请求名义股东承担赔偿责任的,人民法院应予支持

续表

年份	考点名称	知识点内容
2014	5. 破产财产的追回(股东的出资义务)	管理人代表债务人提起诉讼,主张出资人向债务人依法缴付未履行的出资或者返还抽逃的出资本息,出资人以认缴出资尚未届至公司章程规定的缴纳期限或者违反出资义务已经超过诉讼时效为由抗辩的,人民法院不予支持
	6. 破产财产的追回(高管非正常收入的追回)	债务人的董事、监事、高级管理人员利用职权从企业获取的非正常收入,管理人负有追回义务

第三章　实体问答类题目

一、2023 年选做题(二)(28 分)

2019 年 3 月,张三、李四和甲公司、乙公司出资设立 A 公司,持股比例分别为 13%、7%、49%、31%。公司章程规定自然人股东的出资在公司设立时一次性实缴到位,法人股东的出资分两期,第一期出资 50%,在公司设立时实缴到位,第二期剩余 50% 出资在公司设立 10 年后履行;法定代表人对外签订合同的金额不得超过 100 万元,超出的需经董事会决议。董事会由甲公司指派的赵六,乙公司指派的王七和张三组成,赵六是 A 公司董事长兼法定代表人。

2021 年,C 公司与 D 公司有 60 万的贷款合同,C 公司请求 A 公司为该笔贷款提供担保,赵六遂以 A 公司的名义签订了担保合同。

2022 年,经其他股东同意,甲公司将股权转让给了丙公司。丙公司提议召开股东会,商定 5 年内股东不得对外转让股权,李四对该决议表反对,其他股东表示同意,并修改了公司章程,但因公司职工疏忽,没有将章程进行变更登记。

后李四欲对外转让股权,伪造了其他股东同意其对外转让股权、并放弃优先购买权的文书,将股权转让给不知情的王五,签订了转让协议王五支付了股权转让价款。王五向 A 公司主张变更登记为公司股东,A 公司予以拒绝。

2023 年 2 月,因赵六与其他董事不和,经营理念存在矛盾冲突,赵六遂书面向 A 公司提出辞职,但是并没有进行工商登记变更。

2023 年 3 月,赵六提出辞职后,B 公司找到赵六,主张与赵六签订买卖合同,并提出该合同利润丰厚,对 A 公司发展有利,赵六为了 A 公司的利益,遂又以 A 公司的名义对外签订了该买卖合同。B 公司对赵六辞任法定代表人一事并不知情。

A 公司拖欠 E 公司 600 万债务到期,法院判决该债权有效并被强制执行,E 公司主张强制执行 A 公司股东尚未履行的出资。

问题:

1. 法定代表人签订债务担保合同是否有效? D 公司能否向 A 公司主张担保责任? (6 分)

2. A 公司关于 5 年内不能对外转让股权的决议是否有效? 李四否认该决议后,是否对其生效? (5 分)

3. 王五能否善意取得李四转让的股权？(4分)

4. 赵六辞去定代表人职务是否有效？(4分)

5. 赵六与B公司签订的买卖合同是否有效？(4分)

6. E公司能否主张对A公司股东尚未履行的出资予以执行？(5分)

答案阅评参考

1. 法定代表人签订债务担保合同是否有效？D公司能否向A公司主张担保责任？(6分)

【答案参考】

(1)法定代表人赵六签订的债务担保合同无效。依据《公司法》第16条的规定，公司为他人提供担保，依照公司章程的规定，由董事会或者股东会、股东大会决议。可见，公司为他人提供担保并非法定代表人可自行决定的，而是必须有相关机构决议为前提。本题中，赵某作为法定代表人并没有公司相关机构的决议，担保合同无效。

(2)D公司不能向A公司主张担保责任。依据《民法典担保制度解释》第7条的规定，公司的法定代表人违反公司法关于对外担保决议程序的规定，超越权限代表公司与相对人订立担保合同，人民法院应当依照《民法典》第61条和第504条等规定处理：①相对人善意的，担保合同对公司发生效力；相对人请求公司承担担保责任的，人民法院应予支持。②相对人非善意的，担保合同对公司不发生效力；相对人请求公司承担赔偿责任的，参照适用本解释第17条的有关规定。上述第1款所称善意，是指相对人在订立担保合同时不知道且不应当知道法定代表人超越权限。相对人有证据证明已经对公司决议进行了合理审查，人民法院应当认定其构成善意。本题中，相对人D公司虽然不知道A公司对赵某的权限限制，但理应依法审查赵某提供的A公司相关决议，但D公司并没有审查，故D公司是恶意，此时担保合同无效，D公司不能要求A公司承担担保责任。

知识点 法定代表人越权担保

涉及法条 《公司法》第16条，《民法典》第61条、第504条，《民法典担保制度解释》第7条

2. A公司关于5年内不能对外转让股权的决议是否有效？李四否认该决议后，是否对其生效？(5分)

【答案参考】

A公司5年内禁止股权外转的决议有效，李四虽然否认该决议，但决议依旧对其生效。

依据《公司法》第71条第4款规定，公司章程对股权转让另有规定的，从其规定。可见股权转让虽然是股东的权利，但法律尊重公司章程的意思自治，则依照章程处理。依据《公司法》第43条第2款的规定，股东会会议作出修改公司章程的决议，必须经代表2/3以上表决权的股东通过。可见，章程的修改不以登记为生效条件，员工疏忽未能及时登记无须考虑。本题中，除李四反对外，其他股东均同意，其表决权为97%，符合法律规定。

综上所述，A公司5年内禁止转让股权决议合法有效，李四虽然否认，但依然对李四生效。

知识点 股权转让条件,合同有效要件

涉及法条 《公司法》第71条第4款、《公司法》第43条第2款

3. 王五能否善意取得李四转让的股权?(4分)

【答案参考】

王五不能善意取得李四转让的股权。

依据《公司法解释(三)》第25条规定,名义股东将名下登记的股权转让给他人的,可以参照适用《民法典》第311条善意取得制度。该解释第27条规定,股东已经转让股权,但未办理登记,原股东又将登记在其名下的股权转让的,可以参照《民法典》第311条善意取得制度。本题中,李四转让其名下的股权,是有权转让,李四既非名义股东也非一股二卖,不适用善意取得制度,故王五不能善意取得李四转让的股权。

知识点 股权善意取得

涉及法条 《公司法解释(三)》第25条、第27条,《民法典》第311条

4. 赵六辞去定代表人职务是否有效?(4分)

【答案参考】

赵六辞去法定代表人职务无效。

依据《公司法》第13条规定,公司法定代表人变更,应当办理变更登记。从理论上讲,法定代表人和公司并非简单的劳动合同关系,而是委任关系,不能如同普通劳动者一样通过辞职解除,必须办理变更登记。本题中,并未办理变更登记,所以赵六无法辞去法定代表人职务。

知识点 法定代表人变更

涉及法条 《公司法》第13条

阅评 本题的答案回答有效,言之有理也可得分。回答无效是从保护动态交易安全,按简单的商事外观主义角度切入。回答有效,可以理解是公司与法定代表人之间是委托和被委托的关系,在公司内部辞职即生效。公司有配合办理登记的义务。只是对外不得对抗善意第三人。

涉及法条 《民法典》第16、933条,《公司法》第13条,《市场登记管理条例》第8条

5. 赵六与B公司签订的买卖合同是否有效?(4分)

【答案参考】

买卖合同有效。

根据《民法典》第504条规定,法人的法定代表人超越权限订立的合同,除相对人知道或者应

当知道其超越权限外,该代表行为有效,订立的合同对法人发生效力。本题中,赵六虽然提出辞职,但尚未办理变更登记,仍然是公司的法定代表人,并且B公司对赵六辞任法定代表人一事毫不知情,所以该合同有效。

知识点 买卖合同效力

涉及法条 《民法典》第504条

6. E公司能否主张对A公司股东尚未履行的出资予以执行?(5分)

【答案参考】

E公司可以主张执行。

根据《公司法解释(三)》第13条第2款规定:公司债权人请求未履行或者未全面履行出资义务的股东在未出资本息范围内对公司债务不能清偿的部分承担补充赔偿责任的,人民法院应予支持。本题中,E公司作为A公司的债权人,有权主张对A公司股东尚未履行的出资予以执行来清偿A公司欠E公司的债务。

知识点 股权出资

涉及法条 《公司法解释(三)》第13条第2款

二、2022年选做题(二)(28分)

甲有限责任公司成立于2015年6月,主要从事软件开发,股东分别为A、B、C、D、E,各股东的持股比例依次为55%、26%、11%、5%、3%。公司董事长兼法定代表人为A。公司运行良好,产品开发也很成功。

公司成立后一直未对股东分红。对此,E一直很有意见,遂打算将其股权转让给经营相同业务的乙公司,并与乙公司进行了初步洽谈。为便于其股权估价,2019年5月,E向A提出查账要求,要求查阅甲公司成立后所有的会计账簿,A得知E转让股权意图后,认为E的目的不正当,故拒绝了其查阅要求。

2019年12月,A为担保其对丙公司所负2年期借款债务的履行,将其所持甲公司27%的股权,转让给丙公司,并约定在A到期不偿还借款本息时,丙公司有权以该股权优先受偿。但在双方达成约定后,A并未为丙公司办理相应的股东登记。

2020年3月,A在甲公司股东会上提议:第一,A、B、C、D、E 5人在甲公司之外,再行设立"丁合伙企业(有限合伙)",A为普通合伙人,其余均为有限合伙人;第二,A对丁合伙企业的出资,为其所持甲公司54%的股权,其余各合伙人的出资,为各自所持甲公司的全部股权。就该项提议,除E表示强烈反对外,其余股东均表示赞同,遂形成相应的股东会决议。

2020年5月,丁合伙企业成立,合伙人分别为A、B、C、D;甲公司股东相应变更为A、E与丁合伙企业。甲公司各股东的持股比例分别为1%、3%与96%;公司法定代表人仍为A。

2022年年初,A无法清偿对丙公司的本息债务,丙公司遂就丁合伙企业所持甲公司27%的股权,主张优先受偿。

问题:

1. A拒绝E查阅会计账簿的请求是否合法?为什么?(5分)
2. 如何评价股东A和丙公司之间的约定?(5分)
3. 甲公司2020年3月形成的(提案一)设立丁有限合伙企业的股东会决议,是否有效?(5分)
4. 甲公司2020年3月形成的(提案二)甲公司各股东以股权出资是否有效?(5分)
5. E能否主张公司回购其股权?为什么?(4分)
6. 丙公司能否向丁有限合伙企业主张对甲公司27%的股权行使优先受偿权?(4分)

答案阅评参考

1. A拒绝E查阅会计账簿的请求是否合法?为什么?(5分)

【答案参考】

不合法。(2分)

根据《公司法》第33条的规定,股东有权查阅、复制公司章程、股东会会议记录、董事会会议决议、监事会会议决议和财务会计报告。股东可以要求查阅公司会计账簿。股东要求查阅公司会计账簿的,应当向公司提出书面请求,说明目的。公司有合理根据认为股东查阅会计账簿有不正当目的,可能损害公司合法利益的,可以拒绝提供查阅,并应当自股东提出书面请求之日起15日内书面答复股东并说明理由。公司拒绝提供查阅的,股东可以请求人民法院要求公司提供查阅。(2分)

本题中,乙公司作为受让方,与甲公司经营相同业务,两者存在竞争关系。但它不是甲公司的股东,只有当股东与本公司存在实质竞争关系时,才满足"不正当目的"的要件。E拟将持有的股权转让,并评估股权价值,不存在"不正当目的",A作为甲公司的法定代表人,不应拒绝股东E的查账请求。(1分)

知识点 知情权、不正当目的

涉及法条 《公司法》第33条、《公司法解释(四)》第8条

2. 如何评价股东A和丙公司之间的约定?(5分)

【答案参考】

股东A与丙公司在借款合同中约定的所谓股权转让条款的真实目的不是股权交易,而是为借款行为提供担保。(2分)

《九民纪要》第71条第1款规定,债务人或者第三人与债权人订立合同,约定将财产形式上转让至债权人名下,债务人到期清偿债务,债权人将该财产返还给债务人或第三人,债务人到期没有清偿债务,债权人可以对财产拍卖、变卖、折价偿还债权的,人民法院应当认定合同有效。合同如果约定债务人到期没有清偿债务,财产归债权人所有的,人民法院应当认定该部分约定无

效,但不影响合同其他部分的效力。因此,A与丙公司之间的约定属于股权让与担保。

《民法典担保制度解释》第68条第1款规定,债务人或者第三人与债权人约定将财产形式上转移至债权人名下,债务人不履行到期债务,债权人有权对财产折价或者以拍卖、变卖该财产所得价款偿还债务的,人民法院应当认定该约定有效。当事人已经完成财产权利变动的公示,债务人不履行到期债务,债权人请求参照《民法典》关于担保物权的有关规定就该财产优先受偿的,人民法院应予支持。因此,若A不能履行到期债务,丙公司有权就股权优先受偿,该约定有效。(3分)

知识点 让与担保、优先受偿权

涉及法条 《九民纪要》第71条、《民法典担保制度解释》第68条

3. 甲公司2020年3月形成的(提案一)设立丁有限合伙企业的股东会决议,是否有效?(5分)

【答案参考】

合伙协议未生效。(2分)

提案一的本质是由A、B、C、D、E 5人成立丁有限合伙企业,由A担任普通合伙人,B、C、D、E担任有限合伙人。各合伙人的出资形式为其所持有的甲公司股权。根据《合伙企业法》第19条的规定,合伙协议经全体合伙人签名、盖章后生效。因E对此表示反对,所以丁合伙企业(包括E作为有限合伙人在内)的合伙协议未生效。(3分)

知识点 合伙协议效力

涉及法条 《合伙企业法》第4条、第19条

阅评 本问考查的知识点是合伙协议的效力,对于题目中问效力的问题,一般情况回答只有有效、无效、效力待定,但本问的合伙协议还没有生效,回答未生效或者无效都可以。

4. 甲公司2020年3月形成的(提案二)甲公司各股东以股权出资是否有效?(5分)

【答案参考】

A、B、C、D以股权向丁有限合伙企业出资是有效的。(2分)

依据《公司法》规定,股权转让须经股东过半数同意。A、B、C、D以所持有的甲公司股权向丁有限合伙企业出资,本质是将股权对外转让给该有限合伙企业,在甲公司内部应当征得其他股东过半数同意,且其他股东放弃优先购买权。

本题中,在甲公司的股东会上,对于以股权出资,A、B、C、D同意,E反对,且未主张优先购买权,故A、B、C、D的股权出资合法有效。因E反对,E未以股权向丁有限合伙企业出资。(3分)

知识点 股权出资

涉及法条 《合伙企业法》第16条

5. E能否主张公司回购其股权?为什么?(4分)

【答案参考】

E不能主张公司回购其股权。

《公司法》第74条第1款规定:“有下列情形之一的,对股东会该项决议投反对票的股东可以请求公司按照合理的价格收购其股权:(一)公司连续五年不向股东分配利润,而公司该五年连续盈利,并且符合本法规定的分配利润条件的;(二)公司合并、分立、转让主要财产的;(三)公司章程规定的营业期限届满或者章程规定的其他解散事由出现,股东会会议通过决议修改章程使公司存续的。”

本题中,虽有至2019年5月一直未分红的表述,但自公司成立至2019年5月并未满5年,且题目未提及E对公司不分红的股东会决议投了反对票。故本题中并无《公司法》第74条规定的有限责任公司回购股权的情形,E不能主张公司回购其股权。(4分)

知识点 股权回购的情形

涉及法条 《公司法》第74条

6. 丙公司能否向丁有限合伙企业主张对甲公司27%的股权行使优先受偿权?(4分)

【答案参考】

丙公司不能主张行使优先受偿权。

《民法典》第443条第1款规定,以基金份额、股权出质的,质权自办理出质登记时设立。因此未登记的股权担保无效。本案中因股权让与担保未办理登记,不发生物权效力。加之甲所持有的标的股权已经向丁有限合伙企业出资,故丙公司不能向丁有限合伙企业主张就标的股权优先受偿。(4分)

知识点 股权担保、优先受偿权

涉及法条 《民法典》第443条

三、2021年选做题(二)(28分)

2018年A、B、C、D、E 5个公司出资设立甲公司,公司章程规定由B、C、D公司成员组成董事会,由E公司法定代表人张三担任甲公司的法定代表人并担任董事长。甲公司注册资本为1000万元。A公司在甲公司设立时一次性履行完毕出资义务,B、C、D公司在甲公司设立时出资50%,剩余50%在5年内缴纳完毕,E公司以一栋价值300万元的房屋进行出资,E公司剩余部分在第8年缴清。

B股东向第三人赵六借款,为了担保其按期还款,B将其持有的甲公司股权转移至赵六名下,双方同时约定若债权到期无法进行清偿,则该股权归债权人赵六所有。对此,股东名册、工商登记进行了变更。

甲公司召开股东会对公司利润进行分配,股东之间对应按照认缴出资比例进行表决,还是按照实缴出资比例进行表决产生分歧，无法达成一致意见。该事项遂被搁置。

2021年7月，因公司内部治理问题，甲公司经营陷入困境，甲公司遂召开股东会：张三提名，股东会全体股东表决权过半数通过，聘巫某为总经理，同时担任法定代表人。

巫某接任公司后进行管理，公司经营状况有所好转。后因股东之间的矛盾，甲公司通过董事会，在合同到期之前，将巫某予以解聘。

后经查证，E公司用于出资的厂房实为李四所有，但是因为登记错误，登记在了E公司名下，E公司法定代表人对此知情。

【问题】

1. 甲公司能否善意取得E公司提供的房屋？(4分)

2. 就利润分配表决，股东按照实缴出资比例还是认缴出资比例？为什么？(5分)

3. B和赵六之间的担保是否有效？(5分)

4. 巫某担任总经理和法定代表人是否有效？(5分)

5. B公司对外转让股权，其他股东是否具有优先购买权？(5分)

6. 辞退巫某是否有效？(4分)

答案阅评参考

1. 甲公司能否善意取得E公司提供的房屋？(4分)

【答案参考】

不能。(1分)

首先，E公司用于出资的房屋实际归李四所有，故其出资行为属无权处分；其次，张三既是E公司的法定代表人，又是甲公司的法定代表人，法定代表人的个人意志可以推定为公司意志，张三对此知情，可视为甲公司知情，因此认定甲公司属于非善意，不符合善意取得的构成要件。据此，甲公司不能善意取得E公司提供的房屋。(3分)

知识点 善意取得

涉及法条 《民法典》第311条、《公司法解释(三)》第7条

阅评 本题考查股东出资及公司能否善意取得。回答本题可以从两方面来分析，先从股东的角度分析，股东对其用于出资的财产不享有所有权，为无权处分；再从公司的角度分析，公司为非善意，不能基于《民法典》第311条善意取得。历年真题考过：股东以货币、股权、房屋所有权、机器设备、专利权等的出资。

2. 就利润分配表决，股东按照实缴出资比例还是认缴出资比例？为什么？(5分)

【答案参考】

按照认缴出资比例。(2分)

有限责任公司股东会会议由股东按照出资比例行使表决权,公司章程另有规定的除外。由于《公司法》奉行认缴制,该规则中的“出资比例”应为认缴出资比例。由于甲公司章程对于表决权没有另行规定,因此就利润分配,股东应按照认缴出资比例行使表决权。(3分)

知识点 股东表决权的行使

涉及法条 《公司法》第42条、《九民纪要》第7条

3. B和赵六之间的担保是否有效?(5分)

【答案参考1】

有效。(1分)

在股权质押中,质权人可就已办理出质登记的股权优先受偿。举轻以明重,在股权让与担保中,担保权人就作为担保的股权享有优先受偿的权利。B和赵六之间的担保构成股权让与担保,该担保有效。(4分)

【答案参考2】

有效。(1分)

当事人已经完成财产权利变动的公示,B和赵六之间的担保构成股权让与担保。如果债务人B不履行到期债务,债权人赵六请求优先受偿,则人民法院应予支持。两者之间关于“双方同时约定若债权到期无法进行清偿,则该股权归债权人赵六所有”的约定属于“流押条款”,该条款无效,但是并不影响股权转让担保约定的效力。(4分)

【答案参考3】

有效。(1分)

行为人与相对人以虚假的意思表示实施的民事法律行为无效。以虚假的意思表示隐藏的民事法律行为的效力,依照有关法律规定处理。如果把该担保理解为隐藏的民事法律行为,根据《民法典担保制度解释》的相关规定,B和赵六之间的担保有效。(4分)

【答案参考4】

行为人与相对人以虚假的意思表示实施的民事法律行为无效。以虚假的意思表示隐藏的民事法律行为的效力,依照有关法律规定处理。本着区分思维,本案股权转让无效,股权让与担保有效。(5分)

【答案参考5】

根据现有案情,本案股权让与担保有效,但假设双方约定将财产形式上转移至债权人名下,债务人不履行到期债务,财产归债权人所有的,该约定无效,但是不影响当事人有关提供担保的意思表示的效力。(5分)

知识点 股权让与担保的协议效力

涉及法条 《民法典担保制度解释》第68条、《民法典》第428条

阅评 这问结论是固定的,但是理由有多种,本书给了5个理由,考生回答的时候根据自己的知识水平回答出一个就行,没必要全部掌握。

4.巫某担任总经理和法定代表人是否有效?(5分)

【答案参考】

(1)巫某担任总经理无效。巫某担任总经理应经甲公司董事会聘任,而非股东会。(2分)

(2)巫某担任法定代表人无效。法定代表人的变更,应修改公司章程,必须经代表2/3以上表决权的股东通过。本案中,仅经股东会全体股东所持表决权过半数通过,故该决议不成立。此外,公司法定代表人依照公司章程的规定,由董事长、执行董事或者经理担任,并依法登记。巫某担任总经理无效,故其担任法定代表人亦无效。(3分)

知识点 更换法定代表人

涉及法条 《公司法》第13条、第46条

5.B公司对外转让股权,其他股东是否具有优先购买权?(5分)

【答案参考1】

行为人与相对人以虚假的意思表示实施的民事法律行为无效。以虚假的意思表示隐藏的民事法律行为的效力,依照有关法律规定处理。由于本案实际上构成股权让与担保,并没有发生法律意义上有效的股权对外转让,因此其他股东并不具有优先购买权。(5分)

【答案参考2】

现行法律并未规定在股权让与担保中,其他股东是否享有优先购买权,因此本着捍卫有限责任公司人合性、封闭性的宗旨,应给予其他股东优先购买权,但是同等条件的确定有一定难度。(5分)

【答案参考3】

现行法律并未规定在股权让与担保中,其他股东是否享有优先购买权,因此本着捍卫契约自由、意思自治的宗旨,不应给予其他股东优先购买权。(5分)

知识点 股权让与担保、其他股东的优先购买权

涉及法条 《民法典》第146条

阅评 本题答案也不唯一,根据法理角度回答言之有理即可得分。

6.辞退巫某是否有效?(4分)

【答案参考】

有效。依据《公司法》及相关规定,董事会有权聘任或解聘经理。本案中甲公司召开了董事会会议,进行了表决,解聘总经理的决议成立,董事会解聘经理不受其任期限制,此次董事会会议

的召集、表决方式符合法律、行政法规、章程的规定，故有效。

知识点 解聘总经理

涉及法条《公司法》第46条

四、2021年（延考）选做题（二）（28分）

艺风公司成立于2014年，注册资本为100万元，张某和赵某是股东，分别持有70%、30%的股权，约定2024年出资完毕。张某担任执行董事和法定代表人，赵某担任监事。为公司经营发展需要，公司章程约定股东不领取报酬，但可以进行分红，然而公司并未实际分红。

2016年，艺风公司决定引入新的股东华云公司。对此，张某、赵某、艺风公司、华云公司另签订投资协议，约定华云公司投资2000万元持有20%股权，于2016年6月和10月分两次出资，每次出资1000万元，并约定张某和赵某应于2016年6月出资完毕。协议约定，若一方未按时履行出资义务，守约方有权解除协议。

华云公司缴纳第一期出资后办理了股权登记及工商登记。华云公司派出刘某和王某担任艺风公司董事，刘某、王某、张某组成董事会，赵某担任监事。2016年8月，刘某在某次投标活动中故意填错艺风公司投标书上的数字，导致刘某同学所在公司中标。张某知道后和刘某大吵一架，赵某主张对刘某提起诉讼，张某说事后再议。张某和赵某向华云公司提出解除刘某和王某的董事职务，华云公司同意解除刘某职务，但不同意解除王某职务。后华云公司法定代表人杨某向艺风公司提出股东不同意继续对艺风公司投资，原因是张某和赵某两人未按时履行出资义务，且张某和赵某主张解除投资协议，故不能按期缴纳第二次的投资款。

2017年4月，张某提出召开股东会，议定事项有三个：第一，解除刘某董事职务；第二，解除王某董事职务；第三，解除和华云公司的投资协议。2017年6月，华云公司参加股东会，会上对第一项决议表示同意并签署意见，对第二、三项决议表示反对并拒绝签署该两项决议。

此后，张某和赵某找到新的投资人，向华云公司发送解除协议的通知，将华云公司前期投入的1000万元退还给了华云公司，并申请注销华云公司股东资格。

【问题】

1. 华云公司投资的2000万元是否必须计入注册资本？（5分）

2. 对刘某的行为应如何定性，其应当向艺风公司承担何种责任？（4分）

3. 艺风公司章程有关不分红和董事不领取报酬的规定是否合法？（5分）

4. 艺风公司股东会决议中的第二、三项内容是否成立？是否有效？（5分）

5. 张某和赵某是否可以解除投资协议？（4分）

6. 艺风公司是否可以要求注销华云公司的股东身份？艺风公司将1000万元直接退给华云公司是否合法？（5分）

答案阅评参考

1. 华云公司投资的2000万元是否必须计入注册资本？(5分)

【答案参考】

不必须全部计入注册资本。(2分)

公司常会通过增资扩股的方式引入新的投资者，一般情况下，原股东与投资者会参考一定的标准(如评估的净资产值等)确定拟增资公司的价值，确定投资者认购增资的价款。增资价款可分为两个部分，一部分作为新增注册资本，超过新增注册资本的部分则作为资本溢价计入公司的资本公积金。(2分)

本案中，艺风公司注册资本为100万元，如果华云公司投资的2000万元全部计入注册资本，则华云公司的持股比例将远超过20%，这表明艺风公司在该次增资时溢价增资，溢价款应计入公司资本公积金。(1分)

知识点 增资

涉及法条 《公司法》第34条、第167条

2. 对刘某的行为应如何定性，其应当向艺风公司承担何种责任？(4分)

【答案参考】

刘某擅自更改艺风公司的投标文件，利用职务便利为他人谋取属于公司的商业机会，该行为违反了董事的忠实和勤勉义务。根据《公司法》第148条、第149条的规定，刘某应当向艺风公司承担赔偿责任，并且其违法所得应当归入公司。(4分)

知识点 董事、高管对公司承担的义务

涉及法条 《公司法》第148条、第149条

3. 艺风公司章程有关不分红和董事不领取报酬的规定是否合法？(5分)

【答案参考】

合法。(2分)

公司盈余分配是公司的自主决策事项，是公司或股东基于自身的知识与经验作出的商业判断，基于有限责任公司封闭性和人合性的特点，合法通过的公司章程对公司利润分配作出某些限制性规定，系公司意思自治的体现。另外，基于公司与董事之间的“委托关系”，《公司法》第37条第1款第2项规定，董事的报酬由股东会决定。因此，无偿委托也就是董事不领取报酬的规定是合法的。(3分)

知识点 公司章程

涉及法条 《公司法》第25条、第37条

4. 艺风公司股东会决议中的第二、三项内容是否成立？是否有效？(5分)

【答案参考】

决议第二、三项内容成立，且是有效决议。(2分)

根据《公司法》第22条和《公司法解释(四)》第5条的规定，股东会决议效力一般从决议内容、会议召集程序、表决方式等方面进行综合认定。

本案中，2017年6月，艺风公司召开股东会并进行合法表决，所以该决议成立。第二项决议内容为“解除王某董事职务”，这本属于股东会的职权且股东会罢免董事具有无因性，故该决议内容不违法。第三项决议内容为“解除投资协议”，由于华云公司拒绝缴纳后续出资，艺风公司有权依据投资协议解除投资关系，故该决议内容没有违反法律、行政法规的强制性规定。决议程序上：虽然华云公司反对第二、三项决议，但其持股仅为20%，则意味着决议经持有80%表决权的股东通过，该表决权比例达到2/3以上。所以决议合法有效。(3分)

知识点 股东会决议的效力

涉及法条 《公司法》第22条、《公司法解释(四)》第5条

5. 张某和赵某是否可以解除投资协议？(4分)

【答案参考】

张某和赵某无权解除投资协议。依据投资协议的约定，一方未按时履行出资义务，守约方有权解除协议。据此，行使解除权需满足两个条件：华云公司违约且张某和赵某遵守了投资协议的约定。(2分)

本案中，虽然华云公司拒绝缴纳后续出资，但张某和赵某也没有在2016年6月出资完毕，因此二人并非守约方，其解除投资协议的主张是不成立的。(2分)

知识点 合同解除条件

涉及法条 《民法典》第562条

6. 艺风公司是否可以要求注销华云公司的股东身份？艺风公司将1000万元直接退给华云公司是否合法？(5分)

【答案参考】

(1)艺风公司不可注销华云公司的股东身份。

投资协议属于基础法律关系，其是否解除与股东身份并不必然相关联，因为股东身份是基于向公司投资而形成的“公司—股东”之间的法律关系，依据《公司法解释(三)》第17条的规定，仅当股东未履行出资义务或者抽逃全部出资，经公司催告缴纳或者返还，其在合理期间内仍未缴纳或者返还出资，公司有权以股东会决议解除该股东的股东资格，并且公司还需要完成减资等相关程序。

本案中，华云公司已经缴纳部分出资款并完成股权登记，且不符合被公司除名的规定。所以即使投资协议被解除，华云公司的股东身份也并非必然被注销。(2分)

(2)艺风公司直接将投资款退回华云公司不合法。

依据公司的法人性原理,公司成立后为独立法人,股东向公司已缴纳的出资无论是计入注册资本还是计入资本公积金,本质上为股东出资后形成的公司资产,股东可以通过行使股权等方式收回投资款,但股东不得抽回出资。同理,艺风公司也无权直接退回相应出资款项,需要经过法定减资程序向股东返还投资款。

本案中,华云公司已经办理股东变更登记,且其增资款也经过工商部门办理了登记,艺风公司未履行合法的减资程序即退还华云公司增资款的行为损害了公司债权人的利益,违反了《公司法》"资本维持"的原则。所以艺风公司直接将投资款退还给华云公司不合法。(3分)

知识点 解除股东资格、终止增资协议后是否要退还增资款

涉及法条 《公司法》第35条、《公司法解释(三)》第17条

五、2020年选做题(二)(28分)

甲公司为一家集体所有制公司转制的有限责任公司,有股东4人,分别为郑一、关二、刘三、工会,持股比例分别为15%、8%、26%、51%。工会已登记为法人,代表甲公司全体职工持股。郑一担任董事长和法定代表人,关二任总经理。工会委派曹四、谢五担任甲公司董事,与郑一、关二、刘三共同组成董事会。职工股东曹四将其股权对外转让给赵七,未告知工会。后工会知情,召开全体职工会撤销对曹四的委派。

甲公司经营状况良好,欲与乙公司达成战略合作。甲公司与乙公司约定,甲公司定向增资3000万元,拟定的增资方案为:全部增资均由乙公司认缴,出资款分三期实缴,第一期在合同签订后支付200万元,第二期在办理股权变更登记后支付800万元,剩余出资在第三期支付,增资后乙公司持有甲公司60%的股权。

甲公司针对上述增资事宜召开股东会,全体职工股东参加:(1)关二不同意本次增资;(2)刘三主张优先认购500万元增资;(3)持股0.5%的职工股东黄十一主张按其现有的股权优先认购增资;(4)其他股东同意上述增资方案。股东会决议最终通过该增资方案(同意人所占股权比例为73.5%),后乙公司登记为甲公司股东,并依约实缴前两期出资。后乙公司委派到甲公司的董事善八以甲公司的名义,在乙公司的指示下与乙公司的全资子公司丙公司签订无息借款700万元的合同,借款期限为8年。

后乙公司经营陷入困境,一年多以来,乙公司与甲公司原有股东因经营理念不合等,矛盾剧增,后甲公司原股东在未通知乙公司的情况下,召开股东会,通过了解除乙公司股东资格的股东会决议。

【问题】

1. 职工股东曹四将其股权对外转让给赵七的行为,效力如何?(5分)

2. 工会召开全体职工会撤销对曹四的委派,是否产生曹四董事资格丧失的效力?(5分)

3. 甲公司针对增资的股东会决议,效力如何?(4分)

4. 刘三、黄十一关于增资认缴的主张,是否可以获得支持?(4分)

5. 甲公司与丙公司签订的借款合同,效力如何?(5分)

6. 解除乙公司股东资格的股东会决议,效力如何?(5分)

答案阅评参考

1. 职工股东曹四将其股权对外转让给赵七的行为,效力如何?(5分)

【答案参考】

不发生股权转让的效力(或者回答无效亦可)。

依据《公司法》及相关规定,有限责任公司的股东对外转让股权依章程的规定,章程没有规定的需要经过其他股东过半数同意。

本案中职工股东曹四将其股权对外转让,但是没有告知工会,题干也没有说经过了郑一、关二、刘三的同意,可以得出曹四对外转让股权的行为,没有经过其他股东过半数的同意。因此,曹四对外转让股权的行为不发生效力。

【说明】本问的理由不唯一,考生按照如下理由回答亦可:本案中,工会作为合法登记的法人,代表着甲公司全体职工持股,工会作为"集合股东(全体职工股东的代表)",在公司内部行使股东权利,参与公司的管理。对于工会管理的职工股转让问题,由于公司实行职工持股计划本来就具有维系企业与职工关系的目的,并且职工股股东相对于普通股股东,享受了诸多的优惠条件,因而,对职工股的转让应当给予一定的限制。实践中一般根据公司章程、职工持股会章程等进行转让,且一般通过内部转让、回购等形式完成转让。职工私下将职工股转让给他人是无效的。

知识点 工会持股、股权对外转让

涉及法条 《公司法》第71条

2. 工会召开全体职工会撤销对曹四的委派,是否产生曹四董事资格丧失的效力?(5分)

【答案参考】

工会撤销对曹四的委派,产生曹四董事资格丧失的效力。

根据《公司法》及相关规定,有限责任公司的股东会选举和更换非由职工代表担任的董事、监事,决定有关董事、监事的报酬事项。董事会中的职工代表由公司职工通过职工代表大会、职工大会或者其他形式民主选举产生。可见《公司法》将职工董事的任免权赋予了职工大会。

本案中,曹四作为职工董事由职工大会选举和罢免,曹四被职工大会撤销任命后丧失甲公司的董事资格。

曹四是职工大会选出的职工董事,职工大会作出决议免除其职工董事的资格,符合《公司法》的规定。

知识点 董事的任免、职工大会的职权

涉及法条 《公司法》第37条、第44条

3. 甲公司针对增资的股东会决议，效力如何？（4分）

【答案参考】

(1)甲公司增资3000万元的股东会决议有效。

根据《公司法》第43条的规定，股东会会议作出增加注册资本的决议，必须经代表2/3以上表决权的股东通过。

本案中，对于甲公司的增资决议，虽然股东关二明确表示反对，但代表73.5%表决权的其他股东均同意，故该增资决议有效。

(2)由乙公司认购全部新增股本的决议不成立。

根据《公司法》第34条的规定，公司新增资本时，股东有权优先按照实缴的出资比例认缴出资。但是，全体股东约定不按照出资比例优先认缴出资的除外。

本案中，甲公司增资3000万元，其他股东有权按实缴的出资比例行使优先认购权，如果违反此认购比例，涉及公司股权架构的重新搭建问题，则需要全体股东一致同意。由乙公司认购全部增资的决议，有股东关二反对、刘三主张优先认购权等，故同意此决议的表决结果未达到《公司法》规定的通过比例，该决议不成立。

知识点 增资及股东的优先认购权

涉及法条 《公司法》第34条、第43条

4. 刘三、黄十一关于增资认缴的主张，是否可以获得支持？（4分）

【答案参考】

(1)刘三的主张可以得到支持。

根据《公司法》第34条的规定，公司新增资本时，股东有权优先按照实缴的出资比例认缴出资。但是，全体股东约定不按照出资比例优先认缴出资的除外。本案中，刘三实缴出资比例为26%，在此范围即780万元新股的范围内，刘三有优先认购权。在无其他股东一致同意的情况下，刘三主张优先认购500万元增资并未超出法定范围，该主张可以得到支持。

(2)黄十一的主张不能得到支持。

根据《公司法》第34条的规定，公司新增资本时，享有优先认购权的是公司的股东。本案中，黄十一的职工股并非由黄十一直接持有，而是由工会作为集体持股平台统一持股的，工会为股东。黄十一既然不是甲公司直接的股东，那么自然无权主张股东的优先认购权。

知识点 有限责任公司增资

涉及法条 《公司法》第34条

阅评 法考年代的商法题，在法条依据一致的情况下，结论有时候确实是不同的，主要是考查考生灵活运用法条涉及考点解决问题的能力。还有就是考查考生对法条内容的理解，考生在回答题目的时候一定要认真读题，在找到依据后，要正确地结合案情答题。

5. 甲公司与丙公司签订的借款合同,效力如何?(5分)

【答案参考】

有效。

依据《民法典》及相关规定,合同在双方当事人意思表示一致且不违反法律的禁止性规定的情况下,是有效的。虽然《公司法》规定,公司的控股股东、实际控制人、董事、监事、高级管理人员利用其关联关系给公司造成损失的,应当承担赔偿责任。但是没有将关联交易的行为确定为无效。

本案中,甲公司与丙公司的借款显然属于关联交易,乙公司委派到甲公司的善八作为甲公司的董事,与丙公司签订无息的借款合同,损害了甲公司的利益,其需要对甲公司的损失承担赔偿责任。但是甲公司与丙公司签订的合同并不违反法律的禁止性规定,所以合同是有效的。

知识点 有限责任公司董监高关联交易损害公司利益

涉及法条 《公司法》第21条

6. 解除乙公司股东资格的股东会决议,效力如何?(5分)

【答案参考】

无效。

依据《公司法》及相关司法解释的规定,有限责任公司的股东未履行出资义务或者抽逃全部出资,经公司催告缴纳或者返还,其在合理期间内仍未缴纳或者返还出资,公司可以以股东会决议解除该股东的股东资格。

本案中,乙公司虽然利用股东身份与甲公司发生了关联交易,损害了甲公司的利益。但是,乙公司没有不履行出资义务的行为,解除乙公司的股东资格是于法无据的。

本案中,乙公司已经实际缴纳了1000万元出资,并且题目并未说明经过了甲公司催告等程序,也没有乙公司拒不缴纳的相关表述,所以,不能因此解除乙公司的股东资格,甲公司股东会解除其股东资格的行为无效。

知识点 股东资格的解除

涉及法条 《公司法解释(三)》第17条

六、2019年选做题(二)(27分)

甲有限责任公司由A公司、B公司、C公司和D公司4个股东共同组建,其中A公司持股50%、B公司持股37%、C公司持股10%以及D公司持股3%。甲公司注册资本为1000万元且各股东均已经实缴出资。B公司持有的37%股份中由B公司为E公司代持17%,双方签订代持协议,实际由E公司出资。对代持股一事A公司、B公司、C公司以及D公司均知晓且并不反对;另E公司还派代表参加过甲公司的股东会会议,但甲公司对E公司代表参加股东会会议一事未置可否。

甲公司董事会由5名董事组成,5名董事由A公司委派2名、B公司委派2名以及C公司委派1名,D公司不委派代表;在A公司委派的2名董事中,有1人出任董事长,在B公司委派的2名董事中有1人实际为E公司指派。

现甲公司拟引入新的股东乙公司,拟增资1000万元全部由乙公司认购,A公司、B公司和D公司均放弃优先认缴权。C公司表明:

(1)按照自己实缴出资比例行使优先认缴权;

(2)要求行使其他原股东放弃优先认缴权的份额(但A公司、B公司和D公司均反对C公司行使其他股东放弃部分的优先认缴权)。

B公司向D公司借款,B公司用其自有的甲公司的20%的股权向D公司出质;B公司又向丙公司借款,以其持有的剩余的即为E公司代持的17%的股权向丙公司出质。两次股权质押均办理了登记同时丙公司对代持一事不知情。现因B公司到期未清偿,D公司向法院主张实现担保物权。另查明,E公司的债权人丁公司请求法院强制执行E公司的财产,法院查明B公司代持E公司股权的事实,因此法院对该代持的17%的股权进行处置。

【问题】

1. 甲公司增资时,股东C公司是否有权在实缴出资比例范围内行使优先认缴权?(4分)

2. 甲公司增资时,股东C公司是否有权优先认缴其他股东放弃的优先认缴部分份额?(4分)

3. D公司能否取得该股权质权,为什么?(4分)

4. 丙公司能否取得该股权质权,为什么?(5分)

5. 实际出资人E公司得知名义股东B公司代持的17%的股权被法院强制执行后,实际出资人E公司应如何救济?若进入执行程序,E公司又该如何救济?(5分)

6. 如果E公司的债权人丁公司对名义股东B公司代持的17%的股权申请强制执行,那么B公司、C公司、D公司、E公司以及丙公司是否有权提执行异议?(5分)

答案阅评参考

1. 甲公司增资时,股东C公司是否有权在实缴出资比例范围内行使优先认缴权?(4分)

【答案参考】

甲公司增资时,股东C公司有权在实缴出资比例范围内行使优先认缴权。

根据《公司法》第34条的规定,"……公司新增资本时,股东有权优先按照实缴的出资比例认缴出资。但是,全体股东约定不按照出资比例分取红利或者不按照出资比例优先认缴出资的除外"。本案中,甲公司在增资时,全体股东并没有对实缴出资范围内的认购权进行约定,所以股东的新股认购权应适用法律规定。

知识点 公司增资、股东的新股认购权

涉及法条 《公司法》第34条

2. 甲公司增资时,股东C公司是否有权优先认缴其他股东放弃的优先认缴部分份额?(4分)

【答案参考】

甲公司增资时,股东C公司无权优先认缴其他股东放弃的优先认缴部分份额。

根据《公司法》第34条的规定,"……公司新增资本时,股东有权优先按照实缴的出资比例认缴出资。但是,全体股东约定不按照出资比例分取红利或者不按照出资比例优先认缴出资的除外"。也就是说,股东的优先认购权有限定的范围。本案中,A公司、B公司和D公司均反对C公司行使其他股东放弃部分的优先认缴权,未形成全体股东的约定。

知识点 公司增资、股东的新股认购权

涉及法条 《公司法》第34条

【提示】 本问所适用的大前提与第1问一致,只是第一问采用前一句,第2问采用后一句,为保险起见可以全部写上作为大前提使用。

3. D公司能否取得该股权质权,为什么?(4分)

【答案参考】

D公司可以取得该股权质权。

根据《民法典》第443条第1款的规定,"以基金份额、股权出质的,质权自办理出质登记时设立"。本案中B公司将其自有的20%的股权质押给D公司,且已经进行了登记。

知识点 股权出质

涉及法条 《民法典》第443条

4. 丙公司能否取得该股权质权,为什么?(5分)

【答案参考】

丙公司可以取得该股权质权。

依据《公司法》及相关司法解释的规定,名义股东将登记于其名下的股权转让、质押或者以其他方式处分,实际出资人以其对于股权享有实际权利为由,请求认定处分股权行为无效的,人民法院可以参照《民法典》第311条的规定处理(善意取得制度)。丙公司设定质押的过程符合善意取得的构成要件,且股权质押办理了登记。

知识点 名义股东处分其名下股权

涉及法条 《公司法解释(三)》第25条、《民法典》第311条

5. 实际出资人E公司得知名义股东B公司代持的17%的股权被法院强制执行后,实际出资人E公司应如何救济?若进入执行程序,E公司又该如何救济?(5分)

【答案参考】

(1)在实现担保物权的审理程序中,E公司可以提出异议。

根据《民诉法解释》第369条的规定可知,人民法院就担保物权是否有效设立、担保财产的范围、被担保的债权范围、被担保的债权是否已届清偿期等担保物权实现的条件,以及是否损害他人合法权益等内容进行审查。被申请人或者利害关系人提出异议的,人民法院应当一并审查。丙公司向法院申请实现担保物权,适用的是《民事诉讼法》的特别程序。由此可知,E公司在审理程序中可以提出异议,法院应当一并审查。

(2)若进入到执行程序,E公司认为损害到自己的利益,可以根据《民事诉讼法》第234条的规定向执行法院提起执行标的异议,主张被执行股权为自己所有。如果执行标的异议被裁定驳回,还可以提起执行异议之诉,不服一审判决的还可以上诉。

知识点 名义股东处分股权后,实际出资人的救济

涉及法条《民诉法解释》第369条、《民事诉讼法》第234条、第238条

6. 如果E公司的债权人丁公司对名义股东B公司代持的17%的股权申请强制执行,那么B公司、C公司、D公司、E公司以及丙公司是否有权提执行异议?(5分)

【思路】判断上述公司是否有权提出执行异议关键在于判断5个公司是否存在相应的实体法上的请求权基础?若存在,则有权提出;若不存在,则无提出的权利依据。

【答案参考】

(1)B公司无权提出执行异议。

B公司与E公司之间存在代持股协议,该代持股协议不存在无效等瑕疵事由因而有效,故B公司与E公司应受该代持股协议的约束。B公司不能向E公司主张股权是自己的,也就无权对被执行人E公司主张执行异议。

(2)C公司无权提出执行异议。

本案中,C公司与B公司、E公司并无实际的牵连关系。

(3)D公司无权提出执行异议。

根据第3问的论述可知,D公司是对B公司自己享有的20%的股权享有质权,而对于B公司代持E公司的17%的股权无质权,因此无权提出执行异议。

(4)E公司无权提出执行异议。

本案中是E公司的债权人丁公司对E公司的财产申请执行,E公司作为被执行人无权对执行标的提出执行异议。若执行机关的执行行为存在违法,则E公司可以对执行行为提出执行异议,但本案未涉及,故无权提出执行异议。

(5)丙公司有权提出执行异议。

根据第4问的论述可知,丙公司对B公司代持E公司的17%的股权享有质权,因此其有权提出执行异议。

知识点 被强制执行的股权、执行异议之诉

【关联扩展】

“一股二卖问题”,《公司法解释(三)》第 27 条规定:“股权转让后尚未向公司登记机关办理变更登记,原股东将仍登记于其名下的股权转让、质押或者以其他方式处分,受让股东以其对于股权享有实际权利为由,请求认定处分股权行为无效的,人民法院可以参照民法典第三百一十一条的规定处理。原股东处分股权造成受让股东损失,受让股东请求原股东承担赔偿责任、对于未及时办理变更登记有过错的董事、高级管理人员或者实际控制人承担相应责任的,人民法院应予支持;受让股东对于未及时办理变更登记也有过错的,可以适当减轻上述董事、高级管理人员或者实际控制人的责任。”

(1)第一次处分股权行为:有效,若第三人善意取得,则第一次受让股东可得到相应赔偿。

(2)第二次处分股权行为:无权处分,但是转让合同有效;第三人符合善意取得即可获得股权;第三人取得股权后,则第一次受让股东可获得相应赔偿。

七、2018 年选做题(二)(28 分)

林强、刘珂和孙淼是木道公司的股东。林强担任公司法定代表人,与刘珂是恋人关系。

2015 年 4 月 2 日,木道公司与林强、刘珂、郝宏、季翔设立遥想公司,签订了《投资人协议》,签署了《遥想公司章程》,规定遥想公司的注册资本是 5000 万元。其中,木道公司认缴 2000 万元,林强认缴 1000 万元,刘珂认缴 500 万元,郝宏认缴 1000 万元,季翔认缴 500 万元。公司章程还规定,木道公司和郝宏的出资应在公司设立时一次性缴足,林强、刘珂、季翔认缴的出资在公司设立后 3 年内缴足。同一天,郝宏与孙淼签订了《委托持股协议》,约定:郝宏在遥想公司认缴的出资由孙淼实际缴纳,股权实际为孙淼所有,孙淼与郝宏之间系委托代持股关系。孙淼与郝宏将《委托持股协议》进行了公证。

遥想公司成立并领取了企业法人营业执照,营业执照上注明:公司注册资本为 5000 万元,实缴 3000 万元,认缴 2000 万元。刘珂是遥想公司的法定代表人。木道公司和孙淼均按公司章程的规定以向公司账户汇款的方式足额缴纳了出资。汇款单用途栏内写明“认缴股权投资款”。

2016 年 12 月,林强分两次从其银行卡向刘珂银行卡汇款 100 万元、80 万元,到款当日,刘珂将这两笔款项均汇入遥想公司账户,汇款单的汇款用途栏内写明“投资款”。刘珂认缴的出资,尚有 320 万元未缴足。

2016 年 12 月,季翔向遥想公司账户汇款 100 万元,尚有 400 万元未实际缴足。

2017 年 1 月,季翔拟转让股权,其他股东不主张购买。季翔最终将股权转让给皓轩公司,并办理了股权变更登记。

2017 年 3 月,林强与刘珂关系破裂,在刘珂的操作下,遥想公司会计麦芜与木道公司签订了《股权转让协议》,木道公司将其在遥想公司的股权转让给麦芜,该《股权转让协议》上加盖有木道公司公章,法定代表人签字一栏林强的签字则是刘珂伪造的。遥想公司持该《股权转让协议》到公司登记机关办理了股权变更登记,麦芜未实际向木道公司支付股权转让款。

2017年4月,麦芜与彩虹钢铁公司签订《股权转让协议》,麦芜将其名下的遥想公司股权转让给彩虹钢铁公司,彩虹钢铁公司向麦芜支付股权转让款3000万元,遥想公司为彩虹钢铁公司办理了股权过户变更登记。

2017年8月,郝宏因拖欠小额贷款公司借款,被法院判决应偿还借款本金300万元及相应的利息和罚息。小额贷款公司申请法院强制执行,法院查封了郝宏在遥想公司的股权,对此,孙淼提出案外人异议。

2017年9月,遥想公司因不能偿还银行到期借款3000万元本金及利息,被银行起诉到法院。在该案一审审理期间,银行以林强认缴的出资未足额缴纳为由,追加林强为被告,请求林强对银行债务承担连带清偿责任。

【问题】

1. 如林强以刘珂用于出资的180万元是他所汇为由,主张确认刘珂名下的股权实际为林强所有,该主张是否成立?为什么?(4分)

2. 季翔向皓轩公司转让股权时,其认缴的出资尚有400万元未缴纳,如认缴期限届满,遥想公司是否可以向皓轩公司催缴?为什么?(5分)

3. 木道公司与麦芜签订了《股权转让协议》,并将股权过户到麦芜名下,据此是否可以认定麦芜已取得遥想公司的股权?为什么?(4分)

4. 根据题中所述事实,是否可以认定彩虹钢铁公司已取得遥想公司股权?为什么?(5分)

5. 孙淼的案外人执行异议是否成立?为什么?(5分)

6. 在银行诉遥想公司和林强的清偿贷款纠纷案件中,林强是否应当对公司债务承担连带责任?为什么?(5分)

答案阅评参考

1. 如林强以刘珂用于出资的180万元是他所汇为由,主张确认刘珂名下的股权实际为林强所有,该主张是否成立?为什么?(4分)

【答案参考】

林强的主张不成立。

依据《公司法》及相关规定,股东是指向公司出资、持有公司股份、享有股东权利和承担股东义务的人。证明股东身份或者资格的法定文件是公司的股东名册。本案中,刘珂签订了《投资人协议》,签署了《遥想公司章程》,认缴500万元,并将180万元汇入公司账户且备注"投资款",所以,股东是刘珂,股权属于刘珂。至于林强向刘珂卡内的汇款,可以视为借款或赠与,但林强不能主张股权。因此,林强主张刘珂名下的股权归自己所有不成立。

知识点 股东资格、股东出资

2. 季翔向皓轩公司转让股权时,其认缴的出资尚有400万元未缴纳,如认缴期限届满,遥想公司是否可以向皓轩公司催缴?为什么?(5分)

(根据考生口述整理的题干信息中并未明确皓轩公司是否善意,可认为皓轩公司对季翔的瑕疵出资不知情;也有观点认为公司章程、营业登记均记载季翔未全面履行出资义务,受让人应属于知情。本题给两个答案供大家参考。)

【答案参考1】

遥想公司不可以向皓轩公司催缴。(2分)

《公司法解释(三)》第18条第1款规定,有限责任公司的股东未履行或者未全面履行出资义务即转让股权,受让人对此知道或者应当知道,公司请求该股东履行出资义务、受让人对此承担连带责任的,人民法院应予支持;公司债权人依照该规定第13条第2款向该股东提起诉讼,同时请求前述受让人对此承担连带责任的,人民法院应予支持。本案中,季翔向遥想公司认缴出资500万元,在股权转让的时候实际缴纳100万元,尚有400万元未缴纳,受让人皓轩公司对季翔的瑕疵出资并不知情,不需要承担责任。(3分)

知识点 瑕疵股权转让

涉及法条 《公司法解释(三)》第18条

【答案参考2】

遥想公司可以向皓轩公司催缴。(2分)

季翔向皓轩公司转让股权时,其剩余400万元出资的认缴期限尚未届至,股权转让后,季翔退出该公司,不需要承担出资责任。皓轩公司受让股权后,成为遥想公司股东,继受了股权对应的出资义务。(3分)

【关联扩展】

如果皓轩公司对季翔的瑕疵出资知情,那么皓轩公司将承担连带责任,受让人皓轩公司承担责任后可向原股东追偿。这一角度考生也应关注。为此,我们总结了判定规则。

新股东自愿承担出资责任或能够证明新股东受让时明知的,可以由新老股东共同承担出资补足责任。在实务中,受让人"知道或应当知道"的主观标准判定,可以从以下四个方面进行分析:

(1)新老股东在股权转让协议中予以明确。若当事人双方在股权转让协议中明确约定由受让股东也就是新股东替转让人,即老股东向公司出资,则当然地推定受让人受让股权时为明知。

(2)新股东支付的股权转让款明显低于正常价格。虽然股权转让协议双方没有在合同中明确约定由受让人履行出资义务,但是受让一方支付的价款远低于正常价格的,相当于转让人实际上为受让人冲抵了相应的股权转让款,作为理性的交易者应当知晓存在出资瑕疵的可能,进而推定其明知。

(3)查阅相关文件得知实情。也有可能在转让协议、支付价款等方面均无异常,但是受让人通过查阅公司章程、股东会决议等文件,获知转让股权存在出资不足行为的,可以推定其明知。

(4)受让股东的直接承诺。受让人向公司承诺替老股东履行出资义务,在公司对该行为认可的情况下,不需要对新股东受让股权时是否明知进行证明。

3. 木道公司与麦芜签订了《股权转让协议》,并将股权过户到麦芜名下,据此是否可以认定麦芜已取得遥想公司的股权?为什么?(4分)

【答案参考】

麦芜没有取得遥想公司的股权。

理由一:依据《公司法》及相关司法解释的规定,股东向股东以外的人转让股权,应当经其他股东过半数同意。股东应就其股权转让事项书面通知其他股东征求同意,其他股东自接到书面通知之日起满30日未答复的,视为同意转让。其他股东半数以上不同意转让的,不同意的股东应当购买该转让的股权;不购买的,视为同意转让。本案中,木道公司将股份对外转让并没有征得其他股东过半数同意,侵害了其他股东的优先购买权。(2分)

理由二:依据《民法典》及相关规定,善意取得需要满足:(1)受让人受让该不动产或者动产时是善意的;(2)以合理的价格转让;(3)转让的不动产或者动产依照法律规定应当登记的已经登记,不需要登记的已经交付给受让人。本案中,刘珂伪造他人签名,与遥想公司会计恶意串通,损害他人利益的行为不具有正当性,并且会计麦芜并没有支付相关对价,不构成善意取得。因此,麦芜没有取得遥想公司的股权。(2分)

知识点 股权对外转让

涉及法条 《公司法》第71条、《公司法解释(四)》第21条、《民法典》第311条

4. 根据题中所述事实,是否可以认定彩虹钢铁公司已取得遥想公司股权?为什么?(5分)

【答案参考】

可以认定彩虹钢铁公司已取得遥想公司股权。

根据我国《民法典》第311条的规定,善意取得是指无权处分人将动产或不动产处分给他人,善意受让人依法取得该动产或不动产的所有权或其他物权。本案中麦芜并未获得股权而为处分行为,是无权处分。受让人彩虹钢铁公司对此事并不知情,彩虹钢铁公司向麦芜支付股权转让款3000万元,遥想公司为彩虹钢铁公司办理了股权过户变更登记。因此,彩虹钢铁公司已取得遥想公司股权。

知识点 股权的善意取得

涉及法条 《民法典》第311条

5. 孙淼的案外人执行异议是否成立?为什么?(5分)

【答案参考】

孙淼的案外人执行异议不成立。

依据《公司法》及相关司法解释的规定,实际出资人与名义股东签订的委托持股协议,仅对内有效,不得对抗外部的债权人。本案中,根据郝宏与孙淼签订的协议可以看出,郝宏才是公司的股东,郝宏的债权人可以申请对其名下的股权予以强制执行,案外人孙淼不得以其与郝宏之间的协议对抗外部的债权人,因此,孙淼的案外人执行异议不成立。

知识点 代持股协议、案外人对执行标的异议

涉及法条 《公司法解释(三)》第25条、《民事诉讼法》第252条

阅评 本题也可以回答成立,结合法理分析,小额贷款公司与实际出资人孙森之间没有债权债务关系,郝宏名下的股权系其替孙森代持的。因此,孙森的案外人执行异议成立。

由此可见,依据不同的大前提,可能会得出相反的结论。

6. 在银行诉遥想公司和林强的清偿贷款纠纷案件中,林强是否应当对公司债务承担连带责任?为什么?(5分)

【答案参考】

林强对公司债务不承担连带责任,只承担补充责任。

依据《公司法》及相关司法解释的规定,公司债权人请求未履行或者未全面履行出资义务的股东在未出资本息范围内对公司债务不能清偿的部分承担补充赔偿责任的,人民法院应予支持。本案中,在遥想公司设立时,林强认缴1000万元,根据股东有限责任原则,未履行或未全面履行出资义务的股东仅在未出资的本息范围(未缴纳出资的1000万元)内承担补充赔偿责任。因此,林强对公司的债务不承担连带责任。

知识点 股东未全面履行出资义务

涉及法条 《公司法解释(三)》第13条

八、2016年第五题(18分)

美森公司成立于2009年,主要经营煤炭。股东是大雅公司以及庄某、石某。公司章程规定公司的注册资本是1000万元,3个股东的持股比例是5:3:2;各股东应当在公司成立时一次性缴清全部出资。大雅公司将之前归其所有的某公司的净资产经会计师事务所评估后作价500万元用于出资,这部分资产实际交付给美森公司使用;庄某和石某以货币出资,公司成立时庄某实际支付了100万元,石某实际支付了50万元。

大雅公司委派白某担任美森公司的董事长兼法定代表人。2010年,赵某欲入股美森公司,白某、庄某和石某一致表示同意,于是赵某以现金出资50万元,公司出具了收款收据,但未办理股东变更登记。赵某还领取了2010年和2011年的红利共10万元,也参加了公司的股东会。

2012年开始,公司经营逐渐陷入困境。庄某将其在美森公司中的股权转让给了其妻弟杜某。此时,赵某提出美森公司未将其登记为股东,所以自己的50万元当时是借款给美森公司的。白某称美森公司无钱可还,还告诉赵某,为维持公司的经营,公司已经向甲、乙公司分别借款60万元和40万元;向大雅公司借款500万元。

2013年11月,大雅公司指示白某将原出资的资产中价值较大的部分逐渐转入另一子公司美阳公司。对此,杜某、石某和赵某均不知情。

此时,甲公司和乙公司起诉了美森公司,要求其返还借款及相应利息。大雅公司也主张自己曾借款500万元给美森公司,要求其偿还。赵某、杜某及石某闻讯后也认为利益受损,要求美森公司返还出资或借款。

【问题】

1. 应如何评价美森公司成立时3个股东的出资行为及其法律效果?(3分)

2. 赵某与美森公司是什么法律关系?为什么?(3分)

3. 庄某是否可将其在美森公司中的股权进行转让?为什么?这种转让的法律后果是什么?(3分)

4. 大雅公司让白某将原来用作出资的资产转移给美阳公司的行为是否合法?为什么?(3分)

5. 甲公司和乙公司对美森公司的债权,以及大雅公司对美森公司的债权,应否得到受偿?其受偿顺序如何?(3分)

6. 赵某、杜某和石某的请求及理由是否成立?他们应当如何主张自己的权利?(3分)

答案阅评参考

1. 应如何评价美森公司成立时三个股东的出资行为及其法律效果?(3分)

【答案参考】

(1)大雅公司以净资产估价500万元出资并实际交付给美森公司使用,该出资合法有效。

根据《公司法》第27条的规定,股东可以用货币估价并可以依法转让的非货币财产作价出资。

用于设立美森公司的这些净资产本来归大雅公司,经过了会计师事务所的评估作价,且该笔净资产已经实际交付给美森公司。所以,应当认为大雅公司履行了自己的出资义务。

(2)庄某、石某均没有完全履行自己的出资义务。

《公司法》第28条第2款规定:"股东不按照前款规定缴纳出资的,除应当向公司足额缴纳外,还应当向已按期足额缴纳出资的股东承担违约责任。"

庄某按章程应当以现金300万元出资,仅出资100万元;石某按章程应当出资200万元,仅出资50万元。所以二人应当继续履行出资义务,并承担违约责任。

知识点 股东的出资形式及法律效果

涉及法条 《公司法》第27条、第28条第2款

2. 赵某与美森公司是什么法律关系?为什么?(3分)

【答案参考】

赵某具备实际出资人的地位,其与美森公司是股权法律关系。

当事人之间对股权归属发生争议,一方请求人民法院确认其享有股权的,应当证明以下事实之一:已经依法向公司出资或者认缴出资,且不违反法律法规的强制性规定;已经受让或以其他形式继受公司股权,且不违反法律法规的强制性规定。

赵某2010年出于自己的真实意思表示,愿意出资成为股东,其他股东及股东代表均同意,并且赵某实际交付了50万元出资,参与了分红及公司的经营。所以,赵某是美森公司的股东。

知识点 股东投资与借贷的区别

涉及法条 《公司法解释(三)》第22条、第23条

3. 庄某是否可将其在美森公司中的股权进行转让?为什么?这种转让的法律后果是什么?(3分)

【答案参考】

庄某可以转让股权。法律后果:庄某和杜某对美森公司以及债权人承担连带责任,杜某承担责任后有权向庄某追偿。

我国《公司法解释(三)》第18条已经认可了瑕疵出资股权的可转让性。这种转让的法律后果就是,如果受让人知道,转让人和受让人对公司以及债权人要承担连带责任,受让人再向转让人进行追偿。

尽管庄某没有全面履行自己的出资义务,但其股权也是可以转让的。受让人是其妻弟,按生活经验应当推定杜某是知情的。所以,庄某和杜某对美森公司以及债权人承担连带责任,杜某承担责任后有权向庄某追偿。

知识点 瑕疵出资股权的转让

涉及法条 《公司法解释(三)》第18条

4. 大雅公司让白某将原来用作出资的资产转移给美阳公司的行为是否合法?为什么?(3分)

【答案参考】

不合法,大雅公司无权将公司资产转移。

依据《公司法》及相关规定,公司具有独立人格,公司财产是其人格的基础。出资后的资产属于公司而非股东所有,同时该行为损害了公司的责任财产,侵害了美森公司、美森公司股东(杜某和石某)的利益,也侵害了甲、乙这些债权人的利益。

知识点 公司的独立性

涉及法条 《公司法》第3条

5. 甲公司和乙公司对美森公司的债权，以及大雅公司对美森公司的债权，应否得到受偿？其受偿顺序如何？(3分)

【答案参考】

甲公司和乙公司应当得到受偿，因其系普通债权。

大雅公司的债权应当得到清偿。大雅公司是美森公司的大股东，我国《公司法》并未禁止公司与其股东之间的交易，只是规定关联交易不得损害公司和债权人的利益，因此借款本身是可以的，只要是真实的借款，就是有效的。

受偿顺序：

答案一，深石原则的运用，作为股东（母公司）损害了美森公司的独立人格，也损害了债权人的利益，其债权应当在顺序上劣后于正常交易中的债权人甲和乙。

答案二，民法公平原则，让大雅公司的债权在顺序方面劣后于甲、乙公司。

答案三，按债权的平等性，他们的债权平等受偿。

【提示】考生朋友若能够掌握较为专业的法学理论自然是好，不过从应试的角度分析，即便暂时不知晓类似深石原则依然是可以得分的。对于考试而言，核心是得分。因此，考生朋友不必过于恐慌，只要掌握解题思路便可应对自如，方法比答案关键。

知识点 股东债权的清偿

【关联扩展】

深石原则又称衡平居次原则（equitable subordination rule），是指在有控制与从属关系的关联企业中，为了保障从属公司债权人的正当利益免受控股公司的不法侵害，法律规定，在从属公司进行清算、和解和重整等程序中，根据控制股东是否有不公平行为，而决定其债权是否应劣后于其他债权人或者优先股东受偿的原则。

6. 赵某、杜某和石某的请求及理由是否成立？他们应当如何主张自己的权利？(3分)

【答案参考】

(1)赵某和杜某、石某的请求不成立。

基于公司资本维持原则，股东不得要求退股。赵某是实际出资人，杜某和石某是股东。故他们不得要求返还出资。

(2)大雅公司作为大股东转移资产的行为损害了公司的利益，也损害了股东的利益，因此上述3人可以向大雅公司提出赔偿请求。

(3)白某作为公司的高级管理人员，其行为也损害了股东利益，上述3人也可以起诉白某请求其承担赔偿责任。

知识点 公司资本维持原则，法人人格否认

【关联扩展】

判断公司的经营管理是否出现严重困难，应当从公司的股东会、董事会或执行董事及监事会

或监事的运行现状进行综合分析。“公司经营管理发生严重困难”的侧重点在于公司管理方面存在严重内部障碍,如股东会机制失灵、无法就公司的经营管理进行决策等,不应片面理解为公司资金缺乏、严重亏损等经营性困难。

九、2015 年第五题(18 分)

鸿捷公司成立于2008 年3 月,从事生物医药研发。公司注册资本为5000 万元,股东为甲、乙、丙、丁,持股比例分别为37%、30%、19%、14%;甲为董事长,乙为总经理。公司成立后,经营状况一直不错。

2013 年8 月初,为进一步拓展市场、加强经营管理,公司拟引进战略投资者骐黄公司,并通过股东大会形成如下决议(以下简称《1 号股东会决议》):第一,公司增资1000 万元;第二,其中860 万元,由骐黄公司认购;第三,余下的140 万元,由丁认购,从而使丁在公司增资后的持股比例仍保持不变,而其他各股东均放弃对新股的优先认缴权;第四,缴纳新股出资的最后期限为2013 年8 月31 日。各股东均在决议文件上签字。

之后,丁因无充足资金,无法在规定期限内完成所认缴出资的缴纳;骐黄公司虽然与鸿捷公司签订了新股出资认缴协议,但之后就鸿捷公司的经营理念问题,与甲、乙、丙等人发生分歧,也一直未实际缴纳出资。因此,公司增资计划的实施,一直没有进展。但这对公司经营并未造成很大影响,至2013 年年底,公司账上已累计4000 万元的未分配利润。

2014 年年初,丁从他人处获得一笔资金,遂要求继续实施公司的增资计划,并自行将140 万元转入公司账户,同时还主张对骐黄公司未实际缴资的860 万元新股的优先认购权,但这一主张遭到其他股东的一致反对。

鉴于丁继续实施增资的强烈要求,并考虑到难以成功引进外部战略投资者,公司在2014 年1 月8 日再次召开股东大会,讨论如下议案:第一,公司仍增资1000 万元;第二,不再引进外部战略投资人,由公司各股东按照原有持股比例认缴新股;第三,各股东新增出资的缴纳期限为20 年;第四,丁已转入公司账户的140 万元资金,由公司退还给丁。就此议案形成股东会决议(以下简称《2 号股东会决议》),甲、乙、丙均同意并签字,丁虽签字,但就第二、三项与第四项内容,均注明反对意见。

之后在甲、乙的主导下,鸿捷公司经股东大会修订了公司章程、股东名册等,并于2014 年1 月20 日办理完毕相应的公司注册资本的工商变更登记。

2014 年年底,受经济下行形势影响,加上新产品研发失败,鸿捷公司经营陷入困境。截至2015 年5 月,公司已拖欠嵩悠公司设备款1000 万元,公司账户中的资金已不足以偿付。

【问题】

1.《1 号股东会决议》的法律效力如何? 为什么? (3 分)

2. 就骐黄公司未实际缴纳出资的行为,鸿捷公司可否向其主张违约责任? 为什么? (3 分)

3. 丁可否主张860 万元新股的优先认购权? 为什么? (3 分)

4.《2 号股东会决议》的法律效力如何? 其与《1 号股东会决议》的关系如何? 为什么? (3 分)

5. 在鸿捷公司增加注册资本的程序中,新增注册资本何时产生法律效力? 为什么? (3 分)

6. 就鸿捷公司不能清偿的1000万元设备款，嵩悠公司能否向鸿捷公司的各个股东主张补充赔偿责任？为什么？(3分)

答案阅评参考

1.《1号股东会决议》的法律效力如何？为什么？(3分)

【答案参考】

《1号股东会决议》为合法有效的股东会决议。

《1号股东会决议》的内容为该公司增资1000万元的实施方案，公司章程没有特别约定，依据《公司法》的相关规定，增资应当经持股2/3以上表决权股东同意，本案中各股东均在决议文件上签字。该决议内容不违反现行法律、行政法规的规定，程序符合股东会决议的要求，因此合法有效。

知识点 股东会决议的效力

涉及法条 《公司法》第22条、第37条，《公司法解释(四)》第5条

2. 就骐黄公司未实际缴纳出资的行为，鸿捷公司可否向其主张违约责任？为什么？(3分)

【答案参考】

就骐黄公司未实际缴纳出资的行为，鸿捷公司不能向其主张违约责任。首先，应确定骐黄公司与鸿捷公司间签订的新股出资认缴协议，就本案所交代的案情来看，属于合法有效的协议或合同，这是讨论违约责任的前提。其次，依《民法典》第577条之规定：当事人一方不履行合同义务或者履行合同义务不符合约定的，应当承担继续履行、采取补救措施与赔偿损失等违约责任。但在本案中，如果强制要求骐黄公司继续履行，属于强制其履行缴纳出资的义务，那么在结果上会导致强制骐黄公司加入公司，从而有违参与或加入公司之自由原则，故而鸿捷公司不能主张继续履行的违约责任。至于能否主张骐黄公司的赔偿损失责任，则视骐黄公司主观上是否存在过错而确定，在本案中，骐黄公司并不存在明显的过错，因此鸿捷公司也很难主张该请求权。

知识点 公司组织之自由原则

3. 丁可否主张860万元新股的优先认购权？为什么？(3分)

【答案参考】

不可以。

丁主张新股优先认购权的依据为《公司法》第34条，即“公司新增资本时，股东有权优先按照实缴的出资比例认缴出资”。不过该条所规定的原股东之优先认购权，主要针对的是增资之股东大会决议就新股分配未另行规定的情形；而且行使优先认购权还须遵守另一个限制，即原股东只能按其持股比例或实缴出资比例主张对新增资本的相应部分行使优先认购权。该增资计划并

未侵害或妨害丁在公司中的股东地位,也未妨害其股权内容,即未影响其表决权重,因此就余下的 860 万元的新股,丁无任何主张优先认购权的依据。

知识点 股东的新股优先认购权

涉及法条《公司法》第 34 条

4.《2 号股东会决议》的法律效力如何?其与《1 号股东会决议》的关系如何?为什么?(3 分)

【答案参考】

《2 号股东会决议》的内容同样是该公司增资 1000 万元的实施方案,公司章程没有特别约定,依据《公司法》的规定,增资应当经持股 2/3 以上表决权股东同意,本案中甲、乙、丙均同意并签字,丁(持股 14%)虽签字,但就第二、三项与第四项内容,均注明反对意见。该决议内容不违反现行法律、行政法规,程序符合股东会决议的要求,因此合法有效。

这两个决议均在解决与实施公司增资 1000 万元的计划,由于《1 号股东会决议》难以继续实施,因此《2 号股东会决议》是对《1 号股东会决议》的替代或者废除,《1 号股东会决议》随着《2 号股东会决议》的生效而失效。

知识点 股东会决议的效力

涉及法条《公司法》第 22 条、第 37 条,《公司法解释(四)》第 5 条

5. 在鸿捷公司增加注册资本的程序中,新增注册资本何时产生法律效力?为什么?(3 分)

【答案参考】

只有在公司登记机关办理完毕新的注册资本的变更登记后,才能形成新的注册资本,即新增注册资本才能产生法律效力。公司的注册资本只有经过工商登记,才能产生法定效力;当公司通过修改章程来增加注册资本时,也只有在登记完毕后,才能产生注册资本增加的法定效力。

知识点 公司登记

6. 就鸿捷公司不能清偿的 1000 万元设备款,嵩悠公司能否向鸿捷公司的各个股东主张补充赔偿责任?为什么?(3 分)

【答案参考】

为保护公司债权人的合法利益,可准用《公司法解释(三)》第 13 条第 2 款的规定,认可公司债权人的这项请求权(编者注:该条文与题干信息有一定区别,条文针对的是未履行或者未全面履行出资义务股东的责任问题),即在公司财产不能清偿公司债务时,各股东所认缴的尚未到期的出资义务,应按照提前到期的方法来处理,进而对公司债权人承担补充赔偿责任。(这个答案是当年司法部官方给出的答案,由于新法已经调整,备战 2023 年的考生,可参考如下答案。)

【新答案参考】

嵩悠公司不能向鸿捷公司的各个股东主张补充赔偿责任。

在注册资本认缴制下，股东依法享有期限利益。本案中，鸿捷公司在2014年1月8日召开股东会作出了"各股东新增出资的缴纳期限为20年"的有效决议，那么到2015年5月，公司不足以偿付嵩悠公司设备款1000万元，此时各股东出资期限尚未到，公司作为独立法人，在未出现股东滥用股东权时，公司就自身债务应当独立承担责任，不能盲目适用"股东出资加速到期"。

所以，公司债权人嵩悠公司应当向鸿捷公司主张清偿，不能向鸿捷公司的各股东主张补充赔偿责任。

知识点 加速到期

涉及法条 《公司法解释(三)》第13条、《九民纪要》第6条

【关联扩展】

《九民纪要》第29条规定：请求召开股东(大)会不可诉，即股东请求判令公司召开股东(大)会的，人民法院应当告知其按照《公司法》第40条或者第101条规定的程序自行召开。股东坚持起诉的，人民法院应当裁定不予受理；已经受理的，裁定驳回起诉。

第四章 程序纠错类题目

十、2017年第五题(21分)

案情：

昌顺有限公司成立于2012年4月，注册资本5000万元，股东为刘昌、钱顺、潘平与程舵，持股比例依次为40%、28%、26%、6%。章程规定设立时各股东须缴纳30%的出资，其余在两年内缴足；公司不设董事会与监事会，刘昌担任董事长，钱顺担任总经理并兼任监事。各股东均已按章程实际缴纳首批出资。公司业务主要是从事某商厦内商铺的出租与管理。因该商厦商业地理位置优越，承租商户资源充足，租金收入颇为稳定，公司一直处于盈利状态。

2014年4月，公司通过股东会决议，将注册资本减少至3000万元，各股东的出资额等比例减少，同时剩余出资的缴纳期限延长至2030年12月。公司随后依法在登记机关办理了注册资本的变更登记。

公司盈利状况不错，但2014年6月，就公司关于承租商户的筛选、租金的调整幅度、使用管理等问题的决策，刘昌与钱顺爆发严重冲突。随后刘昌解聘钱顺的总经理职务，而钱顺又以监事身份来罢免刘昌董事长，经潘平与程舵调和也无济于事。受此影响，公司此后竟未再召开过股东会。好在商户比较稳定，公司营收未出现下滑。

2016年5月，钱顺已厌倦争斗，要求刘昌或者公司买下自己的股权，自己退出公司，但遭到刘昌的坚决拒绝，其他股东既无购买意愿也无购买能力。钱顺遂起诉公司与刘昌，要求公司回购自己的股权，若公司不回购，则要求刘昌来购买。一个月后，法院判决钱顺败诉。后钱顺再以解散公司为由起诉公司。虽然刘昌以公司一直盈利且运行正常等为理由坚决反对，法院仍于2017年2月作出解散公司的判决。

判决作出后,各方既未提出上诉,也未按规定成立清算组,更未进行实际的清算。在公司登记机关的记载中,该昌顺公司仍存续至今,而各承租商户也继续依约向公司交付租金。

【问题】

1. 昌顺公司的治理结构是否存在不规范的地方?为什么?(3分)

2. 昌顺公司减少注册资本依法应包括哪些步骤?(3分)

3. 刘昌解聘钱顺的总经理职务,以及钱顺以监事身份来罢免刘昌董事长职务是否合法?为什么?(3分)

4. 法院判决不支持"钱顺要求公司与刘昌回购自己股权的诉求"是否合理?为什么?(4分)

5. 法院作出解散公司的判决是否合理?为什么?(4分)

6. 解散公司的判决生效后,就昌顺公司的后续行为及其状态,在法律上应如何评价?为什么?(4分)

答案阅评参考

1. 昌顺公司的治理结构是否存在不规范的地方?为什么?(3分)

【答案参考】

存在不规范的地方,主要有:不设董事会则无董事长,总经理不得兼任监事。

(1)昌顺公司股东人数较少不设董事会的做法符合《公司法》第50条的规定,但此时刘昌的职务不应是董事长,而应是执行董事。(2)昌顺公司股东人数较少不设监事会符合《公司法》第51条第1款的规定。但是按该条第4款规定,董事、高级管理人员不得兼任监事,所以钱顺不得兼任监事。

知识点 有限公司的组织机构

涉及法条《公司法》第50条、第51条

注意:两点分开作答。

2. 昌顺公司减少注册资本依法应包括哪些步骤?(3分)

【答案参考】

作出股东会决议,关于减资的股东会决议必须经代表2/3以上表决权的股东通过。

造表,编制资产负债表及财产清单。

对债权人进行特别保护,自作出减资决议之日起10日内通知债权人,并于30日内在报纸上公告。

变更登记,应向公司登记机关提交相关文件,办理变更登记。登记后才发生注册资本减少的效力。

修改章程,即应及时修改公司章程。

知识点 公司减资

涉及法条《公司法》第43条、第177条

3. 刘昌解聘钱顺的总经理职务，以及钱顺以监事身份来罢免刘昌董事长职务是否合法？为什么？(3分)

【答案参考】

(1)钱顺罢免刘昌不合法，刘昌的执行董事地位不受影响。(回答前半句即可得分)

根据《公司法》第53条的规定，监事对公司董事和高级管理人员有罢免建议权，只有罢免建议权而无决定权。钱顺系监事且钱顺兼任公司监事不符合《公司法》规定。

(2)刘昌解聘钱顺有两种答案。

答案一：

刘昌解聘钱顺的总经理职务不合法。

总经理由董事会聘任和解聘，在公司章程中进行明确。

本案中刘昌未经董事会通过解聘钱顺总经理职务不合法。(在不设董事会的背景下，刘昌的这一行为确实存在职权滥用的嫌疑。)

【特别提示】本题是两个行为，均不合法，建议分开表述。

答案二：

刘昌解聘钱顺符合《公司法》的规定。

在不设董事会的治理结构中，执行董事相当于董事会。而按照《公司法》第49条第1款的规定，由董事会决定聘任或解聘经理。刘昌是执行董事，钱顺是总经理。

因此，刘昌解聘钱顺总经理职务的行为符合《公司法》的规定。

知识点 监事、执行董事的职权

涉及法条 《公司法》第49条、第53条

4. 法院判决不支持“钱顺要求公司与刘昌回购自己股权的诉求”是否合理？为什么？(4分)

【答案参考】

法院判决合理。

《公司法》第74条第1款规定：“有下列情形之一的，对股东会该项决议投反对票的股东可以请求公司按照合理的价格收购其股权：(一)公司连续五年不向股东分配利润，而公司该五年连续盈利，并且符合本法规定的分配利润条件的；(二)公司合并、分立、转让主要财产的；(三)公司章程规定的营业期限届满或者章程规定的其他解散事由出现，股东会会议通过决议修改章程使公司存续的。”由此得知，公司无法召开股东会并非法定的股权回购事由。钱顺已厌倦争斗，也不构成请求回购股权的充分理由。

知识点 有限公司股权回购

涉及法条 《公司法》第74条第1款

5. 法院作出解散公司的判决是否合理？为什么？(4 分)

【答案参考】

法院判决合理。

依据《公司法》第 182 条及《公司法解释(二)》第 1 条第 1 款的规定，公司持续两年以上无法召开股东会或者股东大会，公司经营管理发生严重困难，10% 以上表决权股东可以请求法院解散公司。

昌顺公司自 2014 年 6 月至解散诉讼时，已超过两年时间未再召开过股东会，这表明昌顺公司已实质性构成所谓的“公司僵局”，即构成法院判决公司解散的根据。所以，法院作出解散公司的判决合理。

知识点 司法解散

涉及法条《公司法》第 182 条、《公司法解释(二)》第 1 条

6. 解散公司的判决生效后，就昌顺公司的后续行为及其状态，在法律上应如何评价？为什么？(4 分)

【答案参考】

对股东：股东未上诉，判决生效，对全体股东均有约束力。

对公司：未成立清算组，也未进行清算，违法，应成立清算组进行清算；清算结束后，清算组应当制作清算报告，报股东会确认，并报送公司登记机关，办理公司注销登记，公告公司终止。

对商户(债务人)：公司未注销，主体资格未消灭，商户可以正常交租金。

知识点 司法解散判决后的公司清算与注销问题

涉及法条《公司法》第 183 条、第 184 条、第 187 条、第 188 条

【关联扩展】

依据材料：“判决作出后，各方既未提出上诉，也未按规定成立清算组，更未进行实际的清算。在公司登记机关的记载中，该昌顺公司仍存续至今，而各承租商户也继续依约向公司交付租金。”材料至少提及三个行为：未上诉、未清算以及商户继续交租金，且这三个行为均以公司为连接点。在第 6 问中“就昌顺公司的后续行为及其状态”进行评价，公司内部的股东、公司外部的债务人以及公司本身，按理说这三部分均应涉及。为此，除对未清算进行评价并分析原因之外，还应涉及未上诉和交付租金的行为。

十一、2014 年第五题(18 分)

2012 年 4 月，陈明设立一家有限责任公司，从事绿色食品开发，注册资本为 200 万元。公司成立半年后，为加大产品开发力度，陈明拟新增资本 100 万元，并为此分别与张巡、李贝洽谈，该二人均有意愿认缴全部新增资本，加入陈明的公司。陈明遂先后与张巡、李贝二人就投资事项分别签订了书面协议。张巡在签约后第二天，即将款项转入陈明的个人账户，但陈明一直以各种理

由拖延办理公司变更登记等手续。2012年11月5日,陈明最终完成公司章程、股东名册以及公司变更登记手续,公司注册资本变更为300万元,陈明任公司董事长,而股东仅为陈明与李贝,张巡的名字则未出现在公司登记的任何文件中。

李贝虽名为股东,但实际上是受刘宝之托,代其持股,李贝向公司缴纳的100万元出资,实际上来源于刘宝。2013年3月,在陈明同意的情况下,李贝将其名下股权转让给善意不知情的潘龙,并办理了相应的股东变更手续。

2014年6月,因产品开发屡次失败,公司陷入资不抵债且经营无望的困境,遂向法院申请破产。法院受理后,法院所指定的管理人查明:第一,陈明尚有50万元的出资未实际缴付;第二,陈明的妻子葛梅梅本是家庭妇女,但自2014年1月起,一直以公司财务经理的名义,每月自公司领取奖金4万元。

【问题】

1. 在法院受理公司破产申请前,张巡是否可向公司以及陈明主张权利,主张何种权利?为什么?(3分)

2. 在法院受理公司破产申请后,张巡是否可向管理人主张权利,主张何种权利?为什么?(3分)

3. 李贝能否以自己并非真正股东为由,主张对潘龙的股权转让行为无效?为什么?(3分)

4. 刘宝可主张哪些法律救济?为什么?(3分)

5. 陈明能否以超过诉讼时效为由,拒绝50万元出资的缴付?为什么?(3分)

6. 就葛梅梅所领取的奖金,管理人应如何处理?为什么?(3分)

答案阅评参考

1. 在法院受理公司破产申请前,张巡是否可向公司以及陈明主张权利,主张何种权利?为什么?(3分)

【答案参考】

张巡不能向公司主张权利。张巡只能向陈明主张违约责任,请求返还所给付的投资以及相应的损害赔偿。

当事人之间对股权归属发生争议,根据《公司法解释(三)》第22条、第23条的规定,股东向公司出资或者合法受让股权,是确认其享有股东权的关键。

本案中陈明是以自己的名义与张巡签订协议,款项也是转入陈明个人账户,则该投资协议仅存在于张巡与陈明个人之间。所以,在张巡与公司之间,有两点须注意:①张巡并未因此成为公司股东;②张巡与公司之间不存在法律关系。因此张巡不能向公司主张任何权利。张巡只能向陈明主张违约责任,请求返还所给付的投资以及相应的损害赔偿。

知识点 股东资格的取得

涉及法条 《公司法解释(三)》第22条、第23条

2. 在法院受理公司破产申请后，张巡是否可向管理人主张权利，主张何种权利？为什么？(3分)

【答案参考】

不能向管理人进行破产债权申报。

根据问题1的结论，张巡与公司之间不存在法律关系。在公司进入破产程序后，张巡不得将其对陈明的债权视为对公司的债权，不能向管理人进行破产债权的申报。

知识点 股东权利

3. 李贝能否以自己并非真正股东为由，主张对潘龙的股权转让行为无效？为什么？(3分)

【答案参考】

不能。

依《公司法解释(三)》第24条第3款规定，李贝虽为名义股东，但与公司的关系为真正的股东，其对股权的处分应为有权处分；退一步说，即使就李贝的股东身份在学理上存在争议，但在《公司法解释(三)》第25条第1款股权善意取得的规定下，李贝的处分行为也已成为有权处分，因此为保护善意相对人，李贝也不得主张该处分行为无效。

知识点 名义股东转让股权

涉及法条 《公司法解释(三)》第24条、第25条

4. 刘宝可主张哪些法律救济？为什么？(3分)

【答案参考】

向李贝主张违约责任，对公司不享有任何权利。

有限责任公司的实际出资人与名义出资人订立合同，约定由实际出资人出资并享有投资权益，以名义出资人为名义股东，实际出资人与名义股东对该合同效力发生争议的，如无《民法典》合同编规定的无效情形，人民法院应当认定该合同有效。(简要回答“代持股协议一般有效”亦可)刘宝仅与李贝之间系委托持股关系，刘宝只能根据该合同关系，主张违约责任。

知识点 代持股协议

涉及法条 《公司法解释(三)》第24条、第25条

5. 陈明能否以超过诉讼时效为由，拒绝50万元出资的缴付？为什么？(3分)

【答案参考】

不可以。

陈明不能以超过诉讼时效为由，拒绝50万元出资的缴付。

根据《公司法解释(三)》第19条第1款的规定，股东的出资义务，不适用诉讼时效，根据《最高人民法院关于适用〈中华人民共和国企业破产法〉若干问题的规定(二)》第20条第1款的规

定，管理人在向陈明主张50万元出资义务的履行时，陈明不得以超过诉讼时效为由来予以抗辩。

知识点《公司法解释(三)》第19条、《最高人民法院关于适用〈中华人民共和国企业破产法〉若干问题的规定(二)》第19～20条

6. 就葛梅梅所领取的奖金，管理人应如何处理？为什么？(3分)

【答案参考】

请求返还所获取的收入，且可以通过起诉方式来予以追回。

依据《企业破产法》规定，债务人的董事、监事、高级管理人员利用职权从企业获取的非正常收入，管理人负有追回义务。董事、监事、高级管理人员所获取的绩效奖金属于非正常收入范围。葛梅梅属于名义上的财务经理，但不上班，其收入应该被追回。

知识点 公司董监高的非正常收入

涉及法条《企业破产法》第36条

【关联扩展】

《九民纪要》第7条规定：股东认缴的出资未届履行期限，对未缴部分的出资是否享有以及如何行使表决权等问题，应当根据公司章程来确定。公司章程没有规定的，应当按照认缴出资的比例确定。如果股东(大)会作出不按认缴出资比例而按实际出资比例或者其他标准确定表决权的决议，股东请求确认决议无效的，人民法院应当审查该决议是否符合修改公司章程所要求的表决程序，即必须经代表2/3以上表决权的股东通过。符合的，人民法院不予支持；反之，则依法予以支持。

第八编

文书题

法律文书是法律人之间沟通的“桥梁”,能够体现法律人的专业技能。法律文书属于法考大纲中的考查范围,但是并不是每年都进行命题考查。法考改革以来,2018 年以“开放类”的考查方式进行了命题,问题是:“结合以上证据以及相应法律法规,法院应如何判决?”

备战主观题的考生要掌握基本的文书结构,注意起诉状、判决书的结构。除格式要掌握之外,重点在于案情分析,即法律人的思维,核心在于“事实与理由”部分。

由于文书题目不是每年都考,从司考到法考一共考查了 6 次,2018 年考查刑事判决书。本书精选了 5 道文书题目,并总结出法考文书题的考查形式,供大家参考。大家重点关注如下方面:刑事方面,起诉书(包括自诉状)、辩护词、刑事上诉状、判决书;民事方面,起诉状、答辩状、反诉状、判决书;行政方面,起诉状、答辩状、判决书。

不论将来当律师还是法官或检察官,法律文书都应该熟练掌握,在复习过程中不要抱着押宝的态度,而应重点温习一下几种重要法律文书:民事起诉状、判决书,刑事判决书等。

第一章　文书题命题规律

法律文书每年考前都会陷入考与不考的争论中。从应试的角度来看,文书是法律人发表自己观点的方式,必须熟练掌握。文书是法律人之间沟通的媒介,无论是做律师还是检察官、法官,都要与文书打交道。关于文书的命题方式主要有两种:

1. 开放类命题,通过案例,让考生写出文书中的一部分,或者从中挑错误。2018 年、2010 年进行了命题。

2. 传统类命题,直接撰写法律文书。这种题目一般不会再考查了,太简单。2013 年进行了命题。

第二章 开放类题目

一、2010年第五题(20分)

甲省A县大力公司与乙省B县铁成公司,在丙省C县签订煤炭买卖合同,由大力公司向铁成公司出售3000吨煤炭,交货地点为C县。双方约定,因合同所生纠纷,由A县法院或C县法院管辖。

在合同履行中,为便于装船运输,铁成公司电话告知大力公司交货地点改为丁省D县,大力公司同意。大力公司经海运向铁成公司发运2000吨煤炭,存放于铁成公司在D县码头的货场。大力公司依约要求铁成公司支付已发煤款遭拒,遂决定暂停发运剩余1000吨煤炭。

在与铁成公司协商无果的情况下,大力公司向D县法院提起诉讼,要求铁成公司支付货款并请求解除合同。审理中铁成公司辩称并未收到2000吨煤炭,要求驳回原告的诉讼请求。大力公司向法院提交了铁成公司员工季某(季某是铁成公司业务代表)向大力公司出具的收货确认书,但该确认书是季某以长远公司业务代表名义出具的。经查,长远公司并不存在,季某承认长远公司为其杜撰。据此,一审法院追加季某为被告。经审理,一审法院判决铁成公司向大力公司支付货款,季某对此承担连带责任。

铁成公司不服一审判决提起上诉,要求撤销一审判决中关于责令自己向大力公司支付货款的内容,大力公司、季某均未上诉。经审理,二审法院判决撤销一审判决,驳回原告要求被告支付货款并解除合同的诉讼请求。

二审判决送达后第10天,大力公司负责该业务的黎某在其手机中偶然发现,自己存有与季某关于2000吨煤炭验收、付款及剩余煤炭发运等事宜的谈话录音,明确记录了季某代表铁成公司负责此项煤炭买卖的有关情况,大力公司遂向法院申请再审,坚持要求铁成公司支付货款并解除合同的请求。

【问题】

1. 本案哪个(些)法院有管辖权?为什么?(3分)

2. 一审法院在审理中存在什么错误?为什么?(3分)

3. 分析二审当事人的诉讼地位。(3分)

4. 二审法院的判决有何错误?为什么?(3分)

5. 大力公司可以向哪个(些)法院申请再审?(4分)

6. 法院对大力公司提出的再审请求如何处理?为什么?(4分)

答案阅评参考

1. 本案哪个(些)法院有管辖权?为什么?(3分)

【答案参考】

A县法院或C县法院有管辖权。

依据《民事诉讼法》及相关规定，双方当事人可以选择与争议有实际联系地点的人民法院管辖。管辖协议约定两个以上与争议有实际联系地点的法院管辖，原告可以向其中一个法院起诉。本案中大力公司和铁成公司约定的管辖法院为当事人所在地和合同签订地法院，管辖协议有效，当事人可以选择其中一个起诉。

知识点 协议管辖

涉及法条 《民事诉讼法》第35条

2. 一审法院在审理中存在什么错误？为什么？(3分)

【答案参考】

一审法院存在两处错误：

(1)追加季某为共同被告是错误的，根据《民事诉讼法》及相关规定，法人的工作人员执行工作任务致人损害，以法人为当事人，即工作人员不能作为当事人。(或者回答：本案并不是必要共同诉讼，依法不应追加共同被告。)

(2)法院仅判决支付货款，遗漏了解除合同这一诉讼请求，是错误的，因为法院应当针对原告的诉讼请求作出判决。

知识点 原告、被告地位的确定，一审漏判的处理

涉及法条 《民诉法解释》第56条

3. 分析二审当事人的诉讼地位。(3分)

【答案参考】

二审中铁成公司为上诉人，大力公司为被上诉人，季某原审诉讼地位列明。依据《民事诉讼法》及相关规定，必要共同诉讼人中部分人提出上诉的，不涉及其他共同诉讼人利益的，对方当事人为被上诉人，未上诉的同一方当事人依原审诉讼地位列明。

知识点 上诉的提起

4. 二审法院的判决有何错误？为什么？(3分)

【答案参考】

二审法院对一审漏审的原告解除合同的请求进行判决是错误的。

解除合同是一审法院遗漏的诉讼请求，二审法院应根据当事人自愿原则进行调解，调解不成的，发回重审。

知识点 上诉案件的调解

涉及法条 《民事诉讼法》第177条

5. 大力公司可以向哪个(些)法院申请再审?(4分)

【答案参考】

大成公司可以向丁省高级人民法院申请再审。

依据《民事诉讼法》及相关规定,当事人对已经发生法律效力的判决、裁定,认为有错误的,可以向上一级人民法院申请再审,本案上一级法院是丁省高级人民法院。

知识点 申请再审的管辖法院

涉及法条 《民事诉讼法》第210条、第211条

6. 法院对大力公司提出的再审请求如何处理?为什么?(4分)

【答案参考】

再审法院应当裁定再审。

依据《民事诉讼法》及相关规定,有新的证据,足以推翻原判决、裁定的,人民法院应当裁定再审。本案中黎某提供的证据符合新证据的规定。法院应当就解除合同的请求进行调解,调解不成的,应当撤销一审、二审判决,发回原审法院重审。

知识点 申请再审的事实和理由,再审的审判程序

涉及法条 《民事诉讼法》第211条、第218条,《民诉法解释》第387条

二、2018年第三题(30分)

王大某日和李四一起去饭店吃饭,碰见了王大的仇人张三。王大和张三发生口角,李四劝阻不成,王大用饭店的板凳打张三的头部致其昏迷。李四将张三送往医院,但李四到达医院停车场后并未立即将张三送往就医,而是将车停在停车场,第二天凌晨再将张三送往医院时,张三已经死亡。

1. 李四供述:王大将张三打昏迷后,自己当晚10:20左右和饭店店员赵二将张三抬上自己的车,自己10:50驾车至医院停车场,发现张三大量出血,呼吸微弱,害怕担责任,所以不敢把张三送到医院,于是把车停在停车场后,自己回去找王大商量。第二日凌晨5:00,自己和王大回到医院停车场,把张三送到医院时,医院认定张三已经死亡。

2. 王大证言:自己将张三打伤后,由李四送张三去医院。他后来听李四说,将人送到医院停车场的时候,张三已经没有心跳呼吸。后李四找自己商量与张三家人私了事宜,次日凌晨返回将张三送医。

3. 赵二证言:当晚10:20左右将张三送到李四车上的时候,张三只是昏迷,仍有心跳和呼吸,他觉得如果及时抢救,应该可以被救活的。

4. 饭店监控录像:当晚10:20李四和赵二一起将张三抬上车。

5. 医院停车场监控录像:当晚10:50左右李四的车出现在医院停车场,李四独自下车离开。一直将车留在停车场,直到次日凌晨5:00,李四和王大又一起出现在停车场,将张三抬往医院。

6. 法医死亡鉴定：张三头部被重击，蛛网膜破损，重击痕迹与饭店板凳吻合，无其他伤，张三自身有凝血性障碍，因大量出血而死亡，但无法鉴定出具体死亡时间。

7. 医院接诊记录：凌晨5:00王大和李四将张三送往医院，但医院认定张三已完全死亡。

李四因涉嫌故意杀人罪被提起公诉。在庭审过程中，李四翻供，并提出其供述是受刑讯逼供作出的，实际上，他当晚将张三送至停车场时，张三已经没有呼吸心跳，完全死亡。但迫于侦查人员的淫威，他才承认张三当时并未死亡。李四提供了刑讯逼供的侦查人员姓名、手段和时间等线索。李四的辩护律师提出非法证据排除的申请。检察机关提供的录音录像材料并不完整，未显示是否有刑讯逼供行为。李四的辩护人提出重新鉴定张三的具体死亡时间，但新的证据无法证明张三的具体死亡时间。

【问题】

结合以上证据以及相应法律法规，法院应如何判决？

答案参考

李四不构成故意杀人罪，检察机关指控不能成立，法院应该作出证据不足、指控的犯罪不能成立的无罪判决。

根据《刑事诉讼法》及相关规定，认定有罪需达到犯罪事实清楚，证据确实、充分。

《最高人民法院关于建立健全防范刑事冤假错案工作机制的意见》第8条第2款规定，“除情况紧急必须现场讯问以外，在规定的办案场所外讯问取得的供述，未依法对讯问进行全程录音录像取得的供述，以及不能排除以非法方法取得的供述，应当排除”。

《人民法院办理刑事案件排除非法证据规程（试行）》第9条规定，被告人及其辩护人申请排除非法证据，应当在开庭审理前提出，但在庭审期间发现相关线索或者材料等情形除外。

根据现有证据，法院可以查明的是：案发当晚，王大用板凳直接对张三头部进行重击，造成张三受伤昏迷。当晚10:20，李四和赵二将张三抬上李四的车准备送医。此时，张三仍有呼吸心跳，未死亡。案发当晚10:50，李四开车将张三送到医院停车场后，独自一人离开。次日凌晨5:00，李四和王大回到停车场将张三送医，但此时张三已经死亡。

本案需要进一步查明的是，张三的死亡时间是在10:50之前还是之后。换言之，在案发当晚10:50，即李四将张三送往医院抵达医院停车场的时候是否死亡。由于李四的先前行为，即独自开车将张三送往医院，此时张三的生命法益风险处在李四支配的特定领域——所开的车内，李四负有对生命危险的救助义务，即将张三送往医院救治。如果不予送医救治，而是在车开到停车场后将张三弃于车内，最终张三因为得不到及时的救治而死亡，则李四构成不作为的故意杀人罪。但如果在案发当晚10:50，即李四将张三送往医院抵达医院停车场的时候，张三已经死亡，即使李四此时再送医救治也不能避免张三死亡结果的发生。张三的死亡结果不具有避免的可能性。换言之，张三的死亡和李四的不及时送医之间不具有因果关系，那么李四不构成故意杀人罪。

就本案的证据来看，关于张三死亡时间的认定，由于张三自身有凝血性障碍，被重击后大量出血，死亡速度可能比一般人要快，法医无法判断具体死亡的时间。根据王大的证言，案发当晚李四告诉王大：李四将张三送到医院停车场的时候，张三已经没有心跳气息。而李四在侦查阶段的供述称，其将张三送到医院停车场的时候，发现张三大量出血，气息微弱，但仍然活着。然而在庭审的时候，李四翻供称遭到了刑讯逼供，并指出案发当晚李四将张三送至停车场时张三已经死亡。由于侦查人员的刑讯，李四才被迫承认张三当时并未死亡。根据案情的内容，李四庭审中提出了刑讯的侦查人员姓名，以及刑讯的手段和时间，即向法庭提供了侦查人员非法取证的线索，法庭启动了有关取证合法性的调查程序，检察机关提交了讯问过程中的录音录像材料，但提交的录音录像材料不完整，只能显示部分时段内没有刑讯逼供行为，不能全程反映争议时间段内讯问过程的合法性。

根据《最高人民法院关于建立健全防范刑事冤假错案工作机制的意见》第8条第2款的规定，本案中录音录像未能反映部分时间段内讯问活动的，法院应当认定在此期间不能排除有刑讯逼供的可能，由此获得的供述应当予以排除。因此，李四在侦查期间供述案发当晚10:50将张三送到医院时，张三还活着的供述将作为非法证据予以排除。剩下的证据只能证明李四案发当晚10:50将张三送至医院停车场，而案发当晚10:50张三是否死亡无法查明，属事实不清、证据不足。按照存疑有利于被告人的原则，法院宜认定张三在案发当晚10:50已经死亡，李四当时即使将张三送医也不能避免张三死亡结果的发生，李四不构成故意杀人罪。

知识点 证据的审判、判断以及非法证据排除规则

涉及法条 《最高人民法院关于建立健全防范刑事冤假错案工作机制的意见》第8条第2款、《人民法院办理刑事案件排除非法证据规程（试行）》第9条

阅评 本题答案不唯一，有的考生直接写了刑事判决书，也是可以得分的。本书答案仅供大家参考，考生可根据自己的理解进行简写。

第三章　传统类真题

三、2013年第六题（25分）

孙某与钱某合伙经营一家五金店，后因经营理念不合，孙某唆使赵龙、赵虎兄弟寻衅将钱某打伤，钱某花费医疗费2万元，营养费3000元，交通费2000元。钱某委托李律师向甲县人民法院起诉赵家兄弟，要求其赔偿经济损失2.5万元，精神损失5000元，并提供了医院诊断书、处方、出租车票、发票、目击者周某的书面证言等证据。甲县人民法院适用简易程序审理本案。二被告没有提供证据，庭审中承认将钱某打伤，但对赔偿金额提出异议。甲县人民法院最终支持了钱某的所有主张。

二被告不服，向乙市中级人民法院提起上诉，并向该法院承认，二人是受孙某唆使。钱某要求追加孙某为共同被告，赔偿损失，并要求退伙析产。乙市中级人民法院经过审查，认定孙某是必须参加诉讼的当事人，遂通知孙某参加调解。后各方达成调解协议，钱某放弃精神损害赔偿，孙某立即向钱某支付赔偿金1.5万元，赵家兄弟在7日内向钱某支付赔偿金1万元，孙某和钱某同意继续合伙经营。乙市中级人民法院制作调解书送达各方后结案。

【问题】

1. 请结合本案,简要概括钱某的起诉状或法院的一审判决书的结构和内容。(起诉状或一审判决书择一作答;二者均答时,评判排列在先者。)

2. 如果乙市中级人民法院调解无效,应当如何处理?

3. 如果甲县人民法院重审本案,应当在程序上注意哪些特殊事项?

4. 近年来,随着社会转型的深入,社会管理领域面临许多挑战,通过人民调解、行政调解、司法调解和民事诉讼等多种渠道化解社会矛盾纠纷成为社会治理的必然选择;同时,司法改革以满足人民群众的司法需求为根本出发点,让有理有据的人打得赢官司,让公平正义通过司法渠道得到彰显。请结合本案和社会发展情况,试述调解和审判在转型时期的关系。

答题要求:

1. 根据法律、司法解释规定及民事诉讼法理知识作答;

2. 观点明确,逻辑清晰,说理充分,文字通畅;

3. 请按提问顺序逐一作答,总字数不得少于600字。

解题思路

孙某唆使赵龙、赵虎打伤钱某,应当以钱某为原告,赵龙、赵虎、孙某为共同被告;钱某起诉后提供了一系列证据可能会涉及证据的理论和法定分类的考点;二被告在庭审中承认打伤钱某的事实,属于自认。二被告提起上诉,二审中钱某要求追加孙某为共同被告,此时涉及的问题是一审中遗漏必须参加诉讼的当事人,考生应当想到二审法院可以调解,调解不成发回重审这一考点;同时钱某要求退伙析产属于二审中新增诉讼请求,考生应当想到二审中新增诉讼请求,法院可以调解,调解不成告知另诉。当然,如果当事人同意由二审法院一并审理,可以由二审法院一并审理。

1. 请结合本案,简要概括钱某的起诉状或法院的一审判决书的结构和内容。(起诉状或一审判决书择一作答;二者均答时,评判排列在先者。)

【答案参考】

【起诉状的结构和内容】

(1)民事起诉状;(2)申请起诉的法院;(3)原告和被告的基本情况,其中原告情况要求比被告详细,诉讼代理人的基本情况;(4)原告的诉讼请求,包括赔偿经济损失2.5万元、精神损失5000元;(5)支持原告诉讼请求的事实和理由;(6)本案的证据附录;(7)原告的签名及时间。

起 诉 状

原告:钱某,男,×岁,×族,×年×月×日生,居民身份证号码××××××××××××××××××××,住×××市××区××街道××号。

委托代理人:李某,××律师事务所律师。

被告:赵龙,男,×岁,×族,×年×月×日生,居民身份证号码××××××××××××××××××××,住×××市××区××街道××号。电话号:×××××××××××

被告:赵虎,男,×岁,×族,×年×月×日生,居民身份证号码××××××××××××××

×××××,住×××市××区××街道××号。电话号:×××××××××××

诉讼请求:

1. 请求判令二被告共同向原告赔偿经济损失2.5万元、精神损失5000元;

2. 请求判令二被告承担本案的诉讼费用。

事实和理由:

二被告于×年×月×日在××处寻衅,并将原告打伤,原告为治疗花费2万元,营养费3000元,并花费交通费2000元,同时由于受伤给原告的生活、精神等方面带来极大影响,故依法向人民法院提起诉讼,请求人民法院支持原告的全部诉讼请求。

证据和证据来源,证人姓名、住所:

1. 书证:医院诊断书、处方、发票,由××医院出具;出租车票,由××出租车公司出具。

2. 证人周某的书面证言。

此致

甲县人民法院

起诉人:钱某

×年×月×日

或者写判决书的结构和内容也可以。

【判决书的结构和内容】

(1)民事判决书;(2)判决书的编号;(3)原、被告基本信息,代理人基本信息;(4)原、被告诉称、辩称的基本事实和证据依据;(5)法院对双方当事人提供证据的采纳及理由,审理查明的事实及理由,适用的法律及理由;(6)诉讼费用的负担,当事人上诉的权利、上诉法院、上诉期限、上诉状及副本数量;(7)审判组织成员签名、法院印章及日期。

甲县人民法院

民事判决书

(2013)甲民初字第×××号

原告:钱某,男,×年×月×日生,住××××××××。

委托代理人:李某,×××律师事务所律师。

被告:赵龙,男,×年×月×日生,住××××××××。

被告:赵虎,男,×年×月×日生,住××××××××。

原告钱某与被告赵龙、赵虎人身损害赔偿纠纷一案,本院于×年×月×日立案受理后,依法适用简易程序,由审判员张三担任独任审判员,公开开庭审理了本案。原告、被告均到庭参加诉讼,本案现已审理终结。

原告诉称二被告于×年×月×日在××处寻衅,并将原告打伤,原告为治疗花费2万元,营养费3000元,并花费交通费2000元,同时由于二被告的侵权行为给原告的生活、精神等方面带来极大影响,请求人民法院判令被告支付医疗费、营养费、交通费共计2.5万元,并支付精神抚慰金5000元。

二被告当庭承认对原告实施了侵权行为,但对原告主张的赔偿数额提出异议。

经审理查明,二被告于×年×月×日在××处寻衅,并将原告打伤。以上事实,二被告当庭表示承认,本院依法予以采信。原告为治疗花费2万元,营养费3000元,并花费交通费2000元,同时二被告的侵权行为给原告的生活、精神等方面带来极大影响。以上事实,有医院诊断书、处方、发票、出租车票、证人周某的书面证言予以证实,本院依法予以采信。

本院认为,二被告寻衅并殴打原告,侵害原告的人身权利,依法应当承担侵权损害赔偿责任。依据《民法典》第××条,判决如下:

二被告赵龙、赵虎于本判决生效后10日内向原告张三支付医疗费、误工费、精神抚慰金共×××元。

如果未按照本判决履行支付金钱义务,应当根据《民事诉讼法》第264条之规定加倍支付迟延履行期间债务利息。

案件受理费×××元,由被告赵龙承担××元、被告赵虎承担××元。

如不服本判决,可以自收到本判决之次日起15日内通过本院或者直接向××市中级人民法院上诉。书面上诉,应当提交上诉状正本1份,副本2份。

审判员:张三

(甲县人民法院印章)

×年×月×日

本件与原件核对无异

书记员:李四

(注意:题目已经明确适用简易程序审理,故由审判员独任审理,有些考生直接套用判决书格式,画蛇添足,列出了3名审判人员,是不细心所致的错误。)

2. 如果乙市中级人民法院调解无效,应当如何处理?

【答案参考】

如果乙市中级人民法院调解不成,应当发回原审法院重审。

原审法院遗漏了必须参加诉讼的当事人,为了维护当事人两审终审的审级利益,二审法院调解不成的,应当发回一审法院重审。对于钱某退伙析产的诉讼请求,调解不成,二审法院应当告知原告另行起诉或者征求当事人同意后一并审理。

3. 如果甲县人民法院重审本案,应当在程序上注意哪些特殊事项?

【答案参考】

(1)重审本案,应当适用一审程序,但应当另行组成合议庭;原来是独任审理的,重审时应当采用合议制,原来参加审判组织的成员不能参加新的合议庭。

(2)甲县人民法院应当追加孙某作为共同被告参加诉讼,并为其指定举证期限。

(3)应在6个月内审结。重审的判决,当事人不服的,可以上诉。发回重审的案件审理后,当事人不服又上诉的,不得再次发回重审。

4. 近年来,随着社会转型的深入,社会管理领域面临许多挑战,通过人民调解、行政调解、司法调解和民事诉讼等多种渠道化解社会矛盾纠纷成为社会治理的必然选择;同时,司法改革以满足人民群众的司法需求为根本出发点,让有理有据的人打得赢官司,让公平正义通过司法渠道得到彰显。请结合本案和社会发展情况,试述调解和审判在转型时期的关系。

【答案参考】

(1)诉讼纠纷解决的多元化是纠纷类型化解决的需要,也能有效缓解社会转型期间大量涌现的纠纷和司法资源有限性之间的矛盾。不同的纠纷解决方式有利于诉讼的分流解决,各种方式有其发挥作用的空间,要防止民事纠纷解决唯诉讼论。

(2)调解有利于纠纷主体矛盾的彻底解决,有利于纠纷主体关系的恢复。因此,对于当事人之间关系密切的案件,如本案中的合伙人之间的纠纷,以调解方式解决较适宜,应尽量促使当事人调解解决。

(3)调解分为法院调解和诉讼外调解,不仅要发挥诉讼外调解的作用,在诉讼中也要发挥法院的主观能动性,实行立案调解、审前调解等有效的调解方式。

(4)应树立司法(诉讼)最终解决和最终保障的观念。不能一味强调调解,调解不成的,应当及时判决,以保护当事人的诉权。

【关联扩展】

本题为论述题,没有标准答案。考生可以将调解和审判作为两个基本点进行阐述。首先明确调解和审判均为《民事诉讼法》所规定的纠纷解决方式,均是运用国家审判权,解决平等主体之间的人身、财产权利义务纠纷,二者对于解决纠纷、化解矛盾都具有重要意义,正确处理二者的关系对于解决纠纷、定分止争,实现司法的政治效果、法律效果和社会效果有着重要意义。

其次分别阐述调解的作用(诸如有利于彻底解决纠纷,促进当事人的团结,维护社会秩序和稳定;提高诉讼效率,节约司法资源;有利于执行,在一定程度上化解执行难问题等)和审判的作用(通过国家裁判权的行使解决纠纷,维护当事人的合法权益,彰显公平正义,维护宪法法律权威,实现法律效果等)。

最后落脚到正确处理二者关系。诸如"调解优先,调判结合",充分发挥调解化解社会矛盾、维护社会稳定、促进社会和谐的积极作用,但是调解必须建立在自愿和合法的基础上,遇到当事人不愿意调解或者无法调解的案件,应当及时进行审判,不能久调不决,应当认识到调解和审判都是人民法院解决民事纠纷的方式,在什么情况下以调解方式结案、什么情况下以判决方式结案,取决于案件的性质和发展等客观情况,不应片面地追求调解结案率,而忽视甚至抹杀审判的作用。

2024 年备考要注意新时代"枫桥经验"法治化内容与化解矛盾多元机制结合考查问题。

【提示】 通过真题我们可以总结出,如果 2024 年考查文书题目,让考生直接写一个原原本本的文书,可能性不大,因为从 2005 年就开始变得灵活了,让考生选择一个自己熟悉的文书作答即可,而 2018 年的题目,实质上就是让考生写刑事判决书中最经典的部分,即"本院认为……",这一段在认定事实以后,运用法律解决问题,最能体现一个法律人的基本功,考试如果考查刑事判决书,就会考查这个部分。

第九编

附　录

附录一　主观题备考建议

一、使用主观题教材资料备考

近十年真题考查知识点内容可印证“变化的是案情，不变的是考点”这一黄金定律！备战主观题一定要使用主观题教材资料。客观题考过的人还是有一定基础水平的。客观题的题目是让考生从四个选项中选出正确的答案（正确答案本身就在选项中）。但是主观题试卷是需要考生按照“阅卷思维”回答的，要写在采分点上，才能得高分。

答完卷不代表能及格或者拿高分，这是好多主观题考生成绩不理想的原因。所以，千万不要按照客观题的思路学习主观题，不能按照客观题的回答思路写主观题试卷。

例如：小明故意用尖刀扎向小花的心脏导致小花死亡，试分析小明的刑事责任（5 分）。

很多学得非常好的，没有经过主观题专业训练的同学都会按照下面的内容进行回答：

答案一：故意杀人罪，既遂（2 分）。

阅评 只给出结论，按点给分，只给 2 分。没有说明理由，理由分为 0。

答案二：小明构成故意杀人罪，属于既遂形态（2 分）。

小明主观上有杀人的故意，并且达到刑事责任年龄，精神状态正常。

小明客观上用尖刀扎向小花心脏，导致小花死亡，有杀人的行为，并且没有正当防卫、紧急避险等阻却事由。根据主客观相统一原则，小明成立故意杀人罪（1 分）。

阅评 通过这个回答可以看出，答题者对刑法学得还是非常好的，能够掌握主客观相统一原则，并且熟练使用两阶层进行分析问题。

如果是选择题，肯定能够准确选择出正确答案，但是主观题这样回答，不仅浪费时间，而且最多也只能拿到 3 分。

这道题要想拿 5 分，就要在考生现有的知识水平上进行“特训”，要掌握答题的采分点：法律人思维！

满分答案：

小明构成故意杀人罪。(2分)

我国《刑法》规定，非法剥夺他人生命的行为构成故意杀人罪。(2分)

小明用刀扎小花心脏致死符合法定的构成要件，依法成立故意杀人罪。(1分)

阅评 1.对行为定性，首先要说结论，构成什么罪。结论占2分。两种回答都能够确定是故意杀人罪。后面没有提形态就默认既遂，如果有未完成形态，需要标注。

2.定性有了，要给阅卷人看定性的理由，而不是回答分析思路。判决书一定是依据中华人民共和国某某法某某条，判决如下……

所以，一定要依据法条去定性，但是考生能记住法条的不多，考场上用法言法语转述即可，这部分占2分！

3.法律人的思维是以事实为依据，以法律为准绳。结合案情，案情复述的行为是符合法律大前提的构成要件的，所以才得出结论。环环相扣，法律人的思维，就是法理中内部证成的实践。

4.本书给的答案不是唯一的，还可以有其他的回答思路及方式，只要写清楚结论，然后理由说清楚就给分。

5.改革后的法考主观题答案不唯一，所以尽量要按照“规范性思维”改写。有的题目直接就问“关于……的行为存在不同见解，你认为哪种更合适，并说明理由”。针对这样的问题，一般从中挑选一个你认为最合适的。

二、多练习“写”，注重“批改”

客观题考查知识广度，主观题考查知识深度。主观题考查每个部门法核心的知识点都在50个左右，从2018年、2019年、2020年、2021年、2022年、2023年的题目可以看出，每个题目涉及的考点不超过15个。所以，一定要使用主观题教材资料来备考，不要广撒网学习。

对于主观题而言，一定要多练习“写”，通过历年真题练习来找出自己的不足。在此强调一下：历年真题一定要按照法考的阅卷规则进行改写答案，不要依据之前公布的答案答题。本书的答案均按照最新的法律法规及阅卷规则重新编写，可放心参考。根据法考主观题这5年的答题复盘，来调整学习知识点的数量和方向。根据自己的情况再练习司法考试真题，这部分主要是巩固提升。

建议把本书附录中的真题试卷按照规定的考试时间进行自测练习。不是自己认为写得好就能得满分，而是阅卷人觉得好才是真的好！在此，重点强调一下批改的重要性，以2018年刑法考题——非法拘禁这个考点为例阐述。

案情：

王某作为组织者，组织了某黑社会性质组织，刘某、林某、丁某积极参加。某日，王某、刘某在某酒店就餐，消费3000元。在王某结账时，收银员吴某偷偷调整了POS机上的数额，故意将3000元餐费改成30,000元，交给王某结账。王某果然没有注意，输入密码支付了30,000元。（事实一）

王某离开前发现多付了钱，与刘某去找吴某还钱，吴某拒不返还。王某、刘某恼羞成怒，准备劫持吴某让其还钱。在捆绑吴某过程中，不慎将吴某摔成重伤，因为担心酒店其他人员报警，故放弃挟持，离开酒店。（事实二）

【问题】

事实二中王某、刘某对吴某构成何罪？须说明理由。（10分）

解题思路

首先，确定是“一问一答”型题目，那么就要先看问题事实二中，王某、刘某对吴某构成何罪？须说明理由。

其次，浏览案情，看一下王某、刘某做了什么事（必须是刑法处罚的行为）。通过阅读案情，我们脑海里闪出知识点。

事实一大体复述了几个人吃饭，饭店服务员吴某调整POS机数额，把就餐者消费金额改了，后被发现的事情（不管就餐者是何种身份，都是受法律保护的，对他们犯罪，他们是可以正当防卫或者寻求警察帮助的）。

事实二中，王某、刘某自力解决，找吴某要钱，吴某拒不返还。此时，要考虑财产犯罪，虽然钱被转走，但是现场立马发现，是可以进行正当防卫的。

二人恼羞成怒，想要“劫持”吴某，在捆绑过程，不慎将吴某摔成重伤。此时，看到“不慎”要能想到是过失犯罪，而且能够判定这是非法拘禁。（有的考生认为是绑架罪，回忆一下绑架罪的行为模型）

最后，整理思路，依照“三段论”进行答题。

大部分考生作答：

非法拘禁罪，承担非法拘禁致人重伤的结果。因为王某、刘某实施了劫持行为，构成非法拘禁罪，在非法拘禁过程中致人重伤，承担加重法定刑。（4分）

阅评 给出结论“非法拘禁罪”，给2分，理由简述了案件小前提，给2分。缺少法条依据，不可能不依据法律条文就作出判决。

答案参考

王某、刘某对吴某的行为依法成立非法拘禁罪（未遂），属于防卫过当，应当减轻或者免除处罚。

理由：依据我国《刑法》及相关规定，防卫行为明显超过必要限度造成重大损害的应当负刑事责任，对于防卫过当行为应当减轻或者免除处罚。事实二中，王某、刘某的行为属于制止不法侵害，属于防卫行为，但王某、刘某采取劫持手段剥夺他人人身自由则属于防卫过当，成立非法拘禁罪，由于未能控制吴某，属于非法拘禁罪未遂。（10分）

阅评 给出结论“非法拘禁罪”并强调是“未遂”（如果没写的话，默认犯罪既遂），并且判断出属于防卫过当，写出了应当减轻或者免除处罚。给4分。

理由部分有法条依据，并且结合具体的案情，写出了我国《刑法》关于防卫过当和非法拘禁的规定。然后复述了王某、刘某的行为符合法律的规定，所以得出结论。大前提法条依据是4分，小前提案件事实是2分。满分10分。

两种作答原则上都能看出考生是熟悉非法拘禁这个考点的，但是分数确实差了那么多，所以掌握了知识点仅仅是第一步，还得多练习作答。

真题全部掌握以后可以选择《国家统一法律职业资格考试案例分析指导用书》（全2册）上面的题目进行练习。

客观题刚通过的考生能把主观题写出来还是比较困难的，主观题考前这段时间，重点在于掌握“阅卷思维”，注重方法。当然还要对各部门法涉及的核心考点再巩固几遍，熟练改写每个部门法涉及的重点大前提。这个阶段重点在于训练，通过训练提升。是否经历过正规训练就是上文中说的4分和10分的差别。

三、关于法条的使用说明

从2020年法考开始，主观题考试由司法行政机关为应试人员统一提供电子法律法规，应试人员在计算机上查询。可以检索到章，但是不能检索具体条文。答卷的时候是否必须引用法条的问题一直有考生很困扰，如果基础较好，可以援引法条序号，但不需要长段抄写。基础一般但是还想通过的考生，直接用法言法语转述法条，把涉及法条的核心关键词融入答案，一样能得满分：

1. 论述题不用引用法条，因为这部分内容就没有法条供考生检索。

2. 关于案例分析题，可以“援引”法条。具体什么时候引用，我作如下说明供广大考生参考。

考场上平均一道题目48分钟，留给考生翻法条的时间并不多。翻法条写序号不如学会按得分点答题。

比如，2022年的《国家统一法律职业资格考试案例分析指导用书》（下册）第117页民法题目，案情中说“2017年6月20日，张某发短信给好友钱某，欲将其宠物狗大妞出卖。短信中称：钱某应当于收到短信后一周内回复并支付价款500元，付款后即可获得宠物狗大妞的所有权。张某应于2018年1月13日放假回家时将大妞送至钱某家中，此前大妞仍由张某负责照顾。2017年7月1日，钱某回复短信同意，并将500元转到张某的银行卡账户。其后，张某回复收到500元”。

问题：张某与钱某的买卖合同是否成立，为什么？

解题思路

首先，这类问题答案唯一，没有观点冲突，要么成立，要么不成立(要是不会的话，蒙一个正确率50%)。

其次，回忆一下买卖合同知识点，张某与钱某之间的要约和承诺是否有效。

最后，整理思路，依照“法律人思维”进行答题。

答案参考

张某与钱某之间的买卖合同成立。

理由：依据《民法典》及相关规定，当事人订立合同应采取要约、承诺方式。受要约人的承诺应于要约确定的期限内到达要约人，超过承诺期限发出的承诺，除要约人及时通知承诺有效外，视为新要约。本题张某向钱某发出要约规定的时间是7日，10日后钱某承诺，超出承诺期限视为新要约。张某回复收到500元转账，应认定为新承诺，该承诺到达钱某时，买卖合同成立。

阅评 1. 这样写完全可以得满分，不一定非要写出依据《民法典》第471条、第481条和第486条的规定……因为复述的内容就是法条的规定。答题的时候，如果不标明具体法条，直接写“依据《民法典》及相关规定……”，如果标明具体法条，格式要这样写：“依据《民法典》第×条之规定……”

2. 主观题考试重点考查的是法律人思维，答对答完是基础。法言法语是展现法律人思维及语言的“暗号”，引用法条则属于锦上添花，一定要明白这个道理。

3. 如果引用错误，那是要扣分的。所以，当我们的水平仅够答对答完，就别强求写法条了，因为这个题写了，下个题的面都见不到了。

四、其他注意事项

1. 要根据自己的情况制订学习计划

适合自己的计划才是最好的。制订学习计划的时候一定要根据自己的实际情况，对于在职考生而言，学习计划就是时间规划。

通过对本书的学习，我们已经对主观题阅卷规则有了清晰的掌握。一定要结合自己的时间去规划复习节奏。对主观题涉及的7个部门法核心考点进行回顾学习，重点在于法言法语的练习。每天都要翻看，每周都要做题。

2. 不要盲目地对比复习进度

盲目对比复习进度是大多数考生的通病！很多考生基于获取资料、交流学习等心理添加了好多备考群。群里的同学有时候就会说自己的复习情况，而复习慢的看完其他人的进度后就会打乱自己的备考节奏。如果这样，还不如退了所谓的学习群。

每个人每天学习时间不同,所以进度势必也不一样。只需要根据自己的时间把核心重点的内容看完,再结合考生自身情况巩固学过的内容即可。

能通过主观题,不在于听了多少课。而在于掌握了知识点以后进行了多少练习。如果听完了一遍刑法课程,做历年真题有做不对的点,很正常。当遇到不会做的题目的时候,一定不要焦虑、抑郁甚至放弃,更不要看别人学了几本书,做了多少题,遇到不会的点,可以这样应对:

(1)在使用的备考资料中查找一下,如果找不到,可以翻阅官方辅导用书或者请教老师。每年考试都会有超纲的点,一道题如果考查10个考点,一两个知识点不会是没问题的。这样通过做题可以查漏补缺,找到自己的知识盲点。

(2)在自己现有的知识水平基础上,运用法律人的思维分析问题,然后试着写出答案,主观题很少让考生大段论述。所以,只要用法律人思维就可以写出答案,千万不要空着。考试遇到陌生的考点,也不要增加心理压力,也可能写出"靠谱"的答案。

3. 不要盲目听信各种"经验贴"

回想一下你自己认为最有成就的一件事,然后给其他人分享一下经验。是不是或多或少都会有些"水分"在里面?更何况现在各机构水军众多,千万不要迷信"经验贴"!

成功无法复制,你即便复制了他人的经验,也无处粘贴!不要活在别人的故事里,尤其是经过设计的故事。经验贴和鸡汤一样,备考路上难免喝几口。关于资料,一定要结合自己的情况,因为你们客观题已经通过了,对法考资料还是有一定了解的。

4. 少听课,多练习

主观题考试不是让你选择ABCD,而是要运用法律人思维把自己的答案写出来。同样是50个小时,你学习100个知识点,聪明的考生学习70个知识点,你觉得在重合的这70个知识点里,谁掌握得更好?法考是一门放弃的艺术,不要贪多求全。

当你把核心的考点掌握以后,就要通过题目来巩固知识点,同时查漏补缺。做题遇到知识盲点,再到书上有针对性地学习知识点,效果一定比光听课要好。

5. 心态决定成败

随着备考的推进,很多人都会出现心态波动:要么觉得自己什么都不会,一无是处,通关无望;要么就觉得自己肯定能过,啥都会。出现这种波动的根源在于没有长远计划和短期目标。

心态决定成败,主观题考查的内容并不多,客观题考查18个部门法,主观题仅仅需要掌握7个部门法(习近平法治思想、刑法、刑事诉讼法、民法、民事诉讼法与仲裁制度、行政法与行政诉讼法、商法)。客观地了解主观题考试的本质,合理地规划自己的时间,并坚持执行落实到位。

附录二　刑法常考的观点展示

刑法理论存在不同的观点,不同国家对同一个案件的处理可能会出现不同的结果。2010 年开始刑法这一学科出现了观点展示类的考题,出题人非常喜欢对有不同观点的知识点进行命题。所以,作为法律人,我们应该了解并掌握刑法容易出观点展示类题目的知识点。

法考作为一个法律职业资格的入门级考试,适度的多元化命题考查是有意义的。基于此,笔者按照辅导用书中刑法编写体例将刑法部门法中可考观点展示类题目的知识点进行梳理并结合了考题进行展示。考生只需要掌握笔者整理的知识内容即可,不要过分地研究背后的理论。观点展示类题目一般没有法条依据,因为有些观点是不符合主流通说或者现行有效法律的,所以不需要查阅法条。考试出现类似命题,能够按照以下总结整理的知识点答题继而拿到分数就是最终目标。

一、不作为犯罪作为义务来源中的观点展示

1. 正当防卫行为能否成为先前行为。

2013 年卷二第七题:"甲对正在实施一般伤害的乙进行正当防卫,致乙重伤(仍在防卫限度之内)。乙已无侵害能力,求甲将其送往医院,但甲不理会而离去。乙因流血过多死亡。"所以,甲需要承担防卫过当的刑事责任。

2020 年全国卷"导致刘某重伤,赵某、郑某的行为是否过当"考查了"防卫过当"的观点展示。2021 年最高人民法院、最高人民检察院、公安部出台了《关于依法适用正当防卫制度的指导意见》,该考点很重要,请大家务必重视。

观点一:正当行为不能成为先前行为,因为合法行为产生的危险不需要实施合法行为的主体承担救助义务,法秩序所许可的合法的危险前行为不产生保证人义务。

观点二:正当防卫有可能成为先前行为,根据具体情况分析如下:

(1)【特殊的正当防卫,无救助义务】当正当防卫行为造成被害人死亡但不过当时,防卫人无救助义务。

(2)【正当防卫,不过当,且无死亡的紧迫危险,无救助义务】当正当防卫致人受伤,但并未过当,而且该伤害也不可能导致死亡时,防卫人没有救助义务。

(3)【正当防卫,不过当,但具有死亡的紧迫危险,有救助义务】正当防卫造成了伤害,该伤害本身没有过当,但具有死亡的紧迫危险,发生死亡结果就会过当,则防卫人具有救助义务。这属于先前行为与后面的不作为共同导致的防卫过当。

2. 夫妻间的救助义务问题。

2020 年法考客观题考查了"妻子用刀砍杀岳母,在一旁观看的丈夫是否有阻止的义务"。

(1)夫妻关系存续期间,妻子非自愿陷入险境,丈夫有救助义务。

例如,妻子身患重病、遭遇歹徒侵袭等情况,丈夫是有救助义务的,不需要进行观点展示。

(2)夫妻关系存续期间,妻子自己决定陷入险境。比如要自杀、自残,丈夫是否有救助义务。

观点一:有救助义务。每个正常的人,对自己的行为负责,法益主体损害自己有处分权的法

益时，其他人没有保护的义务。但妻子自我处分生命的行为自己不需要承担刑事责任，并不意味免除了丈夫的救助义务。如果妻子自杀但并未死亡，丈夫有能力救助而放任死亡，则要承担不作为的故意杀人罪。

观点二：无救助义务。妻子自杀是自陷风险的行为，丈夫不阻止或不救助，不构成不作为的故意杀人罪，因为作为义务的目的在于防止对被害人的法益侵害，而不是在被害人不愿意接受保护时仍然去干涉其意志自由。

二、结果加重犯中的观点展示

法条竞合这一考点在主观题中可以和想象竞合一起考查或者在结果加重犯中进行考查，请考生务必注意。

结果加重犯与基本犯之间属于法条竞合关系，不是想象竞合！结果加重犯与基本犯罪名相同，比如抢劫罪与抢劫致人死亡，都定抢劫罪，但是适用特殊法条抢劫罪致人死亡的法定刑。但《刑法》分则也有将结果加重犯单独定为独立罪名的，比如刑讯逼供致人死亡就直接拟制为故意杀人罪了。

例如：二狗为了抢劫财物故意杀死了被害人，对二狗的行为应如何定性。

观点一：二狗成立抢劫罪的结果加重犯，承担抢劫罪致人死亡的刑事责任，该规定属于特殊法条，与故意杀人罪之间属于法条竞合关系，仅成立抢劫罪一罪。

观点二：只认定二狗成立抢劫罪的结果加重犯，但并没有对故意杀人所侵犯法益的内容进行评价，故应认定为抢劫罪的结果加重犯与故意杀人罪的想象竞合，从一重罪论处。

三、因果关系的判断中，介入因素是正常还是异常，存在观点展示

2012年卷四第二题："如认定黄某放火与范某被砸死之间存在因果关系，可能有哪些理由？如否定黄某放火与范某被砸死之间存在因果关系，可能有哪些理由？"

观点一：肯定因果关系的理由。(1)根据条件说，可以认为放火行为和死亡之间具有"无A就无B"的条件关系；(2)被害人在当时情况下，来不及精确判断返回住宅取财的危险性；(3)被害人在当时情况下，返回住宅取财符合常理。

观点二：否定因果关系的理由。(1)根据相当因果关系说，放火和被害人死亡之间不具有相当性；(2)被告人实施的放火行为并未烧死范某，范某为抢救数额有限的财物返回高度危险的场所，不合常理；(3)被害人是精神正常的成年人，对自己行为的后果非常清楚，因此要对自己的选择负责；(4)被害人试图保护的法益价值有限。只有甲对乙的住宅放火，如乙为了抢救婴儿而进入住宅内被烧死的，才能肯定放火行为和死亡后果之间的因果关系。

四、事实认识错误之事前的故意，存在观点展示（★）

2010年卷四第二题："赵某致钱某死亡的事实，在刑法理论上称为什么？刑法理论对这种情况有哪几种处理意见？你认为应当如何处理？为什么？"

2015年卷四第二题:"请根据《刑法》相关规定与刑法原理分析高某、夏某、宗某和尹某的刑事责任(要求注重说明理由,并可以同时答出不同观点和理由)。"

2016年卷四第二题:"关于赵某以为钱某已经死亡,为毁灭罪证而将钱某活埋导致其窒息死亡这一事实,可能存在哪几种主要处理意见?各自的理由是什么?"

2019年主观题试卷:"蓝某先离开了现场,洪某误以为赵某已经死亡,便将赵某扔到附近的水库,导致赵某溺死(经鉴定赵某死前头部受重伤)。"

上述题目均考查了事前故意的观点展示。

观点一:行为人的第一个行为成立故意杀人罪未遂,第二个行为成立过失致人死亡罪,有观点成立想象竞合犯,有人主张成立数罪。

观点二:如果在实施第二个行为之际,对于死亡持未必的故意(或间接故意),则整体上成立一个故意杀人罪既遂;如果在实施第二个行为之际,相信死亡结果已经发生,则成立故意杀人罪未遂与过失致人死亡罪。

观点三(通说):将前后两个行为视为一体,视为对因果关系的认识错误处理。只要因果关系发展过程是在相当的因果关系之内,就成立一个故意杀人罪既遂。

五、打击错误中的观点展示

打击错误,也叫方法错误,是客观因素导致没有实现行为人主观上想要达到的结果。

例1:熊大看到仇人光头强,向其开枪射击,结果打偏了,将附近散步的谢广秃打死了。

观点一:具体符合说。熊大对光头强成立故意杀人罪的未遂形态,对谢广秃成立过失致人死亡罪,一个行为触犯两个罪名,想象竞合,择一重罪论处。熊大应定故意杀人罪未遂。

观点二:法定符合说。熊大对光头强成立故意杀人罪未遂,对谢广秃的死亡虽然是过失心理,但是可以修改为对谢广秃的死亡持故意心理,因此对谢广秃成立故意杀人罪既遂。一个行为触犯两个罪名,想象竞合,择一重罪论处,熊大应定故意杀人罪既遂。

例2:熊大以为前方20米处的黑影是仇人光头强(实际是光头弱),向其开枪射击,结果打偏了,将附近散步的光头强打死了。

熊大对黑影存在对象认识错误,对散步的光头强存在打击错误。由于对象错误不存在观点展示,而打击错误存在观点展示,所以我们主要分析打击错误。

观点一:具体符合说。熊大对黑影成立故意杀人罪未遂,对散步的光头强构成过失致人死亡罪。想象竞合,择一重罪论处,熊大应定故意杀人罪未遂。

观点二:法定符合说。熊大对黑影成立故意杀人罪未遂,对散步的光头强构成故意杀人罪既遂,想象竞合,择一重罪论处,熊大应定故意杀人罪既遂。

六、偶然防卫中两种类型存在的观点展示

2020年主观题全国卷"关于任某的轻伤,系刘某所为,属于偶然防卫,关于承担何种责任,存在观点展示"。

1. 故意型偶然防卫。例如:熊大想要杀死光头强,正要开枪时被窗外的李老板开枪打死。李

老板没有认识到熊大正要杀人，李老板只有杀死熊大的故意。经事后调查明确，如果李老板当时不开枪打死熊大，熊大就会杀死光头强。

李老板虽然客观上制止了熊大的杀人行为，但是主观上没有认识到这一点，这在理论上称为偶然防卫。李老板涉嫌的罪名是故意杀人罪。

2. 过失型偶然防卫。例如：熊大想要杀死光头强，正要开枪时被附近的李老板开枪打死。李老板是猎人，正坐在附近擦枪，不慎走火将熊大打死。经事后调查明确，如果李老板当时不将熊大打死，熊大就会杀死光头强。

李老板在客观上制止了熊大杀人行为，但主观上没有认识到这一点，这在理论上称为偶然防卫。李老板涉嫌的罪名是过失致人死亡罪。

观点一：不需要具备防卫认识，就可以成立正当防卫。

偶然防卫成立正当防卫。一个行为只要是好行为（具有正当性），即客观上制造了好结果（制止了不法侵害），就成立正当防卫，不需要行为人主观上也认识到自己制造了好结果。基于此，上述故意型偶然防卫和过失型偶然防卫均成立正当防卫。

观点二：需要具备防卫认识，才能成立正当防卫。

偶然防卫不成立正当防卫。一个行为要成为好行为（具有正当性），不仅要在客观上制造了好结果（制止了不法侵害），还要求行为人主观上认识到自己是在干好事。基于此，偶然防卫不构成正当防卫。

故意型偶然防卫中，李老板没有认识到熊大正要杀光头强，没有制止熊大杀人的防卫认识，只有杀死熊大的故意。因此，李老板不成立正当防卫，依法承担故意杀人罪的刑事责任。但由于李老板制造了好结果（杀了熊大救了光头强），因此不能说李老板构成故意杀人罪既遂，因为既遂是个坏结果。所以，只能定李老板成立故意杀人罪（未遂）。

过失型偶然防卫中，李老板没有认识到熊大正要杀光头强，也不成立正当防卫。李老板涉嫌过失致人死亡罪。但是成立过失犯罪需要具备：过失行为（坏行为）+ 实害结果（坏结果）+ 因果关系。李老板有过失行为，但是没有实害结果，因为杀了熊大，救了光头强（是个好结果）。因此，李老板不构成过失致人死亡罪，作无罪处理。

七、正当防卫过程中存在的观点展示

2013年卷四第二题第二问："就事实二，对甲、乙的行为应当如何定性？理由是什么？"就涉及这个考点。

例如：王二小被仇人追杀，在逃跑过程中扔石头将仇人砸成重伤，同时也把路过的张三砸成重伤。

观点一：导致张三重伤的行为成立正当防卫，因为王二小的行为的正当性并不因为导致张三的重伤而丧失。

观点二：导致张三重伤的行为成立紧急避险，因为王二小在遭受生命侵害紧迫危险时，不得已将风险转嫁给张三。

观点三：导致张三重伤的行为属于假想防卫，不成立故意犯罪。原则上成立过失致人重伤罪。因为王二小在具有防卫意识的情况下，针对没有不法侵害的张三实施了"防卫"行为。

观点四：王二小导致张三重伤的行为缺乏期待可能性，因为王二小在遭受生命威胁的紧急危险时,不能期待王二小不侵害他人的权利,所以即使认定王二小的行为具有违法性,也因缺乏期待可能性而不承担刑事责任。

八、偶然避险过程中存在的观点展示

例如:甲以毁坏财物的故意砸乙的私家汽车玻璃,却碰巧救了被锁在车里快要窒息的小孩,甲的行为在刑法理论上称为偶然避险。

观点一:不需要主观上具有避险认识,就可以成立紧急避险。

偶然避险成立紧急避险,只要求客观上避免了危险,不要求主观上认识到这一点。甲的行为成立紧急避险,不构成故意毁坏财物罪。

观点二:需要主观上具有避险认识,才成立紧急避险。

偶然避险不成立紧急避险,成立紧急避险要求主观上具有避险认识,甲的行为不成立紧急避险,成立故意毁坏财物罪,但是由于制造了好的结果,所以不构成故意毁坏财物罪既遂,成立故意毁坏财物罪(未遂)。

九、犯罪中止中的观点展示

2015 年卷四第二题对犯罪中止进行了考查,但是没有考查观点展示。

2019 年客观题试卷对这个知识点进行了考查("甲举刀砍杀乙,乙求饶说'请可怜可怜我吧'甲见乙可怜而放弃犯罪"),但是比较简单。

例如:二狗见讲刑法的小咪远处看身材曼妙,遂想要强奸。但是,将小咪控制住以后,发现近看小咪很难看,于是放弃强奸。

观点一:二狗不成立犯罪中止。犯罪人自动放弃犯罪是基于道德伦理动机(同情、悔过等),才成立中止。二狗放弃强奸缺乏悔过动机,不成立犯罪中止。

观点二:二狗成立犯罪中止。犯罪人只要是自动放弃犯罪就成立犯罪中止,不论动机为何,哪怕是在外面活不下去了,买不起房想住监狱等都可以成立犯罪中止。

十、共同犯罪中主要的观点展示

1. 悟空、八戒共谋要"教训"一下白骨精,共同使用暴力导致白骨精死亡。事后查明,悟空有杀人的故意,八戒仅有伤害的故意。尸检报告只有一处致命伤,查不清是谁所为。

观点一(通说):悟空、八戒在故意伤害罪的范围之内成立共同犯罪,悟空成立故意杀人罪,八戒成立故意伤害罪(致人死亡)。因为悟空、八戒在违法层面上实现了符合构成要件,二人均属于正犯,其行为均与白骨精的死亡结果存在因果关系,所以悟空、八戒成立共同犯罪。

观点二:悟空、八戒不成立共同犯罪,仅构成故意伤害罪(致人死亡),属于未遂形态。悟空、八戒虽然共同实施了犯罪行为,但两人的故意内容不同,各自触犯的罪名不同,不能认定为共同犯罪。根据存疑有利于当事人原则,两人分别成立故意伤害罪(致人死亡),因为不知道致命伤是谁导致的,均承担未遂的刑事责任(该种观点不妥当,实务当中均采取观点一的说法,为应付考试,考生需要知道有这个观点)。

2. 悟空教唆八戒去打死白骨精,八戒表面答应,但实际上害怕打不过白骨精就没去,回来欺骗悟空已经过去把白骨精打死了。

观点一(共犯独立性说):悟空成立故意杀人罪,即悟空(共犯)成立犯罪不以八戒(正犯)成立犯罪为前提,共犯在成立犯罪上具有独立性。即使八戒没有实施犯罪,没有制造违法性(法益侵害性),悟空也要成立犯罪。

观点二(共犯从属性说):悟空不成立犯罪。正犯是直接实施犯罪的人,对法益的侵害具有直接性,共犯只是促使犯罪、帮助犯罪的人,对法益侵害具有间接性,需要借助实行犯实施犯罪才能实现对法益的侵害,故八戒没有对白骨精的生命造成任何危害,不成立犯罪。共犯就更不成立犯罪了。

十一、间接正犯中主要的观点展示

京州市副市长丁某指使知情的不具有国家工作人员身份的妻子丙收受贿赂,关于妻子丙的刑事责任。

观点一:丁某成立受贿罪,属于间接正犯,妻子丙成立受贿罪,属于帮助犯。由于丁某利用了不具有国家工作人员身份的妻子丙受贿,属于间接正犯(主流通说)。

观点二:丁某成立受贿罪的教唆犯,妻子丙成立受贿罪,属于帮助犯。由于妻子丙存在故意,丁某未支配妻子丙的行为。

观点三:如果丁某支配了妻子丙的行为,丁某成立受贿罪,属于间接正犯,妻子丙成立受贿罪,属于帮助犯。如果丁某和妻子丙共同协力,则二人成立共同正犯。

观点四:由于受贿罪的成立要求财物与职务行为的交换,而非单纯收受财物,故丁某是直接正犯,丙是帮助犯。这是当前理论界的主流观点,因为丁某直接支配了对职务行为不可收买性的侵害,因而是直接正犯;妻子丙缺乏侵犯职务行为不可收买性的国家工作人员身份,不能成为正犯,仅成立帮助犯。

十二、抢劫财产性利益与侵占罪存在观点展示(★)

2013年第二题第五问:"就事实五,有人认为丁构成侵占罪,有人认为丁不构成侵占罪。你赞成哪一观点?具体理由是什么?"考查了关于侵占罪的观点展示。

如2016年卷四第二题:赵某与钱某原本是好友,赵某受钱某之托,为钱某保管一幅名画(价值800万元)达3年之久。某日,钱某来赵某家取画时,赵某要求钱某支付10万元保管费,钱某不同意。赵某突然起了杀意,为使名画不被钱某取回进而据为己有,用花瓶猛砸钱某的头部,钱某头部受重伤后昏倒,不省人事,赵某以为钱某已经死亡。刚好此时,赵某的朋友孙某来访。赵某向孙某说"我摊上大事了",要求孙某和自己一起将钱某的尸体埋在野外,孙某同意。问:关于赵某杀害钱某以便将名画据为己有这一事实,可能存在哪几种处理意见?各自的理由是什么?

可能存在两种处理意见:

观点一:认定为侵占罪与故意杀人罪,数罪并罚。

理由:赵某已经占有了名画,不可能对名画实施抢劫行为,杀人行为同时使得赵某将名画据为己有，所以，赵某对名画成立（委托物）侵占罪，对钱某的死亡成立故意杀人罪。

观点二：认定成立抢劫罪一罪，适用“抢劫致人死亡”加重刑。

理由：赵某杀害钱某是为了使名画不被返还，钱某对名画的返还请求权是一种财产性利益，财产性利益可以成为抢劫罪的对象，所以，赵某属于为抢劫财产性利益而故意杀人，对此依法应以抢劫罪定罪处罚。刑法学术界更多的主张抢劫罪的保护法益应该扩张至财产性利益。

十三、基于不法原因而委托给付的财物，能否成为侵占罪的对象，存在观点展示

京州市副市长丁某将贪污来的100万元放到了蔡某处，事后蔡某拒不返还，对蔡某应该如何定罪？

观点一：成立侵占罪。

理由：依据我国刑法规定，以非法占有为目的，变占有为所有的行为属于侵占罪。虽然丁某在民法上没有返还请求权，但并没有因此丧失财物的所有权，相对于蔡某而言，该财产仍属于“自己占有的他人财物”，不影响侵占罪的成立。

观点二：不成立侵占罪。

理由：丁某对该财物没有权利请求返还，故可以认定该财产所有权已经不属于丁某，而该财物未经法院判决也不能认定为属于国家所有。因此，蔡某没有将“他人财物”据为己有，不符合我国《刑法》关于侵占罪的构成要件，依法不成立侵占罪。

十四、关于死者身边或者身上的财物是否归死者占有，存在观点展示

2011年卷四第二题第三问：“对事实三，可能存在哪几种处理意见（包括结论与基本理由）？”对这个考点进行了考查。

关于死者占有问题，存在如下几种情况：

第一种：行为人以抢劫的故意杀害他人后，当场取得他人财物的，成立抢劫罪。

第二种：行为人出于其他目的在他人家中杀害被害人后，临时起意取走财物的，成立故意杀人罪与盗窃罪，数罪并罚。

第三种：行为人出于其他目的杀害他人后，无关的第三人从死者身上取走财物的，属于针对遗忘物的侵占罪。

第四种：行为人出于其他目的杀害他人后，临时起意取走死者身上财物的，成立侵占罪还是盗窃罪，存在观点展示（2023年考查，可能会这样问“有观点认为成立侵占罪，理由有哪些？有观点认为成立盗窃罪，理由有哪些？”）。

观点一：成立盗窃罪。

理由1：被害人死亡后，对财物仍旧占有，所以拿走死者占有的财物符合我国刑法关于盗窃罪的构成要件，依法成立盗窃罪。

理由2：被害人死亡之前的占有在其死亡不久之际还在延续，行为人临时起意夺取财物的行为就是侵害占有的行为，依法成立盗窃罪。但要符合的条件是先前侵害被害人的行为人，取得财物的行为与先前的侵害行为时间间隔极短，几乎同时存在；取得财物与先前的侵害行为几乎是在

同一场所。

理由3:被害人死亡后,其继承人自动继承了被害人的财物,所以行为人临时起意拿走死者身上的财物,或者事后回到现场拿走财物,抑或是第三者经过现场拿走财物,都成立盗窃罪。

观点二:成立侵占罪。

理由1:被害人死亡后,对财物丧失占有,该财物自动转归死者继承人所有(非占有),属于遗忘物,所以拿走遗忘物就符合我国《刑法》关于侵占罪的构成要件的规定,依法成立侵占罪。

理由2:被害人死亡后,存在时间间断,死者没办法再占有身边的财物,此时就属于无人占有的遗忘物。他人将遗忘物拿走,就符合我国《刑法》关于侵占罪的构成要件的规定,依法成立侵占罪。

十五、公开以和平的手段取走被害人的财物,构成盗窃罪还是抢夺罪,存在观点展示

如2018年客观题:甲骑着摩托车驮着乙过山路,路面崎岖泥泞,甲便下车推着摩托车前行。这时乙提出帮忙把车骑过去,甲同意,并且紧跟其后,双眼一直盯着乙。不料,过了山路,乙骑着摩托车扬长而去。对乙的行为进行定性。

观点一:乙构成抢夺罪(通说观点)。

理由:乙乘甲不备,公然夺取摩托车,符合我国《刑法》关于抢夺罪"夺取公私财物,数额较大"的构成要件,依法成立抢夺罪。

(理由大家根据自己的知识水平去写,只要言之有理即可。2003年卷二第32题,2013年卷二第60题,2015年卷二第19题,2016年卷二第18题均有考查。2016年的题目选项比较委婉:C.只能在盗窃罪或者抢夺罪中,择一定性甲的行为)。

观点二:乙构成盗窃罪。

理由:乙侵害了被害人甲对财产的占有,虽然没有秘密窃取,但符合我国《刑法》关于盗窃罪"窃取公私财物,数额较大"的构成要件,依法成立盗窃罪。

十六、无权处分他人财物的行为定性,存在观点展示

将他人的财物当作自己的财物出卖给第三人,针对他人财物成立盗窃罪,针对第三人的财产,可能成立诈骗罪,属于盗窃罪与诈骗罪的想象竞合。

如2018年客观题:甲将正在外地打工的同村丙家价值5万元的活树卖给了外地人乙,乙支付了相应的树款。对于甲的行为应该如何定性?

观点一:甲成立盗窃罪。

理由:甲没有处分权却擅自出卖了丙所有的活树,让不知情的乙挖走,属于利用乙没有故意的间接正犯的情形,针对丙家的活树符合我国《刑法》关于盗窃罪"窃取公私财物,数额较大"的构成要件,依法成立盗窃罪。

观点二:甲取得乙支付的树款的行为是否成立诈骗罪,取决于乙是否有财产损失。

理由1:按照无权处分完全有效说,乙获得活树有效,乙没有财产损失,则甲不构成诈骗罪。

理由2:按照无权处分无效说,甲的处分行为无效,乙存在财产损失,甲成立诈骗罪。

理由3:按照无权处分效力待定说,乙是否存在损失,取决于丙事后是否追认甲的处分行为。

乙支付了对价取得了存在瑕疵的财物,交易目的不能实现,乙存在损失,甲当然成立诈骗罪。一个行为触犯两个罪名,甲的行为属于盗窃罪与诈骗罪的想象竞合,择一重罪处罚。

十七、关于成立诈骗罪是否要求被骗人具有处分意思,在刑法理论上存在观点展示

2018 年主观题试卷第二题第一问"关于事实一中,吴某的行为定性,存在不同见解,你是如何认定的,须说明理由",对盗窃罪和诈骗罪进行了观点展示的考查。

例 1:甲到沃尔玛购物,将两个同型号的苹果手机盒打开,将其中一台中的说明书取出,将两台一模一样的手机放入一个盒内,拿到收银台一声不吭,收银员只收了一台的价款。

例 2:乙到沃尔玛购物,将一台苹果手机拿出来放到一箱牛奶中,拿到收银台一声不吭,收银员只收了一箱牛奶的价款。

观点一:诈骗罪的成立只要客观上有处分行为即可,不以处分意思为要件,甲乙的行为均成立诈骗罪。这种观点导致诈骗罪成立范围很宽泛,盗窃罪成立范围很窄。

观点二:诈骗罪的成立,需要处分者除了有把财产转移给对方的认识外,还必须对处分财物的内容,包括交付对象、数量、价值等有全面认识,甲乙的行为均构成盗窃罪。这种观点导致盗窃罪成立范围很宽泛,诈骗罪成立范围很窄。

观点三:被骗者处分财产时,认识到自己将某种财产转移给行为人或者第三者占有,不要求对财产数量、价格等具有完全的认识,但要求认识到财物的性质、种类,才能认定诈骗罪;否则成立盗窃罪。这种观点符合盗窃罪和诈骗罪的本质要求,诈骗罪是行为人基于对方有瑕疵的认识处分财物,盗窃罪是完全违背对方意志取得财产的犯罪。甲成立诈骗罪,乙成立盗窃罪。

十八、盗窃后再骗钱的行为,存在观点展示

例 1:甲从超市盗窃一部手机(价值 6000 元),又伪造购物小票要求"退货",换取 6000 元现金。

例 2:甲将摩托车借给朋友乙骑行,半夜又偷偷用备用钥匙将摩托骑回来。第二天,乙告知甲摩托车丢失,并提出赔偿 2 万元。甲隐瞒真相,接受赔偿。

观点一:鉴于甲只获取了一份好处,被害人最终也只遭受一份财产损失,所以没必要盗窃罪和诈骗罪数罪并罚,可用重罪吸收轻罪处理,定一罪即可。

观点二:两个行为是独立的,且两个行为的对象不具有同一性。前者是财物,成立盗窃罪,后者是现金或者是另外一种财物,成立诈骗罪,理应数罪并罚。

十九、将支付宝余额或者微信钱包中的余额转走,并且将绑定的银行卡中的钱转走,对该行为的定性存在观点展示

2022 年主观题试卷第二题第四问:"就事实三的认定,主要存在两种观点。第一种观点认为,王某的行为构成盗窃罪;第二种观点认为,王某的行为构成信用卡诈骗罪。请说明两种观点的理由与不足(如果认为有),你持什么观点(可以是两种观点之外的观点),理由是什么?"

观点一：王某构成盗窃罪。理由：《刑法》规定，盗窃罪是以非法占有为目的，窃取他人财物数额较大的行为。本题中从郑某的银行卡转钱到郑某支付宝的行为并未给郑某造成财产损失，真正造成财产损失的是从支付宝转出资金到自己账户的行为，属于违背郑某意志转移财产的行为，构成盗窃罪。

观点二：王某构成信用卡诈骗罪。理由：《刑法》规定，信用卡诈骗罪是指冒用他人信用卡骗取财物的行为。本题中王某的行为属于"冒用他人信用卡信息资料"的情形，从整体上看，王某是从郑某的银行卡中转出资金，属于冒用郑某信用卡的行为。

观点二的不足：王某从郑某的银行卡转钱到郑某支付宝的行为并未给郑某造成财产损失。真正导致郑某遭受财产损失的是从支付宝转出资金的行为，而这一行为并未使用郑某的信用卡信息资料（账号+密码），不能因为钱来自银行卡就认定为信用卡诈骗罪。

二十、【结合犯】绑架罪中，杀害被绑架人的，或者故意伤害被绑架人，致人重伤、死亡的，处无期徒刑或者死刑，并处没收财产（★）

1. 绑架罪+故意伤害致人重伤、死亡=绑架罪一罪。不存在未遂的问题，如果是故意伤害轻伤，应当数罪并罚，不存在观点展示。

2. 绑架罪+故意杀人罪=绑架罪一罪。绑架未遂行为故意致使被绑架人死亡的（为绑架被害人，故意实施足以致使其死亡的行为，并致其死亡的），属于绑架杀害被绑架人的结合犯。绑架杀害被绑架人未遂情况，存在观点展示：

观点一：属于"绑架杀害被绑架人"结合犯，不适用未遂的规定（这个观点明显不符合罪刑法定原则，考生只需要了解有这样的观点即可）。

观点二：属于"绑架杀害被绑架人"结合犯，同时适用未遂的规定（这个观点具有一定的合理性，但是不适应现行《刑法》的规定）。

观点三：成立"绑架杀害被绑架人"结合犯情形，要求杀害被绑架人既遂，即犯了绑架罪，故意杀害被绑架人的，要求被绑架人死亡。具体来说有如下几种处理意见：

意见1：如果因为意志以外的原因，仅导致被绑架人轻伤的，成立绑架罪与故意杀人罪（未遂）的数罪并罚。

意见2：如果因为意志以外的原因，仅导致被绑架人重伤的，成立绑架罪与故意伤害罪的法条竞合，其行为属于"绑架罪+故意伤害致人重伤=绑架罪一罪"结合犯情况，定绑架罪一罪即可。

意见3：如果因为意志以内的原因未导致被害人死亡，仅导致被害人重伤的，其行为成立绑架罪，属于"绑架罪+故意伤害致人重伤=绑架罪一罪"结合犯情况，同时考虑到中止杀人行为，可以酌情从宽处罚。如果仅导致轻伤或者连轻伤都不存在的，则成立绑架罪与故意杀人罪（中止），数罪并罚。

笔者倾向于观点三，观点三的内容符合罪刑法定原则和罪责刑相适应原则，有利于合理解决绑架人杀人未遂、杀人中止的问题。因为从字面理解，法条中规定的"杀害"而非"杀人"也表明其不包含未遂的情形。

附录三 真题自测卷(2021—2023年)

2023年真题自测卷

一、论述题(35分)

材料一:

中国式现代化,是中国共产党领导的社会主义现代化,既有各国现代化的共同特征,更有基于自己国情的中国特色。

——中国式现代化是人口规模巨大的现代化。我国十四亿多人口整体迈进现代化社会,规模超过现有发达国家人口的总和,艰巨性和复杂性前所未有,发展途径和推进方式也必然具有自己的特点……坚持稳中求进、循序渐进、持续推进。

——中国式现代化是全体人民共同富裕的现代化……我们坚持把实现人民对美好生活的向往作为现代化建设的出发点和落脚点,着力维护和促进社会公平正义,着力促进全体人民共同富裕,坚决防止两极分化。

——中国式现代化是物质文明和精神文明相协调的现代化。物质富足、精神富有是社会主义现代化的根本要求。物质贫困不是社会主义,精神贫乏也不是社会主义。我们不断厚植现代化的物质基础,不断夯实人民幸福生活的物质条件,同时大力发展社会主义先进文化,加强理想信念教育,传承中华文明,促进物的全面丰富和人的全面发展。

——中国式现代化是人与自然和谐共生的现代化。人与自然是生命共同体,无止境地向自然索取甚至破坏自然必然会遭到大自然的报复。我们坚持可持续发展,坚持节约优先、保护优先、自然恢复为主的方针,像保护眼睛一样保护自然和生态环境,坚定不移走生产发展、生活富裕、生态良好的文明发展道路,实现中华民族永续发展。

——中国式现代化是走和平发展道路的现代化。我国不走一些国家通过战争、殖民、掠夺等方式实现现代化的老路……我们坚定站在历史正确的一边、站在人类文明进步的一边,高举和平、发展、合作、共赢旗帜,在坚定维护世界和平与发展中谋求自身发展,又以自身发展更好维护世界和平与发展。

——《高举中国特色社会主义伟大旗帜 为全面建设社会主义现代化国家而团结奋斗——在中国共产党第二十次全国代表大会上的报告(2022年10月16日)》(节选)

材料二:

推进合宪性审查工作,对一切违反宪法法律的法规、规范性文件必须坚决予以纠正和撤销……坚持依宪治国、依宪执政,就必须坚持宪法确定的中国共产党领导地位不动摇,坚持宪法确定的人民民主专政的国体和人民代表大会制度的政体不动摇。

——《从全局和战略高度推进全面依法治国》(节选)

问题一：请根据以上材料，结合宪法中关于基本制度和基本人民权利义务的规定，论述宪法是如何保障中国式现代化的？

问题二：请根据以上材料，结合习近平法治思想，论述依法治国和依宪治国。

答题要求：

1. 无观点或论述、照搬材料原文的不得分；

2. 观点正确，表述完整、准确；

3. 总字数不少于600字。

二、案例分析之刑法（31分）

案情：

迟某向陈某谎称自己被银行列入黑名单，无法申请银行卡，遂向陈某买银行卡。陈某明知迟某可能是利用该银行卡进行电信网络诈骗，但仍然将银行卡卖给迟某，后迟某果然利用该银行卡进行电信网络诈骗犯罪。（事实一）

陈某通过手机银行短信得知多人向该银行卡汇入资金共30万元，陈某向银行工作人员谎称自己银行卡丢失，重新补办该银行卡并将30万元现金取出。事发后，陈某被公安机关采取强制措施，并移交检察机关。（事实二）

陈某被采取强制措施后，陈某的母亲洪某向财政局局长吕某请托，希望吕某找人对陈某从宽处理，并答应事成后给予100万元的报酬。吕某向公安局局长覃某请托，覃某心想吕某肯定收受了陈某亲属的贿赂或者准备接受贿赂，于是以陈某不清楚事实为由，对陈某解除强制措施。陈某被解除强制措施后，洪某交给吕某存有100万元的银行卡。3个月以来，吕某使用该银行卡消费了40万元，担心长期使用洪某名下的银行卡会引起怀疑，遂将该银行卡还给洪某。洪某觉得吕某在此事上帮了大忙，报酬不能太少，于是将剩下的60万元现金取出，又送给吕某，吕某收下。（事实三）

1年后，覃某被人举报，检察机关对覃某依法采取强制措施。覃某向检察机关交代了受吕某请托将陈某释放的事实。虽然覃某没有证据证明吕某收受了洪某贿赂，但是为了获得立功表现，仍向检察机关举报吕某受贿，检察机关询问覃某是否有证据，并告知如果没有证据证明吕某受贿将成立诬告陷害罪。覃某表示如果吕某没有收受贿赂，自己愿意承担诬告陷害罪的刑事责任。后检察机关将线索移交给监察机关，监察机关在立案前，电话通知吕某到指定地点问话。吕某到达指定地点后如实供述收受洪某贿赂，但辩称只受贿100万元。（事实四）

【问题】

1. 事实一中，关于陈某的行为定性，在刑法理论中有几种观点（至少写出三种）？你的观点和理由是？（9分）

2. 事实二中，关于陈某的行为定性，在刑法理论中有几种观点（至少写出三种）？你的观点和理由是？（9分）

3. 事实三中，洪某、吕某和覃某的行为各犯何罪？各自的犯罪数额是多少？（7分）

4. 事实四中，如何认定吕某和覃某的量刑情节？（6分）

三、案例分析之刑事诉讼法(30分)

案情:

3月17日晚,甲正在马路上盗窃自行车,被路过的乙丙丁三人看见。随后乙丙丁为了获取钱财,把甲带到路旁的公园将甲暴打一顿,并且强行要甲给予乙丙丁三人2000元。丁因为临时接到老婆的电话离开犯罪现场,乙和丙在取得2000元财物以后才离开犯罪现场。

第二天早上在公园散步的路人发现甲已经在公园里死亡,公安机关立即对案件展开立案侦查,并将嫌疑人乙丙丁抓捕到案。案件经过侦查表明,被害人甲是在前一天20点—23点之间因钝器敲击致死。同时,乙丙丁三人对以暴力的方式强行取得甲2000元钱的犯罪事实供认不讳,并且认罪认罚。

但是在法庭庭审的过程中,当事人乙丙强调他们两人在丁离开现场以后,也同步离开犯罪现场,并未对被害人甲实施故意伤害行为,当事人甲的死亡与乙丙之间不存在直接的因果关系,拒绝认罪认罚,乙丙的辩护律师也在法庭庭审过程中对本案存在事实不清,证据不足的情形依法做了无罪的辩护。

乙的辩护律师在案件的审理过程中认为乙在犯罪时不满18岁,在辩护意见书中提出相应的辩护理由:其一,乙之所以满18岁,是因为乙在出生时户口本和准生证登记错误;其二,乙的毕业纪念册上记载的未成年的事实;其三,乙的叔叔是户籍民警,依法提供乙未成年的证人证言。

法庭经过审查认为,乙的毕业生纪念册属于自己保管缺乏证据的证明力。户口本和准生证登记错误未有相关官方材料予以证明,乙的叔叔和乙具有直接的利害关系,证人证言的证明力较为薄弱,因此法庭最终未认定被告人乙在实施犯罪时属于未满18岁的未成年人。

被害人甲的母亲在案件刑事部分审理中依法提起附带民事诉讼,要求死亡赔偿金、丧葬费、精神损失等相关赔偿事项,但是法院判决乙丙丁三人构成抢劫罪,丙同时构成故意杀人罪,乙丁因为没有证据证明他们实施的行为和甲的死亡之间存在因果关系,因此未认定乙丁构成故意伤害罪。

问题:

1. 本案当事人乙丁对抢劫罪认罪认罚,但两人认为自己不构成故意伤害行为,对全案可以适用认罪认罚处理吗?(6分)

2. 被害人的母亲可否在案件庭审的过程中针对死亡赔偿金、丧葬费、精神损失等依法提起附带民事诉讼?(6分)

3. 法院未认定被告人乙属于未成年人是否符合法律程序要求?(6分)

4. 本案中法院未认定乙丁构成故意伤害行为是否符合法律规定?(6分)

5. 如果人民法院未认定乙是未成年人,乙的法定代理人和辩护律师依法上诉到二审法院,那么二审法院应当依法如何处理?(6分)

四、案例分析之民法·商法·民事诉讼法(56分)

案情:

王某于2020年2月10日在东山区开甲公司,王某作为甲公司的唯一股东并担任甲公司经理,于2021年3月10日与李某结婚,结婚后李某作为甲公司财务,然后于2022年3月15日与西河区乙公司签订设备购买合同,价款200万元,甲公司首付100万元,剩余100万元在2023年支付完,每次支付10万元,于每月月初支付,双方在合同中约定产生纠纷由西河区人民法院管辖。王某承诺,如果甲公司还不了款王某就还款,后甲公司,王某,乙公司在合同上签字,李某未签字。甲公司支付了2期后,就不再支付剩余款项。乙公司了解到是因为甲公司对设备操作不熟导致产量低无法支付设备价款,乙公司又与甲公司签订培训合同,由乙公司派人对甲公司员工进行培训,培训费20万元,之后乙公司反复催告甲公司支付设备价款和培训费,但甲公司并不配合,只在2023年1月,给乙公司转账15万元,注明"履行合同款",乙公司询问这笔款项是哪一笔价款,甲公司并未回应。乙公司起诉到法院,要求解除合同并支付两个合同项下的价款,后乙公司查明,甲公司无力支付价款,起诉没意义,遂在一审开庭前撤回起诉,法院准许。另查明甲公司的财产跟王某的财产混乱,之后乙公司再次起诉,要求支付货款,并要求王某和李某对甲公司债务承担连带责任。

诉讼过程中,甲公司向法院提出以下抗辩:(1)甲公司认为西河区人民法院没有管辖权,此案应该由自己所在地东山区人民法院管辖,因为设备已经完成安装,无法拆除,应属于不动产,协议管辖无效,西河区人民法院没有管辖权。(2)甲公司认为买卖合同约定的管辖是西河区人民法院,但是培训协议并没有约定管辖,合同履行地与被告住所地都是东山区人民法院,因此西河区人民法院对《培训合同》没有管辖权。(3)买卖合同和培训协议没有实质关联,法院不能合并审理。(4)乙公司的起诉状副本已经送达甲公司,故在第一次起诉时,甲公司与乙公司的《设备买卖合同》已经解除,乙公司第二次起诉要求履行合同是不成立的,且乙公司并非适格原告。王某同意甲公司的抗辩,承认自己对《设备买卖合同》承担连带保证责任,但主张自己不应承担《培训合同》的连带责任。李某同意甲公司的抗辩,并且认为自己在两份合同中都没有签字,不应当承担连带责任,自己不是适格被告。

诉讼过程中乙公司提出了保全申请,申请查封山河小区A房屋。法院经审查发现,2021年,王某曾与丁房地产开发商签订A房屋买卖合同,该合同价款为600万元,王某支付了400万元首付款,剩余房款自丙银行办理了按揭贷款,并于2021年12月为丙银行办理了A房屋抵押权预告登记。2022年1月,房屋建成,丁公司办理了所有权首次登记。乙公司申请保全时,房屋尚未过户给王某,且查明王某是故意拖延不办过户。于是法院作出准予查封A房屋裁定,但由于王某没有取得房屋所有权,故无法进行查封,法院只进行了公告。法院还查明,王某曾经转移甲公司的财产用于A房屋的装修等。后A房屋被乙公司申请执行,丙银行提出异议,认为该房屋有自己的抵押预告登记,不能被执行。另外,王某的律师也提出抗辩:认为该房屋属于王某的唯一住房(属实)。

【问题】

1.原告申请撤诉,法院没有经过被告同意,同意撤诉了(甲无力偿还,并且乙认为诉讼没有意

义),法院同意撤诉是否正确?(6分)

2. 乙公司起诉甲公司、王某、李某、针对甲公司提出的抗辩,即对管辖异议、诉讼请求、诉讼参与人、两个诉讼请求能否合并等进行分析。(7分)

3. 人民法院对山河小区A房屋的查封有没有生效?(6分)

4. 关于买卖合同,对王某和李某是否承担连带保证责任进行分析。(6分)

5. 关于培训协议,对王某和李某是否承担连带责任进行分析。(6分)

6. 对于丙银行执行异议法院是否支持。(6分)

7. 能否请求支付买卖合同项下的款项80万元和赔偿迟延损失?(6分)

8. 能否请求支付培训合同项下的款项20万元和赔偿迟延损失?(6分)

9. 债务人王某用房子给银行设置了抵押预告登记,请分析债务人只有一所住房且银行未正式办理抵押登记对于优先受偿权的影响。(7分)

【选做题】从以下两道题选一作答即可,机考要√选择。

五、案例分析之行政法(28分)

案情:

2022年11月25日,县政府作出《关于弘盛小区改造建设项目房屋征收决定》。决定内容如下:因旧城区改建需要,决定对弘盛小区范围内的房屋实行征收。房屋征收部门为区住房和城乡建设局,房屋征收实施单位为县政府组建的弘盛小区改造工程指挥部(以下简称改造工程指挥部)签约期限为45日,搬迁期限为30日,具体起止日期在房屋征收评估机构选定后,由房屋征收部门另行公告;附件为《征收补偿方案》,上述内容在当地报纸上刊载公布。

孙某位于弘盛小区的房屋被纳入房屋征收范围,土地性质是国有土地,房屋征收实施单位测量房屋为120平方米,以此时的市场房价计算确定补偿30万元,孙某经多次协商未与房屋征收部门达成补偿协议,也未明确同意将涉案房屋腾空并交付拆除。孙某没来得及搬迁,改造工程指挥部作出了强制拆除决定书,受改造工程指挥部委托的强盛建筑公司,将涉案房屋直接强制拆除,未保全屋内物品,未登记记录。对孙某房屋物品造成了损失,孙某向法院提起行政诉讼,要求确认拆除行为违法,并赔偿被拆除房屋损失50万元,屋内财物损失5万元,过渡期间租房补贴2万元。

材料:

《国有土地上房屋征收与补偿条例》

第8条 为了保障国家安全、促进国民经济和社会发展等公共利益的需要,有下列情形之一,确需征收房屋的,由市、县级人民政府作出房屋征收决定:

(一)国防和外交的需要;

(二)由政府组织实施的能源、交通、水利等基础设施建设的需要;

(三)由政府组织实施的科技、教育、文化、卫生、体育、环境和资源保护、防灾减灾、文物保护、社会福利、市政公用等公共事业的需要;

(四)由政府组织实施的保障性安居工程建设的需要;

(五)由政府依照城乡规划法有关规定组织实施的对危房集中、基础设施落后等地段进行旧城区改建的需要;

(六)法律、行政法规规定的其他公共利益的需要。

第25条 房屋征收部门与被征收人依照本条例的规定,就补偿方式、补偿金额和支付期限、用于产权调换房屋的地点和面积、搬迁费、临时安置费或者周转用房、停产停业损失、搬迁期限、过渡方式和过渡期限等事项,订立补偿协议。

补偿协议订立后,一方当事人不履行补偿协议约定的义务的,另一方当事人可以依法提起诉讼。

第26条 房屋征收部门与被征收人在征收补偿方案确定的签约期限内达不成补偿协议,或者被征收房屋所有权人不明确的,由房屋征收部门报请作出房屋征收决定的市、县级人民政府依照本条例的规定,按照征收补偿方案作出补偿决定,并在房屋征收范围内予以公告。

问题:

1. 县政府作出的《房屋征收决定》性质是什么?(4分)

2. 王某对拆迁行为不服提起行政诉讼,被告应该如何确定?(4分)

3. 指挥部强制拆除行为是否合法?为什么?(5分)

4.《国有土地上房屋征收与补偿条例》第25条中协议的性质及提起的是哪种诉讼种类?(5分)

5. 本案中就室内物品的损失应当由谁承担举证责任?(5分)

6. 对于王某提出的房屋价格的赔偿数额,法院应该如何认定?(5分)

六、案例分析之商法(28分)

2019年3月,张三、李四和甲公司、乙公司出资设立A公司,持股比例分别为13%、7%、49%、31%。公司章程规定自然人股东的出资在公司设立时一次性实缴到位,法人股东的出资分两期,第一期出资50%,在公司设立时实缴到位,第二期剩余50%出资在公司设立10年后履行;法定代表人对外签订合同的金额不得超过100万元,超出的需经董事会决议。董事会由甲公司指派的赵六,乙公司指派的王七和张三组成,赵六是A公司董事长兼法定代表人。

2021年,C公司与D公司有60万的贷款合同,C公司请求A公司为该笔贷款提供担保,赵六遂以A公司的名义签订了担保合同。

2022年,经其他股东同意,甲公司将股权转让给了丙公司。丙公司提议召开股东会,商定5年内股东不得对外转让股权,李四对该决议表反对,其他股东表示同意,并修改了公司章程,但因公司职工疏忽,没有将章程进行变更登记。

后李四欲对外转让股权,伪造了其他股东同意其对外转让股权、并放弃优先购买权的文书,将股权转让给不知情的王五,签订了转让协议王五支付了股权转让价款。王五向A公司主张变更登记为公司股东,A公司予以拒绝。

2023年2月,因赵六与其他董事不和,经营理念存在矛盾冲突,赵六遂书面向A公司提出辞职,但是并没有进行工商登记变更。

2023年3月,赵六提出辞职后,B公司找到赵六,主张与赵六签订买卖合同,并提出该合同利润丰厚,对A公司发展有利,赵六为了A公司的利益,遂又以A公司的名义对外签订了该买卖合同。B公司对赵六辞任法定代表人一事并不知情。

A公司拖欠E公司600万债务到期,法院判决该债权有效并被强制执行,E公司主张强制执行A公司股东尚未履行的出资。

问题:

1. 法定代表人签订债务担保合同是否有效?D公司能否向A公司主张担保责任?(6分)

2. A公司关于5年内不能对外转让股权的决议是否有效?李四否认该决议后,是否对其生效?(5分)

3. 王五能否善意取得李四转让的股权?(4分)

4. 赵六辞去定代表人职务是否有效?(4分)

5. 赵六与B公司签订的买卖合同是否有效?(4分)

6. E公司能否主张对A公司股东尚未履行的出资予以执行?(5分)

2022年真题自测卷

一、论述题(35分)

材料一:

改革开放以后,党坚持依法治国,不断推进社会主义法治建设……党领导深化以司法责任制为重点的司法体制改革,推进政法领域全面深化改革,加强对执法司法活动的监督制约,开展政法队伍教育整顿,依法纠正冤错案件,严厉惩治执法司法腐败,确保执法司法公正廉洁高效权威。

——《中共中央关于党的百年奋斗重大成就和历史经验的决议》(节选)

材料二:

当前,法治领域存在的一些突出矛盾和问题,原因在于改革还没有完全到位。要围绕让人民群众在每一项法律制度、每一个执法决定、每一宗司法案件中都感受到公平正义这个目标,深化司法体制综合配套改革,加快建设公正高效权威的社会主义司法制度。

——《全面推进中国特色社会主义法治体系建设》(节选)

材料三:

习近平总书记指出,权力是一把"双刃剑",在法治轨道上行使可以造福人民,在法律之外行使则必然祸害国家和人民。执法司法权力专业性强、自由裁量度大、受干扰诱惑多,权力的多重属性表现尤为明显。

——《深化执法司法权力运行机制改革,归根结底就是要规范用权》(节选)

问题:

请根据以上材料,结合你对习近平法治思想的学习理解,谈谈党的十八大以来改革重构司法权力配置和运行机制的重大成就和意义。

答题要求:

1. 无观点或论述、照搬材料原文的不得分;
2. 观点正确,表述完整、准确;
3. 总字数不少于600字。

二、案例分析之刑法(31分)

案情:

王某与郑某成立了一家公司,但经营不善,一直亏损。某日,二人合谋骗取银行贷款,王某让郑某伪造各种贷款材料,郑某伪造了部分材料,同时欺骗保险公司的工作人员,让保险公司对其贷款提供保险,保险公司未能识破骗局而同意。王某与郑某从银行取得600万元贷款后逃匿。贷款到期后银行向保险公司追偿,保险公司就银行贷款本息进行了赔付。事后查明王某对郑某欺骗保险公司的事情完全不知情。(事实一)

王某与郑某逃往外地后,侵入陈某所有的长期无人居住的住宅内,在该住宅生活多日。(事实二)

某日,王某趁郑某熟睡时打开郑某的手机支付宝,发现支付宝余额有3000元,而且支付宝绑定了一张银行卡。王某将郑某银行卡中的2万元转入郑某的支付宝余额,然后从支付宝余额中将2万元转入自己的支付宝,并删除了郑某手机上的相关短信等信息。(事实三)

次日,郑某发现银行卡里少了2万元,就问王某,王某矢口否认。郑某将王某反锁在一个房间内近50个小时,不让王某吃喝。待王某无力反抗后,郑某逼迫王某承认未果,遂将王某从二楼推下,致使王某重伤,郑某随后逃走。(事实四)

【问题】

1. 就事实一中郑某行为的认定,主要有两种观点:第一种观点认为,郑某仅对保险公司成立保险诈骗罪;第二种观点认为,郑某既对银行成立贷款诈骗罪,也对保险公司成立保险诈骗罪,二者为牵连犯,应当从一重罪处罚。请说明这两种观点的理由与不足(如果认为有),你持什么观点(可以是两种观点之外的观点)?理由是什么?(9分)

2. 就事实一中王某行为的定性(包括犯罪形态),可能存在哪些观点,各种观点的理由是什么?(6分)

3. 关于事实二,王某与郑某的行为是否构成非法侵入住宅罪?理由分别是什么?(4分)

4. 就事实三的认定,主要存在两种观点:第一种观点认为,王某的行为构成盗窃罪;第二种观点认为,王某的行为构成信用卡诈骗罪。请说明两种观点的理由与不足(如果认为有),你持什么观点(可以是两种观点之外的观点)?理由是什么?(8分)

5. 就事实四的认定,一种观点认为,对郑某的行为只能认定为故意伤害(重伤)罪。请问这种观点的理由与不足是什么?(4分)

三、案例分析之刑事诉讼法(30分)

案情:

钟某系A市网约车司机。某日晚,钟某独自在家中饮酒后心存侥幸,主动接单搭载乘客至市内某地。返程途中,因钟某超速行驶,车辆转弯不及冲至人行横道,撞倒路人顾某。顾某当场昏迷、血流不止。钟某害怕酒驾被查,打电话让恰好在附近购物的妻子王某尽快赶至现场。同时,钟某将顾某紧急送医救治后便返回家中。王某到达事故现场后,主动报警,并告知警方自己系肇事车主且伤者已被送医。当日,顾某因伤重不治身亡。经交警部门认定,王某负事故全部责任,公安机关予以刑事立案,并传唤王某接受讯问。王某在压力之下承认自己是为钟某顶罪。公安机关随即拘传钟某。钟某到案后,主动承认自己的交通肇事行为。公安机关遂以钟某涉嫌交通肇事罪、王某涉嫌包庇罪并案侦查。

后侦查人员带钟某到案发现场进行指认。其间,侦查人员孙某问钟某当时是否饮酒了,钟某回答"是的"这一过程被孙某携带的执法记录仪拍摄下来,但未记入笔录。此后,在侦查人员的历次讯问中,钟某均承认自己系酒后驾车。起诉后,钟某与王某在审查起诉阶段均签署了认罪认罚从宽具结书。

检察院提起公诉后,顾某的近亲属对钟某提起附带民事诉讼,法院决定按照"先刑后民"原则以简易程序进行审理。庭审期间,被告人钟某当庭否认自己存在酒驾及肇事逃逸行为。法院休庭研究后,决定将钟某与王某分案处理。其中,对钟某涉嫌交通肇事罪适用普通程序审理并作如下安排:(1)由公诉机关补充提供指认现场的执法记录仪视频,作为视听资料予以认定;(2)通知孙某出庭作证,证实钟某在指认现场时自认酒驾;(3)通知王某作为证人出庭,证实钟某案发后逃逸。在上述证据出示并质证后,钟某再次表示认罪认罚。最终,法院判处钟某有期徒刑5年,并对附带民事诉讼原告人作相应赔偿;判决王某免予刑事处罚。

请结合上述材料回答下列问题:

1. 请结合本案中公安机关对传唤与拘传的适用,阐述两种措施的区别。(4分)

2. 法院将钟某一案由简易程序转至普通程序审理是否妥当?普通程序与简易程序审理有什么不同?(10分)

3. 本案遵循"先刑后民"原则审理应注意哪些事项?请简要说明。(4分)

4. 法院分案审理钟某与王某的决定是否妥当?请说明理由。(4分)

5. 法院对于执法记录仪视频的性质认定是否正确?请说明理由。(4分)

6. 孙某的证言是否属于传闻证据?请说明理由。(4分)

四、案例分析之民法·商法·民事诉讼法(56分)

案情:

2021年1月,南峰市鹿台区的甲公司因扩大经营需要,拟发行公司债券融资。平远市凤凰区乙公司的大股东兼法定代表人李某也是甲公司股东。为帮助甲公司销售债券,李某找到平远市金龙区丙公司的总经理吴某,要求丙公司帮忙购买甲公司债券。

2021年4月,甲公司债券(3年期,年利率8%)正式发行。2021年4月5日,甲公司与丙公司在南峰市鹿台区签订《债券认购及回购协议》,约定:丙公司认购甲公司5000万元债券;甲公司承诺1年后将以5500万元的价格进行回购,如逾期未回购,甲公司向丙公司支付1000万元的违约金。同时,二者约定因本合同产生的一切纠纷均应提交甲公司所在地的南峰市鹿台区人民法院解决。

2021年4月8日,李某代表乙公司与丙公司在平远市金龙区签订《担保合同》,约定乙公司为甲公司的回购义务及违约责任等提供"充分且完全的担保"。该担保合同载明"因本合同发生的纠纷,双方应友好协商,协商无法解决的,应提交平远市仲裁委员会解决"。在签约前,丙公司询问李某是否获得了股东会的同意,李某向丙公司展示了微信群聊天记录,显示李某曾就担保一事征求乙公司其他两位股东张某、孙某意见,二人均微信回复"无异议"。

同日,李某个人应丙公司请求就甲公司回购义务向丙公司提供担保,并明确约定担保方式为:丙公司曾向李某个人借款3000万元,将于2021年7月31日到期;到期后,丙公司可以暂不返还该借款,以此作为李某为甲公司回购义务的担保。于是2021年7月31日,丙公司未向李某返还该笔借款。

2022年4月,回购日期届至,甲公司未履行回购义务。丙公司沟通无果,向鹿台区人民法院起诉甲公司、乙公司,提出诉讼请求一:甲公司履行回购义务并支付违约金1000万元;诉讼请求二:乙公司对甲公司上述义务承担连带责任。甲公司在答辩期间提交了答辩状,认为违约金过高,请求法院予以减少。乙公司也在答辩期间提交了答辩状,未提出管辖权异议,但在开庭中提出,担保合同中存在仲裁协议,鹿台区人民法院对案件无管辖权。乙公司其他两位股东张某、孙某知悉该诉讼的消息后,向法院表示,依照公司章程,公司对外担保应经过股东会决议,乙公司为甲公司提供的保证,仅为李某个人的意思,未经公司股东会决议,应为无效。李某则表示,虽没有召开股东会,但李某通过微信聊天征求过张某和孙某的意见,他们均未表示反对,并提供了一份三人微信聊天记录截图的纸质打印件,表示因为手机更换,只能提供当时聊天记录截图的纸质打印版。丙公司另行向平远市金龙区人民法院起诉李某,请求确认李某对其的3000万元债权已因承担担保责任而消灭。

后在执行过程中,法院查明乙公司已无可供执行的财产,但其下属丁公司为乙公司的全资子公司。丙公司认为,丁公司长期与乙公司混用财务人员、其他工作人员和工作场所,账目不清,其财产无法与乙公司财产相区分,应与乙公司一起承担连带责任。另外,丁公司承揽的戊公司的建设工程已竣工验收,但戊公司尚未依照合同约定的时间支付价款1000万元,因此丙公司希望追加执行丁、戊两公司。

【问题】

根据以上事实,请回答下列问题(对于有不同观点的问题,请说明各种观点以及理由):

1. 丙公司申请甲公司履行回购义务的诉讼请求是否成立?请说明理由。(5分)

2. 根据丙公司的诉讼请求一,甲公司是否应当支付违约金?请说明理由。关于甲公司请求法院予以减少违约金的主张能否得到法院支持?请说明理由。(5分)

3. 张某和孙某提出乙公司担保合同无效的主张是否成立?请说明理由。(5分)

4. 根据丙公司的诉讼请求二,乙公司应当承担何种(担保)责任?请说明理由。(5分)

5. 请具体分析李某向丙公司提供的担保的性质。(3分)

6. 丙公司起诉后,乙公司提交了答辩状,但未提出管辖权异议,在庭审时提出了和丙公司签订过管辖协议,法院应如何处理?(5分)

7. 在丙公司提起的诉讼中,股东张某和孙某是否有权撤销李某以乙公司名义提供的担保?请说明理由。(5分)

8. 手机中微信聊天记录无法找回,请分析打印的微信聊天记录截图的证据能力和证明力,并说明理由。(5分)

9. 针对丙公司对李某提出的诉讼,请结合受理条件,说明法院应当如何处理;若法院受理案件后,丙公司的主张法院是否支持?(7分)

10. 丙公司是否有权要求丁公司承担连带责任?请说明理由。(3分)

11. 如法院判决支持了丙公司对乙公司的诉讼请求,丙公司在执行过程中,申请法院追加丁、戊两公司作为被执行人,法院应当如何处理?如法院裁定追加,丁、戊两公司不同意追加,有何救济措施?(8分)

【选做题】从以下两道题选一作答即可，机考要√选择。

五、案例分析之行政法(28分)

案情：

A公司与县政府委托的住建局签署《甲市天然气综合利用项目合作协议》，协议约定住建局同意A公司在甲市从事城市天然气特许经营，特许经营期限为30年。协议签署前后，A公司陆续取得了天然气综合利用项目的立项批复、管线规划意见、建设用地规划设计条件通知书、国有土地使用证、环境评价意见书等手续。同时，A公司对项目进行了部分开工建设，投入了1500万元。

后住建局对A公司作出催告通知，内容为："……你公司的管道天然气经营许可手续至今未能办理，影响了经营区域内居民、工业、商业用户及时用气……现通知你公司抓紧施工建设，抓紧办理管道天然气经营许可手续，若收到本通知2个月内经营许可手续尚未批准，将收回你公司的管道天然气经营区域，由此造成的一切损失由你公司自行承担。"

A公司等燃气公司和有关单位参加了甲市燃气工作会议，会议明确要求："关于天然气镇村通工程建设，各燃气企业要明确管网铺设计划，加快推进工程建设，今年9月底前未完成燃气配套设施建设的，一律收回区域经营权。"A公司出具项目保证书承诺，在办理完成项目开工手续后3个月内完成以上工作，如不能如期完成，将自动退出政府所授予经营区域。

县政府作出《关于印发甲市"镇村通"天然气工作推进方案的通知》，表示根据甲市燃气工作会议的内容，决定收回A公司的经营区域授权。区政府向A公司送达了该通知。

A公司不服该通知，于2021年8月向市政府申请复议，市政府补充了相关证据后，维持了县政府的收回决定。A公司遂于2022年1月提起诉讼，要求撤销通知和复议决定。法院审理查明，原属于A公司经营区域内燃气项目的特许经营权已经授予B公司。

《市政公用事业特许经营管理办法》第25条第2款规定，对获得特许经营权的企业取消特许经营权并实施临时接管的，必须按照有关法律、法规的规定进行，并召开听证会。

问题：

1. 县政府收回天然气特许经营权许可行为的性质是什么？(5分)
2. 如何确定本案的当事人？(4分)
3. 如何确定本案的管辖？(4分)
4. 本案当事人起诉是否超过起诉期限？(5分)
5. 县政府收回天然气经营权的决定是否合法？(5分)
6. 本案法院应当如何判决？(5分)

六、案例分析之商法(28分)

甲有限责任公司成立于2015年6月，主要从事软件开发，股东分别为A、B、C、D、E，各股东的持股比例依次为55%、26%、11%、5%、3%。公司董事长兼法定代表人为A。公司运行良好，产品开发也很成功。

公司成立后一直未对股东分红。对此,E 一直很有意见,遂打算将其股权转让给经营相同业务的乙公司,并与乙公司进行了初步洽谈。为便于其股权估价,2019 年 5 月,E 向 A 提出查账要求,要求查阅甲公司成立后所有的会计账簿,A 得知 E 转让股权意图后,认为 E 的目的不正当,故拒绝了其查阅要求。

2019 年 12 月,A 为担保其对丙公司所负 2 年期借款债务的履行,将其所持甲公司 27% 的股权,转让给丙公司,并约定在 A 到期不偿还借款本息时,丙公司有权以该股权优先受偿。但在双方达成约定后,A 并未为丙公司办理相应的股东登记。

2020 年 3 月,A 在甲公司股东会上提议:第一,A、B、C、D、E 5 人在甲公司之外,再行设立“丁合伙企业(有限合伙)”,A 为普通合伙人,其余均为有限合伙人;第二,A 对丁合伙企业的出资,为其所持甲公司 54% 的股权,其余各合伙人的出资,为各自所持甲公司的全部股权。就该项提议,除 E 表示强烈反对外,其余股东均表示赞同,遂形成相应的股东会决议。

2020 年 5 月,丁合伙企业成立,合伙人分别为 A、B、C、D;甲公司股东相应变更为 A、E 与丁合伙企业。甲公司各股东的持股比例分别为 1%、3% 与 96%;公司法定代表人仍为 A。

2022 年年初,A 无法清偿对丙公司的本息债务,丙公司遂就丁合伙企业所持甲公司 27% 的股权,主张优先受偿。

问题:

1. A 拒绝 E 查阅会计账簿的请求是否合法?为什么?(5 分)
2. 如何评价股东 A 和丙公司之间的约定?(5 分)
3. 甲公司 2020 年 3 月形成的(提案一)设立丁有限合伙企业的股东会决议,是否有效?(5 分)
4. 甲公司 2020 年 3 月形成的(提案二)甲公司各股东以股权出资是否有效?(5 分)
5. E 能否主张公司回购其股权?为什么?(4 分)
6. 丙公司能否向丁有限合伙企业主张对甲公司 27% 的股权行使优先受偿权?(4 分)

2021年真题自测卷

一、论述题(35分)

材料一:

推进全面依法治国是国家治理的一场深刻变革,必须以科学理论为指导,加强理论思维……不断从理论和实践的结合上取得新成果,总结好、运用好党关于新时代加强法治建设的思想理论成果,更好指导全面依法治国各项工作。

——《以科学理论为指导,为全面建设社会主义现代化国家提供有力法治保障》(节选)

材料二:

党的十八大以来,党中央对全面依法治国作出一系列重大决策、提出一系列重大举措……我们提出一系列全面依法治国新理念新思想新战略,明确了全面依法治国的指导思想、发展道路、工作布局、重点任务……这些新理念新思想新战略,是马克思主义法治思想中国化的最新成果,是全面依法治国的根本遵循,必须长期坚持、不断丰富发展。

——《加强党对全面依法治国的领导》(节选)

材料三:

立足我国国情和实际,加强对社会主义法治建设的理论研究,尽快构建体现我国社会主义性质,具有鲜明中国特色、实践特色、时代特色的法治理论体系和话语体系。坚持和发展我国法律制度建设的显著优势,深入研究和总结我国法律制度体系建设的成功经验,推进中国特色社会主义法治体系创新发展。

——《法治中国建设规划(2020—2025年)》(节选)

问题:

根据上述材料,结合习近平法治思想的核心要义,谈谈你对当前和下一个阶段推进全面依法治国重点抓住的“十一个坚持”的认识。

答题要求:

1. 无观点或论述、照搬材料原文的不得分;
2. 观点正确,表述完整、准确;
3. 总字数不少于600字。

二、案例分析之刑法(31分)

案情:

2017年,赵某敲诈勒索周某,称如果不给钱便将通过网络传播其隐私照片。周某害怕,就按照赵某的指示,将10万元现金放到指定的垃圾桶旁边。赵某将该事情真相告诉了刘某,让刘某去垃圾桶旁边取钱,刘某取到后与赵某平分,每人得5万元。(事实一)

2018年,赵某前往王某家盗窃,偷得一台笔记本电脑。在下楼离开时,遇到了李某。赵某误以为李某是回家的王某，为了窝藏赃物，将李某打成轻伤。事实上，李某只是来楼里贴小广告的，对赵某盗窃的事实并不知情。（事实二）

2019年，杨某欠刘某债务到期没有偿还，刘某提议拘禁杨某索取债务，赵某遂将杨某拘禁。二人将杨某拘禁后，杨某说："你们把我绑起来我没办法还钱，就算你们把我放了我也没钱还。"两天后，赵某出主意说把杨某的大拇指砍下来，刘某同意，后来二人将杨某的大拇指砍下（重伤）。（事实三）

2020年，赵某的妻子万某发现赵某行为后劝其自首，否则就与赵某离婚并带走两个孩子。赵某不从，恼羞成怒想要杀死万某。正在拿皮带勒万某脖子的时候。万某叫喊，听到呼喊的两个孩子跑过来（一个3岁，另一个5岁），赵某觉得在两个孩子的面前杀死妻子影响不好，于是停止行凶，仅造成万某轻伤。（事实四）

【问题】

1. 事实一中，认定刘某构成敲诈勒索罪的理由有哪些？认定刘某构成侵占罪的理由有哪些？（10分）

2. 事实二中，有观点认为赵某成立事后转化的抢劫，理由有哪些？有观点认定赵某成立盗窃罪和故意伤害罪，理由有哪些？（10分）

3. 事实三中，有观点认为刘某和赵某仅成立故意伤害罪，你反对还是赞同这个观点，说明理由。（6分）

4. 事实四中，赵某是故意杀人罪的犯罪中止还是犯罪未遂？请说明理由。（5分）

三、案例分析之刑事诉讼法（30分）

案情：

科辰公司为房地产开发公司，其在征地拆迁的过程中遇到两名"钉子户"，两人拒不搬迁。于是，科辰公司的两名股东贾某和刘某指派公司员工李某和赵某，对"钉子户"采取断水、噪声污染等手段，扰乱其正常生活。"钉子户"不堪其扰遂搬离。

事后，贾某、刘某、李某、赵某四人因涉嫌寻衅滋事罪被公安机关立案侦查，检察院审查起诉，该案件引起社会广泛关注。赵某在侦查阶段认罪认罚且有重大立功，公安机关对其撤销案件。贾某和刘某在审查起诉阶段进行认罪认罚，其中，赵某并未委托辩护律师，侦查机关遂安排值班律师马某为赵某提供法律帮助。

在一审之后，其中一名被告人进行上诉，法院在二审审理中发现，科辰公司的两名股东以该公司的名义向其所在区的区长行贿，监察委员会正在进行调查。

【问题】

1. 怎样理解侦查中认罪认罚中的"重大立功"？公安机关因重大立功撤销案件，应当经过何种法定程序？（5分）

2. 一审中，法院应当如何组成合议庭？合议庭成员应当怎样分工？（5分）

3. 值班律师马某在侦查阶段处于何种诉讼地位？如果在审判阶段赵某还是没有委托辩护人，马某能否出庭为其进行辩护？（5分）

4. 一审犯罪嫌疑人被判处寻衅滋事罪，当事人上诉，二审审理期间，监察机关对该犯罪嫌疑

人所在单位(该犯罪嫌疑人系直接责任人)以单位行贿罪移送审查起诉,法院该如何处理?(5分)

5. 二审中贾某、刘某被认定为直接负责人,如何确定诉讼代表人?为什么?(5分)

6. 二审法院认为贾某、刘某案件事实清楚,证据确实、充分,但对赵某的案件部分事实不清,该如何处理?(5分)

四、案例分析之民法·商法·民事诉讼法(56分)

案情:

枫桥公司位于京州市Y区,通过抵债的方式收了债务人一栋20层的枫叶办公楼(市值10亿元)。枫叶办公楼位于京州市T区,枫桥公司准备留19层和20层自用,其余楼层对外租赁,每层1000平方米,价格为300元/平方米。

恒通公司是一家拥有多个金融牌照的集团公司,位于京州市C区。恒通公司由于业务需要,分别设立了甲融资租赁公司(全资子公司)、乙保理公司(控股子公司)、丙公司(参股子公司)。甲、乙、丙三家公司与枫桥公司约定,分别承租枫叶写字楼的16层、17层、18层作为办公室。约定试租期1年,房租每3个月一付,租赁合同1年,到期后如果没有问题续期2年。租赁期自2020年1月15日起算。同时,约定如有纠纷在京州市Y区诉讼。恒通公司为甲、乙、丙三家公司的租金支付提供连带保证,并出具了担保函。合同中约定了办公区的"硬装"不能更改,可以对办公区能拆卸的部分"软装"进行更改。

甲公司承租的16层的空调设备出现问题,多次联系枫桥公司处理未果,甲公司只好自己垫资维修,花费60万元。甲公司明确表示会将维修款从下一季度的租金中扣除,枫桥公司表示拒绝。2020年3月,甲公司向枫桥公司支付了30万元。枫桥公司诉至法院,要求甲公司支付第二季度租金90万元,恒通公司承担连带保证责任。甲公司向法院主张用垫付的维修款60万元抵销租金,枫桥公司不认可,并且主张2020年3月甲公司打给自己的30万元明确表示是清偿另一项债务。

法院判决甲公司向枫桥公司支付租金90万元,恒通公司承担连带偿还责任,如恒通公司清偿债务,可以向甲公司追偿。

丁代表博达公司去跟乙公司签约,将车停放在枫叶办公楼的停车场车位上,停车场的一棵大树因为大风刮倒,砸坏了丁的车,损失300万元。事后查明,前几日已经有多名人员向枫叶办公楼的管理方表明有树即将折断,由于工作人员未登记,交接班的时候彻底忘记此事。因此发生意外,且丁与乙公司未签约保理合同,损失5000万元。

丙公司觉得枫叶办公楼内部的风格与自己的经营理念不符,与枫桥公司协商,想要重新装修,遭到拒绝。心灰意冷的丙公司把18层转租给了海涛公司,并决定1年到期后不再续租。

枫叶办公楼经营失败,多次遭到投诉,纠纷越来越多,所以枫桥公司于2021年1月2日将枫叶办公楼整体转让给私塾公司。甲公司要求就16层享受优先购买权,而在此之前,枫桥公司已经将甲公司、丙公司诉至法院。

【问题】

1. 枫桥公司起诉甲公司和恒通公司要求支付租金应当由哪个法院管辖,为什么?(5分)

2. 甲公司主张30万元租金由谁承担举证责任？法院若不能形成自由心证，应该如何处理？(10分)

3. 甲公司提出维修空调花费了60万元用来折抵租金的主张，是反诉还是抗辩，请说明理由。(5分)

4. 丁的汽车被砸坏，损失300万元可以向谁主张，为什么？(5分)

5. 乙公司未能签订5000万元的保理合同所遭受的损失是否可以主张赔偿？为什么？(5分)

6. 恒通公司如果承担了保证责任，可不可以向法院申请强制执行甲公司的财产？为什么？(5分)

7. 恒通公司需不需要为甲公司、丙公司承担连带保证责任？为什么？(6分)

8. 枫桥公司向私塾公司整体转让枫叶办公楼后，其与甲公司、乙公司、丙公司的合同是否自动解除？(5分)

9. 枫桥公司将枫叶办公楼整体转让给私塾公司时，甲公司能否就其承租的16层行使优先购买权？请说明理由。(5分)

10. 丙公司是否可以把18层转租给海涛公司？为什么？(5分)

【选做题】从以下两道题选一作答即可，机考要√选择。

五、案例分析之行政法(28分)

案情：

甲县政府于2013年10月10日作出76号《关于同意取缔市集中式饮用水源一、二级保护区排污的批复》文件，文件中明确由甲县生态环境局负责组织实施对在该水源保护区内的惠源公司等9个排污口的关停工作，但没有制定对于关停补偿的相关文件。为保护水源地，惠源公司于2014年正式关停。惠源公司于2018年向甲县政府投诉，申请对其按照国家政策给予一次性经济补偿或者迁址另建，免除关停未经营期间的税费及土地使用费等。

2020年5月15日，甲县政府作出《关于甲县惠源公司等五家企业投诉问题的结案报告》，结论是“决定用司法途径解决投诉问题”。惠源公司于2020年7月20日向甲县政府提出搬迁补偿申请书，要求甲县政府履行职责，对惠源公司给予货币补偿，但甲县政府未予答复。

2020年11月9日，惠源公司向法院提起诉讼，要求判决甲县政府对其进行补偿。甲县政府辩称，原告未在合理期限内提出陈述申辩，原告的起诉已超过诉讼时效，且关闭该企业受益的是乙县，与甲县没有关系，应找乙县请求补偿。

材料一：

《水污染防治法》第4条　县级以上人民政府应当将水环境保护工作纳入国民经济和社会发展规划。

地方各级人民政府对本行政区域的水环境质量负责，应当及时采取措施防治水污染。

第9条第1款　县级以上人民政府环境保护主管部门对水污染防治实施统一监督管理。

第65条第1款　禁止在饮用水水源一级保护区内新建、改建、扩建与供水设施和保护水源无关的建设项目;已建成的与供水设施和保护水源无关的建设项目,由县级以上人民政府责令拆除或者关闭。

第66条第1款　禁止在饮用水水源二级保护区内新建、改建、扩建排放污染物的建设项目;已建成的排放污染物的建设项目,由县级以上人民政府责令拆除或者关闭。

材料二:

《环境保护法》第5条　环境保护坚持保护优先、预防为主、综合治理、公众参与、损害担责的原则。

第6条　一切单位和个人都有保护环境的义务。

地方各级人民政府应当对本行政区域的环境质量负责。

企业事业单位和其他生产经营者应当防止、减少环境污染和生态破坏,对所造成的损害依法承担责任。

公民应当增强环境保护意识,采取低碳、节俭的生活方式,自觉履行环境保护义务。

第31条　国家建立、健全生态保护补偿制度。

国家加大对生态保护地区的财政转移支付力度。有关地方人民政府应当落实生态保护补偿资金,确保其用于生态保护补偿。

国家指导受益地区和生态保护地区人民政府通过协商或者按照市场规则进行生态保护补偿。

【问题】

1. 本案法院级别管辖如何确定?(4分)

2. 惠源公司诉关停行为的,被告如何确定?请谈谈你的理由。(5分)

3. 惠源公司的起诉是否超过起诉期限?请谈谈你的理由。(5分)

4. 惠源公司提出的补偿请求是否合理?请谈谈你的理由。(5分)

5. 甲县政府主张自己不是行政补偿主体是否准确?请谈谈你的理由。(5分)

6. 法院如何判决?(4分)

六、案例分析之商法(28分)

2018年A、B、C、D、E 5个公司出资设立甲公司,公司章程规定由B、C、D公司成员组成董事会,由E公司法定代表人张三担任甲公司的法定代表人并担任董事长。甲公司注册资本为1000万元。A公司在甲公司设立时一次性履行完毕出资义务,B、C、D公司在甲公司设立时出资50%,剩余50%在5年内缴纳完毕,E公司以一栋价值300万元的房屋进行出资,E公司剩余部分在第八年缴清。

B股东向第三人赵六借款,为了担保其按期还款,B将其持有的甲公司股权转移至赵六名下,双方同时约定若债权到期无法进行清偿,则该股权归债权人赵六所有。对此,股东名册、工商登记进行了变更。

甲公司召开股东会对公司利润进行分配,股东之间对应按照认缴出资比例进行表决,还是按照实缴出资比例进行表决产生分歧,无法达成一致意见。该事项遂被搁置。

2021年7月,因公司内部治理问题,甲公司经营陷入困境,甲公司遂召开股东会:张三提名,股东会全体股东表决权过半数通过,聘巫某为总经理,同时担任法定代表人。

巫某接任公司后进行管理,公司经营状况有所好转。后因股东之间的矛盾,甲公司通过董事会,在合同到期之前,将巫某予以解聘。

后经查证,E公司用于出资的厂房实为李四所有,但是因为登记错误,登记在了E公司名下,E公司法定代表人对此知情。

【问题】

1. 甲公司能否善意取得E公司提供的房屋?(4分)

2. 就利润分配表决,股东按照实缴出资比例还是认缴出资比例?为什么?(5分)

3. B和赵六之间的担保是否有效?(5分)

4. 巫某担任总经理和法定代表人是否有效?(5分)

5. B公司对外转让股权,其他股东是否具有优先购买权?(5分)

6. 辞退巫某是否有效?(4分)

2021年(延考)真题自测卷

一、论述题(35分)

材料一:

新的征程上,我们必须紧紧依靠人民创造历史,坚持全心全意为人民服务的根本宗旨,站稳人民立场,贯彻党的群众路线,尊重人民首创精神,践行以人民为中心的发展思想,发展全过程人民民主,维护社会公平正义,着力解决发展不平衡不充分问题和人民群众急难愁盼问题,推动人的全面发展、全体人民共同富裕取得更为明显的实质性进展!

——《在庆祝中国共产党成立100周年大会上的讲话》(节选)

材料二:

法治建设要为了人民、依靠人民、造福人民、保护人民。必须牢牢把握社会公平正义这一法治价值追求,努力让人民群众在每一项法律制度、每一个执法决定、每一宗司法案件中都感受到公平正义。要把体现人民利益、反映人民愿望、维护人民权益、增进人民福祉落实到依法治国全过程,保证人民在党的领导下通过各种途径和形式管理国家事务,管理经济和文化事业,管理社会事务。

——《加强党对全面依法治国的领导》(节选)

问题:

请根据以上材料,结合你对习近平法治思想关于坚持以人民为中心的认识,谈谈对新时代全面依法治国的根本立场和实现途径的理解。

答题要求:

1. 无观点或论述、照搬材料原文不得分;
2. 观点正确,表达完整、准确;
3. 总字数不少于600字。

二、案例分析之刑法(31分)

案情:

赵某进入李某的屋子行窃,李某家中只有一个5岁小孩,小孩说"你在我家干什么",赵某对小孩说"我的大拳头会让你的小脑袋难受哦",小孩害怕故不作声,赵某拿走了李某家价值2万元的财物,其中包含李某的一部手机。(事实一)

赵某试出李某的手机密码,打开支付宝,发现支付宝账户里没有钱。(1)于是绑定了李某的银行卡,并从该银行卡中转入李某的支付宝账户3万元;(2)赵某来到商场购物,用支付宝账户支付了3万元。(事实二)

赵某怕警察发现逃到外省,借了王某10万元开小商店。与孙某一同将20元的白酒冒充3000元高档白酒销售,获利60万元,但赵某觉得孙某出力少,只分给孙某5万元。(事实三)

王某让赵某归还10万元本息，否则就告发赵某销售伪劣产品罪，赵某很气愤，同时为了免于归还10万元债务，当晚去王某家中杀了王某。（事实四）

【问题】

1. 事实一中，有观点认为赵某的行为构成盗窃罪，理由是什么？有观点认为赵某的行为构成抢劫罪，理由是什么？（10分）

2. 事实二中，有观点认为赵某的行为构成信用卡诈骗罪，理由是什么？有观点认为赵某的行为构成盗窃罪，理由是什么？（10分）

3. 事实三中，有观点认为赵某和孙某构成销售伪劣产品罪，你是赞成还是反对，理由是什么？（6分）

4. 事实四中赵某的行为应该怎么定性？（5分）

三、案例分析之刑事诉讼法（30分）

案情：

胡某系某事业单位科长，向商人于某（女）借款20万元，经于某多次催要未归还。某日，胡某以归还借款之名约于某在某宾馆见面，见面后以捆绑等非法拘禁的方式对于某实施强奸，并强迫于某签订债权消灭协议，还以于某及其家人的安全威胁于某不得报案，直至第二天中午，胡某才放走于某。胡某随后留在宾馆将床单等物品清洁处理后，打电话叫曹某开车接其离开。在车上，胡某不慎将自己的罪行告诉曹某，便恳求曹某不要将事情说出去，曹某表示这件事与自己无关，不会乱说。

于某离开酒店后向公安机关报案，公安机关对胡某采取了拘留措施，胡某否认强奸事实，并辩称自己与于某系男女朋友关系，因二人发生争吵，于某才栽赃陷害自己。公安机关发现胡某与曹某的电话往来，于是询问了证人曹某，曹某推说自己不知道。公安机关警告曹某说，如不如实陈述可能被追究共犯责任，曹某因害怕说出实情。公安机关在曹某的指认下找到了曹某车上行车记录仪所记录的二人对话的录音，并向胡某展示了相关证据，胡某遂主动提出自己认罪认罚。公安机关向检察院申请批准逮捕，检察院批准予以逮捕。

案件随后由公安机关向检察院移送审查起诉。于某表示不谅解胡某，要求严惩。胡某辩称自己患有抑郁症，长期服用抗抑药物，案发时系病情发作无刑事责任能力，要求检察机关鉴定。检察机关遂安排对胡某进行鉴定，鉴定意见称其案发时精神正常、具备完全刑事责任能力。

后胡某的辩护律师在庭前会议中指出：

(1) 曹某的证人证言及行车记录仪的录音系非法证据，申请予以排除；

(2) 本案公诉人与胡某曾是同事，申请其回避。

法院经过审查驳回辩护人请求，依法作出裁判，以强奸罪、非法拘禁罪判决胡某有期徒刑11年。

问题：

1. 检察机关批准逮捕胡某是否符合比例原则？（5分）

2. 证人证言及行车记录仪录音是否应当予以排除？（5分）

3. 胡某称自己是在精神不正常的情况下实施的犯罪行为，向检察院申请精神病鉴定，检察院

是否应当答应？（5分）

4. 庭前会议中，辩护人提出回避申请，法院应当如何处理？（5分）

5. 鉴于胡某自愿认罪认罚，法院对胡某的从宽幅度应当如何把握？（5分）

6. 法院准许A市某单位组织20名员工旁听了本次庭审，该做法是否合法？（5分）

四、案例分析之民法·商法·民事诉讼法（56分）

张大明与前妻李小丽育有一女张晓晓（2021年1月满8周岁），张晓晓跟随张大明居住在张大明于2016年购买的蓝丽小区A102栋5楼的一套房屋内。蓝丽小区的物业服务合同于2021年5月到期后，业主既未另聘，亦未续聘，但原物业服务公司仍然继续提供物业服务。张大明的妹妹张水悦与丈夫王旭龙育有一子王小淘，王小淘与张晓晓同年，但晚一周出生。

2021年6月6日早上8点，张水悦一家三口来到张大明家做客，物业服务公司的保安照例打电话给张大明核实来访客人身份，并在登记后允许张水悦一家三口进入蓝丽小区。刚过9点，张晓晓与王小淘经大人同意后出门去玩。出门前，王旭龙叮嘱两个孩子说："只能下楼玩，不能上楼玩，更不能从楼上往下扔东西，那是犯罪。"进入电梯后，张晓晓欲按1楼，但王小淘已经按了20楼，说想到楼顶去看看。二人来到20楼后发现去不了楼顶天台，有两个灭火器放在地上，没有放入消防箱。于是二人尝试着将灭火器放入消防箱，但尝试了几次都没够着。二人转念想到："我们把灭火器从窗户扔到楼下，物业发现后，就会放到该放的位置。"于是二人合力推开20楼的窗户，一人扔了一个灭火器，为了防止砸到人，二人还特意沿着窗户边缘扔下去。

郝源与甲公司约定于2021年6月6日上午10点于蓝丽小区A102栋一楼街面的茶餐厅6号包间签订合同。郝源9点就到了，坐了一会儿，感到无聊，决定先出门去逛逛。出门时，见无人在旁，郝源将6号包间的收款二维码换成自己的收款二维码。出门后，郝源见蓝丽小区的风景不错，决定进去逛逛。于是郝源谎称自己是业主，忘记带门禁卡，要保安开门让自己进入。蓝丽小区管理严格，原物业服务合同约定，外来人员须通过业主核实身份并登记后才允许进入，但保安因忙于打电话，未加核实便给郝源开门。

郝源进入蓝丽小区行走一段路程后，因有人占用道路晾晒陈皮，遂绕道至A105栋楼下的道路上行走，又因A105栋楼上有空调漏水，遂再次绕道至A102栋楼下的道路上靠墙一边行走。此时，一个从天而降的灭火器坠落在郝源身旁，郝源因受惊而跌倒，造成胫骨骨折。甲公司的签约代表到达6号包间等候多时，不见郝源出现，愤怒离去，决定不再与郝源签订合同，郝源因此遭受损失约100万元。

张大明带着张晓晓探视住院治疗的郝源时，医生见张晓晓气色不好，建议顺便检查一下。检查后，见抽血化验结果显示张晓晓为A型血，而张大明与李小丽均为O型血，张大明便怀疑张晓晓不是自己亲生的。张大明立即找李小丽质问，发现李小丽因贩毒而被收监羁押，但李小丽拒不说出张晓晓的生父。张大明又去找李小丽的父母，发现李小丽的父母无经济来源，不具有抚养张晓晓的能力。在住院的1个月中，郝源通过更换的茶餐厅6号包间二维码共收到客人支付的餐费2万元，茶餐厅月底感觉金额不对后才发现原因，准备起诉追究郝源的民事责任。

因通过调取小区监控录像等措施仍不能确定坠落在郝源身旁的那个灭火器是张晓晓扔下的还是王小淘扔下的，也不能确定在道路上晾晒陈皮，以及空调漏水的相应住户。在评估了相关人员的赔偿能力后,郝源以张晓晓及其监护人、王小淘及其监护人为共同被告起诉,请求被告共同承担侵权责任。诉讼中,张大明主张张晓晓非自己亲生,自己不是张晓晓的监护人,无须承担责任。王旭龙主张由于不能证明致郝源受伤的那个灭火器是王小淘所扔,且自己当时尽到了教育等监护责任,因此王小淘及其监护人无须承担责任。因张晓晓、王小淘个人无财产,一审法院判决张晓晓的监护人张大明与王小淘的监护人张水悦、王旭龙对郝源承担10万元的连带侵权损害赔偿责任,并向郝源赔礼道歉。

一审判决书送达时,因王旭龙不在家,张水悦一人签收了判决书。由于夫妻双方多次因此案争吵而关系不睦,所以直到上诉期间届满后,张水悦才将一审判决书已经送达的事实告诉王旭龙,王旭龙知情后立即提起上诉。

一审上诉期间届满后,郝源申请强制执行。执行阶段,张水悦与郝源达成执行和解协议,约定“协议订立后的1个月内,张水悦向郝源的账户打入10万元;不再对郝源赔礼道歉”。后因资金紧张,张水悦未按协议约定在1个月内给郝源的账户打入10万元。于是郝源申请法院恢复对原判决的执行,法院裁定同意。1周后,法院执行前,张水悦向郝源的账户打入10万元。郝源在知悉赔偿款已经支付后,仍请求法院依照原判决对赔礼道歉作出强制执行。

【问题】

1. 张晓晓的监护人应如何确定?(5分)

2. 就抛掷灭火器给郝源造成的人身损害,除张晓晓、王小淘及二人的监护人外,还有哪些民事主体有可能承担侵权损害赔偿责任?为什么?(5分)

3. 占用小区道路晾晒陈皮的业主、A105栋楼上空调漏水的业主是否应当承担损害赔偿责任?为什么?(5分)

4. 对因郝源更换茶餐厅6号包间的收款二维码致使客人支付给郝源2万元,茶餐厅享有哪些请求权?(5分)

5. 蓝丽小区的物业服务公司未经业主核实来客身份即允许郝源进入小区,是否属于违约行为?应承担何种责任?(5分)

6. 就因抛掷灭火器受伤未能与甲公司签订合同所遭受的100万元损失,郝源是否有权主张损害赔偿?为什么?(5分)

7. 请结合《民法典》第1188条和《民诉法解释》第67条的规定,分析张晓晓和王小淘是不是本案的适格被告?(6分)

8. 在诉讼中,就导致郝源人身损害的灭火器系张晓晓还是王小淘所扔,应当由谁来承担证明责任?(5分)

9. 王旭龙以一审判决书由张水悦代收,自己在上诉期间届满后才得知一审判决送达的事实为由提起上诉,能否得到法院的支持?(5分)

10. 在张水悦向郝源的账户打入10万元的赔款后,郝源申请法院依照原判对赔礼道歉作出强制执行,这一申请能否得到法院的支持?为什么?(10分)

【选做题】从以下两道题选一作答即可，机考要√选择。

五、案例分析之行政法(28分)

案情：

2006年10月，刘某取得了甲县乙乡某地块的国有土地使用权证。2012年，甲县招商局与李某签订了以有机、绿色农业产业开发为内容的《投资意向书》，后经甲县招商局撮合，刘某将土地使用权转让给李某，于同年7月18日签订了《土地使用权转让协议书》。李某根据《土地使用权转让协议书》约定成立了丰胜公司，对涉案土地进行公司化开发经营。

丰胜公司成立后，李某与刘某向甲县国土资源局申请变更土地使用权人。此时，甲县国土资源局答复该地块因土地区划变更而被划到了丙市，故变更土地手续冻结，可在行政区划工作完成后，由丙市自然资源局办理变更手续。后丰胜公司又先后两次向丙市自然资源局申请变更使用权人，均被丙市自然资源局以未见到档案材料为由拒绝变更。

2017年，丙市自然资源局以土地撂荒了2年为由，拟收回该土地使用权，并提请丙市政府批准，丙市政府作出了《关于同意收回国有土地使用权的批复》，后丙市自然资源局向刘某作出了收回国有土地使用权决定书。

刘某不服，以丙市自然资源局和丙市政府为被告，提起行政诉讼，请求确认收回国有土地使用权决定书违法和赔偿经济损失1000万元。在诉讼过程中，法院依法追加甲县招商局为第三人。此外，法院前往土地现场调查发现，土地现状与作出行政行为时，已发生显著变化，无法通过土地现状确定损失情况。

问题：

1. 丰胜公司是否可以作为本案原告？请说明理由。(5分)
2. 应如何确定本案被告？(4分)
3. 丙市自然资源局决定收回国有土地使用权是何种性质的行政行为？请说明理由。(5分)
4. 甲县招商局作为第三人在行政诉讼中有哪些权利？甲县招商局无正当理由经法庭传唤不出庭，法院应如何处理？(5分)
5. 对于丰胜公司提出的赔偿投资损失，法院应如何确定举证责任和赔偿数额？(4分)
6. 若一审法院遗漏行政赔偿请求，二审法院应当如何处理？(5分)

六、案例分析之商法(28分)

艺风公司成立于2014年，注册资本为100万元，张某和赵某是股东，分别持有70%、30%的股权，约定2024年出资完毕。张某担任执行董事和法定代表人，赵某担任监事。为公司经营发展需要，公司章程约定股东不领取报酬，但可以进行分红，然而公司并未实际分红。

2016年，艺风公司决定引入新的股东华云公司。对此，张某、赵某、艺风公司、华云公司另签订投资协议，约定华云公司投资2000万元持有20%股权，于2016年6月和10月分两次出资，每次出资1000万元，并约定张某和赵某应于2016年6月出资完毕。协议约定，若一方未按时履行出资义务，守约方有权解除协议。

华云公司缴纳第一期出资后办理了股权登记及工商登记。华云公司派出刘某和王某担任艺风公司董事,刘某、王某、张某组成董事会,赵某担任监事。2016 年 8 月,刘某在某次投标活动中故意填错艺风公司投标书上的数字,导致刘某同学所在公司中标。张某知道后和刘某大吵一架,赵某主张对刘某提起诉讼,张某说事后再议。张某和赵某向华云公司提出解除刘某和王某的董事职务,华云公司同意解除刘某职务,但不同意解除王某职务。后华云公司法定代表人杨某向艺风公司提出股东不同意继续对艺风公司投资,原因是张某和赵某两人未按时履行出资义务,且张某和赵某主张解除投资协议,故不能按期缴纳第二次的投资款。

2017 年 4 月,张某提出召开股东会,议定事项有三个:第一,解除刘某董事职务;第二,解除王某董事职务;第三,解除和华云公司的投资协议。2017 年 6 月,华云公司参加股东会,会上对第一项决议表示同意并签署意见,对第二、三项决议表示反对并拒绝签署该两项决议。

此后,张某和赵某找到新的投资人,向华云公司发送解除协议的通知,将华云公司前期投入的 1000 万元退还给了华云公司,并申请注销华云公司股东资格。

【问题】

1. 华云公司投资的 2000 万元是否必须计入注册资本?(5 分)

2. 对刘某的行为应如何定性,其应当向艺风公司承担何种责任?(4 分)

3. 艺风公司章程有关不分红和董事不领取报酬的规定是否合法?(5 分)

4. 艺风公司股东会决议中的第二、三项内容是否成立?是否有效?(5 分)

5. 张某和赵某是否可以解除投资协议?(4 分)

6. 艺风公司是否可以要求注销华云公司的股东身份?艺风公司将 1000 万元直接退给华云公司是否合法?(5 分)

附录四　真题速查表

年份	题型	学科	分数	解析页码	自测卷页码
2023	论述题	习近平法治思想	35	4～6	285
	案例分析题	刑法	31	18～71	286
		刑事诉讼法	30	66～67	287
		民法·民诉·商法	56	101～105	288
		行政法/商法	28	177～180/ 222～224	289～291
	文书题	未考查			
2022	论述题	习近平法治思想	35	7～8	292
	案例分析题	刑法	31	22～25	292
		刑事诉讼法	30	68～70	293
		民法·民诉·商法	56	106～111	294～295
		行政法/商法	28	181～183 225～227	296～297
	文书题	未考查			
2021	论述题	习近平法治思想	35	9～10	298
	案例分析题	刑法	31	26～28	298
		刑事诉讼法	30	71～74	299
		民法·民诉·商法	56	113～117	300
		行政法/商法	28	185～187 228～231	301～303
	文书题	未考查			
2021延考	论述题	习近平法治思想	35	11	304
	案例分析题	刑法	31	29～30	304
		刑事诉讼法	30	75～77	305
		民法·民诉·商法	56	119～123	306～307
		行政法/商法	28	188～189 232～234	308～309
	文书题	未考查			

续表

年份	题型	学科	分数	解析页码	自测卷页码
2020	论述题	中国特色社会主义法治理论	32	/	/
	案例分析题	刑法	34	37～41	/
		刑事诉讼法	30	78～81	/
		民法·民诉·商法	56	124～129	/
		行政法/商法	28	191～193 235～237	/
	文书题	未考查			
2019	论述题	中国特色社会主义法治理论	38	/	/
	案例分析题	刑法	36	42～49	/
		刑事诉讼法	27	81～83	/
		民法·民诉·商法	52	130～135	/
		行政法/商法	27	194～197 238～241	/
	文书题	未考查			
2018	论述题	中国特色社会主义法治理论	38	/	/
	案例分析题	刑法	30	31～33	/
		刑事诉讼法	文书“新”形式进行命题		
		民法·民诉·商法	54	136～141	/
		行政法/商法	28	138～201 242～245	/
	文书题	刑事诉讼法	30	263～264	/
2017	论述题	大纲已改,无须掌握	22	/	题目不全, 无须自测
	案例分析题	刑法	22	50～52	
		刑事诉讼法	21	86～88	
		民法	22	142～144	
		民事诉讼法和仲裁制度	19	160～163	
		商法	21	253～255	
		行政法	23	205～208	
	文书题	未考查			

续表

年份	题型	学科	分数	解析页码	自测卷页码
2016	论述题	大纲已改,无须掌握	20	/	题目不全,无须自测
	案例分析题	刑法	22	34~36	
		刑事诉讼法	22	84~85	
		民法	22	145~148	
		民事诉讼法和仲裁制度	22	164~166	
		商法	18	246~249	
		行政法	24	209~211	
	文书题	未考查			
2015	论述题	大纲已改,无须掌握	20	/	题目不全,无须自测
	案例分析题	刑法	23	53~56	
		刑事诉讼法	26	92~93	
		民法	21	148~151	
		民事诉讼法和仲裁制度	22	167~168	
		商法	18	250~252	
		行政法	20	202~204	
	文书题	未考查			
2014	论述题	大纲已改,无须掌握	22	/	题目不全,无须自测
	案例分析题	刑法	22	57~59	
		刑事诉讼法	22	89~90	
		民法	22	152~154	
		民事诉讼法和仲裁制度	20	170~171	
		商法	18	256~258	
		行政法	26	212~214	
	文书题	未考查			

守正出奇,博学笃志。